走向世界的人民币

全球视野下的中国货币史

CHINESE MONEY IN GLOBAL CONTEXT

Historic Junctures
Between 600 BCE and 2012

[以] 荷尼夫 ◎ 著

李守旗 ◎ 译

海峡出版发行集团 | 鹭江出版社
THE STRAITS PUBLISHING & DISTRIBUTING GROUP | LUJIANG PUBLISHING HOUSE

2018年·厦门

献给至爱的斯万、德克尔和赫丽

译者导言

> 本书作者是著名海外中国问题专家荷尼夫教授,这本书是他继《上海外滩及其周边》(*Shanghai's Bund and Beyond*)之后有关中国经济史的第二部学术专著。

货币与金融史是近年来学术界和公众舆论间颇为流行的一个话题,但是由于语言文化的差异隔阂,很多相关研究局限于某一地区,缺乏历史上的空间比较,传统的"西方中心论"色彩挥之不去,因而许多研究尽管在史料和史实的整理发掘上取得了突破,但是难以深层次地揭示货币史发展演化的宏观脉络。著名经济学家、1972年诺贝尔经济学奖获奖者约翰·希克斯(John Hicks)在《经济史理论》中描摹西方货币的演进轨迹之时就敏锐地注意到了"中国(历史上)的货币制度是唯一有别于希腊祖先的这一惯例的重大例外。中国的货币制度是在同样漫长的时期中发展起来的(真不可思议),但其特征明显不同,完全独树一帜。它似乎从一开始就不建立在贵金属的基础上，从而很可能没有经过以'价值贮藏'功能为主的阶段。中国的货币直接过渡成为支付手段，因而中国人比西方人较多地接受纸币。中国人最早采用纸币不仅仅因为中国人最早发明了印刷术"。[①] 但是关于这一比较经济史命题的具体分析研究，受制于当时的历史条件，鲜有学者去进行。而本书则是帮助我们详尽分析认识这一命题的重要研究成果。本书的重要突破就是在长久的历史视野中，以中西方的比较视野为基础，对中国货币史当中若干标志性意义的历史事件进行了耳目一新的历史性分析，同时本书的分析结合了历史学和经济学的观点，使得读者能够从更为立体、更为宏观的视角看待中国先秦以来货币的发展演进历程。不过，本书不是一部中国货币的通史，通史式分析的篇幅十分有限，各章有着不同的主题。

本书第一章到第三章的研究基本围绕古代中国的货币展开：第一章的主题是中国圆形铸币的起源，与传统观点特别是中国学者的普遍认识不同，本书作者在此的主要观点是，先秦时代中国出现的圆形铸币并非是在中国境内独立演化形成的，而是从中亚、西亚地区传入的。第二章是在比较视野下阐述分析中国和西方纸币起源和演化的异同点。第三章是在比较视野下分析了前工业时代欧洲和中国铸币的演化历程，特别指出了明代以来中国吸纳美洲白银并实现货币的白银化，很大程度上是欧洲国家利用其交通地理领域的信息优势操纵世界市场金银流通的结果。本书第四章到第六章则是围绕近代中国的货币进行阐述：第四章的主题是清代中国的官私纸币，分析了20世纪初中国相对于其他经济体的总体货币化水平。第五章和第六章则分别介绍研究了英国和日本这两个对近代中国经济影响最大的帝国主义殖民国家在中国国土上的货币发行活动。

---

① ［英］约翰·希克斯著，厉以平译，《经济史理论》，北京：商务印书馆，1987年版。

第七章则结合古代和近现代中国货币发展史，对人民币国际化的现状和前景进行了分析展望。

本书的研究纵跨先秦时代至今日逾两千年时间，横跨亚欧大陆东西乃至全球，堪称比较货币史领域开创性的著作。本书对于中国读者而言，其关键意义在于帮助我们更充分地了解世界其他地区特别是欧洲与中国货币发展历程的共性所在。谈到中国货币史，中国学者可能既为古代中国较早建立统一货币体系和率先发明纸币而骄傲，又为近代中国货币体系紊乱、外国货币横行而惋惜。本书的比较史分析能够让我们更为客观理性地认识中国货币史上的一幕幕繁荣和衰落，看清决定历史现象背后的深层机制。

同时，本书作者也敏锐地注意到了当代中国的法定货币——人民币在国际经济舞台上扮演着越来越重要的角色。这说明中国货币史的研究同样具有重要的现实价值。我们应当相信，随着各领域中外学术界的联系交流不断加深，跨国跨地域的比较货币史和金融史的优秀著作会越来越多地涌现出来，本书将为以后的研究者提供丰富的参考和启示。最后必须说明的是，本书责编辛苦、负责的编辑校对工作使得原稿翻译的错误和不足得以纠正，我对此表示由衷的敬意和感谢。

译　者
2017 年 1 月 29 日

目 录

绪论　　001

第一部分

第一章
　　铸币的共同起源？　023

第二章
　　从铸币到纸币：
　　比较视野下中国和西方银行纸币的起源与演化　048

第三章
　　货币大分流：
　　蒸汽时代以前欧洲与中国的铸币　093

第二部分

第四章
清代中国的纸币：
20世纪初的时候它究竟有多普遍和多可靠？　137

第五章
英国在中国的银行纸币发行：
跨帝国的联系　168

第六章
日本在殖民地的银行及货币改革：
朝鲜，中国大陆和台湾，1879—1937　210

第七章
人民币能走向全球吗？　240

结论　271
注释　281
参考文献　343
致谢　389

绪 论

（发行纸币）国家常有三一之利。盖必有水火之失、盗贼之虞、往来之积，常居其一，是以岁出交子，公据，常以二分之实，可为三分之用。

——**周行己**（1067年出生，《浮沚集》卷一，第32页）

我不知道是哪种情况会使一个人变得更加保守——是仅仅知道现在而对其他全然不晓，还是只懂得过去，除此之外一无所知。

——**凯恩斯**（1926年，《自由放任主义的终结》第21页）

中国经济总是按照其自身的货币规则运行，这些规则通常是由一个拥有庞大官僚队伍和强大军队的强势国家缔造和实施的。

——**杰克·韦瑟福德**（1997年，《货币简史》第125页）

主 题

本书试图将中国货币史中的重要事件置于更广阔的全球背景之下，指出历史与现实的关键联系，并对这些重要事件进行全新的解释。受凯恩斯1926年提出的著名观点的启发，本书认为要充分了解人民币是否可能成为下一个全球性储备货币这一情况，应首先更广泛地了解中国自古至今的货币史，尤其是帝国晚期（所谓帝国时期或帝国时代，是西方学者对中国历史分期的称呼。——译者）（公元1368—1911年）、民国时期（公元1912—1949年）和毛泽东时期（公元1949—1976年）。

同样重要的是，人们还需要摆脱掉许多错误认识和陈旧观念，例如，有人认为中国古代"货币规则"是神秘且特殊的，还有人认为中国皇帝是全知全能的，这些不正确的观念仍旧大行其道。如本书中将要阐释的，处于帝国晚期的中国政权组织并没有韦瑟福德认为的那么广泛存在，在货币领域也一样。按照同样的思路，本书的随后各章会对这样一种为若干钱币学家和相关领域专家坚持的观点倾向进行质疑反驳——把中国货币史视为自成一体的另类。时常被视为"离群"的中国货币史，实际为我们提供了很多颇具启示性的类比，有时还呈现出和经典常识形成鲜明比照的特征。[1]

在这里，本书介绍并阐释了用以理解在更宽广的全球进程下的中国"货币规则"的框架，但是当中所贯穿的"货币"概念并不是与其本初相同，而是涵盖了金属铸币以及后来出现的纸币，而在更近的历史时期，货币的概念则和更为抽象的概念相关，例如公共债务、单一民族国家国内或跨国货币共同体。这也正说明本绪论不以中国货币史的某一片段为开端，而以有关金属与货币千年联系正式中断时代的一个简短提示为开端是合理的。这一中断将会在结论部分以中国的视角被重新审视，这里即将讨论的是人民币日益提高的国际威望是否意味其成为作为货币最终支配力量的单一民族国家的权力保证，实际上是否存在这样一种情况，即对中国经济的关切导致了对作为货币最终支配力量的金属的重新认识。毕竟，当前全球货币体系中"一国的"（美元）和"多国的"（欧元）国际货币并非正式地以金属为保障,而是伴随金融危机出现了显著的衰落。

1971年8月尼克松总统宣布美国将不再保障美元与黄金的可兑换性时,天并没有塌下来,因为尽管黄金的可兑换性得到保证,或者不明言地假设其得到保证,在之前那个世纪相当多的时间里,在美元被投机者抛售的几个月之前,黄金就被酝酿着运离美国。法国试图持续地用美元兑取黄金以降低美元的信誉,而美国又被越南战争的庞大军事开支拖累,面临巨大的财政赤字。为了应对金融上的不稳定,尼克松政府几乎立刻决定反击布雷顿森林货币体系,这与随后体系的崩溃相比尚属轻微。[2]"尼克松冲击"不仅导致了布雷顿森林体系的终结,而且结束了历史上全部各类金本位制度。此后,经济机构大体上都默许货币成为单一民族国家自身的一个抽象符号。[3]就此考虑,现代中国的货币当然也不例外,尽管人民币与金属的脱钩始于1949年中华人民共和国成立后,而非"尼克松冲击"。

然而,四十年前的"尼克松冲击"使得法定货币的某些特点得以显露,如"受技术因素决定""变幻无常",或者更体面的"保守性"特征。而从21世纪的视角看来,无论出于何种动机和目的,去追溯探究它在有记录的人类历史上到底呈现出了怎样一番新奇的图景,都是一件有价值的事情。尽管在古代,世界各地都有一些关于货币不可兑换为金属的记录——我们也许会立刻想起马可·波罗(Marco Polo)和伊本·白图泰(Ibn Battuta)对蒙古统治下的中国的印象,而在此之前从未存在过如此成熟且可以得到广泛和持续认可、接受的法定货币。在此之前也从未存在过流通货币与金属铸币的不可兑换性如今天般地被视为无可非议的现象。20世纪初欧文·费雪(Irving Fisher)曾悲观预测,知名的自由市场论者弗里德曼（Friedman）和施瓦茨（Schwartz）也在 1986 年得出结论，政府对货币的垄断实际上会持续，并且现代的法定货币会在较长的时期中摆脱通货膨胀。[4]

地缘政治学在导致"尼克松冲击"的国际货币事务中发挥了关键作用，这是自然而然并不令人意外的事情。毕竟，至少自公元前 600 年利底亚"货币"（铸币）最早出现于西方世界开始，其贬值就与政治统治和战争融资息息相关。[5]

然而，在布雷顿森林体系解体之后仍旧持续保持独特的东西更为重要：我们在过去的 40 年间，已经无可避免地习惯了将单一民族国家视为货币的最终支配力量，并从这一视角出发去思考和评价货币，不过在过去的 2600 年的奇特岁月中，很长时间内货币首先意味着贱金属或者贵金属，大多以圆形金属铸币或者以金属为准备金的纸币。这样的情况下，近代之前的铸币上代表统治权力的徽章，对金属质量所作保证的意义远超对其货币价值的保证。[6]

但是，具有里程碑意义的"尼克松冲击"并不能证明所有惊天动地的事件都是如此，这也许意味着将货币与金属相联结的"元历史"（metahistoric）节点正遇到争执和挑战，至少是在近代早期的西方。正是这样的猜想，成为写作本书的最初动力。中国继而走上本书故事的前台，贯穿于剩下的展露出的众多故事情节之中。本书或许对已有的颇具规模的世界货币史研究的贡献在于，尝试用比较分析去阐释近代以前的中国所遵从的货币概念形成、货币创造以及货币管理的方法和手段，以及中国的这些方法与手段如何与已得到更广泛研究，从金属本位制开始直至"尼克松冲击"并涵盖其后续影响的西方货币演化史相背离。[7]

实际上，近些年的一些重要著作已帮我们更有效率地拼接出了货币发展的辩证过程——在布雷顿森林体系解体之前，在近代早期，西方货币在概念上已经逐渐脱离金属的束缚。很明显，这显示出在这个问题上少数值得争辩的重要问题：尼古拉斯·奥瑞斯莫（Nicholas Oresme，公元1320—1382年）提出的对中世纪货币贬值危害严重的劝诫，以及他对一种属于公众的高纯度铸币要求；让·布丹（Jean Bodin，公元1530—1596年）提出的由主权国家创造而不必在意货币金属纯度的构想；[8]托马斯·蒙（Thomas Mun，公元1571—1641年）对东印度公司铸币贸易的倡导和拥护；[9]约翰·洛克（John Locke，公元1632—1704年）和威廉姆·朗兹（William Lowndes，公元1652—1724年）曾进行过长期争论，焦点是英国新铸硬币是否有币面价值与金属含量相背离的潜在可能；[10]由约翰·帕姆斯特鲁奇（Johan Palmstruch，公元1611—1671年）的皇家特许银行（斯德哥尔摩银行）发行的纸币"暂时赊欠纸"（kreditivsedlar），是欧洲首次出现却短命的纸币；[11]大卫·休谟（David Hume，公元1711—1776年）和亚当·斯密（Adam Smith，公元1723—1790年）对将金银贮藏视作衡量一国财富标准这一观点的批评；[12]法国大革命期间恶名昭彰的指券（assignats）滥发；[13]英格兰银行建立后成为货币发行的主要银行、王室政权的债主、最后贷款人，并且在拿破仑战争期间暂停了其纸币对黄金的兑换；英国"货币学派"的金银通货主义者和"银行学派"的意见反对者贯穿19世纪的关于英格兰银行纸币可兑换性和纸币发行保持100%黄金储备必要性的大争论；[14]两次世界大战期间，英镑的停止兑换、美元纸币的黄金可兑性和殖民地货币局制度的建立，以及最终的但不是影响最小的20世纪30年代"非正统"的凯恩斯规则的日渐流行。[15]

奥瑞斯莫和布丹的开创性研究对货币的地域流通始终有着共同的疑问：海外的黄金供给增加是否会导致黄金在民间的贬值，或是会导致今天人们所说的"通货膨胀"？

托马斯·格雷欣（Thomas Greham，公元1519—1579年）曾任英国王室代理人（即英联邦或英国国王的代理人，格雷欣曾任英王的金融代理人。——译者），那个知名而存有谬误的"格雷欣法则"就是他所总结的，他也一样关心相对于欧洲大陆货币其内在价值不断贬值的英镑以及贬值对英国外债的影响。¹⁶ 从这重意义上看，我们值得回顾并遵循埃里克·赫莱纳（Eric Helleiner）最近的开创性研究——在 20 世纪之前，外国货币始终占据了西方各国货币储备相当大的一部分，以此在某种程度上作为抑制本国货币贬值的防范手段。¹⁷

情况既是如此，那么我们也就应该去检验一下近代以前的中国货币史是否也可能呈现出同样程度的对货币贬值和外国货币替代本国货币的焦虑与关切，这正是本书尤其是本书第一部分所做的。或许欧亚各国之间有关货币贬值和外国铸币流通的差异与共同点能向我们呈现出某个地区近代以前的政治经济情况？此番探究，顾名思义，自然要涉及对货币的政治经济状况所基于的欧亚地区的"实体"经济——很大程度上是农业经济——以及近代以前经济的本质是否能为一些平淡无奇的数据如历史上的利率所证明，进行一个粗略的审视探查。

当本书深入研究到过往时代中货币管理的细节时，力图避免货币金属决定论那样的宏大叙述，原因是最近的在这个领域的许多权威著作，特别是围绕 20 世纪 30 年代的，或许会导致人们接受这样的观点：跨国金融活动的关键因素一开始是高度政治化的，而且其对于相关各方而言是难以预料后果的。¹⁸

至少从大航海和地理大发现时代起，帝国的扩张即使不是受追求贵金属的欲望所驱使，至少也与这种欲望息息相关。帝国当然会试图控制铸币，但是由于铸币的供给和需求从未被证明是完全有章可循的，帝国的扩张者从未在具体怎样的货币政策安排可以确保帝国中枢恒久的统治这一问题上达成一致过。事实上，以伦敦为中心的金本位制在英国国内的出现，"很大程度上是一个偶然"——在此借用巴里·艾肯格林（Barry Eichengreen）的话，而最终，在二战之前这一制度以保卫了英国的政治霸权而结束了其历史使命。[19]

类似的是，真正的国际金本位体系是在19世纪70年代德国和美国决定放弃白银改用黄金之后才真正开始形成的。中国是世界主要国家中最后一个脱离白银的，但从未真正加入二战前的国际金本位体系，因此中国并未流通使用过如德国和美国在19世纪70年代所用过的信用型银质铸币。而中国成为共产党国家之后，也就不再可能成为布雷顿森林体系的一员了。[20]

有关选择黄金单一本位制还是金银双本位制，是英国脱离白银后众多经济问题中争论较突出的一个。直至1898年英属印度货币从前殖民地时代通用已久的白银转为黄金之后，有关双本位制的呼声才显著地减弱。人们让英国双本位制的倡议者相信，价值被高估的黄金会破坏英国本土对印度的出口，不过这些倡议者的观点并未影响到英国财政部，财政部认为如恢复采用白银，会破坏英国通货的稳定性和伦敦国际金融中心的地位。[21]

一战之前全球性货币非白银化趋势的根源在于金属价格的波动过于剧烈。19世纪中期在美国内华达、加利福尼亚以及非洲西部地区都发现了黄金和白银矿藏，使得金银贮藏的比例发生了改变，产生了连锁反应，德国、斯堪的纳维亚半岛各国、荷兰和拉丁联盟都放弃将白银作为其货币基础。这场货币领域的震动随即波及东亚地区，促使日本在19世纪、20世纪之交将日元的货币准备金改为黄金，以在某种程度上和西方各国贸易伙伴保持一致。[22]

观　点

　　尽管众多有关日本调整为金本位制的因素的内容观点被阐述记录或是受到争议，本书第二部分意在从一个相对细微的视角重新审视这个问题：本书指出，在日本邻属的殖民地，日元对黄金的可兑换性如何有限，以及日本在其殖民地的货币政策如何在积极或消极意义上加快了纸币与黄金的脱钩，并使得这些地区传统流通的金属硬币逐渐被边缘化。借此，本书阐释了日本采取金本位制这一事件对中国货币领域的影响。

　　更一般性而言，本书所做的深入探究，表明了二战之前东亚货币史的这个篇章对于我们一般性地去理解二战后信用货币的发展意义重大。核心的问题不仅仅是金本位制的推广传播，还有纸币是凭借何种手段得以在东亚地区推广的。东亚地区顺着这样的路径，很大程度上也接受了今天的信用货币和现代的"国债"工具。因此，第五章是建立于我之前的研究工作上的，旨在重新审视19世纪中期英国银行发行的信用纸币对同时期日本和中国纸币的流行普及以及对日本在20世纪初按照中国与朝鲜的货币领域探索施为经验而建立现代银行的方式的巨大的、实质性的影响。其他来自西方的金融机构，要么进入东亚地区晚得多，要么在当地的规模比来自英国或日本的竞争者小得多，因此它们在中国抗战之前的经济中留下的"脚印"过小，仅会在之后的某些篇章中简略地被提及。

　　从发展演化的视角来看，本书认为任何有关日本殖民地货币政策对抗战前中国的影响——如本书第六章所探究的——都必须以关于英国银行在东亚地区运作经营的讨论为开端。唯有这样，我们才能通过阐释东亚地区银行纸币的流行和中央银行的普及，而对20世纪初西方经济学思潮中货币名目论观点压倒哈耶克理论予以关注。[23] 毕竟，人民币和欧元

（现在已经光彩大减）这两个在未来可能替代或补充美元成为国际储备货币的竞争者，与美元相比呈现出更典型的"名目论"，因为二者中哪一个都从未由私人金融机构发行，也不可与金属兑换。

出于简单明了的考虑，本研究几乎未对货币是什么这个哲学问题进行讨论，而是令读者假设——按照亚里士多德的传统，货币的出现就是为了便于交易，而货币并不总能表示财富的价值。实际上，亚里士多德曾指出，如果一种货币被另外一种货币所取代，那么本来的那种货币会"失去价值"——这就是句谚语，却从概念上为我们研究中国抗战前的货币替代问题提供了一个合适的背景。[24]

如已提及的内容，本研究项目是从我的第一本著作《上海外滩及其周边》（*Shanghai's Bund and Beyond*）自然而然地发展形成的。在那本书中我研究了截至19世纪后半期英国的海外银行如汇丰银行，是怎样及为何得以在中国通商口岸发行信用型的银行纸币的。[25] 令我感兴趣的是，外国银行居然可以在中国这样一个复杂、庞大并拥有政治主权，而且远在欧洲之前就使用纸币的经济体中随意地发行纸币。从技术上讲，汇丰银行的纸币与中国的银行纸币相比不值一提，而一场对制度环境的分流（历史学的学术用语。"分流"一词来自于彭慕兰的《大分流》，研究的是中西方历史发展出现的明显分化趋异。——译者）影响重大的冲击呼之欲出。分流中的制度环境将对欧亚两大洲两端的信用型纸币和法定型银行纸币产生历史性的重要影响。彼得·伯恩霍尔兹（Peter Bernholz）于1997年所做的开创性研究似乎开了一个好头，因为这是极少的同时探讨约翰·劳（John Law，公元1671—1729年）这类人和中国近代以前的纸币历史经验的著作，尽管简短。约翰·劳是一位以向路易十五介绍银行纸币和股份制企业而著称的苏格兰投机商。[26]

本书将会在时间和空间上相应地扩展对这场冲击的比较研究视野。在本书的写作过程中，我清楚地感到中国长达千年的纸币发行历史或许至少验证了约翰·加尔布雷思（John K. Galbraith）众多名言中的一句，尽管加尔布雷思在他的著作中从未大篇幅地探讨中国，那就是："通货膨胀在其发端之际所带给人们的对通货膨胀的恐惧，和通货膨胀本身相比具有同等的破坏力。"[27]

理 论

当我们竭力探究为何杰出的中国史专家史景迁（Jonathan Spence）似乎在他的影响力著作中避免展现任何宏大的理论图景时，史景迁自己回应道：[28]

> 我的个人观点是，通过（任何）方式的对理论方法的过度强调都是多多少少有所局限的。我们是从经验中获知，或者说只能从历史中获知，大多数社会科学理论都是转瞬即逝、不断变化的。这些理论会在其所处的那个时代中受到学者们广泛而认真的采纳，但是极少有如马克思或者韦伯（Weber）那样的。其他的大多数学者只会在自己所从事研究的那些年在社会上产生强烈的影响，但这种影响力通常不会持续很久。而简单生硬地去做社会科学研究是不合适的，无论这个研究是什么，是解构主义的，还是后殖民主义的，还是后现代的，或是次生的研究和"公共领域"的。这类东西中的多数已在我们身边飘过后无迹可寻。

绪 论

金融危机的爆发使得我们众多经济学领域的同事的新古典格言，以及他们对于减少监管和"小政府"的热情黯然失色，就此看来，史景迁所表达的历史学家当中存在的悲观主义情调本应也本能在学术界更加大放异彩的。在本研究建构合宜的理论框架过程中，加尔布雷斯（Galbraith）的观点更像是其基础，这个基础或许受到了新制度经济学的启发，尽管新制度经济学迄今仍应用于分析西方货币背景以外的事情。一般而言，新制度经济学着力强调产权的演化，并将其作为近代早期经济增长的决定因素。本书研究面临的挑战在于，将用产权的观点来解释近代国债经济的兴起，这就涉及从纯粹的金属货币向之后的货币抽象符号的转化。

由所提及的货币的生产、传播和管理上来看，我们总能证明制度并不仅仅被证明是"游戏的规则"，如道格拉斯·诺斯（Douglass C. North）所定义的那样，而更是"历史的引擎"，如阿夫纳·格雷夫（Avner Greif）所阐述的那样。[29] 当然，这不是贬低人口的和其他也会发挥作用的因素，而只是挑拣出不具结论性意义的因素：比如，我们有道理假设 14 世纪的黑死病使得欧洲的劳动力成本大幅提高而利率降低，因而这也许促进了采矿业的机械化。另一方面，与世界其他地区相比，欧洲的瘟疫或许意味着当地人均金银贮藏增加了，这就抵消了任何进行金银矿藏勘探的动机。[30]

因为纠结的因果难题不会在读者的眼前自动化解，那么在开篇清晰地展示本书的简单前提就十分重要。我们将会在第二章和第三章通篇阐明论述，近代以前的世界中，货币的数量与采矿业和冶金业的结构、局限性及变化发展紧密相关。近代以前中国的采矿主与欧洲相比，他们矿藏财产的受保护程度要差一些。相应的，这最起码能帮助解释为什么近代以前欧洲的矿井很明显地更为密集而且机械化水平更高，而中国的矿井则是分布稀疏而且更依靠人力劳作的。

姑且不论技术进步，相比较于帝国早期（公元前 221—公元 588

年)和帝国中期(公元589—1367年),帝国晚期(公元1368—1911年)的中国在观念上和事实上所涉及的领域都更为有限。丹尼斯·凯赫(Dennis Kehoe)近来对罗马的采矿业有如此的描述:"重要的是……不仅国家控制的企业(很重要),个人经营的企业在共和国时期也尤其重要。"甚至当罗马帝国要接管辖域内最重要的矿场时,也得到了私人业主们的配合。凯赫也强调,在这样的背景下,如阿基米德式抽水泵和水轮这类抽水设备应用的扩展,使得罗马的矿工可以到达地下两百米深度的地方。[31]

不容置疑的是,在提比略统治时期(公元14—37年)早期的罗马帝国,不仅试图控制住更重要的矿藏,也想控制住铸造厂。然而与帝国早期的中国相比,罗马的国家政权并不打算垄断金属的生产,在罗马境内始终存在巨大的买卖各类金属的自由市场,尽管罗马和汉代中国一样,也广泛使用奴隶来采掘矿产。[32]

采矿业的比较优势,并不应仅仅视作是各地差异明显的自然禀赋的结果,而排斥其他因素。实际上,如第二章和第三章所指出的,尽管罗马从共和国向帝国的过渡曾使得罗马的中央政府在采矿业部门的干预影响显著加深,欧洲的采矿业或许自希腊罗马时代起一直更显著地呈现出了资本密集的特征。就此而论,贵金属从希腊罗马地区向东的外流影响异常深远,老普林尼两千年前对此的叹惋十分有名,这也预示了此后会出现更多的对此的点评议论,直至中世纪晚期。

近代以前中国铸币生产的高峰出现在北宋时期(公元960—1127年),不是偶然的,在此时期中奇特的事情是,国家大幅地放宽了对矿业部门的控制并减少了课税,同时还有力地促进了社会的货币化和商业化。值得注意的是,矿业领域诞生了许多新的应用技术,被视为是"宋代工业革命"的一部分,这些技术一直被采用至19世纪。更值得注意的是,北宋时期的人均货币铸造量从未被19世纪末20世纪初蒸汽动力铸币引入中国之前的任何一个时期超越。至于为何出现如此状况，本书主要是从以下两点来解释：首先，宋代以后中央政府收紧了对采矿业的控制；其次，政府对金属（特别是铸造铜钱所用的铜料）自由贸易流通和对平民持有金属的方面施加了更严格的限制。

纸币在北宋时期的中国普遍流通，早于欧洲六个世纪。然而，尽管这具有很大的比较研究价值，但使用英语写作研究成果的这部分学术界对预示着中国纸币流通的货币思想仍然相对缺乏研究。我怀疑，周行己——他的话在之前已被引用过——在西方政治经济史学家们中间仍是个无足为奇的普通名字，他的思想也仍未被英语学术界充分研究。周行己设想了一个金属货币的准备率（2∶3）以支持纸币的流通，这恰好和19世纪后半期许多欧洲银行发行纸币所采纳的比率非常接近。[33] 颇具意味的是，19世纪后半期，英国的银行在中国的土地上首次发行纸币时竟也采取了相似的比率规则，这是在第五章将要阐述的。

第二章将进而对成功支撑中国纸币发行的官僚制度和其他难以言状的制度进行阐释，所涉及的时间包括北宋和南宋（公元1127—1279年）以及蒙古人统治的元代（公元1271—1368年）。相关的阐释会告诉我们为何明代（公元1368—1644年）初期这些制度会混乱失灵，以及面对历史积淀，现代的银行纸币发行是如何在中国出现的。这些历史积淀与伴随着通货膨胀而流行的信用货币及其相关的学术思考息息相关。

中国与欧洲纸币出现所相差的六个世纪，在众多的理论框架中，可以简单地从"路径依赖"的角度来理解。与新古典理论不同，新制度经济学认为对任何既有问题所做的有效政策回应都会受到过往政策决定的影响限制，尽管以往的环境已经不复存在。直白地说，新制度经济学认为历史和习惯的影响比新古典理论所认为的要大得多，从这些因素上人们总能找到质疑那些所谓最优的政策措施的理由。

很明显，尽管许多白银被输入北宋经济当中，但是白银仍然在很大程度上并未被制成铸币，如以往历史传统一样。不过如本书将在第二章详细探讨的，北宋经济本来是依赖于价值低廉的铜钱，以保障贫穷者的利益，纸币在当时也一样以铜钱（或铁钱）来标注价值。随着时间推移，这个传统进一步得到巩固，因而在中国经济的核心地域白银并未被制成铸币，即使是在白银用于标注纸币价值的元代和白银变得更为充裕、相对于其他金属价值更为低廉的明清时期。

我们知道白银和黄金在清代中国的新疆和西藏被制成铸币，也从官方记录知道当时确实出现了制造银质铸币的倡议，但是这些倡议总遭拒绝。或许正是贵金属的缺乏，导致中国明智地选择了一种新形式的高价值货币——纸币。出于同样的原因，标准的高价值铸币的短缺，可能使得资本成本与交易成本较高。

不容置疑的是，我们没有理由假设，中国的纸币没有可能如近代早期的欧洲一样，脱离掉其概念上所关联的金属并逐渐转化为一种公共债务。从某种意义上说，元代晚期和明代初期公众对纸币所抱信任的破产，与印刷纸币较为简单而采掘铜料并将其铸成铜钱十分麻烦有关。不过更重要的是，中国似乎缺乏限制国家财政机制滥发纸币而攫取收益的制度杠杆。

同样，我们也无法将本书随后几章中阐述的原因归结为宋代以后中国采矿技术的持续倒退，与此形成对照的是近代早期欧洲的采矿技术一直持续进步。如李约瑟（Joseph Needham）对此曾做的著名论述，不仅生产白铜的技术可能是从帝国早期时的中国传入巴克特里亚的，而且锌最初也是在近代早期由中国出口到欧洲的。[34]

相对较为次要的事情是，直至14世纪，欧洲的铸币仍是由多种不同的金属或合金同时熔铸而成的。贵金属铸币意味着统治者有更多机会通过货币贬值来谋取利益。所以，在欧洲国家铸造的贱金属铸币一直供不应求，这使得穷人的利益受到损害，而纸币的流通相对出现得较晚，在某种程度上与中国的历史经验相反。但无论何种情况，欧洲的铸币贬值和中国的纸币滥发都是受到了近代以前统治者谋求额外利益的欲望的驱使而产生的，这一点随后将在本书详加介绍。

幸运的是，在本书的研究尝试从19世纪的银行纸币发行中摆脱出来置身于更宽广的世界货币史中的时候，我借鉴了资历较深的同事们对这一课题其他领域的研究观点视角——很大程度上不在新制度经济学领域内的。乍一看，标题"如何创造货币"要比学术化的"货币是如何产生的"似乎更为流行，这对我而言显然表明作为世界史分支的世界货币史开始日渐繁荣，在很大程度上得益于各领域的研究逐渐打破了学科间的壁垒以及学术界的日益全球化。

毋需多言的是，"什么是货币？""应该由谁来创造货币？为谁而创造？"以及"货币的创造能带来繁荣吗？"这类问题多少都曾是萦绕在前几代经济史学家心头最重要的问题。毕竟，从1980年到1997年，有三部同样地以"货币的力量"为题目探究同一主题的著作出版，这绝非偶然。[35]

同样，如果我们将三部同样名为《货币的力量》的著作当作二十年前英语学术界货币史研究成果的一个断面，我们或许能轻易地下结论：这不过是欧洲中心论的产物，而且充斥的要么是过时的陈旧观点，要么是20世纪西方世界对发展中国家所做的几乎没有全球性和历史性比较视角的"货币诊疗"（"money doctoring"）。就算20世纪早期西方的"货币诊疗师"们（"money doctors"）对中国传统的货币体系留下了有价值的评论，这些评论也不可避免地染上了那个时代中仅以金本位作为正宗的色彩，而对其他中国原生的观点和情况则鲜有考虑。³⁶

已经发表的相关重要著作将在随后的章节中详加介绍，不仅限于大家所熟知的中文和日文著作，如萧清、叶世昌、加藤繁以及最为重要的彭信威的作品。为了得以理解全球背景下的中国货币体系，我更多地参考了最近的一些研究成果，包括东京大学的黑田明伸和他的合作者的研究，丹尼斯·弗林（Dennis Flynn）和阿托洛·吉拉尔德斯（Arturo Giráldez）以及其他笼统称为"加州学派"的杰出学者如万志英（Richard Von Glahn）等人的研究，图宾根大学的傅汉思（Hans-Ulrich）及其合作者的研究，中国钱币博物馆的周卫荣等研究人员的研究，大英博物馆的乔·克力布（Joe Cribb）及其合作馆员们的研究，在此我很难将全部名字逐一列出。我对现代中国的银行业和世界金融的理解认知，很大程度上要归功于程麟荪、史瀚波（Brett Sheehan）、理查德·勃狄金（Richard C. Burdekin）、陈志武、马克·朗多（Marc Flandreau）和尼奥·弗格森（Niall Ferguson）等学者近来的开创性研究。

与此同时，我尝试着从至少三个有意义的方面补充丰富已有的研究成果：

1. 本书在此尝试在探究所谓"大分流"的同时，以至少同等的篇幅去揭示中国和欧洲货币史当中那些令人惊异的共同点。

2. 尽管"加州学派"的历史学家所做的相关宝贵研究，对我们理解金银流动对近代早期世界所产生的影响贡献颇大，本书对中国在此背景下所处状况的解释似与这些研究的观点截然相反。具体说，我认为欧洲利用拉美地区的白银换取中国的丝绸和茶等商品，削弱而非强化了帝国晚期中国的比较优势。而欧洲的比较优势很大程度源自于其对全球金银流动情况信息的占有。传教士们的记录清晰地显示，1750年前后，长江三角洲和英格兰地区同样处于工业革命的前夕，而且两地的人均货币供给水平——通常被用于反映人均收入水平的粗略指标——十分接近。相反的，我确实看到过一些证据足以表明北宋时代中国经济的技术水平和货币化程度要比中世纪的欧洲高得多，如果中国没有草原游牧民族的军事威胁，可能会产生一条替代性的（非西方的）经济现代化路径。

3. 据我所知，本书是第一部在研究当下的人民币国际化问题时，不仅以二战后中国重新回到世界舞台为背景，而且同时将其作为全球货币长期发展过程中的一部分的研究著作。货币的发展过程中脱离了长久以来同金属的联系，成为近现代单一民族国家的重要表征，并且因为现代民族主义的兴起，也不可避免地与单一民族国家的创立紧密相关，所以阐述近现代中国货币史是如何融进近现代中国的民族主义的就显得至关重要，尤其是通过揭示英国和日本的银行在抗战前的中国其纸币发行受到了怎样的抵制来阐述。

范畴、组织和结构

中国人对国家在未来的世界舞台上理应扮演之角色的认知与历史叙述之间的相关性，或许能为中国人民银行（总部位于北京）和台湾"中央银行"（总部位于台北）都采用以古代中国铲形铸币为原型的标志所证实。在中国，许多人不仅将铲形铸币看作是一种"古代的"货币，甚至看作是全世界最古老的一种货币。本书第一章将基于对最新的考古证据的批判性分析，对这种自感优越的论点提出质疑。令人意外的是，像这样对金属货币起源进行的比较性考察在已有相关文献中难得一见。

同样在文化上，近代以前的中国货币与现在的众多事物仍在产生共鸣：模仿帝国晚期的银锭（蹄形的银质铸块）的护身符和吉祥物在公共场合和家庭中随处可见，寓意着财富。在近代以前流行，其起源可追溯至公元前3世纪的方孔铜钱，被制成了家用的护身符和商店中待售的纪念品。中国三所最大的国营商业银行也采用这类铜钱作为其企业标志。这类铜钱的圆形轮廓传统上被认为代表"天"，当中的方孔代表"地"。"天"与"地"的结合强烈地表示国家的规则是"奉承天命"，也暗示国家拥有垄断货币发行的权力。[37]

如之前所指出的，《走向世界的人民币：全球视野下的中国货币史》一书分为两个部分，各有不同的侧重主题。第一部分（从第一章到第三章）旨在将三类内容整合在一起：第一是古代货币史这一专业领域的学术研究，第二是世界史研究领域的新视角和新观点，第三是有关全球化起源的学术研究。本书尤其关注的是这类研究中力图避免杰里·本特利（Jerry Bentley）所准确形容的"现代中心主义"前提下产生的仍有争论的知名学术研究。[38] 在此，热衷于中国货币史的学生们或许应注意到：在超过两千五百年的历史中，重量一至六克、直径一至六厘米的金属圆片是在包括中国在内的欧亚两大洲的广大地域的主要流通货币，这是各地区间一个基本的共同点。

本书第一部分（第一章到第三章）从侧面回顾了这个横贯千年的共同点，从各个方面追溯其起源及其在各地区的地理性差异。这些方面包括：铸币的生产技术、所使用的金属和合金材料、工艺设计、货币伪造和防伪，以及社会的总体货币化水平。第二部分（第四章到第七章）总体上更为关注相对较近时期的历史，将会审视研究中国19世纪中期以来货币演进发展中的几个特定的关键时段。

这个对特定情境的阐述是有选择的，但绝非详尽无遗，因为这些阐述或许更适宜在谈及大的全球背景之下的问题时为我们提供历史的经验。比如,18世纪及之前,由私人主导的纸币是如何在中国再度出现的?这些纸币有多可靠?流通有多广?(将在第四章讨论)帝国时期的日本,为何以及怎样试图建立一个更大的东亚地区(与贵金属不可兑换的)日元流通区?这一尝试又在当地引起了怎样的热烈反响?(将在第六章讨论)当我们评价人民币成为下一个全球储备货币的机遇时,当我们切实地思考建构单一民族国家的未来时,能否从历史中发现某些值得我们回顾的内容?(将在第七章讨论)

结论部分意在以尽可能简明的方式将之前所有问题串接起来。在此,不仅将在二战后美元地位变化的背景之下阐述人民币的国际化进程,而且还将试图回答对于中国而言"这背后到底蕴藏着什么?"在探究现代货币霸权错综复杂的问题和衍生问题时,我会间接地采用乔纳森·柯什纳(Jonathan Kirshner)的观点。柯什纳曾阐释20世纪30年代建立"英镑区"对英国得以充分动用资源并在第二次世界大战中获胜意义重大,还阐释了二战后初期"英镑壁垒"的存在对伦敦面对纽约的竞争得以维持其金融业的重要作用。[39]但是这番历史的阐述对于美元或是人民币的未来有所关联吗?

最后要说明的是,本书并不打算从根本上"全新地"阐释世界货币史,或编纂一部适合本科生的内容广博的编年史启蒙教材,也从未声称对货币理论进行革命性的修正。本书的意图在于,着重以全新的(通常是历史的)全球视角对中国货币史中若干重要事件进行研究。据此,本书的全部七章均有导言和暂定的结论,每章都是原创的完整研究,因而也可以按照各章自身的优劣来为读者所欣赏和评价。不过,本书在更广泛地检视全世界向信用货币发展的趋势的前提下,在 21 世纪中国走向复兴的视角下,分析了早期中国货币史中的若干重要事件。借此,我希望本书能作为一个整体呈现出超乎于各章内容简单累加的内容。

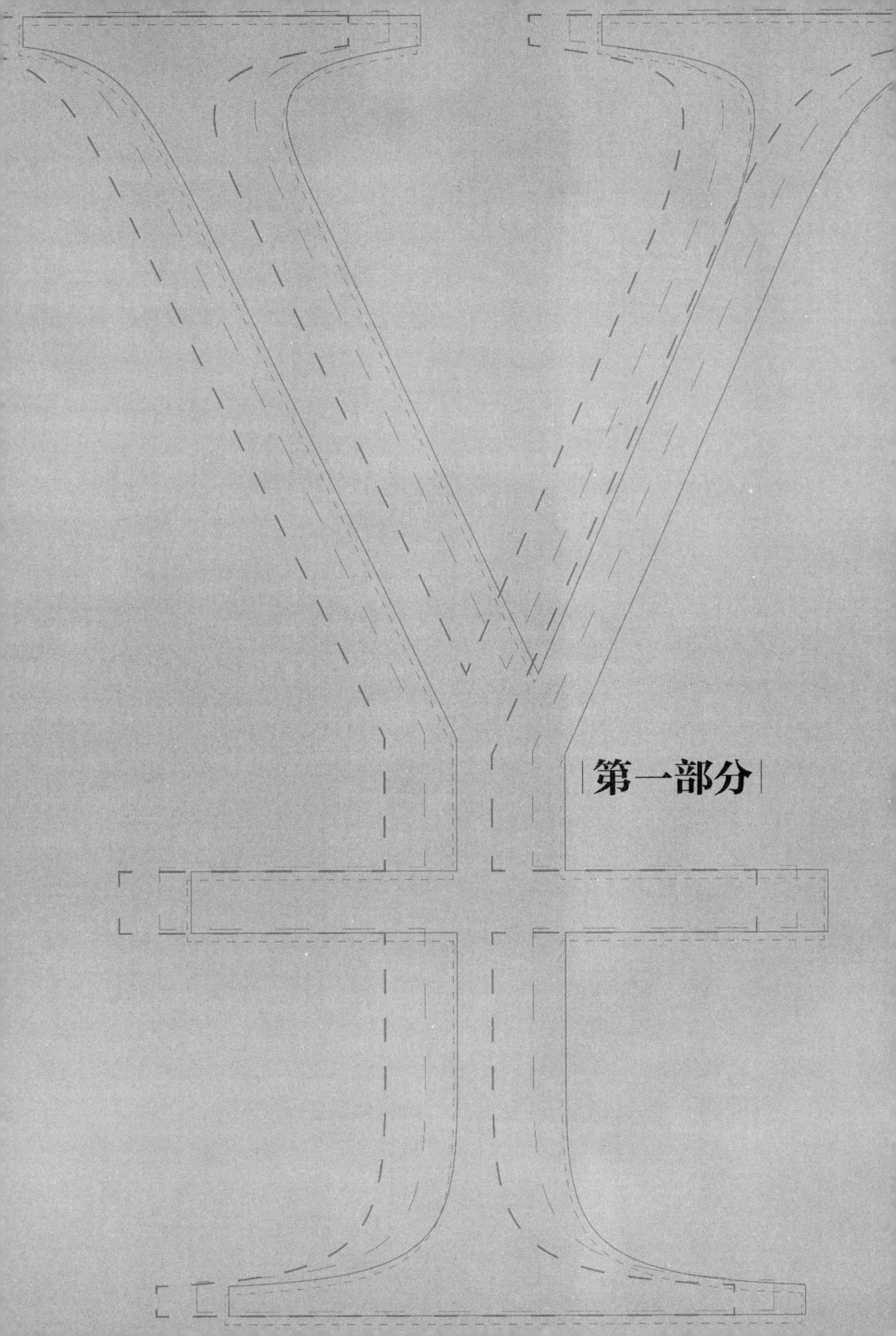

第一部分

第一章

铸币的共同起源?

流行的文献中总是形容道,1989年柏林墙倒塌后迅猛推进的全球化过程使世界经济变得扁平化。在学术领域,当代全球化的推进时常被拿来与以前持续更为长久的全球化相比较,之前那次全球化以发现新大陆为开端,而以第二次世界大战后全球经济分割为三个分隔的区域而结束。[1] 有关当下和之前全球化的研究,主要是讨论变化中的贸易规模和生活水平,对自古以来变化中的交易媒介也有关注和讨论。尽管近来开创性的研究探讨了蒙古纸币的使用及之后墨西哥和秘鲁丰富白银矿藏的发现,如何自13世纪以来给整个亚欧地区的货币秩序带来了天翻地覆般的影响,以及如何塑造了帝国主义时代的亚欧地区贸易和现代民族国家的组织结构,但是对公元前亚欧地区之间的货币流动的跨学科研究还非常少。[2]

因此本章的目的是审视货币全球化的前兆,时间上最早追溯至货币的概念产生和定型。之后的篇章考察了古时候货币的设计以及制造技术在亚欧地区的传播。在这里我们讨论了近代以前圆形铸币的普遍流行情况，以此从侧面帮助了解当下（后现代）和之前（近代早期）全球化的推进情况。

后现代时期的人们在阐释分析全球化时，经常忽视占有矿产财富以及制造支付媒介这两个因素的重要性。例如，霍布森（Hobson）和弗兰克（Frank）在他们的知名著作中提出，近代早期从拉美地区流入中国的巨额白银，并没有导致中国经济的停滞落后，反而证明了中国经济富有"磁性"而且在本质上是发达先进的。[3] 如果不抱"东方主义"的观点，一百年前西方世界对中国近代早期经济的看法当然要黯淡悲观得多。因此，如果之前提到的霍布森的著作命名为《西方文明的东方起源》（*The Eastern Origins of Western Civilization*）（2004），那就是对拉克伯里（Lacouperie）所著的《早期近代中国文明的西方起源》（*Western Origin of the Early Chinese Civilization*）（1894）带有挑衅意味的回应。[4]

拉克伯里所持的19世纪的典型偏见在此并不能妨碍到我们。更重要的是，拉克伯里基于错误的知识来源，提出中国近代以前的货币体系是以更早的希腊铸币为范本而建立的。甚至，他声称西汉时期（公元前206—公元6年）政府垄断货币铸造源自于希腊罗马地区的治理方式，尽管在此之后中世纪欧洲货币铸造权的集中程度比中国低得多，例如唐代中国（公元618—907年）。[5]

本章将从全球视角对中国圆形铸币的起源和定型进行新颖而全面的分析探讨，并顺便指出某些观点所包含的严重内在矛盾。这些观点认为在中国圆形铸币的发展和传播过程背后隐藏着一股排他性的内生力量，而且这些观点还被西方和东亚的众多学者所拥护。相比较而言，支持外来起源观点的间接证据以及考古方面的证据似乎在增加。中东地区的证据表明，利底亚、希腊和阿契美尼德帝国也在很早就发明了圆形铸币并广泛流通。公元前6世纪波斯入侵印度和之后亚历山大大帝、希腊—巴克特里亚人于公元前4世纪至前3世纪入侵印度这两起事件，促使甚至决定性地导致了印度开始接纳使用圆形铸币。类似的，在公元前3世纪之前很早，西亚地区的观念、艺术题材以及冶金技术就经由中亚传入了中国。公元前4世纪中国积极接待外国（欧亚大陆中部草原）客人的事情就已被前帝国时期的文献所记载，而且这也被近来亚欧地区的考古发现所证实。

实际上，本章从拉克伯里那个未必正确的论断入手，质疑中国的圆形铸币的内生起源性。剩下的篇章也将以检验正反两方面观点的方法来展开。第二节将简要地指出中国青铜时代的关键特点以及中国向铁器时代的转化；第三节批评了某些中国大陆（中华人民共和国）领衔学者秉持的盛行观点；第四节将古代中国货币的历史经验置于更为广阔的亚欧地区从全景视角进行了研究，不过缺少通透全面的钱币学调查分析；第五节则介绍了丝绸之路开辟后其与前述内容相关的钱币学证据。最后，结论部分将基于所示证据，重新评价分析古代亚欧地区圆形铸币的传播。

中国的青铜时代

考古证据表明，青铜时代在中国的开始不晚于公元前2500年的华北和西北地区，尽管中国南方地区的铜矿资源储备更为丰富。一个广为承认的事实是，美索不达米亚和安纳托利亚地区至少早在此之前5个世纪就发展出了发达的青铜文明，而多数考古学家也认为这里的青铜工具生产的复杂程度达到了中国商代（公元前1600—前1046年）的水平，在古代世界举世无双。[6]

中国真正进行青铜铸币的制造，开始于春秋时期（公元前772—前481年）。铜矿原料在此之前已经被用于合成生产青铜，制造兵器、祭祀容器，这些东西在锐利程度、耐用性和光泽上远远胜过石质的同类用具。

7

帝国时期以前的中国货币，仍旧保持了那个年代不同地域的特性。其中知名的，如设计为铲状的（布币）和刀状的（刀币）青铜铸币，这是春秋时代对新石器时代就作为交易媒介的石斧的改良革新。相应地，在当今中国，表示质量、价值的复杂的象形文字"质"（質），仍旧展现出两把石斧换取一个货贝的交易。货贝十分稀少，最初是作为一种外来的装饰品而从热带南方引进的。可以说，货贝在商代和西周早期（公元前1100—前256年）凭借其自身特质成了一种划算的交易媒介。[8] 黄金则在商代就被当作一种贵重金属，按道理应逐渐向铸币形状演化。不过黄金在华北地区过于稀少，也就难以成为中国帝国时期货币体系中不可或缺的一部分。

春秋中期铁制兵器的产生，意味着有足够数量的铜原料可以释放出来用于交易媒介，这也使得多数中国的原始货币，如货贝、生丝和兽皮等，从流通货币变为了普通商品。与此同时，多数中国北方地区的青铜铸币，设计上继续模仿那些本初是由青铜制造的工具（例如铲子和刀），可能是因为这些东西容易被改作其他有用的物品而从中获得效用。[9] 而在中国南方的部分地区，如楚国，货币则是扁平的金板（郢爰），还有大多为青铜制作的货贝小型复制品（蚁鼻钱），以及银质的铲状货币，这些货币流通直至秦朝统一。[10]

在战国时代（公元前403—前221年），出于实用的考虑，工具形状的货币设计——如通常被钱币学家命名为"铲形"的货币样式——逐渐式微，而向便于携带、意在模仿的设计转化，例如"平首布"以及形状更为扁平的"尖足布"。处于帝国时期早期的秦代（公元前221—前206年）和其后的西汉时期（公元前206—前8年），这类货币则让位于扁平、圆形的青铜铸币（圜钱）。圜钱比战国时期的多数铜质货币要轻得多，最终成为随后两千年中国铸币的标志和象征。[11]

亚欧地区各地的货币在一段时间内趋同于圆形铸币，大概表明了希腊—巴克特里亚设计风格对印度地区货币存在一定程度的影响，也可能说明之前中国同希腊货币的某些接触与圜钱的产生有关系，尽管这一点更加难以证明。公元前221年，因刻薄寡恩而恶名昭彰的秦始皇统一了中国（Middle Kingdom），中国的帝国时期通常被认为开始于此。传统上，中国自此之后的历史被看作是由若干王朝组成的漫长序列，而序列中间穿插着混乱的分裂。各个王朝的建立者在通常的历史记载中常被视为无序混乱的世界的秩序确立者，而王朝的末代统治者则通常被看作是将世界推入混乱深渊的恶棍。

置身于这样的历史叙述中，政治上的统一和分裂也就蕴含了不同的象征形式。秦始皇以圆形方孔的半两钱统一货币，是其涉及各领域的全国统一运动的一部分，更成为强大统一的中国最具感召力的象征之一，也是往后各朝代儒家学者点评货币政策时所论及的里程碑事件。

事实上，中国货币向圆形铸币的统一当然耗费了更长的时间。随着秦王朝的迅速灭亡，在整个西汉时期，政府允许铸造"私钱"，金锭、银锭也在交易流通，而半两钱的重量则急剧减少。甚至于恢复了国家垄断铸钱的汉武帝（在位时间：公元前141—前87年）一开始也试图采用新型货币，比如银质合金的货币和容易引发通货膨胀而名声不佳的鹿皮币，直至公元前118年才采用了一种新样式的半两钱。[12]之后，在篡位为君的王莽的短暂统治期（公元9—23年）内，政府也曾试图让已退出流通的非金属货币与圜钱并行流通并将其制度化。在此后几十年内，用精美铜器贮藏货贝都被视为是财富和地位的象征。[13]

传统观点认为，早期半两钱的设计对其后两千年帝国时期中国的货币形制产生了根深蒂固的影响，也许这是因为非圆形的贱金属货币在公元1世纪末就已几乎消失了,而黄金和白银的流通也在其后几个世纪里逐渐减少。与此同时,帝国政府开始管控铜矿的采掘、垄断金属冶铸,这也成了近代以前中国货币制度的最突出的特征。[14]

近代以前中国的金属货币有多么的不同寻常?

"全世界的圆形金属货币均以西亚为发源地",这样的观点乍一看来的确令人难以置信,但也绝不应被直接否定。不仅如此,现今的学者都应该去更多地了解更古代的"全球化",以更好地理解当代全球化的背景。无论从哪个角度来看,中国的学术界中,有关全球化历史前兆的议论与研究都仍显粗浅,而"古代中国的金属货币不同寻常"的观点也大行其道,未受质疑。帝国时期以前的货币在设计上也被认为是独树一帜的"中国式",能证明这一点的最佳证据大概就是春秋时期(公元前722—前479年)的铲形铸币了,其出现早于圆形铜钱,今天也被用在了中国人民银行的标志设计上。

事实上,刀形和斧形的货币在不同年代的其他地区也有记载。在非洲的一些地区,镰形斧、斧头和刀具也被当作货币,直至非洲大陆最早的原生的圆形铸币——埃塞俄比亚的黄金"阿克苏姆"(aksum)于公元200年出现,也仍是这样。更早的例子是法老时代的埃及人曾用青铜臂带将金属环穿成串作为原始货币,这比中国使用成串的圆形铜钱早很多年。即使是在圆形铜钱形制早已根深蒂固的近代早期,中国某些特定的货币流通圈内,也出现过其他的货币形制。一个例子是明代早期云南受东南亚地区影响而产生的货贝流通,再一个例子是17世纪波斯湾地区"鱼钩形"的拉林金币(larin)的出现,而其他伊斯兰地区的铸币都是圆形的。[15]

本章在此并未对全球各地这类与世界货币形制发展主流呈现相反趋

势的案例进行全面、彻底的调查和介绍，我们在此需要关注的是：为什么中国与亚欧其他一些地区在一个相同的时期内（公元前3世纪），不约而同地出现了货币圆形化的趋势？这件事情又是如何发生的？亚欧各地的货币形制在演进中均趋向于圆形，真的仅仅是一个偶然吗？或许，货币形制的趋同首先反映的是技术的趋同，因为从便于铸造和防止磨损的角度看，金属货币铸成圆形比其他复杂形状更有优势。而对这一问题的其他解释，则更多地考虑了元历史（metahistoric）、文化和自然生态因素。本章内容并不打算关注与技术相关的复杂经济因素和生产技术的传播，而只是试图强调：在亚欧各地之间的货币形制有可能出现过扩散传播，各地货币的发展定型可能存在相似性。而西方和东亚两地都认为他们各自的货币传统是始终位居亚欧大陆两端而独立形成发展的，直至19世纪中期蒸汽动力的机制铸币普及。本文的论断与这类传统观点大异其趣。[16]

退一步讲，即使我们假定铸币技术在19世纪以前从未自西亚传入东亚，在此技术上中国和亚欧西部各地也有一点不同：中国的圆形货币都是青铜熔化成汁再浇铸而成，亚欧西部各地则主要是用金属模子在固态的金属坯子上捶打来制成金属货币。[17] 现有的中国的文献记载和考古发现以及有关文明间历史交流联系的知识讯息，并不能为我们完整地展示中国手工业者曾尝试用于制造圆形铸币的技术条件。[18] 不过，之后会介绍的考古出土文物、铭文题刻和若干间接证据，清楚地表明了圆形的货币形制可能曾以"刺激性传播"的方式在亚欧各地区扩散开来。或者说，很有可能在公元前4世纪中期中国的手工业者见到了或者从他们的上司那里听说了外国的圆形贵金属铸币，因而他们才去尝试制作圆形的货币，不过他们是按已有的冶金技术制造的，材料方面则使用了他们更偏爱的青铜。[19]

近代以前中国货币主要由红铜或青铜制成，欧洲的货币则大多是以黄金、白银制成，常有人以此为理由认为古代中国货币是"与世隔绝"的。不过这似乎是站在现今的立场上所做的一个错误推断。尽管帝国时期中国的货币主要以青铜制成，不过有些时候也出现过铁制的铸币，甚至还发现有稀少的古代银质铲形铸币，以及之前提到的在帝国时期之前的南方楚国流通的金板货币。[20] 但可能更重要的是，铜质铸币有时候也是欧洲近代以前货币体系中与金银并行流通的重要部分，比如知名的古罗马铜币"伊斯"（Aaes）。[21] 而且在公元1300年之后，铜又在货币中扮演了重要角色，它既用来给贵金属铸币掺假（贬值），还凭借其本身的价值而用于制造辅币，这一点将在第三章中论述。

与此类似，如果说阿里斯托芬（Aristophane）（公元前427—前386年）的作品《蛙》（*The Frogs*）是西方世界批判货币贬值的最古老的历史记载，那么中国贵族——单旗的谏言也具有同等的意义，尽管二者所言的方式和主旨并不相同。阿里斯托芬谴责了以同等面值的劣质铜币替换希腊金币的行径，这可能反映了伯罗奔尼撒战争（公元前431—前404年）后财政危机的历史背景。[22] 单旗的言论则是古代经典《国语》的一段，他劝诫周景王（在位时间：公元前544—前520年）不要废除现行的铜质刀币而代之以更大更重的铸币，新的铸币的面额可能会大于铸币所用金属的实际价值。不过单旗建议轻的和重的两种货币在市场上并行流通，他还进一步提议两种货币的供给应由周王随时地调整，以稳定物价、促进市场交易。[23]

阿里斯托芬或许已经感觉到了近代早期格雷欣所提出的那个简明的"法则"，即市场交易中劣币总会驱逐良币。在此我们也找到了近代以前同时期中国人的类似论断。例如，汉代既是儒生也是政治家的贾谊（公元前201—前169年）曾认为，国家的怠惰会导致农民放弃耕田而热衷于赚钱但是非法的铸钱活动。这样的情况下，贾谊告诫道："奸钱日繁，正钱日亡。"另一方面，贾谊还提醒道，如果国家过多地发行较重的（信用好的）货币并将其投入民间，会导致同等规格伪劣货币的增加。[24]

《国语》和《蛙》中的有关记载，在某种程度上具有标志性的意义，它反映出了亚欧大陆东西方在货币领域而后长期存在的某些差异与共同点。在西方，货币贬值不仅仅是打制的圆形铸币变轻变小，更与君主贵族操纵金属间兑换比价以抵偿战争成本这一行径密切相关。在中国，无论和平年代还是战争年代，贱金属铸币占据主流，至少观念上是这样，而且这种观念甚至在帝国晚期贵金属大量流入中国时也仍旧未变。

不过在实际中，中国的铸币形制定型为圆形之后，货币在重量和币面铭文上仍然存有差异，而贵金属在19世纪之前从未被制成铸币在中国流通。因此，此后中国历史文献的记载更明显地显示出，中国习惯通过发行轻重不一但面额相同的铸币的方式，来达到稳定市场必需品物价、保障百姓日常生活以及防止民间造反的目的，而且以此作为达到此等目的的首要手段。对这一手段的依赖，中国要比西方严重得多。与西方相比，涉及发行较重铸币以筹措军资的情况，中国在帝国时期以前的文献缺乏相关记载，尽管偶尔能从文献中发现货币贬值的踪影。货币重量的变动既可以稳定税收与价格，也可以调整社会各类人群间的利益，这个定律被表达为"子母相权"，被视为治国之道中的一条重要规则。[25]

"子母"这个比喻在此后中国历史上多次有关货币政策的争论中被引用提及，直至20世纪。后来，有人提议发行大面额纸币与标准铜钱和用以凑数的铁钱并行流通，这一举措的利弊得失产生了争论，争论中仍有人引用这个"子母"的比喻，与其他类型的货币相比较，金属铸币在当时更普遍被视为"母"，因为其对农村经济至关重要。[26]尽管有关货币多元性的"子母"之论的确非比寻常，这一论断并不能掩盖古代中国治国之道中的另一个重要观点,即认为货币发行是国家兴亡的关键所在。这个观点在《管子》中有所体现,在公元前1世纪编著的《盐铁论》中则更为明显,两部书的编写时间相近。在日后政治和地域上实现统一的帝国时期,这个观点更是极少受到质疑。实际上,这样的重要观点并非为中国所独有,同时代许多希腊—罗马以及印度的文献记载中也发现有类似的内容,认为货币和采矿是国家权力最为关键的基础。[27]

钱币学家坚定不移地认为,东西方存在两个根深蒂固而又相互隔绝的货币传统。而被西方和中国考古学界广为承认的事实是,最早的青铜冶炼技术发源于美索不达米亚,并从那里向东西两个方向传播。如果知道这一事实,那钱币学家的观点就显得不可思议了。比如桑纳斯(Shaughnessy)在其开创性的著作中认为,商代的战车(公元前1200—前1046年)这个"中国青铜时代最复杂精巧的制品"的形制设计与制造技术,很有可能是铜铸币出现之前由西亚传入中国的。库兹米那(Kuz'mina)在新近的著作中更支持了这个观点。赫梯(Hittite)战车的基本形制则西传至黎凡特地区(Levant)。[28]

有理由认为,公元前4世纪之前已经有冶金技术、艺术题材、观念以及农作物从亚洲西部经由西伯利亚传入亚洲东部(反向的传播也存在),这样的实例已被发现。例如马伯乐(Maspéro)认为阿契美尼德王朝曾对汉代以前中国的天文学、神话以及民间传说有所影响。近来的研究中,杰西卡·罗森(Jessica Rawson)曾间接地提到,北方草原文明对早期周文明祭祀容器样式有所影响。[29]

也有认为中国情况独树一帜而未受外部影响的观点,尤其是中国大陆学术界基本秉持这一观点,萧清1984年的著作大概是对这类观点的最佳集成。萧清提出，尽管学术界普遍认为公元前7世纪利底亚出现了世界最早的圆形金属货币，中国的货币体系的诞生仍比希腊早，因为当时刀状和铲状的小型金属复制品已经作为货币在中国流通了。[30] 实际上多数西方学者和部分中国学者认为刀币和布币的出现时间或许不会早于公元前6世纪，不过这一点仍不足以根本动摇萧清的观点，因为似乎仍未有对利底亚和中国早期的货币进行过比较性的碳14测年。值得注意的是，著名考古学家华觉明尽管含蓄地接受利底亚铸币出现较早的观点，却坚持认为中国的青铜冶炼是完全独立地由本土产生的。[31] 只要一想起拉克伯里（Lacouperie）的观点，我们就感到不论怎样都应把更多的学术关注放在年代问题上。

中国知名的钱币学家王毓铨相信，中国早期的典型货币即圆形方孔的青铜铸币（圜钱），是战国时期（公元前475—前221年）独立内生地出现于中国的，其形制由小型的铲状布币演化而来，并未受任何外国的影响。他论证这一独立内生起源观点的证据是，许多出土于原属秦国辖地的圜钱上面铸有"两"用以标示重量，这和当地出土的更早期的布币完全一样。而出土于原属魏国辖地的圜钱上面却通常铸有地名。据此王毓铨推测，公元前3世纪圜钱由秦国向南方地区的推广，与秦国中央加强对地方的控制有关。[32]

中国钱币学的前辈彭信威，对帝国时期之前中国货币独立起源与演化的观点则多少不那么自信。他含蓄地指出，货贝和布币不能证明中国货币的起源早于西方。不过他也并未明确承认中国货币向圜钱的演化可能受到了来自西亚的影响。早期的圜钱并未加强各国中央对地方的控制，也没有增进圜钱和布币的联系，而是导致了货币在观念上与模仿金属工具如铲、刀等形制完全脱离，转而与纺轮相联系。彭信威指出圜钱应以石质的纺轮为原型，却没注意到另一在日本占据主导地位的学派中曾有人提出，圜钱应是模仿了用于祭祀的玉质圆盘。[33]

最近的研究中，戴志强和周卫荣经过扼要简明的调查分析后指出，中国的布币与利底亚地区铸币恰在同一时段出现。他们二人认为这一年代的巧合是由于小亚细亚、黄河流域平原两地的国家政权都同样地致力于争夺商业霸权。不过他们也认为此后亚欧大陆这两个地区的货币发展轨迹发生了"分离"，因而他们也未探讨圆形铸币凭借自身力量在各地区的传播推广。或者说，他们仍认为货币是各地区纯粹独立和内生地产生与发展的，是中国和希腊罗马地区冶金技术发展的结果。[34]

可是在我看来，各种认为中国圆形铸币是独立内生起源的理论观点之间实际缺乏联系。我认为如果对近来研究中所展示的考古、人口以及其他间接的证据进行更为紧密的分析，我们会对那些用以论证中国圆形铸币独立内生起源的论据有一个全新的认识。

具体的证据我将在之后两节中详细阐释。简单来说，《尔雅》中的一个条目可以证明圜钱和玉质圆盘之间存在联系。《尔雅》是一部编纂时间不早于公元前3世纪的中文辞典。这部书中包括了对三个玉盘的分类，依据是盘孔与盘子边缘的尺寸比例。[35] 但奇怪的是，这个广为引用的条目并没提及任何金属制品方面的特征。在这个条目出现的整个章节，连同后代添加的注释，都几乎没有出现有关金属或其他任何与铜的冶铸有关的内容。

甚至，引用《尔雅》的内容来论证这个钱币学命题还会引起另一个疑惑：最早的圜钱是圆孔而不是方孔，秦始皇采用方孔铜钱，被解释为用以强调"奉承天命"，以垄断货币的发行。这种理念得到了《吕氏春秋》（作于公元前239年）的支持，但此书也同样未将货币和冶金等事物作为参照。不过，此书相关章节将圆形作为"天"的标志，将方形作为"地"的标志。不过，华觉明在近来的研究中提出，货币形制向圜钱的转化和天地的符号化并无什么联系，更多的是技术因素的结果，因为中间带有方孔的钱币更便于用锉刀磨光外廓（成串的方孔铜钱在用锉刀打磨外廓金属毛刺时可以用方形的木棒加以固定，如果是圆孔那么打磨时就很容易打滑。——译者）。36

人们也可以在彭信威有关这一问题的某些论据中找到错误：为什么圜钱要模仿在当时通常为石质的纺轮，而更早的布币和刀币则是模仿自青铜的铲和刀？布币和刀币的价值应当源自它们可以被重铸为实用的铲和刀。更奇怪的是，中国领衔的钱币学家们从未考虑过中国货币受到外来影响的可能，而众所周知的是，战国时代楚国的青铜货币所模仿的货贝被公认为进口自东南亚地区。37

我们或许仍可有保留地断言，中国圜钱起源自"与世隔绝"的货币传统，因为通常我们认为这种货币形制起源自公元前4世纪中期的魏国，即秦国的东方邻国而非西部边境。不过，"与世隔绝"学派也承认圆形货币在约十年时间中从魏国向西（也向东）广为传播。据我所知，目前仍没有充足的碳14测年和考古发掘证据能清楚证明魏国是圜钱的发源地。如果魏国不是发源地，那也就没道理怀疑，圜钱可能受到过来自北方别国的影响。38

亚欧地区各地向圆形铸币的转化，大体发生于同一个时段中。这场过渡不仅在中国，包括在印度等地，都十分引人注目，而且都可能显示出东亚和东南亚的货币体系受到了西方或西亚地区（利底亚、爱尼奥—希腊和阿契美尼德）货币传统的影响。这或许表明，中国与西亚货币的早期联系（最可能是和希腊—巴克特里亚各类货币）也许与中国圜钱的出现有某些关系。某些古代的观察家如老普林尼（Pliny the Elder，公元43—79年）可能是当中最知名的一个——似乎指出希腊罗马货币长期东流，换取了来自中国和印度的奢侈品。39

沙伊德尔（Scheidel）对古罗马的货币化水平进行了开创性的研究，这也就要求学者对古代罗马与中国在采矿业领域的生产技术和生产组织的发展进步有更详细的了解。之所以有这样的要求，原因很大程度上在于欧洲各国经济一直依托于金属货币，直至17世纪中期当地出现纸币。粗略的比较显示出，尽管两地都普遍使用相似的生产工具，但罗马采矿者与帝国早期中国的采矿者相比，其采掘范围和地下采掘深度都绝对更胜一筹。罗马的许多矿场都变为国家所有的财产——这与中国的情况恰好相反，不过罗马仍有很多大规模的矿场由城邦（古代西方"城邦"可以作为一个集体占有某些财产。——译者）或个人占有并运营。即使在罗马的国有矿场，政府有时也将运营承包给个人、小型的社团组织或者大型的包税人公司（societatepublicanorum）及包税商（publicani），让奴隶或者雇工来补充劳动力的不足。[40]

包税商由合伙人（socii）组成，合伙人提供资本，包税商的管理则由一个或多个主方（magistri）负责，主方购买契约。罗马共和国时代晚期，包税商成为对国家的主要贷款者，他们的信使会为官员和重要人士传递讯息。后来甚至在包税商中间出现了一个股权（partes）的交易市场，其运营模式近似于卡特尔。[41] 而历史上在帝国时期中国政府的采矿业和征税部门中，则很难找到功能上可与罗马时代包税商相类比的人群。

从比较视角来看，我们须记住，青铜冶炼技术早在铸币产生之前一千五百年就在利底亚出现了，冶铁技术则是在铸币产生之前五百年出现。自一开始，利底亚铸币的生产技术就与中国传统的铸币技术不一样：利底亚的铸币以及大部分西方的铸币都是逐个铸造的，并用金属的浮雕模子和锤子在货币上铸出图案，而中国的圆形铸币则仅在模子上简单刻上文字而大批量地铸造而成。有证据显示，公元前2世纪前后欧洲一些地方开始流行在货币外廓上铸上花边，这项技术与古代中国铸币技术完全不同，但是这样的做法在中世纪就消失了。13 世纪的英国则发生过一次更大的技术进步：铸币者开始用精巧的剪子从铁质或金质的长条块上剪下来完全一样的金属块，再经过酸洗和锤炼，重新铸成完整的圆形铸币。蒸汽铸币之前最晚的一项重要技术进步，是铸币开始机械化，使用了轧钢机和螺旋锻压机。这提高了货币的铸边技术，有助于防止剪边、凿边等导致货币贬值的举动。[42]

来自小亚细亚、伊朗和印度的冶金术证据

来自伊朗西部努仕依加（Nush-i-Jan）的新的考古证据表明，巴比伦的"环状货币"早在米底亚王国时期（公元前 728—前 549 年）就已开始使用。有的铜环似乎是按统一标准设计制造的，在各地的重量也一致。[43] 很明显的是，后来的阿契美尼德帝国（公元前 550—前 330 年）从两个世纪前存在于当地的完全独立的货币体系中继承了某些部分，与帝国并存直至帝国灭亡之前几十年。另一方面，托罗斯地区（Taurus）南部和东部地区的货币，以苏美尔—巴比伦渊源的白银本位为基础。这一本位模式延续到了亚述时期，之后又延续到了阿契美尼德王朝时期，将埃及、叙利亚、东安纳托利亚（Eastern Anatolia）、伊朗高原和印度—伊朗边境地区都纳入其中。尽管在阿契美尼德帝国东部，诸如黄金、铅、谷物、肉或酒等商品不时地充作交易媒介，多数时候价值本位的标准仍是上等的白银。同样的价值本位标准可能影响到了印度古代的压铸银币（punch-markedcoinage）。[44]

比较而言，利底亚地区则以金银合金或金币作为价值本位，这显示出当地是阿契美尼德帝国的西北边界。低面值的西格罗银币（sigloi）是由谢克尔银币（shekel）演化而来的，与达里克金币按照 1∶20 的固定比价兑换。西格罗银币是东部地区的流通货币，达里克金币则是帝国西

部及更远地区更普遍流通的货币。达里克金币大多出土于小亚细亚地区、希腊、马其顿和意大利。西格罗银币大多发现于小亚细亚更往东直至巴基斯坦这一地区的窖藏当中，表明该货币对这些地区十分重要。[45]

希腊阿提卡地区（Attic）的四德拉克马银币（tetradrachm）很可能就是为了适应阿契美尼德东部的白银货币单位而设计的。在阿契美尼德统治下的埃及，希腊—雅典铸币的流通量曾相当之大。与阿契美尼德东部相比，西部辖区的安纳托利亚则发展出了一种黄金货币，有纯金的，也有合金的。在当地，最早的铸币由天然的金银合金打制而成。[46]

努仕依加（Nush-i-Jan）提供了新的证据，证据有力地显示出银块用作货币是在利底亚金银合金铸币出现之前，而且在流通中与新出现的银质的铸币有过竞争。不过，阿契美尼德帝国各地最终采用了圆形的达里克金币，也算是安纳托利亚创制改进圆形货币这一具有巨大影响力的事件的历史遗产。[47]

为了将这幅复杂的历史图景完整呈现出来，人们必须想一想，圆形铸币这一源自公元前7世纪的利底亚的历史创新，多大程度上影响了此后两个世纪的印度早期的货币形制，而印度的圆形货币的出现明确地早于中国圆形货币"圜钱"的出现。考古证据似乎可以表明，白银作为货币被引入印度，如被引入希腊一样，都经由了美索不达米亚文明，尽管印度的"条带状"（bent-bar）银币和稍晚的"压铸"银币的样式都毫无疑问是土生土长的。无可否认，努仕依加发现的银块与阿富汗出土的印度银质"条带"有类似的形制。即使是否认中国向圆形铸币的过渡受到了西方影响的斯加普斯（Schaps）教授，也承认印度原生的古代铸币可能是在与美索不达米亚—阿契美尼德相关的接触当中形成的，因为古印度的吠陀梵语文献中从未提及过拿白银用作货币的事情，这必然是外来文明影响的结果。[48]

一些钱币学家曾指出巴比伦对印度货币的影响。巴比伦的谢克尔银币（shekel）和印度压铸银币形制上有一个值得注意的共同点，就是二者形状均不规则但都遵从同样的重量标准，而且币面都没有铭文。巴比伦的银条从未在印度出土发现过，在印度及美索不达米亚的佛教文献中有关贸易的内容中也没有明确记载。然而有更多的记录证明了阿契美尼德的入侵以及许多波斯文化元素的引入，这表明印度的铸币厂可能因此受到过更直接的影响和启发。[49]

尽管希腊样式的铸币传统上被认为是从伊朗高原引入的，时间不早于塞琉古一世统治时期（在位时间：公元前305—前281年），在此仍有必要强调，圆形的达里克金币和西格罗银币在亚历山大大帝击败阿契美尼德帝国并入侵印度之前就已在小亚细亚流通了。达里克金币可能只在帝国西部地区制造，却是在整个伊朗—阿富汗地区乃至波斯帝国以外都得到承认的帝国货币单位。正因影响如此广泛，达里克金币之后成为亚历山大大帝在当地建立货币本位标准的样板。比较而言，公元前5世纪的西格罗银币则更多地是小亚细亚本地流通的货币，偶尔在小亚细亚通往埃及或叙利亚的道路上被发现。因此，阿契美尼德的铸币从未在中国西部边疆和印度被发现这一事实，并不能否定利底亚—阿契美尼德对公元前3世纪中国向圆形铸币的过渡产生过间接影响这一假设，尽管公元前3世纪希腊—巴克特里亚圆形铸币的传播尚未越过中亚地区。如果我们检视一下印度在与中国相近时段和相似环境下向圆形铸币过渡的历史过程，这一假设的可信性反而会增加。[50]

和拉克伯里一样，有些19世纪中期的欧洲学者也错误地认为印度铸币的出现于大约公元前4世纪，是亚历山大大帝入侵的结果。不过，近来的碳 14 测年表明最早的印度条带状银币和压铸银币可以追溯到公元前 6 世纪左右。发行这些货币的最大政权是摩揭陀（Magadha），其古老的首都帕塔里普（Pataliputra）位于离现代城市巴特那（Patna）不远的地方。银币的发现地遍布于印度—恒河平原，甚至向西到达阿富汗。这些银币形状大都是不规则的（或是矩形的），但是也有椭圆形（或圆形）的。甚至到亚历山大大帝入侵之后，印度大多数地方的铸币仍是矩形和银质的，比如孔雀王朝时代（公元前 321—前 185 年）的"卡莎帕纳"（Karshapana）各类货币，但是形制类似的铜币在那时也有铸造。[51]

印度和伊朗的文化经济交流，早在居鲁士大帝（Cyrus）向东扩张（公元前 558—前 530 年）之前就已经存在了，居鲁士大帝在扩张中将印度的犍陀罗（Gandhara），即今天的旁遮普（Punjab）并入了波斯帝国。大流士（Darius）在其统治时期（公元前 552—前 486 年），发动了又一场对印度西北地区的军事入侵。波斯波利斯（Persepolis）和那卡什伊拉斯坦木（Naksh-i-Rustam）所发现的文字资料中都有和印度相关的记载。直到公元前 5 世纪早期，伊朗人仍控制着这些地区，这比希腊人获得的地区霸权要早（阿契美尼德统治着印度，但在亚历山大大帝东征抵达旁遮普的时候，阿契美尼德人已经不在印度了，因而缺乏有关伊朗人在公元 4 世纪对这一地区产生影响的证据）。尽管印度从未出土过达里克金币，但在公元前 5 世纪的印度，阿契美尼德的货币很可能广为人知，白银可能流入当地以换取金砂。

不论摩揭陀（Maghada）早期的铸币是否是受到在巴比伦和阿契美尼德种类繁多的银条的间接影响而产生的，比较确定的是，印度孔雀王朝（公元前 321—前 185 年）的条带状银币和压制银币应当是缓慢而持续地转变为圆形，时间是阿育王（Ashoka）统治时期（公元前 304—前 232 年），这很可能是因为印度与西方各国贸易增加而更多地接触了他们的货币，以及佛教徒经常活跃在塔克西拉这类贸易集散地。[52] 毋庸置疑的是，到了公元1世纪，条带状银币和压制银币已经完全被带有希腊—巴克特里亚风格的圆形铸币取代。尽管那时候佛教徒还未到过中国，但我们或许可以推测，秦国曾与中亚地区的圆形铸币有过接触，这就可以解释为什么后来刀币和布币也在那一时期让位于圜钱。

亚历山大大帝征服巴克特里亚时，印度铸币就开始将本土的半抽象艺术风格反映在希腊的人像铸币上。印度铸币的希腊化，在贵霜帝国的迦腻色伽（Kanishka）统治时期（公元2世纪）达到了顶点。[53] 令人意外的是，已有的钱币学研究尚未系统和完整地分析讨论过亚欧各地的实物以及考古证据，目前似乎只有对各地域的单独研究，虽然世界史研究并不排斥跨地域的研究。近来的一些考古学证据支持着这个观点：早期的希腊铸币（不是阿契美尼德的）曾在印度南部流通。[54] 而足以证明希腊铸币在公元前曾进入中国的考古证据却至今尚未出现。

来自丝绸之路的稍晚证据

迦腻色伽掌权时代的贵霜王朝是一个统治地区包括今天中亚、中国新疆以及印度北部的大帝国，它使印度的铸币发生了最终的转型，这一点之前一节已经提到过。那时贵霜王朝的疆域曾与汉帝国的西部边疆接壤。公元161年，一位名叫"谢"的副王受贵霜国王派遣攻击汉朝在塔里木盆地的军事长官班超。[55] 值得我们关注的是，这些贵霜人是五个大月氏部族之一，而大月氏曾经在数个世纪之前征服过希腊—巴克特里亚王国。[56] 大月氏是源于斯基泰—吐火罗民族的游牧民族，[57] 在约公元前162年被匈奴赶出了中国今天的甘肃和新疆。[58] 在这之前，大月氏是匈奴和战国时秦国的西部近邻。大月氏的西迁引起了连锁反应：大月氏将塞人（Saka）赶到了帕提亚（Parthia），又征服了巴克特里亚。[59] 帕提亚国王弗拉特斯二世（Phraates II）和阿尔达班二世（Artabanus II，曾打败吐火罗）被入侵的"斯基泰人"杀死，[60] 直到米特里达梯二世（Mithradates II，开始统治于公元前124年）时期，帕提亚人才在锡斯坦（Sistan）制止了塞人的侵略。[61]

月氏的扩张在伊朗受挫，之后他们在公元1世纪和2世纪与汉朝和匈奴在中亚地区西部与塔里木盆地发生了冲突。中国的史料记载，月氏共有五位领主，分别统治其帝国联盟的五个部族。[62] 五个部族中，贵霜部族的头领逐渐成了月氏的最高统治者，就是丘就却（Kujula Kadphises）国王。[63] 贵霜人在其铸币上，将本族人自豪地描绘为戴着中亚斯基泰样式的头巾、穿着中亚斯基泰样式长靴的形象，以此来表明自己的族源。[64] 贵霜人所做的最有名的一件事可能是最早将佛教传入中国。贵霜位于地中海地区与东亚之间贸易通道的中枢位置，他们的书写系统部分取自希腊文，并积极同希腊罗马地区和中国进行贸易。[65] 希腊罗马的艺术风格对贵霜的建筑与艺术有重要影响，特别是雕刻与装饰领域。[66] 正是通过贵霜人的传播，公元前2世纪到公元3世纪间，希腊罗马的艺术风格也影响了东亚的佛教艺术。[67]

后来，贵霜盛行的犍陀罗佛教艺术对中国文化和艺术产生了巨大影响，因而我们不能排除公元前2世纪以前居于秦国西部的月氏—贵霜人就已开始在中国和西亚之间交流传播思想与物质文明的可能性。在亚历山大大帝死后至秦始皇以圜钱统一中国货币时，希腊—巴克特里亚王国和秦国（甘肃、新疆）之间的地域是由与斯基泰—吐火罗民族（如塞人和乌孙）有关联的月氏人控制的。[68] 他们毫无疑问会与粟特（Sogdia）和巴克特里亚进行贸易，而粟特和巴克特里亚在那时候又是使用希腊—巴克特里亚的圆形铸币的。如果在月氏东往秦国的道路上发现不了与此贸易相关的商品和货币，才是难以置信的。

更重要的是，在此时期内（公元前 4 世纪晚期到前 3 世纪中期）中国战国时代的各诸侯国，特别是秦国和赵国，对草原民族采取开放和接纳的态度。赵武灵王（公元前 325—前 299 年）生活于亚历山大大帝死后的时代，作为一位诸侯国君主，他鄙视风气保守的东方各国，进行了"胡服骑射"的改革（学习草原民族的风俗），以加强草原边境的军事实力。[69] 在战国时的北部和西部各国，这是十分流行的作法，因而模仿巴克特里亚的圆形铸币进行货币改革也是完全有可能在秦国发生的，毕竟秦国是战国各诸侯国中离月氏最近的一个。

中国人对他们最早见到希腊式铸币有着清晰的历史记载。班固（公元 32？—92 年）所撰的《汉书》（西汉王朝的历史）直到公元 111 年还没有流传出去，记录了公元前 206 年至公元 6 年的重要历史事件。在该书有关中亚地区的内容中，班固提到了罽宾国（可能位于今天阿富汗东部）所用的货币大多由金银制成，一面是骑马的武士，另一面是人像。[70]

总之，间接证据强烈地指明了圆形铸币由巴克特里亚传入中国的可能性。早期来自丝绸之路的考古证据或许表明西亚对中国出现圆形铸币有所影响，或至少对亚欧各地区相距遥远的货币体系的相互了解有所促进，不过这些考古证据都是公元后的。狄宇宙（Nicola Di Cosmo）认为公元前 4 世纪，生活在今天蒙古地区的游牧民族和中国进行了广泛的贸易，这些游牧民族十分喜爱刀币，因为在他们的墓葬中多有发现。这些民族也可以冶炼铜和铁，不过他们的冶金技术不是从中国而是从帕米尔高原地区传入的。[71]

在斯基泰东部的约公元前 4 世纪的墓葬中，发现过具有巴克特里亚样式的金银合金制的罐子，但是没发现巴克特里亚的货币。在蒙古地区的匈奴人墓葬中，既发现有黄金饰物，也有中国的丝绸，但是没有发现过希腊式的铸币。在更东边的冯素弗墓（辽宁北票）中，则发现有公元5世纪来自罗马的玻璃器具，但也没发现罗马铸币。[72] 萨珊和罗马的金币在内蒙古的呼和浩特附近却有发现。[73] 因此，在缺少用以勾画公元前3世纪世界贸易情形的清晰考古发现的情况下，20世纪初和本研究相关的最有价值的钱币学发现当属陕西与新疆和田的发现。

公元30年到150年，尊崇佛教的和阗（Khotan）国王发行了自己的铸币，融合了希腊和中国的风格以及铸币技术。这些铸币为铜质，大多是打制而成而非大批量浇注而成，一面写有汉字以表明其标准重量，另一面以佉卢文刻着国王的名字。这种货币的设计形制使得它与巴克特里亚的四德拉克马银币（tetradrachm）和中国按"两"计值的货币均可相兑换。而与这种和阗铜币同时出土的还有贵霜和中国同时期的货币。同样混合了中国和希腊风格的铸币，在龟兹也发现过，但铸币上面文字更多。在该地区的其他地方，萨珊王朝铸币自公元4世纪起就广泛流通，直至公元7世纪中国唐朝的开元通宝传入。[74]

20世纪初在陕西发现的一些铸币上完全没有汉字，只有一种变体的古希腊文——直至最近人们都这么以为。较之于这些铸币年代所引起的争议，更多的争议集中在它们的来源。最近在一篇文章中，马克·威利（Mark Whaley）指出，币面的文字实际是佉卢文的一种变体。佉卢文由流行于中亚地区的贵霜通用语（古印度语）衍生而来，是官府、商贸和佛教传播的交流媒介。在印度西北的阿育王的碑铭题刻中也使用了这种文字，这种文字可能最早以阿拉姆语为范本。马克·威利以此为证据，认为发现这些货币的渭河河谷的居民在公元前120年左右，经由居住于今天甘肃地区的吐火罗人，与印度西北曾有非常密切的贸易联系。[75] 带有汉字与佉卢文两种文字铸币（汉佉二体钱）的存在，也许可以证明西部的印度和巴克特里亚与东部的中国存在贸易联系。但仍有争议的问题是：这种联系早在公元前三四世纪就存在吗？即使中国与中亚的贸易以及佛教传入中亚这两件事和中国向圆形铸币过渡没有关系，我们也无论如何不能排除早期中国曾接触过阿契美尼德货币的可能性。

结论

公元前 3 世纪秦始皇以圆形铸币"圜钱"统一了中国货币，但是这一事件的渊源仍旧模糊不清，是一个有争论的话题。本章阐述了认为这一事件纯粹内生于中国本土而未受外来影响理论的各种观点，有东亚学者的也有西方学者的，但是这些观点都有内在的矛盾。比较而言，支持存在外来影响的观点，则有颇具说服力的、间接的以及考古方面的证据。

我们回顾了来自中东地区的历史经验，了解了利底亚、希腊和阿契美尼德帝国圆形铸币早期形成并得到广泛流通的历史。公元前 6 世纪波斯向印度扩张，以及之后亚历山大大帝和希腊—巴克特里亚人在公元前 4 世纪与公元前 3 世纪相继入侵印度，都曾经对印度转向使用圆形铸币起到了促进作用，甚至这一作用可能是决定性的。印度的这一转变完成于公元 2 世纪贵霜帝国（Kushan）统治时期。虽不完全确定，但是既然印度很有可能是在西亚地区影响之下而发生了货币领域的转变，那么我们就没有道理完全排除中国也可能受到过类似影响的可能性，中国货币转变时间上与印度十分接近（都在公元前 3 世纪）且也转化为圆形铸币。

思想观念、艺术题材和冶金技术从西亚经由中亚向中国的传播，最初的发生时间早于公元前 3 世纪。中国有关主动接触外国人（亚欧大陆中部）的官方历史记载是在公元前 4 世纪，当时中国尚处于帝国时期之前，这一历史记载已经被近来亚欧各地的考古发现所证明。

与欧洲不同，中国的铸币生产直至公元 19 世纪仍是以贱金属材料为主,而且采用的是金属冶炼技术而不是专门的铸币技术。广为接受的观点是,早期的冶金技术从西亚传入中国的时间要比秦朝采用圆形铸币的时间早得多。既然如此,那么中国圆形铸币是受外来影响而产生的假设就不显得那么有问题了。

贵霜帝国及其斯基泰—吐火罗臣属促进了印度采用圆形铸币,而且他们早在公元前3世纪之前就是早期秦国这些率先使用圆形铸币的封国的西部近邻,如果我们注意到这一事实,那么本章假设的可信度会进一步提高。众多的间接证据和考古证据都支持一个观点,就是中国引入圆形铸币是一场横扫整个亚欧地区的货币革命的一部分。中国西部各省仍在继续进行考古发掘,这会使得古代世界的全球化历史更加清晰起来,而那场全球化的的确确影响了我们对货币的某些基本理解认知。

之后几章谈及中世纪和近代早期的亚欧各地统治者出于追逐利益的需要而使货币贬值的内容,本章有关圆形铸币起源的内容与此有什么关系呢?我认为对今天法定货币的审视分析离不开近代以前统治政权下货币标准化和铸币特权建立的历史背景。如果说20世纪货币的独立特殊性是地域内国家主权的必然结果,那么我们就需要好好地分析一下这种独立特殊性最后又是如何从标准化货币当中分离出去的,尽管货币的标准化此前早已在一国或多国之间实现了。在此背景之下,一些重要的研究,如安吉拉·雷迪施(Angela Redish)的研究,帮助我们更好地理解早期近代欧洲机制铸币的传播关键在于欧洲各国普遍需要生产更为标准化的铸币,以更好地防止磨损和无处不在的剪边。[76]

不言自明的是,在此我们假设"圆形"作为一种货币形制优于其他任何形制,古代世界的各地都是如此,这比列奥纳多·达·芬奇(Lenoardo da Vinci)明确提出这一点要早得多——文艺复兴时期毕竟是欧洲机制铸币刚刚起步的时代。[77] 注意到这种形制的优点,是否经过了若干次的试错或多领域的交融？这一问题很少有人讨论。我们或许可以认为，近代以前的统治者以将货币形制设为"圆形"作为打击伪造并加强货币耐磨性和信用度的关键手段之一。在欧洲历史中，货币发行权总是意味着要在货币上精细地刻上本国的独特标记，以保证本国货币不同于他国货币。中国历史上铸币材料和技术都会产生令人诱惑的收益，这对货币形制的确定很重要，当然历史经验（路径依赖）同样对此有显著影响，之后的内容将论及在古代中国这些因素是如何在交织跌宕之中决定对于中国货币最为合理的大小形制的。就此而论，本章对已有研究的贡献并不大，因为没有确切地回答这两个问题：货币最初产生于何时何地？货币形制是如何收敛统一到圆形的？不过本章的贡献在于明确有力地提出了相同的问题，并在已有研究的启发下寻找了相关的资料证据。

第二章

从铸币到纸币：
比较视野下中国和西方银行纸币的起源与演化

欧亚各地近代早期纸币产生的历史基础是不同的，为了更好地阐释这一问题，也为了之后便于给各地纸币的出现进行时间排序，我们必须在更广阔的视角下审视帝国时期的中国和希腊罗马地区。罗马直至公元前4世纪晚期都不曾使用或铸造硬币，远远落后于希腊。在罗马铸造其第一批铜币之前，罗马曾使用过大希腊地区（Magna Graecia）的铸币。直到第一次皮洛士战争之后（公元前280—前275年），罗马的银币德拉克马（didrachm）才与铜质铸币并行流通，而且两类货币保持着固定兑换比率（1∶120）。这个比率是帝国时期中国一标准单位所兑铜质铸币的标准比率（1∶1000）的八倍。[1]

至公元2世纪早期，罗马的铸币绝大部分都是铜质的，铸成的铜币属于被用于付给士兵的报酬或分配战利品的符号货币，而经过捶打的铜材成为银币的补充。[2] 地中海地区到处都是和金属生产相关的地名。罗马人在公元前197年决定性地击败了马其顿，这些罗马人最初在塞浦路斯

（Cyprus，拉丁文写为 Kypris）采掘铜料，这是青铜合金的主要组成部分，而这种金属的拉丁文名字就是起源于此。类似的，罗马的青铜原产地是一座与布林迪西（Brundisium，现名 Brindisi）同音的城市，这里是罗马人加工塞浦路斯铜料的地方。白银和黄金则大多出产于远在西部的伊比利亚半岛的高卢（Gaul）和里奥廷托（Rio Tinto）。

罗马共和国时代位于马其顿的银矿逐渐恢复了生产，因而罗马的银质便士（denarii）开始成为早期奥古斯丁帝国货币的重要支柱。有估计显示，公元前 85 年到前 50 年之间，有超过四亿枚银质便士进入了流通领域。[3] 粗糙的铜锭和铸成的铜币此后在罗马帝国的西部边疆一带销声匿迹，但是铸币的类型变得越发丰富，而且帝国的东部地区流通着数百种由城市铸造而且与铸造地相联系的货币，这一状况一直持续到公元 3 世纪才结束，这一情况更增加了流通货币的多样性。因而有理由假设，罗马帝国晚期（公元 284—602 年）并没有形成单独统一的货币流通区域。

公元 5 世纪罗马帝国崩溃解体后降临欧洲的政治真空，使得不列颠诸岛在内的原帝国西部大片地区陷入了长达两百年没有铸币流通的境地。罗马的黄金铸币从人们视野中彻底消失，英格兰的第一枚银质小钱直到公元 765 年才出现。此后，英格兰的银质铸币也成为波兰和斯堪的纳维亚半岛众多地区的范本。[4] 然而，直至公元 10 世纪，英国的新"英镑"，即（上等的）银质铸币才出现。中世纪英国银质小钱的计量单位"先令"，实际上起源于更古老的罗马黄金铸币（solidus），而先令本身直到都铎时代才成为有形的货币。第一种得到广泛流通的英格兰金币（noble）则晚至公元 1351 年才出现。[5]

东汉王朝的瓦解以及随之而来的政治分裂，并未给中国货币领域带来与欧洲货币领域类似的巨大动乱。反而，在货币领域长期持续的进步使中国在五个世纪中领先于欧洲和中东，因而当 17 世纪银行纸币在欧洲出现时，纸币在东亚地区已经广为流通了。从更大的层面看，使中国早期货币的发展显著区别于世界其他文明的关键因素在于，进入公元后的中国十分依赖铜铸货币而且缺乏作为标准支付手段的黄金。[6]

董卓是一位臭名昭著的军阀，他导致了东汉王朝的灭亡。董卓曾用重量减损但面额不变的小钱代替标准的五铢钱，导致五铢钱的严重贬值。在此之前，东汉的货币体系一直保持稳定，很少出现非法的"私钱"。而另一种货币贬值的案例，发生于孙权割据称王的吴国。孙权在公元238年至246年发行了比五铢钱更重（大约7克）的铸币，但是其面额相当于一千枚或更多的旧五铢钱（当千大钱）。[7]

在政治分裂的六朝时期（公元222—589年），货币化水平比较低，尤其是黄河以北地区。中央政权的力量比东汉时期更加衰微，导致"私钱"泛滥，政府对此也越发坐视不管。铸币技术为私人掌控且得到了显著进步，但总体来看，货币的产量却减少了。[8]

面对标准铜钱产量减少、货币贬值和劣币流行，中国社会产生了一些颇有见地的观点，如军阀桓玄（公元369—404年）和身为学者的政治家沈约（公元441—513年），他们认为铸币应当完全由粮食、丝绸这类实物货币取代。而其他人，如将军沈庆之（公元386—465年）则建议政府应放弃垄断发行货币的特权，让私人铸币合法化。不过尽管存在政治分裂和立场分歧，中国传统治国理念中将铜钱视为经济支柱的观点仍很大程度上得以保持。这一点从某些例证中反映了出来，如鲁褒（生卒年不详）的《钱神论》——这是一篇讽刺当时社会崇拜、迷信铜钱的文章，再如学者孔琳之（公元369—422年）反对实物货币的论辩文章。[9]

马克·刘易斯（Mark E. Lewis）曾指出，总体而言，帝国早期的中国耕地相对缺乏，深水港口较少并且相距较远，这导致当时中国人口聚落呈现孤立而分散分布的特征。在罗马帝国贩运粮食的成本要比在中国低，因为地中海地区的各个粮食主产地之间紧密相连。[10]但是从货币视角来看，更重要的差异是城邦模式以及由城邦发行的货币在希腊罗马世界中占据至高无上的地位，而在中国，城邦则在物质上和思想上"转瞬即逝"——在此借用刘易斯的描述。与古罗马、中世纪欧洲和印度不同，中国的皇帝总是避免在首都的平民百姓面前展露尊容，所以东亚地区的钱币上一直不曾铸有人像。[11]

沃尔特·沙伊德尔（Walter Scheidel）重点研究了古罗马政治权力与意识形态之间疏松的关系，这与秦汉时代中国普遍地以儒家和法家思想为国家政权提供合法性基础形成了鲜明对照。也许正因如此，在古代中国，武士阶层的权力"很大程度上受到了抑制"，一个相对庞大的文职官僚队伍崛起，同时古代中国的经济并不很依赖奴隶劳动。沙伊德尔还罗列了各类不同的二手资料来表明，在公元400年，罗马皇帝雇用了三万名文职官员；而西汉时代（公元前206—公元9年）的中国，这一数字大约是罗马的四倍。[12]

不过从货币的角度看，沙伊德尔所提出的另一个观点更引人注目：罗马拥有众多富矿，加之共和国时代以后其贵金属铸币更多，因而是比中国货币化程度更高的政权。这是他基于众多不同来源的资料得出的试探性的结论。[13]

然而，纸币在中国出现得更早，而且纸就是在中国被发明出来的（汉代）。[14]在中国，银行和信用货币的雏形可以追溯至唐朝（公元617—907年）的鼎盛时期。一个例子是"柜坊"的出现，在那里，商人可以将流动资金存储起来以防失火和被盗，并且随时可以将存款汇给第三方，柜坊要从中收一部分服务费。人们普遍认为早期这类金融机构的所有者已经用客户的存款设计出了贷款的调用计划以增加房屋的使用率。不过，据说在10世纪初期，柜坊已经和那些不甚可靠的投机者攀上了联系，这些投机者要么是为了迅速发财而给铜钱掺假的惯犯,要么是将柜坊转手卖出以筹集赌资的赌徒。[15]

柜坊与唐代货币的另一个重要发明——"飞钱"同时产生。飞钱出现于唐宪宗年间(公元806—820年),依托于一套政府公共管理的机制,借此机制商人从官方的财政部门获得代表流动资金的一纸凭证,可以轻便地去往其他省份,再到当地的飞钱存储地提取所需现金。柜坊和飞钱分布于唐朝首都长安和其他城市中心,它们成为不断发展的信用经济最为显著的标志。但是私人经营的柜坊魅力逐渐消退,而各类飞钱到五代时期(公元907—960年)仍继续使用,为北宋时期(公元960—1127年)世界最早的成熟的信用纸币的出现与推广奠定了基础。[16]

"宋代工业革命"

在中国,信用货币的概念最早发端于晚唐,当时首次将纸券用作货币,也源自于唐代灭亡后政治分裂的五代时期在地区间贸易流通的各式各样的贱金属铸币。那时候各地战火连绵,北方的铜矿生产陷于停滞。因为铜料日渐稀少,所有军阀都试图阻止本地铜钱通过跨界贸易流向其他人的辖地。南汉、闽、吴越、南唐、楚、后唐和后蜀各国都铸造贬值严重的铜钱或者用铅、铁甚至用陶土来制造的货币,以保证货币能在国内流通,比如用来支付士兵的工资。这些货币的内在价值必然很低,但事实上迈开了中国货币脱离其金属价值基础的第一步。

随着北宋在10—11世纪重新实现政治统一,一系列新的信用工具出现了,例如一种称为"赊"的私人信用方式,买方和卖方签订一份一个月的契约,约定买方卖出货物后再支付货款。而四川的铁钱交易契约得以广泛使用和流通,正是在这类信用契约得以流通的背景下出现的。[17]

10世纪晚期北宋军队占领四川,当地正普遍流通后蜀铸造的铁钱,新朝廷发行的铜钱难以完全替代铁钱,主要是由于官方制定的铁钱和铜钱的比价不合理。结果,沉重的四川铁钱被成堆地贮藏起来,当地最富有家族中的16户以此为准备发行信用券,并实施相应管理。[18] 重要的是,在宋朝牢固地控制了西南地区之后,纸币的管理权限就被政府收走了。纸币的管理权限出现了如此唐突和随意的转移,使得世界上最早的信用纸币显得尤其脆弱不稳。[19]

导致宋朝政府取缔和接管四川地区(后被称作益州)私人纸币发行权的一连串事件异常曲折复杂,很难在此逐一阐述,但是这对我们以比较视角理解货币史至关重要。北宋于公元965年攻灭后蜀,新朝廷发现货币流通中后蜀发行的铁钱驱逐了优质的铜钱,如格雷欣法则所言。不过到了公元979年,朝廷示意要采用新的征税方法,逐渐从征收铁钱转为征收铜钱。这立刻导致铁钱价格的暴跌,因为当地人们争先恐后地收集储藏铜钱。因此在公元982年,朝廷的决策者决定为防止市场动荡,让四川成为独立的货币流通区,后蜀铁钱可继续用于交税,而且当地继续铸造新的北宋铁钱。需要用铜钱从外省购买大宗货物的四川商人,必须依照规定拿铁钱在政府制定的货币仓库兑换。[20]

公元993年,尽管当时宋朝官方想采用铁钱,但铁钱兑换铜钱的比率直线下跌,加之中央政府对四川的财政攫取过多,导致了首府成都一带爆发了农民起义。起义导致当地的官营矿场停产一年。如此境况扰乱了大量铁钱的供给与流通,因而一些商人转而使用以铁钱标价的纸币。[21]

也许与我们的预期相反,这类纸币(交子)在之后的十年中尽管频繁地被伪造,却得以扎下根来。公元1005年,宋朝在成都的新任地方官张咏(公元946—1015年)打算将发行权限制于领头的16家商户来稳定私人发行交子的币值。尽管面临不少监管问题,限制发行权意味着有助于增加纸币吸引力：地方政府更为严格的监管似乎使得纸币的流通更为广泛。[22]

然而到了公元 1020 年，私人发行的交子已再度严重贬值，其信誉难以总得到发行商户的担保，结果这些商户被张咏的继任者寇瑊勒令关门，尽管这一举措招致了普遍抗议。实际上，如果新一任成都地方长官薛田没有在公元 1023 年恢复发行作为官方货币的交子，中国纸币的发行史会非常短暂。不仅如此，薛田还设立地方交易机构负责管理交子和金属货币的兑换，收取 3% 的少量交易费。薛田还进一步打算限制交子发行量，三年中最多发行 125 万贯，同时要求货币管理机构随时持有 36 万贯金属币作为准备金。[23]

很快，宋朝统治者注意到四川地区的货币发行可用于为国库筹资。对愿意运输物资到宋辽、宋夏交战的北部边疆的商人，宋朝政府会付给各类纸币，可用来在四川兑换铁钱或者交子，这些纸币以政府垄断经营盐茶贸易的收入为信用保证。不过，到公元 1105 年，四川的纸币交子再度贬值，以至于只能打一个大折扣而按 4∶1 的比例兑换政府发行的以铜钱标注面额的另一种纸币"钱引"，否则就会作废。此后不久，由于女真人入侵，战争情势紧迫，宋朝滥发钱引，导致这种纸币变得一钱不值。女真人在入侵中原之后建立了金朝。[24]

¥

信用经济的扩展是伊懋可（Mark Elvin）等人所言的"中世纪时代中国经济革命"的组成部分之一。这场革命发生于北宋（公元 960—1127 年）和南宋（公元 1127—1279 年）时期。[25] 在金王朝公元 1126 年入侵之前，宋朝以开封为首都，在经济改革中宋王朝在各领域呈现的利益取向并不均衡。冶金技术、兵器制造、印刷术和航海技术都在这一时期取得了关键性的进步。信用货币和金属货币在种类与数量上都急剧增加,以至于银块都一度被作为高价值的交易媒介。[26]

或许最足以表示北宋时期中国所达到的全世界前所未有的货币化程度的指标,是当时政府全部收入中高达 70% 的部分是金属货币或纸币形式,形成对照的是帝国时期之前政府收入中劳役和实物税如粮食占了大部分。也许有人认为一个经济体的货币化不会仅仅通过财税体制的转变而实现,还需要更大量的货币生产、政府纸币的发行以及最为重要的因素:新的市场运作模式。例如在公元 1077 年左右,帝国政府财政收入的保守估计是 6450 万贯铜钱,其中仅有 36.5% 是传统的土地税。如考虑到明清时期中国人口的增长,与明清两代帝国财政收入的结构相比,宋代的这一税收总量实在惊人。[27]

另一项值得注意的是,1077 年帝国财政收入的其他来源有:盐、酒、茶的垄断经营(占 34%),采矿活动(6.2%),商贸关税(13.5%)。或者说,商业领域的税源连同传统的税源如土地税等,在当时变得异常重要,尽管这些税源所获收入所占的总比重与近代早期的英国相比仍略低。而南宋时期政府粮食收入对货币性收入的比率更低,因为可供征税的大片耕地已丢给了女真和蒙古入侵者。[28]

相比较而言,11 世纪诺曼王朝时期的英国,皇室的财政收入主要是土地税,每年收入总计仅有 170 万英镑左右,其中 64% 都用于军事开支。因而王朝统治者开征人头税,增加海关关税和国内货物税。这预示皇室财政收入中土地税的比重会永久性减少。而中国政府的财政收入在北宋时期达到巅峰后,却似乎没怎么增长。英国皇室的年度财政收入在 17 世纪初期则达到了 500 万英镑。同等重要的是,英国的商业税占总收入的 70% 左右,18 世纪初期英国的利率明显低于 11 世纪,而且国王开始通过英格兰银行面向国内国外的贷款者发行"国债"。[29]

而中世纪晚期欧洲其他地区的统治者，对土地税的依赖应是明显强于北宋时期的中国的。在近代早期以前，频繁的战争、大量的军事开支意味着欧洲的统治者要竭力寻找新的财富之源：出售贵族头衔，出售攫取商业利益的特权，如设置收税关卡。[30]

¥

为了维持生产关系所呈现出的前所未有的高货币化程度，北宋王朝起初打算维持货币的铸造生产水平。著名的改革家王安石（公元1021—1086年），是被后代新儒家严厉批判为"国家主义者"的人，曾打算引入私人部门经营以确保金属原料的供给能满足货币生产增加的需要。为达到这一目的，他大幅放松国家对铜矿采掘的限制（铜禁），并将矿场的强制劳动改为雇佣劳动，给各地矿场的管理者更多自主权，提高金属价格和加强对交通运输的管控，减少对矿藏财富的征税——从30%降至20%。这些举措吸引越来越多的探矿者投身于采矿业。[31]

王安石刚一在皇帝宋神宗身边就任要职，就把供给标准铜钱作为他的一项重要施政纲领。王安石热情地汇总冶金技术，并如前详述，通过市场机制提供激励，使得全国的铜矿和铸币厂的总产量都翻了一番，一年中采掘了9000吨铜矿原料，铸造了多达500万贯（50亿枚）铜钱。为了理解北宋货币铸造的惊人规模，我们有必要提醒一点：一般认为13世纪晚期伦敦铸币厂的年产量是大约5000万枚便士银币（英国当时的主要流通货币）。[32]

但王安石所要求的货币铸造量也未必充分满足社会对铜钱的需求，因为人们发现许多新铸的铜钱被运往朝鲜、日本和东南亚，在那里铜钱被视为优质的交易媒介。而广大农业领域对铜钱的需求更给国家控制的采矿业带来了极大的压力。一方面满足社会对货币需求的难度在于持续铸钱的成本较高；另一方面，各省官府从铸造低值货币中获取的利润又太少。这就导致了持久的"钱荒"，但不是仅发生在王安石当权的时代，事实上，钱荒可以部分地解释为什么铁钱在唐宋之际会出现。[33]

货币的稀缺引起了周行己等学者的注意。周行己赞同发行纸币以补充货币的不足，他嘲讽那些强调货币重要性的人，认为"粮食"才是真正重要的。他用通俗直白的语言表达自己的观点，认为货币"饥不可食"。[34]如引言部分所引述的话，周行己总结道，政府要想保证纸币的发行流通稳定而且对政府有利可图，就须保证有发行纸币面值三分之二的金属钱币作为准备金，以供纸币兑换的不时之需。他对发行太多不足值的"当十钱"抱有疑虑，因为这种钱发行多了易导致通货膨胀。周行己并未主张完全废止那些面值大于其实际金属价值的"大钱"，也不认为政府不应该通过铸币来获取收益，他只是认为大钱的发行导致货币的急剧贬值，如果情况过于严重，大钱会导致整个货币体系的不稳定。周行己有关保证纸币发行的理想准备金（金属钱币或金银）比率的设想，早于欧洲六个世纪。[35]

直到19世纪，欧洲认为私人发行纸币的适宜准备金率也是介于三分之一到三分之二之间，这是本书第五章所要谈及的。但近代以前的欧洲所没有的，是"大钱"的概念及发行。铸币的金属价值一夜之间降为其面值的三分之一，这是欧洲历史上几乎从未有过的事情。从大小和内涵来看，也许最接近于中国"大钱"的货币是拜占庭皇帝阿纳斯塔修斯一世（Anastasius I，在位时间：公元491—518年）所发行的大号铜币，有不同以"文"（nummi）计的面值。比如一枚面值四十文的铸币（follis）有9.34克重，而一枚十文的铸币却有2.05克重。这就意味着四十文的铸币所含金属的价值要比其面值高，这和中国大钱所蕴含的意味是完全相反的。[36]

"钱荒"为何发生以及如何应对,是11世纪中国人治国理政所面临的重要问题,引起了很大的争论。争论中秉持理学观点的官员猛烈抨击王安石,这很大程度上和北宋后期人均铸钱量的大为减少有关。学识渊博的沈括(公元1033—1097年)是王安石的支持者,他敏锐地察觉到货币的短缺部分是由海外诸国对中国铜钱的需求以及中国人口的增长导致的。沈括认为,在不增加对采矿和冶铸新钱的投资的前提下,满足社会日益增长的货币需求的最佳解决方案有两个,其一是发行价值较高的金银铸币,这样将钱币走私到海外就没有牟利的空间了;其二是发行以政府的食盐贸易收益为支撑的盐钞。[37]

一些王安石的反对者也注意到铜钱流失到海外是导致钱荒的重要原因之一,但他们反而批评王安石放开政府对铜矿开采的垄断更会加重铜钱的流失。理学大师司马光认为,政府最不明智的举措在于过快地推进农村经济的货币化,扰乱有很强时间周期性的农村经济,导致物价上涨。而且,司马光不认为外来的刺激能促进经济增长,他认为只有人口增长才能增大产出这张"饼",为了提高生产率的一切努力都必然是个零和博弈,这场博弈中财富不会因为生产获得而增加,只会转移到政府和既得利益者手里。[38]

钱荒这个严重的问题一直得不到缓解,直至14世纪。王安石那套从货币供给入手的方案也就失去了人们的支持。到了南宋时期,人们对不足值的大型铸币"大钱"、纸质的货币工具以及铁钱(除四川以外地区)变得越发依赖。这很大程度上是北宋政府未能铸造足值铜钱以供流通,使得已经货币化的税收制度难以为继的结果。当时纸质的货币工具(不全是纸币,纸质的茶引、盐印等也是。——译者)已经不限于政府提供保证的价值凭据了，私人的价值凭据或者商品兑换券也大行其道。后来，货币的短缺导致南宋政府以及一些商人试着搞所谓"短陌"，就是只有八十枚钱，流通中却当作一"陌"——一百枚钱使用。[39]

宋朝将"短陌"制度化是一个标志性的历史事件，因为以前历代王朝的观念中，一贯都是等于成串的一千枚铜钱，这可能和帝国早期人们将当作货币的海贝串成串来使用的习惯有关。早在西汉时期，司马迁在《史记》中就记载了一贯等于一千枚铜钱。但到了唐代，一贯钱在市场交易中就少于一千枚钱了，这可能是货币短缺的结果，不过当时这种"短陌"的做法还没有制度化。[40]

更为重要的事件是，随着宋徽宗被金朝人废黜，原本以王安石为首的改革派彻底失势，这也导致铜钱的铸造量持续下降。这更影响了宋朝政府日后的经济政策，其对商人士绅阶层在经济上的管控能力被削弱，尽管表面来看皇帝仍是乾纲独断、无所不能，而且出现变化的不限于经济政策。尽管王安石奉行经济上的国家主义并增加乡村的民兵武装，他在政治策略上仍是个受佛教和道教影响的现实主义者。他的为官理念是推崇技术经验，而不是儒家的引经据典、道德说教。他还试图按这样的理念对科举制度进行改革。王安石那些未能长期实施的促进商业发展的举措和富国强兵、抵御外辱的华丽辞藻，并没有使得军队变得足够强大，能抵挡住北方草原敌人的侵略，这使得当代及以后历代宋朝君臣对王安石及其追随者们的改革主张都不抱有好感，这对改革的理念与主张而言是不公正的。[41]

值得一提的是，王安石的反对者指控王安石又搞起了秦国商鞅（公元前390—前338年）那套恶名昭彰的暴政，而王安石也的确是说过想要以人民（士绅地主）利益为代价来"富国强兵"，哪怕违背孔夫子的仁政原则也在所不惜。[42]而后"富国强兵"这个口号在八百年之后的日本成为那场翻天覆地的改革——"明治维新"的重要口号。这个口号集中体现了明治时代日本的政治寡头是如何从儒家理念中解脱出来的。明治时代的日本致力于成为第一个实现工业化的非西方国家，这一努力是在借自古代中国治国理念的一句口号之下进行的，而中国当时却受这些理念中消极因素的束缚而踟蹰不前。同时代的美国和普鲁士在其现代化过程中，也提出过同等重要的理念和口号。明治时代的日本在推动现代化过程中，并不是简单地引入西方自由主义的思想，而是从内质上效法西方，关键在于有坚定不移的政策作为保证——如古代中国某些时候所做的那样。对明治时代日本的政治寡头而言，现代化不仅仅体现于取消君主集权、保障公众参与政府的权利等英国模式的特征上，更体现于国家要比德川时代更深入地渗入社会这一特征上。而美国人的"小政府"理念则无论如何不受日本的重视和欢迎。[43]

¥

整个南宋时期铜钱都是除四川以外各地区的标准流通货币。四川地区是主要的货币贮藏地，那里名义上十枚铁钱兑换一枚铜钱。而在其他地区，宋朝铁钱仅仅是作为辅币使用。不过铁钱因为迅速贬值而大量地流回政府已积极禁止铜钱流通的四川。[44]

四川铁钱在宋朝建立之前就出现了，不过宋朝政府试图管理四川地区私人发行的以铁钱为面值的纸币，这预示着纸币已经发展为一种由国家发行并在大范围内受到认可的交易媒介。1073年之前，国家发行的纸币与金属钱币的可兑换性还比较稳定，但之后宋朝为了维持其统治机器，开始大量发行纸币以抵补金属钱所征税收的不足，却没有拿金属钱从私人手里收兑纸币（拿钱清缴）。因为近代以前的纸币尚不完善，贬值十分迅速，北宋政府不仅要限制纸币的发行与流通地域，还必须想法子限制纸币的流通使用期限，一般是若干年（界）。到了使用期限，旧纸币就必须按照很大的折价兑换为新纸币，这种策略元朝和明朝也一直采用。公元1073年，为了巩固与北方草原民族的和平，宋朝的财政压力达到了顶点，宋朝政府开始发行没有准备金的交子，它们不能用来兑换国库里的金属钱。实际上，早在1073年之前，这类纸质货币工具就已经不完全和金属钱绑定了，因为宋朝政府一直需要商人向西北地区转运物资，西北地区对其他地区一直存在贸易赤字。而宋朝政府付给从内地向西北运输货物的商人的报酬不是铜钱，而是特许凭证。凭此，商人可以在其家乡的省份享受税收减免待遇或者参与由政府严格管控的食盐贸易。[45]

沈括曾建议发行以金银铸币为面值的纸币，以此满足经济货币化的需求并支付国家机关日渐增长的开支。这个建议十分值得注意，因为它并未被采纳执行。由此我们可以对比发现，中世纪亚欧其他地区的统治者在琢磨着如何给金银铸币贬值的时候，宋朝君臣中的大多数却在盘算着使用纸币。

后来白银在宋代经济中的地位又如何呢？白银在某些领域和用途中成为稳定的支付手段了吗？还是说，白银的地位仍旧微不足道，难道仅仅因为从帝国早期开始就这样？这些问题的答案都很简单：与五代时期相比，宋代白银的货币化水平已经提高了，被铸造为扁平的条状（铤）。在支付税款中，银铤是按重量而非个数计值的。但是银铤的使用很大程度仅限于商人和放贷者，因而仅在有大量海外白银流入的中心城市流通。纸币则是一种普遍得多的交易媒介，尽管其面值是成百甚至上千枚铜钱。农民是当时国家税收的主要贡献者，他们很大程度上游离于信用经济之外。重要的事件是，由于宋朝可以从陆上或海上贸易自海外输入金银，国内的银矿生产在王安石变法失败以后就相应地下降了。[46]

我们该拿什么经济理论来解释纸币这样一种新型货币的推广呢？以

日后欧洲发行货币的历史来看，公众对政府发行纸币的充分接受最初是建立于稳固的金属储备规则之上的，这一点在引言部分略有提及。在中国，一如薛田和周行己之前的时代，较少有人去强调纸币发行要有充足准备金这个细节问题。[47]

中国同样有关于纸币发行需备充足准备金以保证纸币可兑换性并被公众普遍接受的讨论，但一般都是在"称提"这个晦涩的字眼之下进行的，翻译为现代语言意为"再定价"。南宋时期，随着领土萎缩和纸币贬值，"称提"通常意味着需要铸造更多铜钱以压低纸币的相对价值。这样官员们也就能少去批评皇帝滥发纸币或进谏坚持纸币与金银块和金属钱的兑换率了。有关金属钱币铸造的讨论，通常是按照古代"子母相权"的比喻而展开，这个比喻最初是在纯粹金属货币流通的环境下用于分析不同类型货币的重量的。和人们的直觉或许相反，宋代货币体系中"母"是铜钱，大面额的纸币才是"子"。由此我们可以看出，低面额的铜钱居然具有如此长久的活力。类似的，纸币也常被称为"虚"，铜钱则被称为"实"。另一个对单旗理论的改编，是用以形容宋代纸币的流通状况，如果纸币滥发，就称之为"轻"；如果管理得当，就称为"重"。[48]

而在此之后，宋代纸币一个很有意思的现象是各地方私人发行纸币的出现，这是欧洲同样出现过的情形。私人发行的货币工具的出现，通常说明信用经济已经从税收的货币化发展中脱离出来。不过只有当国家接管纸币发行，纸币才真正能够在各地区自由流通，脱离其发行地域的限制。更进一步的是，国家纸币逐渐脱离了金属准备，例如南宋的主要纸币会子，信用性要高于交子和钱印，当然这仅仅是从在南宋时纸币面值所示的铜钱铸造量远少于北宋这个角度来看的。北宋时期以铜钱标注面值的钱印要按折价流通，但后来仍可以在商人间流通使用，或许正因此，南宋政府得出会子不必保持十足可兑换性的结论。就此而论，两宋的历史交替或许预示不可兑现的法定货币的产生，近代以前的中国也不再完全使用金属货币。[49]

类似的，随着宋朝军队向南方撤退，宋朝政府越发地向不兑现纸币和铁钱靠拢，不仅在四川，整个淮南地区也被包括进来。这也似乎预示着日后中国人的治国策略中，不兑现纸币的出现总是伴随着王朝的衰落（衰叔）。[50]不过在周行己之后，治国方略中要求保持纸币准备金固定比率的呼声越来越小，即使纸币准备金比率原则为人们所熟知。南宋时的袁燮（公元1144—1224年）或许是偏离这一原则的言论中最有代表性的一个：

> 楮之为物也，多则贱，少则贵，收之则少矣；贱则壅，贵则通，收之则通矣。[51]

在公元1127年左右，北宋纸币脱离了固定的准备金比率，这正是宋朝军队面对西夏党项人和金朝女真人入侵仓皇南撤的时候。宋朝在杭州站稳跟脚时，正苦于日益增长的军事开支。朝中强硬派主张光复故土，而软弱派则主张同北方敌国维持现状，以免加重财政负担。公元1135年，南宋朝廷试图仅在边境地区发行不可兑现的纸币，以使朝中两派保持平衡。不过，新的纸币被商人和各省官吏拒收，以致公元1160年纸币不得不恢复可以与金属币相兑换的状态。[52]

北方游牧民族一直对宋朝存有威胁，与此同时，他们也模仿宋朝制度和文化，越来越多地容纳定居的汉族人。不过如其铸币设计所显示的，游牧民族模仿的模式并不完全一样。比如，最终灭亡宋朝的蒙古人，就曾在有的铜钱上铸八思巴文，而金朝的女真人则只在铜钱上铸汉字。公元1157年，金朝首次印制了宋朝样式的以铜钱标注面额的纸币，1197年则印制了以白银标注面值的纸币。但金朝在多大程度上遵循了纸币的准备金原则，尚不为人所知。[53]

宋金之间在货币领域的争斗是五代时期状况的重演，类似于后世的重商主义：宋金双方都试图使用不兑现的法定货币，以防铜钱和白银流向对方，但是由于缺少铜钱，双方的纸币都贬值很快。为应对此局面，金朝发行使用更为低贱的铁钱，并放开了政府对采矿和冶铸业的垄断以促进金属的采掘，这和之前北宋所尝试的一样。最终，金朝纸币在公元1206年宣告崩溃。与此同时，蒙古人已在北方攒足实力，南下攻打金朝。金朝通过滥发纸币，和以硬通货币向平民征税等来筹措军资，抵抗蒙古人入侵。不久之后，金朝纸币变得一钱不值。但这也在某种程度上影响了日后蒙古人的货币政策：与以铜钱和铁钱标注纸币面值的宋朝相比，金朝和元朝的纸币都与白银关系更为密切。[54]

蒙元的遗产

纸币的发明能为近代早期的欧洲人所了解，得益于马可·波罗所著的有影响力的游记。因此，直到近来多数涉及中国的货币领域的经典研究，都关注蒙古人统治的元朝（公元1271—1368年）及其建立者忽必烈大汗（在位时间：公元1260—1294年），马可·波罗曾经为其效力。[55] 因而在此也就不必重复一遍之前研究的内容了。本节的新意在于，重点阐述了元朝货币政策与宋朝的区别，以及这些政策在马可·波罗离开中国之后不久就难以维持了。

成吉思汗死后（公元1227年），他所建立的横跨欧亚的庞大帝国瓦解成了四个区域或汗国，它们由成吉思汗的子孙们各自独立地统治。按照现在的地理区位来看，四个汗国分别与四个地域大体重合：察合台汗国是中亚，金帐汗国是俄罗斯，元朝是中国，伊利汗国是伊朗。四个汗国的区域内都独立，但不约而同地采用白银作为基准货币，并独立地建立了以金银为基础的税收体系，同时，区域间存在交流联系。由此可见蒙古人普遍偏好使用白银，这导致了全球对白银的总需求上升、白银价格上涨。[56]

蒙古人尽管在中国以及后来的伊朗都发行纸币，但只有在中国，纸币居于主导地位而且保持了相对的稳定，直至13世纪后半期。这也显示出宋代货币历史经验的影响所在。元朝纸币的相对稳定、流通广泛、普遍受信任，给马可·波罗留下了深刻印象，也使得中国的货币发展历程与亚欧其他地区区别开来。

元朝之前的宋、金两朝都曾滥发纸币，如何解释元朝纸币受到普遍欢迎呢？其关键可能在于元朝纸币有稳定的外部政治环境，有亚欧各地之间不断扩展的商贸往来，以及稳定的金属储备。公元1276年，忽必烈在中国南方对苟延残喘的南宋取得了决定性的军事胜利，正式建立了元朝，元朝成为第一个统治全中国的异族王朝。自此之后，如罗茂瑞（Morris Rossabi）所言，忽必烈一直致力于维持帝国的稳定并促进与其他汗国的关系，因而加强了对远途商人的保护，这一点上忽必烈比儒家法家影响之下的其他中国皇帝做得要好。反过来，商人也以接受元朝所发行纸币的方式来表达他们对蒙古军事保护的感谢与敬意，所以元朝纸币比宋朝纸币得到了更大范围的接纳。为了不破坏人们对信用货币的印象，忽必烈没有简单地宣布南宋的纸币会子作废，而是采取更明智的策略，在南宋灭亡后的几年中准许其与元朝纸币折价兑换。[57]

为了更好地理解元朝的货币政策，人们应当想起一点，就是13世纪、14世纪的中国钱荒依旧间歇地发生，是由于东亚其他地区以及东南亚这些广泛流通中国铜钱的地区货币化水平提高。而另一方面，白银以持续增长的速度从东西两个方向的贸易通道流入中国，因为中国一直存在贸易顺差。贱金属的供给日益萎缩，难以作为基准货币，元朝因而最终决定完全放弃铸造铜钱。尽管蒙古人继续在其他地区铸造银币，但在公元1259年之后蒙古人从未在中国铸造过银币。而早在公元1260年，尚未正式定名立国的元朝，就已逐渐依托于可以兑换金属的纸币了。当时元朝官方限制在商贸活动中铜钱和金银的自由流通（除非是用它们来向官方兑换纸币）。[58]

而元朝纸币与宋朝纸币更大的一个不同在于，元朝纸币因循了金朝的经验，部分纸币用白银标注面值，而且以白银作为主要的准备金。另外，至少观念上早期元朝纸币是用丝来标注面值并作为实物准备的。结果是元朝铸造的铜钱更少，比铸造量已经大减的南宋还要少。而且，元朝政府还要求税收要以其发行的纸币搭上一部分白银来缴纳。[59]

在观念上，元朝最重要的货币单位是"元宝"，元宝一般是锭状的银块，一个标准的元宝重五十两，即包含大约两公斤重的白银。因而，尽管大多数元朝纸币是以"贯"即一千枚铜钱来标定面值，纸币在市场上仍常常以"贯"与白银的比价来定值，按官方比价，一两等于两贯。[60]

元朝的货币政策与南宋的货币政策还有其他一些不同的地方。南宋曾划定过不同的货币流通区，这很大程度上是为了防止铜钱流出边境。如之前所述，北宋时期铁钱只限定在四川和西北地区流通，但是在公元1189年之后，南宋政府在长江下游一些地区也发行了铁钱以供流通。通常，宋朝纸币只能在一地兑换现金，而不能在另一地。比较而言，元朝纸币无论在中国任何地方都能得以自由兑换。[61]

元朝很少铸钱，使得纸币成为主要的支付手段。类似的是，日常交易中金银的使用也受到限制，这意味着元朝政府试图用纸币去满足农业生产部门对货币的零碎需求。因而，宋朝纸币大多以多少千枚铜钱标注面值，两百枚铜钱可能是最小面值。而元朝纸币面值则是若干"贯"，一"贯"即一千枚铜钱，实际上仅仅值两枚（文）铜钱。[62]

整个元朝最重要的纸币是以白银为准备金的（"中统元宝交钞"）。人们认为忽必烈选择"中统"这个名称，意在减缓众多汉族人对蒙古人野蛮入侵以及首任财政长官阿合马（Ahmad Fanakati）贪婪掠夺之举的反感。自公元1277年完成对全中国的征服之后，元朝就着手采取前所未有的措施以维持纸币的流通：严格限制金银条块的自由流通。到了1287年，忽必烈的新任藏族财政长官沙罗巴（Sangha）宣布，中统纸币不再能兑换现金（当时的"现金"就是金银或者铜钱等金属货币。——译者），只能按照1：5的折价兑换新发行的至元纸币。[63]

公元1287年，这个因马可·波罗的强调而知名的年份，标志着元朝纸币黄金时代的结束。与宋朝中期纸币突然变得不可兑换不同，元朝纸币似乎并非是在军事防御开支膨胀的压力下走向衰落的。元朝纸币突然变得不可兑换，可能是军事扩张导致国库紧张的结果，更具体地说，是蒙元入侵日本（1274年、1281年）花费巨大而终告失败的结果。

纸币变得不可兑换，很大程度上也是蒙古人惯于大肆赏赐皇室宗族亲属的结果。赏赐在1294年忽必烈去世后变得越发频繁。然而忽必烈的继任者铁穆尔（在位时间：公元1294—1307年）不愿多征赋税，使得赏赐只能使用各地方用作纸币准备金的白银。结果准备金被转移到了元朝首都的国库，位于今天的北京附近，到了14世纪初期，各地方仓库（平准库）中用以兑付纸币、稳定纸币币值的准备金白银储量从936950两跌至192450两。无需多言，准备金的转移导致元王朝难以承受的通货膨胀。[64]

在元朝败亡于明朝建立者朱元璋的前夕，元朝的财政状况变得异常窘迫，元朝只能进一步减弱纸币与金属储备仍残留的联系。中统纸币于公元 1260 年首次发行时，蒙古人还没有完成对全中国的征服，一年发行量是 360 万两，到了 1287 年，年度发行量已经达到了 2.5 亿两。后来中统纸币被淘汰，至元纸币和其他纸币的年度发行量也大体如此，直到 1341 年。关键的事件是，1351 年元朝末代皇帝元顺帝的丞相脱脱（Toghto）决定重印已停止流通的中统纸币再加盖"至正交钞"字样，拿来支付黄河防洪工程修缮的费用。元顺帝进一步下令，新印的至正交钞价值等于两倍的旧至元宝钞，却又没有给纸币增加准备金，这使得原已严重的通货膨胀变得越发不可收拾。[65]

元朝货币流通向以白银为准备金的纸币转化的过程中，有一个有趣的现象，就是铜钱在观念上仍然居于货币政策的中心。这一点反映在大多数以"贯"为面值的纸币上，也反映在大多画有成"贯"铜钱图案的纸币上（几乎从未画有银锭的图案），还反映在当时人们的一些议论中，这些议论是有关保证纸币准备金充足，以使得日常商贸和政府薪俸支付中纸币流通增加的。例如，官员胡祗遹（公元 1227—1295 年）批评纸币滥发时，借用宋朝观念上的传统，指责元朝不可兑现的纸币是没有"母钱"（铜钱）作为支撑的"子"。实际上，胡祗遹的观点还算是谨慎的，与当时多数纸币的批评者不同，他并不主张彻底废除纸币，而与他同时代的郑介夫则主张重新铸钱。郑介夫转变了传统的认识，认为铜钱是"子"，仅有辅助作用，当时的主要货币——纸币才是"母"。[66]

叶李（公元 1242—1292 年）在南宋和元朝都做过官，他的观点非常接近于将纸币看作法定货币的观点，认为其可以与金属储备脱钩。他认为发行纸币的金属储备必须放在国库里不能动，平民无权将纸币兑换为白银。人们恐怕不能说，布雷顿森林体系终结几个世纪之前的古代中国，一个脱离金属储备的法定货币体系已经被稳定地建立起来或在理念上已被构想出来。元朝时信用纸币向不可兑现纸币的过渡,并不意味着人们对货币的认知发生了认识层面的突破,而仅仅是出于货币实用性考虑或者是财政状况窘迫的结果。[67]

而另一方的观点,则是对纸币发行尖锐得多的批评。比较早的当属许衡(公元1209—1281年),他建议废除"虚钞"。许衡根据前朝的经验,认为金属准备的不足是问题的根源,纸币的信用因而难以为继,尽管他没有提及理想的准备金比率等其他货币领域的措施。[68]后来,剧作家高则诚(公元1310—1380年)在他的作品《乌宝传》中,对纸币的滥发和人们对这种"薄"的货币的信任予以讽刺。[69]

这些内容都反映出元朝人与北宋人思维上的差异。北宋时所谓"称提"的理念意味着无论何地都要保证发行的纸币有66.6%到100%的现金准备。南宋时期,"称提"这个理念则变得越发抽象。[70]到了元代,生丝、白银和黄金在观念上取代了铜钱,成为主要的准备金,保证准备金充足的理念也变得不同,准备金通常被称为"钞本"。[71]

元朝末期的官员无法抗拒滥发货币的诱惑,导致频繁的通货膨胀和社会对纸币信任度的持续降低。将纸币发行完全作为一种获取财政收入的低成本手段,成了官方实施政策中屡犯不止的毛病。不可避免的结果是,平民百姓不得不将进口来的白银作为唯一可靠的价值储备,这最终导致官府也被迫储蓄白银,以改善其货币及财政上的处境。[72]

自15世纪开始,官府的货币发行,作为一个可供选择的政策手段,遭到了来自官僚阶层内部和大众的严重质疑。直到公元1522年,明王朝(公元1368—1644年)才完全恢复了铜钱的冶铸。当时,中国从日本吸收了大量的白银。与德川时代的日本不同,帝国晚期的中国政府并未试图采掘银矿或铸造银币,这样的局面一直保持到19世纪晚期。

有关元朝货币政策的研究已相对完善，但是有关元朝纸币在中亚地区的传播及衍生的话题则不是如此。比如，蒙古统治伊朗时期的第五代君主海合都（Gaykhatu）（？—1295年）于公元1294年将纸币引入了大不里士（Tabriz），以缓解其极度窘迫的财政困境。这些纸币上都写着汉字"钞"（即纸币）以及阿拉伯文字，意在希望其能如元朝纸币一样相对稳定。波斯语中"钞"被写为čāw，可见伊斯兰世界第一个用来描述纸币的词源于中文（尽管这个词在现代波斯语中已经变得十分晦涩难懂）。蒙古人带到中亚的钱币上也铸有汉字。当地引进了中国的雕版印刷技术，使得纸币的引入也变得可行。雕版印刷术继续向西传播，纸币却被波斯人完全抛弃，在几个月之内就停止了流通。[73]

蒙古人在伊朗地区发行的纸币（čāw）是由树皮制成，为长方形，并写有清真言（shahāda）。纸币的下方写有纸币的名称"Īrīndjīn tūrčī"，意为"十分昂贵的珍珠"。纸币上画有一个圆圈，圈内写有纸币面值，从一第纳尔到十第纳尔。这种纸币上还盖有红色的官府玉玺（Altaṁġa），表明纸币由成吉思汗封授的伊儿汗国大汗做保证。[74]

中国的钱币学研究曾屡次指出，印度的德里苏丹国曾受到过"中国"（实际是蒙古）发行纸币的影响。有些研究断言，元朝纸币曾被苏丹的穆罕默德·宾·图格卢克（Muhammad ibn Tughlaq，在位时间：公元1324—1351年）所模仿。[75] 不过，图格卢克发行信用货币的方式和发行纸币的方式几乎没什么关系，而他出名的原因在于引入了铜质的辅币，使之与旧有的金银币同时流通，并承诺在缴纳赋税时会以其面值收纳这些铜币。这些铜币发行后不久，其发行量就达到了很大的规模。持有这些铜币的土地贵族们立刻利用这些铜币大肆购买"马匹、兵器和奢侈品"，获得了相当可观的收益。因而这些铜辅币的市场价值迅速暴跌，通货膨胀随之而来。政府的收益也受了严重影响，因为大多数铜币后来都按照面值用来缴税。因为蒙受了如此的损失，政府最终废止了这种铜辅币的流通。[76]

明代的遗产（公元 1368—1644 年）

元朝是中国历代王朝中最短命的一个。元朝覆灭的原因十分复杂，而货币的滥发仅是众多诱发因素之一。元朝的高层官员中异域人士的数量比之前历代都要多，这导致了汉族人一直被排挤。而有意思的是，明朝建立者朱元璋推翻蒙古人的统治恢复汉族人权威之后，却仍然采用元朝的纸币（称为"宝钞"），并限制铜钱和金银的流通。更甚的是，明朝的纸币一开始就是完全不可兑换成金属的，这意味着明朝的纸币仅仅是名义上有白银作为准备金。整个明朝铜钱的铸造量无论绝对数目还是人均数目都比宋朝少，因而明朝的铸币技术逐渐衰落。

如人们可能预期到的，没有稳定的准备金规则，宝钞的发行从一开始就引起了通货膨胀，导致明朝不得不在公元 1430 年放弃宝钞的发行。[77] 自此之后，处于帝国晚期的中国，经济上变得越发依赖海外进口的白银，以图促进各地间的商贸活动，便于政府征税。晚明时期，白银使得纸币和铜钱都黯然失色了，以至经常被视为"母钱"。[78]

朱元璋统治时期（公元 1368—1398 年）进行的里甲改革和嘉靖时期（公元 1521—1566 年）的"一条鞭法"改革，使得明朝的财政基础由实物税和强制劳役逐渐转向了白银形式的土地税，而且税收由权力越发分散的省一级政府征收。国外的白银成为城市地区颇受欢迎的基准货币，并为朝廷所默许而成为与本地铜钱并行流通的合法货币。[79]

这就意味着，明廷对世界贸易的发展形势缺乏了解，而使得如此巨量的白银流入了中国。明廷被动地将白银接纳为货币，有些明朝官员甚至戏谑地建议将国库的白银散发给农民以迅捷地缓解饥荒的问题。白银虽是由国家来收集和散发,但国家没有一个完备系统的规则计划来管理白银的获得、铸造和分配。[80]

在16世纪前半期货币化的大量白银采掘自日本,这些白银又通过与中国的生丝贸易而流入中国。到了17世纪,德川幕府加强限制日本的对外贸易并着力巩固本国自有的货币制度,又有西班牙人向中国输入拉美地区采掘的白银。在拉美采掘的白银,用西班牙的大型帆船从阿卡普尔科(Acapulco)运往马尼拉(Manila),再由那里的航海者运往中国东南部。据粗略的估计,仅17世纪初期就有大约500万枚西班牙银元(piece-of-eight),即120吨的白银被运往亚洲。[81]

直到公元1500年,室町幕府(公元1137—1573年)统治下的日本都是白银的净进口者,其货币制度也非常依赖于从中国进口的宋朝铜钱。元朝废止铜钱流通之后,宋朝铸造的铜钱在日本能卖得一个好价钱。不过到了明代和清初,中国铜钱的供应枯竭了,使得日本最终转而建立本国自有的以三种金属为基准的货币制度。公元1500年以后,随着吹灰技术从朝鲜半岛传入,日本银矿的开采量迅猛增长,在公元1575年至1625年间达到顶峰。与德川时代早期的日本不一样,明朝政府并未试图去扩大银矿的开采。或者说,日本白银产量的剧增促进了明朝中期中国向白银经济的过渡,而这是发生于仅仅十年之前的西班牙所属的拉美地区的事情。不过西班牙得以采掘拉美白银,是汞齐技术促进的结果。尽管日本也可能获得了这类技术,但由于缺少水银,这种技术也就难以在日本普及开来。[82]

公元1430年,明朝政府放弃了纸币的发行,这对进口的白银十分有利。不过放弃纸币引起了一次古代中国的纸币试验。一直有恢复纸币的呼吁和建议,但是一直被拖延,直到国库因为满族人入侵而被耗空。清朝（公元 1644—1911 年）想恢复铜钱的生产，虽然它也发行过纸币，不过只是在顺治朝（公元 1643—1661 年）的很短时间里。清朝再一次发行国家保兑的纸币以维持国家财政收入是在 19 世纪中期的咸丰朝，当时清朝要以此来筹集经费镇压太平天国运动并对抗侵入中国日深的欧洲货币。铜钱生产得以恢复，使得清代中国的货币体系是以青铜、白银两种金属为基础的，铜钱和白银并行流通并可以相互兑换，二者都广为流通和被接纳。就此而论，清代中国与近代早期欧洲各国通常所具备的货币体系不同。当时欧洲的货币体系中，黄金本位制、纸质货币工具和政府的相应管理都已发展成熟，中国却完全没有。[83]

尽管早在 10 世纪中国就已开始发行纸币，纸币在中国却并不很受信任，因为历代王朝都试图削弱纸币与金属硬通货的可兑换性。清朝初期和中期，在君臣们关于货币政策的争论中，将白银作为货币体系支柱的倡议，压倒了拥护纸币的声音。[84] 银块被普遍用作大额交易、海外贸易和征税的交易媒介，而铜钱则继续充当日常商品零售的交易媒介。

而且，由于比起本国时常贬值的铜钱，清朝政府更加偏爱白银，白银的重量成为中国最主要的计价单位。[85] 还需一提的是，公元 1430 年以后，纸币的非货币性使用并未消失。在佛教和道教的丧葬仪式上，烧冥币和冥纸的习俗广为存在，从 15 世纪持续到 19 世纪。这种习俗意在抚慰逝者的灵魂。[86]

为了更好地理解明代初期的皇帝在大众眼里是如何来维持纸币的发行使用的，在此或许有必要重复介绍一下元朝的历史经验。在当时的背景下人们通常认为，元末纸币之所以崩溃，是因为它们不可与金属相兑换。不过元顺帝发行的不可兑现的至正宝钞仍被人们接受，用于支付黄

河防洪加固工程中劳力们的工资。导致明朝纸币信誉败坏的原因不是没有充足的准备金，而是永乐皇帝（在位时间：公元 1402—1424 年）的大量花销。永乐皇帝在位时迁都北京，发动了对安南和蒙古的数次战争，还派遣郑和出使西洋。由元明两朝纸币发行的对比可以看出，比纸币本身的不可兑换性更为可怕的是公众普遍地认为纸币的金属准备难以获得保证。通货膨胀经常随着货币滥发和严重的财政困境而爆发。[87]

永乐皇帝于公元 1424 年去世，继任的宣德皇帝（在位时间：公元 1425—1435 年）逐渐停止了货币扩张政策，在即位六年之后终止了纸币发行。然而，明朝的铜钱铸造量除了在万历朝（公元 1572—1620 年）后期曾一度反弹外，一直没能大幅增长而取代纸币。而且总的来看，明朝允许进口的白银成为其货币体系的支柱。[88]

为什么宣德皇帝及其后的皇帝没有选择大规模恢复铸造铜钱呢？我们可能会立刻想到的一个原因是，采掘铜矿和重新冶铸铜钱的成本太高，这些行业长期不景气，而且新铸的铜钱很容易在流通中被稀释，因为足值的货币太少了。同时，由于农村地区对铜钱有着强烈的偏好，明朝皇帝不得不容许民间继续使用宋代铜钱（古钱），无论是足值的真币还是仿冒的劣币。弘治皇帝（在位时间：公元 1487—1505 年）则试图禁止伪币的流通，并且规定他的一枚明代新铜钱等价于两枚宋代铜钱，但这些举措并未有效地阻止白银成为明代中国经济的中枢。[89]

明朝治国原则中的重要一项就是不允许大规模采矿，因为采矿容易招致叛乱而且会扰乱农业生产。即使是永乐皇帝的货币扩张举措也不能违反这项原则。当然，由于重农政策和风水迷信，以前中国也存在反对采矿的声音，而平民出身的明朝建立者朱元璋却有着奇怪而根深蒂固的成见，认为采矿主都会成为盗匪，认为监理矿场的官员都会因专横腐败而招致民愤。这种反感所产生的影响相当之持久。如果不是因为这个，永乐皇帝本可以开采云南的银矿，以减少明朝对进口白银的依赖。如果不是因为这个，中国也不至于拖到清朝乾隆时期才恢复了大规模的铜钱铸造。[90]

朱元璋周围的臣僚们明显地坚持建议皇帝继续发行纸币。明朝官员范济曾在元朝做过官，他建议明朝继续发行纸币，尽管元朝纸币滥发，但纸币仍会为百姓所接受。为了指明纸币并非元朝的专利，范济将纸币的历史追溯到了汉武帝的白鹿皮币，并不无夸张地说明朝初期的纸币"华夷诸国莫不奉行"。[91]

叶子奇（公元1327—1390年）也是按照同样的路数来论证明朝发行纸币的合理性，他援引了他所认为的之前历代所使用的纸质凭据，如汉代私人发行的兑换券"质剂"、唐代时以铜钱标注面值的钱引，以及宋代出现的更具历史意义的交子和会子。同时，叶子奇还强调，明朝纸币必须有充足的铜钱做准备金，并且不该发行不足值的大钱。[92]

叶子奇坚持认为铜钱才是货币体系的支柱，但明朝并未大量恢复铸造铜钱。与元朝类似，明朝纸币多数情况下只是在观念上与铜钱相联系，纸币是按铜钱数量在币面写有面值，并且币面画有铜钱的图案。

明朝税收改为征收白银，但是白银并未被制成铸币。这是明朝政府面对海外白银流入时出于实用考虑而对现实的消极默许，而不是治国策略上积极主动的转变。宝钞通常以铜钱的枚数"文"标注面值，但上面还写着，如果能有人检举纸币伪造，官府赏给250两白银。与宋元两朝一样，伪造纸币要被处以斩首。不过元朝是用成块的银锭来奖励举报伪造纸币的人，而不以多少重量的白银为奖励，南宋对举报伪造会子的人的奖励则是用成贯的铜钱。[93]

范济和叶子奇的观点代表了明代初期朝廷中的主要意见，即使宝钞开始急剧贬值之后也是如此。比如官员刘定之（公元1409—1469年）也认为有必要发行纸币，使之与铜钱并行流通。不过刘定之没有论及纸币对商人的重要性，而是强调宝钞可以惠及农民，因为宝钞比铜钱轻便而便于携带。刘定之还认为麻烦在于纸币一旦滥发会导致通货膨胀，公众对纸币使用失去信心，他总结道："多造之则钞贱；而过多则不可以行，必也。"[94]

公元1436年，明朝政府禁止在日常交易中使用白银，该措施本意在促进宝钞的流通。这个禁令反映出官方越发将金银视为流通货币的倾向，尽管白银在流通中仍未被正式铸造为货币。理学学者、政治家邱濬（公元1421—1495年）认为最好的策略是，不仅要允许白银作为交易媒介在市场上流通，还要将之制成铸币使之作为中国的主要货币，而宝钞和铜钱则作为辅助性货币与之并行流通。邱濬坚定地认为，纸币如果只是单独地作为主要流通货币，类似于不足值的"大钱"，则由于二者都缺乏实际价值，所以都容易招致伪造——此番言论让人很容易联想到后来威廉·科贝特（William Cobbett，公元1763—1835年）对英国纸币的批评。邱濬将纸币和大钱都视为一种政府文件，其流通使用要牺牲那些眼力不好的商人和地主的利益。因此，邱濬同样反对国家垄断采矿业、冶铸业和盐业。[95]

日后统一全中国的满族人在北方建立了政权，对明朝形成了不小的压力，这导致明朝的财政状况急剧恶化。铸造大钱或恢复发行宝钞的建议又被提上日程。最终铸造大钱的建议被采纳，特别是情势危急的天启年间，而发行纸币的倡议则在整个明朝后期都未被执行。[96]

天启年间铸币量骤增，这一举措背后是巨大的争议，争议的焦点之一是大钱的发行能否增加政府的铸币收益，因为大钱容易导致货币造伪，再一个焦点是政府允许使用历代古钱是否会减少铸币收益。学者郝敬（公元1558—1629年）认为，发行名义上等值于普通钱币几百枚的大钱是转移昂贵的铸币成本的有效办法。不过天启之前，明朝政府很少铸造铜钱，一直对大钱的发行持谨慎态度，而对白银的流通持包容态度，如学者李之藻（公元1565—1630年）和宋应星（公元1587—1666年）所写到的那样。晚明时期，陈子龙（公元1608—1647年）、蒋臣（生卒年不详）和钱秉镫（公元1612—1694年）等人提议重新发行纸币，以取代铜钱或者作为与白银并行流通的不足值的信用货币，不过这些建议均未被采纳。[97]

学者杨成（公元1521—1600年）等人尽管也反对因为成本原因而放弃铸造铜钱，但仍提议将白银铸成货币使之与铜钱并行流通，认为这会是减低铸币成本的好方法。[98] 不过哲学家王夫之（公元1619—1692年）表达了与明朝时期主流观点更接近的想法，他不情愿地承认了白银在社会上广为流通的事实，并指出白银不如黄金那么稀少，却比铜更耐久不坏，更便于保存和运输，人们追求获得白银的目的也不是像铜铁一样用于铸成器皿。不过王夫之强烈反对私人开采银矿和官府把白银铸成货币，因为这样做会给农民的生活带来麻烦。[99]

到了明朝末期，对白银流通持反对态度的一派不时展开抨击，批评白银的入侵。黄宗羲（公元1610—1695年）尽管赞成私人商贸的发展，却强烈而徒劳地呼吁恢复宝钞发行。黄宗羲认为当下纸币应当以充足的铜钱而非白银为准备金，为了使铜钱能重新广泛流通，还建议应提高铸币的工艺水平，提升铜钱的质量。尽管此等措施短期成本颇高，但黄宗羲认为这对于打击市场上的伪劣铜钱十分重要。[100]

顾炎武（公元1613—1682年）认为，使用白银铸币完全没有问题，政府可以通过规律地调节铜钱铸造量来管理白银的价格。顾炎武据此认为，如果官府所铸铜钱的质量能提高，那么它的价值就必然提高，就能抑制外来因素导致的白银价格的上涨。与黄宗羲不同，顾炎武强烈反对恢复使用纸币，或者把纸币作为"子"，即辅助性货币与铜钱并行流通。[101] 顾炎武认为，之前历代以纸币作为一种高面额货币，是因为之前历代的金属过于稀缺，而明朝则完全不同。唐代以前黄金常被用作货币，唐代以后黄金变得越来越稀少，顾炎武认为这是由于佛教传播后流行给佛像贴金而大量耗费黄金所致。这个观点的确抛弃了理学的偏见。[102]

比较视野下欧洲早期纸币的发展史

可能近代以前欧洲纸币发行最突出的特点，同时也是与中国纸币发行最关键的差异在于，欧洲纸币发挥了引导欧洲走向近现代"国债"经济的作用。而中国的皇帝在19世纪以前尽管同样发行纸币，却从不向公众和外国商人借债。可以确定的一点是，中国的官府也会偶尔授给私人一些官职、贵族头衔或是特许经营职权，让他们参与经营政府垄断的盐业、酒业和采矿业，以弥补财政收入的不足。比如，宋朝时如果商人愿意向边境地区运输物资，就可以获得盐业的经营许可证"盐引"。凭这些许可证商人可以从政府经营的矿场获得盐，并到其他地方贩卖。

自从明代中期官方被迫放弃发行纸币之后，出售这类许可证所获得的收益对政府来说越发重要。16世纪早期，徽州地区出现了一个庞大的交易盐引（开中）的二级市场。当时的盐引也就具有了比较高的流动性。然而，到了公元1617年，"开中"市场遇到了麻烦，因为有些明朝官员打算将食盐贸易的权利集中在少部分受到特殊优待的商人手中借此牟利。结果，盐引的流通量萎缩，由此给政府带来的收益也没有真正成为过帝国总财政收入的主体，财政收入的主要来源始终是土地税。[103]

和中国的历史经验相比较，英国在光荣革命（公元 1688 年）之后"永久式"国债经济模式的产生，就更能显示出问题的所在。在英国，不少债之所以能从富人那里借来以抵补今后的税收收入，是因为议会监督权力的增长，使得利息的支付有了保障，违约欠账更变得不可能。尽管中世纪晚期英国国君曾秘密地从外国商人家族手中借过债，但是到了 19 世纪初期，英国国债仍主要是分散地发售给自愿购买的债权人，而且国债主要是长期的，这与中世纪意大利城邦国家的情况截然不同，在那里，最早的政府债应出现于公元 1152 年。[104]

从 17 世纪晚期到 18 世纪中期，英国国债从仅仅 200 万英镑增长到了 8.34 亿英镑，如此庞大的规模，与欧洲其他国家比起来还算是安全稳健的。之所以英国君主能更容易地借到债，很大程度上是因为英国在七年战争（公元 1756—1763 年）中获胜，巩固了英国在全球贸易中的主导地位并保证了其日后得以征收规模可观的商贸税收。[105]

间接的商业税收入，比如分包出去的海关收入，占了 18 世纪晚期英国税收总收入的约 70%，而直到 20 世纪，其个人所得税收入才变得重要起来。这或许能够解释为什么大英帝国在鸦片战争中获胜后首先要做的一件事是，把整套征收商贸税收的机制强加于战败的清朝中国之上，因而有了公元 1854 年"中国（实际由英国人运作）海关总税务司"的成立。[106] 这一点上英国与热衷于征收土地税的中国完全不同。

18 世纪，正当中国依赖于进口的白银之际，英国已经在物质与文化上向近代国家过渡，重要标志之一就是纸币的广泛流通。卡西斯（Cassis）曾经指出，18 世纪里英国的海外贸易规模翻了不止一倍，而且还使得对美洲和亚洲生产的消费品如糖、烟草和咖啡的需求大大增加。同时，美洲、非洲殖民地对英国商品的需求也在工业革命之前大幅上升。[107]

实际上，在 18 世纪晚期，整个欧洲以外的世界都越发地依赖西属拉美白银以及欧洲铸造的硬币。同时，欧洲本身却在不经意间例外地向纸币和兑换券经济转化，而居于欧洲西北的英国则毫无疑问是转化的先驱。可能早在15世纪，附带利息的纸质兑换券就在意大利城邦和低地国家（对欧洲大陆西北沿海地区的称呼。——译者）广为流通，这可能使得公众对高利贷的批评指责有所缓和并导致欧洲民间利率开始走低。[108]

亚当·斯密等人曾经生动地描述过近代早期中国与欧洲经济上的巨大差异。斯密尽管承认中国国内市场规模庞大而结构复杂，但还是说中国经济是"长期停滞"的，而马可·波罗对中国富庶得近乎神话的描写在他看来，不过和后来那些"少见多怪的旅行者和无知、好说谎的传教士"的游记一样。斯密甚至有些夸张地说，在中国，贫困的低等劳动力的生活要比在"欧洲最为贫困的国家"还要差。[109]

更重要的是，斯密认为中国缓慢的衰落是由于它如近代以前（古代）一样排斥、轻视对外贸易和对资本的约束、抑制，这导致了利率相对较高。[110]之后斯密将欧洲城市手工业和长途贸易与中国（和印度）的农业社会做了对比，指出欧洲各国政府是由"同业公会法律和同业公会精神"驱动的，政府可以借此来增加财政收入。[111]相比较，中国政府的收入则依赖于税率较低的土地税，若是按斯密的估计，税率是总产品的十分之一到十三分之一。[112]

世界其他地区又是怎样的呢？前文已经提到过，中国最迟在唐朝（公元618—907年）就出现了纸质的金融工具。伊斯兰世界也出现了类似的纸质工具（比如'hawaala、suftajah和sakk），并得到广泛使用，这些工具主要是私人发行的支付凭据，最晚出现于10世纪。它们很可能对中世纪欧洲票据的出现有所影响。[113]在印度，类似的纸质工具被称为hundi，英国人初来此地贸易时将其称为"市场券"。[114]

据此，我们大可怀疑欧洲独特论的观点，本质上讲，纸质金融工具的流通使用并非欧洲所独有。如果我们了解了早先元朝纸币发行的历史，就更会明白国家提供准备支撑的纸币也非欧洲独有。欧洲真正的独特之处在于其纸质信用工具形成的路径和手段。欧洲西北部是欧洲纸币的诞生地，欧洲纸币的发展导致了各国国债规模和商业税收的爆炸性增长。这使得各国中央政府控制了丰富的物质资源，并以此来建立和巩固财政上更具能力、存在相互竞争的政府，这样的政府时常要与别国发生战争。如果借用约翰·布鲁尔（John Brewer）的话，就是"财政—军事国家"。而略显矛盾的是，英国尽管是第一个强化财政权力，迅速实现中央集权的国家，但它自身在观念上仍然充满自由主义色彩并反对绝对君主集权。英国能通过议会有效地限制国家对个人利益的侵害，因而能吸引更多的私人资源来扩展政府官僚机构的服务。[115]

"国债经济"的建立有赖于国家维持信用货币稳定的能力。毕竟，货币贬值或滥发是国家侵蚀个人财富最为有害的手段。在18世纪，尽管欧洲很多政权没能维持货币的稳定，但是欧洲从整体而言，纸币发行的准备金原则和管理经验从西部向南部传播，这对最终确立纸币的流通地位和保持公众对政府信用的信任具有重要意义。

早在公元1698年，英格兰和威尔士的纸质金融工具（包括纸币和票据）总价值就约有1500万英镑，相当于当时货币总量的56%，足见规模之大。而18世纪末19世纪初的法国，其银行纸币的总价值也仅有货币总量的5%。[116]尽管相当缓慢和曲折，纸币在18世纪由英国向欧洲大陆的扩展传播仍意味着信用经济的出现，意义尤其重大，这种信用经济有两个重要特征，一个是股份公司所有制的出现，一个是历史上前所未有的低利率。后来，信用经济随着政府发行的永久期国债而进一步扩展。

例如，桑德拉·谢尔曼（Sandra Sherman）就认为，"长期的信贷关系意味着要以新的方式阐述（英国）文化，因为对股票年金和可流通票据的承诺，必须经由时间的验证。"[117]

　　稳定的以国家为保证的信用纸币是如何以"国债"的建立为条件而伴随现代英国的出现而产生的呢？或许我们可以围绕英格兰银行的建立来最好地阐述这一问题。有必要强调一点，在当时的历史背景下，英格兰银行的纸币发行特权在其最早颁布的法令中提及不多。英格兰银行最初被认为是向公众筹资以供皇室海军扩大军备和对外战争之用。从英王的主场来看，英格兰银行最初股票发行的过程显得异常重要。为了更多地筹资，英王准备给购买股票者些"甜头"，方式就是发行纸币并在今后支付股息。纸币发行本身并不能形成收益，却是诱使人们贷款给英王的一项商业特权。另一方面，在公众看来，纸币发行是影响公众日常生活利益的重要事项。不过，纸币发行一直以来缺乏规则和必要程序，后来才有好转。或者说，英格兰银行最终成为英国的中央银行并非是其建立者的预定目标，而是响应建设信用经济这一重要社会需求的结果。实际上，18世纪早期英格兰银行的大量业务都与发行高面值、个人提供保证并附息的纸币（带签章的票据）有关，这些纸币可用以兑换储备金银。而英格兰银行的金银储备不久之后就超过了其实收资本，于是被贷给了英王。

　　直至公元1797年，英格兰银行才首次发行一英镑的纸币，替代了金币。不过这也并非计划已久的事情，而是英镑暂时停兑的结果。之所以英镑会停兑，原因并不是公众对其信任出现问题，而是正处于大革命时期的法国原本所采用的法定纸币（指券）制度宣告破产，法国货币体系转而以金铸币为本位。[118]

　　公元1821年5月，随着拿破仑的死去，英镑与黄金的兑换恢复到了战前的平价兑换，这使得英镑因其稳定性而提升了在全球的地位与信誉。此后，英镑越发地同黄金挂钩而与白银脱钩，一直保持了与贵金属的可兑换性，直至第一次世界大战爆发。[119] 英镑在公元1821年恢复兑换是货币史上的里程碑事件，这与近代以前中国的纸币发行史形成鲜明对照：中国一经停止纸币与金属的兑换，国家的命运总会陷入难以逆转的混乱与灾难之中，金银贮藏也日渐减少。

为了论证我们的观点，在此有必要比较中西方纸币金属准备的演变过程。18世纪，英格兰银行的纸币发行规模急剧扩张，人们或许希望其金属准备金也相应地加强。不过，有关18世纪金银条块与铸币储备的详细数据并不完整。克拉彭（Clapham）认为公元1720年英格兰银行纸币流通量大约是240万英镑，而金银条块形式的准备金仅有100万英镑，假设没有额外的铸币做准备金，那只有40%的纸币有相应的准备金。这个比率与19世纪中期英国殖民地银行所要求的准备金率（三分之一）相近。但是这与11世纪周行已所设想的准备金率（三分之二）相比还是太低了。公元1797年，英格兰银行纸币流通量达到1100万英镑，银行的金银条块储备价值400万英镑，准备金比率仍约为40%。当时纸币发行已经成为英格兰银行分类账中占比最大的一项业务，由此英格兰银行从政府的贷款者变为专门发行纸币的银行。不过，纸币发行量与国债所达到的规模比起来仍然不算什么。[120]

而发行的纸币中没有金属与之对应的那一部分就以某种方式借给国王了。不过，没有金属准备金的纸币会同时被"国债经济"所冲抵，因而纸币变得越发地有保障。公元1832年，一位名为赫斯拉·帕墨（Horsley Palmer）的银行家正式宣布其银行所发行的纸币有三分之一以贵金属为准备金，另外三分之二以政府发行的附息债券而非政府的直接债务为准备金。[121] 描述此后监管政策措施的波动变化实在困难。台奈特

（Tennant）所公布的公元 1852 年的数据显示，该银行纸币的发行量最大曾达 3470 万英镑，其中三分之二以金属为储备，三分之一以政府债券为储备。但实际在这场事件中，多余的金银贮藏难以迅速地贷出以满足急剧下降的纸币需求。因此，公元 1852 年纸币流通量仅为 2000 万英镑，低于准备金的数量 2310 万英镑。这清楚地表明了法定的金属准备金率（三分之二）得到了很好的遵守。[122]

英国在本土转而使用纸币的时候，仍在其辽阔的商业帝国中使用西属拉美的银元。之前本书已介绍过，公元 1497 年西班牙在拉美的殖民政府开始铸造大号银元后，这种银元在亚洲等地广泛流通。18 世纪末前后，银元在西印度群岛、加拿大东部和美国也广为流通。西班牙银元在不同地区的价值不一样，在加拿大新斯科舍省（Nova Scotia）省会哈利法克斯（Halifax）的价值最高。结果，来自爱德华王子岛（Prince Edward Island）周边省份的商人不论何时获得了西班牙银元，都会把银元运到哈利法克斯以图兑换高价。这导致王子岛地区货币短缺，促使当地政府竭力收集西班牙银元并且在银元中心打孔再刻上从云隙射下阳光的图案。银元中心打下的部分作为一先令的硬币流通，剩余的外廓作为五先令的硬币流通。经过如此加工的银元此后再也无法在王子岛以外的地区流通，逐渐变为只能在王子岛一省之内流通的货币。[123]

美国国会在公元 1793 年颁布了美元与其他在美国广为流通的外国铸币的兑换比价，其中只有西班牙银元被视作法定货币，与美元等同，尽管二者的含银量稍有不同。西班牙银元在美国地位之所以如此特殊，原因在于西班牙银元流通的广泛性。拉丁美洲摆脱殖民统治之后，墨西哥银元似乎成为南美地区流通的主要金属货币，其在美国流通的广泛程度甚至超过美元,甚至到1849年仍是美国西部常用的货币。[124]

同样,1788年新南威尔士殖民地在澳大利亚成立时,也面临货币短缺的问题。有鉴于此,总督拉克伦·麦觉理(Lachlan Macquarie,公元1761—1824年)试图效仿加拿大的做法,购入了约四万枚西班牙银元(价值等于当时的一万英镑)。这批银币由英国政府运往悉尼,意在在当地建立起稳固的货币体系。银元于1812年11月26日由海路抵达印度的金奈(Madras)。为了防止银币流出殖民地,银币上面被凿了孔,凿下的部分按新形制重新打铸,每枚按十五便士流通。剩下的银元外廓则在孔周围新铸了记号,每枚按五先令流通。"带孔银元"成为澳大利亚最早流通的特制官方铸币。1822年起,这批银币被召回,在伦敦熔化后作为银质条块出售,以相应的先令铸币作为替代运回澳大利亚。[125] 与此同一时期,凿剪西班牙银元的事情在中国也十分常见,但都是个人、当铺甚至外国银行在搞这种事情,目的是验定银元成分。当时凿剪银元在中国并非是中央政府为增加货币供给或扩大银元流通而采取的措施。

在与世界其他地区众多条件等同的情况下,西欧率先由典型的农业经济向工业经济过渡。上述货币领域的进步发展能否更好地诠释这一现象发生的原因呢?资本的成本似乎是一个关键原因,这一点克莱克(Clark)和阿兰(Allen)曾分别阐述过。[126] 尽管17世纪中期欧洲南部与北部之间的收入水平明显有很大差距,但我们有充分的证据表明,那时欧洲——至少北部地区——利率水平比中国的一般利率水平要低得多。近来中国经济史学家的研究表明,17世纪中国城市地区商人的短期贷款年利率通常在20%以上,而同期荷兰的同类利率则低于8%。[127]

我们可以看看耶稣会会士们的记载,因为他们的中国之行在教廷颇受争议,所以他们要尽力突显自己工作的重要性,也就自然会通过各种方式显示出帝国晚期中国经济的富庶繁荣。较具代表性的是韩国英(Pierre-Martial Cibot)神父,他在18世纪60年代生活于北京,曾比较过中国与法国的平均生活水平("如果能不让社会上的极端情况使记录出现偏误"),他在有关经济话题的文字中,大篇幅地向教会读者解释为什么中国人能承受如此之高的利率。[128]

欧洲由金属币向纸币的历史性转变进一步降低了资本成本,但转变的速度很慢。经历了罗马之后的间断时期,加洛林王朝时期铸币业的复兴为欧洲大陆贸易的增长奠定了基础。与此同时,12世纪佛罗伦萨银行业的兴起消除了罗马教廷对利息和资本积累的禁令。不断扩展的贸易关系促使股份公司这种欧洲独有的事物出现。[129]

股份公司是16世纪以来随同业公会一起出现的。很多人取得了皇室赋予的特许经营权,垄断了利润丰厚的对外贸易。与此同时,股份的可转移性和适用范围保证了公司的购买力并使得公司相对于政权的独立性得以制度化地确立下来。政治上,这种权力格局的新平衡从某些方面得以反映出来,比如英国议会替代国王成为制定财政政策的主要机关,再如私人产权有了法律机制的保护。

尽管难以确实地找出明代中期的中国和都铎时代的英国这两个居于亚欧大陆两端国家之间的共同点,但中国四川这个纸币诞生的地方和欧洲的瑞典却有某些相似之处。瑞典在欧洲经济中地位比较边缘化,却是西欧最早使用银行纸币的地方。与10世纪晚期铁矿丰盈的四川类似,17世纪中期的瑞典也是金属原料(铜)的出口国。很明显,两地纸币最初都由私人发行,目的是便利货币结算,因为两地使用的铸币(四川使用铁钱,瑞典使用铜币)要比周围地区流通的铸币更沉重而且价值更低。而且当时瑞典的"国债经济"发展水平在欧洲属于比较落后的,尽管瑞典提供给了葡萄牙、荷兰和英国大量铁和铜用于对非洲的贸易，却没有获得洲际贸易的主导权。瑞典国家债务办公室迟至 1789 年才成立，成立目的是为瑞俄战争筹资。[130]

四川与瑞典纸币发行的另一个共同点是，私人纸币在发行之后几年中就急剧贬值，只有当国家接管了纸币发行之后纸币流通才稳定了下来。公元 1656 年一位名为约翰·帕姆斯特鲁奇（Johan Palmstruch）的荷兰商人，大概注意到了帮助瑞典商人免于运输笨重铜币的麻烦有利可图，反复向瑞典国王提请建立银行，并最终获准建立了一家私人银行（斯德哥尔摩银行），代价是将一半的利润交给国王。然而，该银行以其储蓄为准备金发行的首批附息纸币并不受欢迎，因为人们必须在将纸币转手之前确定利率均衡。[131]

公元 1661 年，斯德哥尔摩银行开始发放贷款，贷款以财产抵押、相应固定的铜铸币储蓄以及承诺兑付的纸币（赊欠纸，kreditivsedlar）为保证。而其中固定的、非人格化的、兑现更加便利的私人纸币非常受公众欢迎，甚至在流通中对金属货币有溢价。然而，帕姆斯特鲁奇却难以抵御纸币发行超过银行金属准备的诱惑。当公众知道了他滥发纸币的打算后，斯德哥尔摩银行的资金大量外逃，最终银行在 1668 年破产，帕姆斯特鲁奇也因侵吞公款的罪名被抓入监牢。瑞典政府被迫出面干预，以平息银行储蓄者和纸币持有者的愤怒。自此之后，瑞典政府接管了银行纸币的发行，开始将其作为一种公共品，而后又作为国债的一种形式。[132]

瑞典国会的中央银行（Riksbank）在之后设立，替代了斯德哥尔摩银行并着手处理其留下的愤怒的债务人。公元 1701 年，瑞典央行开始发行自己的保付支票，可以如纸币一样同铸币并行流通，甚至使得大量铜铸币退出了流通。瑞典继而于公元 1745 年发行了不可兑现的纸币。那一年瑞典央行纸币发行的金属准备金率仅有 14%。到公元 1756 年加入七年战争之后，瑞典面临严重的财政赤字，导致通货膨胀，以至于笨重的铜币在流通中对央行纸币出现了溢价。而政府赤字要通过纸币发行来弥补，央行纸币发行的准备金率由 1754 年的 24% 下降到了 1762 年的 4%。[133] 即使是 1754 年瑞典央行准备金率所达到的历史最高水平，与同时期英格兰银行相比也要低得多。

瑞典纸币发行与公共债务相分离的时间，要比英国晚得多，英国早在 1693 年就发行了年金。[134] 在瑞典，18 世纪的很长时间内纸币都与政府公债意义相同。1789 年，瑞典国家债务办公室（Riksgäldskontoret）首次大量发行了小面额的附息本票，与央行纸币并行流通了四十年。之后在 1831 年，即瑞典正式恢复采用银本位一年后，私人银行开始发行可与央行纸币并行流通的纸币，持续了七十年。除了这些官方批准的纸币，近代早期的瑞典货币中还有众多各类由私人或者机构发行的纸币，这些纸币中只有一部分可以兑换白银，瑞典货币的"独特性"在 1873 年正式终结，瑞典当年加入了英国为首的金本位体系。[135] 瑞典在 1897 年终止了私人银行纸币的发行，和西欧其他国家进一步趋于一致。这一事件具有里程碑意义，主要因为瑞典和英国不同，19 世纪 60 年代以前，瑞典私人银行业的主要业务是货币兑换和纸币发行而非为工业与商贸提供信贷。[136]

如之前所述，17 世纪瑞典的大量铸币是铜制的，而英国都铎王朝的铸币是金的或银的。铜是瑞典的重要出口商品，为提高全球铜价，瑞典国王古斯塔夫二世（Gustavus Adolphus，在位时间：公元 1611—1632 年）决定以铜作为瑞典货币体系的本位币，这一变化持续至公元 1776 年。瑞典铜料出口的增长恰与哈布斯堡王朝下西班牙的铜料需求增加相契合，而西班牙也正打算贬值国内铸币，以将拉美殖民地的金银转移出来，作为货币的金属原材卖到世界其他地方去。就此而论，五代时期的四川似乎也出现了与欧洲类似的情况，铁钱最初由后蜀推行，目的是便利商贸交易。这种策略是为应对钱荒而产生的，防止价值较高的铜钱流到邻近的他国境内，而西班牙采用更为低贱的金属作为本位币则是为了在贵金属产量剧增的时期，促使贵金属更多地流到境外去。

如果将17世纪的瑞典与17世纪的东亚地区而非后蜀王朝作对比，我们会发现其他一些共同点。例如，瑞典的铜矿大多数是国家经营的（不过瑞典的铁矿允许更多私人企业参与），这是十分有趣的。还有，瑞典的铜料为西班牙铸造国内的新货币提供了原料支持，而日本的铜料也成为中国和印度官方铸币的重要原料。不过日本的铜料难以和瑞典在欧洲市场上竞争，因为蒸汽时代以前全球化的水平有限。这一点是本书后一章要着重探讨的。[137]

18世纪，受英格兰银行的驱动，纸币发行遍及全英国，英国纸币的发展也走上了一条不同于瑞典的道路。简单说来，与英国相比，瑞典发行纸币时其信用经济的发展水平似乎相对落后。英格兰银行最初成立是为了管理英王的债务，很久以后才演化成单纯的纸币发行银行。18世纪的英格兰银行，意在以大量私人银行的纸币发行为代价，扩大本行的纸币发行规模，而英格兰银行垄断纸币发行则是在公元1844年。在欧洲大陆其他地区以及苏格兰，私人银行纸币直到19世纪后期才流行起来。在苏格兰和中国香港，时至今日仍有私人银行发行的纸币。[138]

英国的私人纸币又是如何在17世纪后半期兴起的？当时正是帕墨史特路赫（Palmstruch）将纸币引入瑞典之后不久。可能是信用经济发达的荷兰将纸币传入了大不列颠群岛地区，而帕墨史特路赫本人也是在荷兰长大的，那里长期使用商贸的交易票据，有著名的阿姆斯特丹银行（成立于1609年），该银行有复杂的金银兑换制度，而且可以储蓄各类质量不一的外国铸币并为其开具票据，票据可以在市场以硬通货来买卖，流通给那些信任银行系统安全性的人。几十年后，阿姆斯特丹银行也成为荷兰东印度公司和阿姆斯特丹市政当局的重要贷款人。[139]

17世纪早期，英国的长途贸易商没有可供货币兑换的银行，而且英国的储蓄银行比欧洲大陆的银行发展得还要晚。欧洲大陆自中世纪晚期就有威尼斯式的汇划银行（giro bank）和里亚尔托（Rialto）的货币交易所。不过有钱的商人经常为了安全而将他们富余的黄金白银保存在伦敦铸币厂。如此的习惯在1640年突然终止，那年查理一世（Charles I）征用了伦敦铸币厂的私人储蓄，用作镇压英格兰和苏格兰议会军队的战争资金。城市商人大失所望，因而此后他们越来越多地将富余资金存储到位于伦敦伦巴第街（Lombard Street）的金匠那里。金匠会为定期储蓄户支付每年5%的利息，并签发给商人具有一定流动性的收据，作为储蓄资金的凭证。几十年后，出现了可以立即兑换为所需现金的收据，即"本票"。储蓄现金中有些会被金匠以更高的利息贷出，而他们签发的收据却在不同人之间传递流通，直至收据演变成了纯粹的纸券。17世纪后半期，伦敦以外的地方小银行也竞相开始模仿此类做法，也正是这些地方银行，在英格兰银行建立前夕开启了英国现代纸币（非个人的且不附息的）的流通。[140]

而后，随着印刷技术的进步，防伪技术大为提升，纸币在西欧地区越发流行起来。19世纪早期，美国费城的发明家雅各伯·帕金斯（Jacob Perkins）所发明的钢板以及钢板雕刻技术改变了全球纸币的印刷技术。到19世纪60年代，英国和美国的纸币印刷已经实现了机械化，手工印制纸币的时代一去不复返。如位于伦敦的布拉德伯里·威尔金森印刷公司（Bradbury, Wilkinson & Co.）、美国钞票公司（American Banknote

Company）和美国纽约大陆钞票公司（Continental Bank Note Company）等印钞机构都使用了新式设备而成为世界其他地区（包括中国和日本在内）的优质纸币供应商。[141]

从更广的范围来说，新生的现代信用经济的发展，很大程度上要归功于新兴的股份公司所有制。股份公司所有制产生于文艺复兴之后，是作为确保国王（包括英格兰银行）尊重财产所有权的一种手段而出现的。国王也容许这种所有制的形式，因为最早的一批股份贸易公司付钱购买了特许经营权，有助于国王征税。通过股份资本，股份公司的发起人筹措到了数目空前的资金，也实现了可观的规模经济，这对近代早期的其他地区而言是空前未有的事情。到19世纪早期，英国议会不仅容许股份公司的存在，还积极参与公司管理，为其在20世纪的急速增长奠定了法律基础。[142]

结论

过去的一千年中，人们见证了纸币在中国与西方的兴起、衰落与复兴。世界第一张纸币的产生，源于早至唐朝的货币创新。纸币这一创新在北宋继续发展成熟，在元代达到了顶峰，甚至于政府事实上已放弃了铸造铜钱。然而近代以前中国的纸币发行并未能持久。公元1430年，明朝政府被迫放弃发行纸币，而中国经济也变得完全依赖于使用进口的白银充当主要交易媒介。尽管铜钱对于农民而言十分重要，在人们的观念上铜钱仍是帝国晚期中国货币体系的重要部分，但形制标准的银块（通常要按照重量和质量而非数量来测度价值），在实践中多用来充当额度较高的交易所用的货币。讽刺的是，一直到英国人于19世纪后半期在上海设立银行，纸币才在中国重新大规模出现，这是本书要在第四章中阐述的内容。

经过此番历史回顾，我们能够得出怎样的结论？首先，历史表明，纸币的推广不一定以金银货币的广泛流通为前提。恰恰相反，从四川和瑞典的经验来看，纸币的出现很大程度上与贱金属货币和私人在商贸领域的创新探索相关。同时，在比较分析的视野下，欧洲与中国的经验表明，持续的纸币发行流通，迟早要招致中央政府的干涉。在难以创制因自身具备可兑换性而被人追捧的纸币的情况下，近代以前的国家能否巩固其信用货币或符号货币的流通地位，似乎应取决于国家展现货币神圣性和抑制货币贬值的能力。

私人银行纸币尽管在刚出现时至关重要，但对于整个亚欧地区而言就显得微不足道了。国家一旦控制了银行纸币的发行并得以促进其在一段时间内的流通，最终难免试图去以未来的财政收入而非其目前持有的贵金属为凭借，去大肆借债或发行纸币。就此而论，国家信用为基础的纸币的可靠性，会以不可言说的方式支撑着国家发行其他纸质债务凭据的能力，如发行贩盐许可证或是近代早期英国那类公司的执照和债券。而后者实际上仍支撑着 21 世纪以国债为基础的货币体系。

第三章

货币大分流：
蒸汽时代以前欧洲与中国的铸币

近来经济史学家们在研究西北欧地区和中国的"大分流"时，热衷于找寻其地理位置和界定其发生时间。然而，很少有研究去审视这两个地区在发现新大陆之前的路径依赖问题，以及两地经济货币化的动态过程、信用货币的普及传播或是金融要素的价格和国内市场整合所传达出来的信息。我们认为有必要对此进行全面的分析，本章将追溯蒸汽机投入应用之前亚欧各地不同的铸币生产和流通模式，并分析货币的分流对我们理解近代早期英国与中国经济有怎样的意义及帮助。

加州学派的历史学家经常挑战那些根深蒂固的观点——欧洲技术和经济上早在工业革命之前很久就领先于中国是十分明显的事情。按他们的看法，公元1800年之前欧洲尚未呈现出脱离近代之前的经济模式的特征，这与世界其他地区一样。尽管已有一些对古代亚欧各地货币体系的尝试性研究，[1]在此仍有必要指出，迄今为止，有关"大分流"的争议很大程度上是关于英国工业革命前夕的相对工资和消费数据、海上贸易规模、人口寿命的估计、土地占有的不平等以及农业生产率，而鲜有涉及中古年代即中世纪晚期的货币总量和金融指标。[2]

在此，我将充分利用各种富有启发性的视角以及丰富的数据。那些多少与加州学派有联系的学者认为这些东西对我们理解世界货币史有所帮助。同时我坚持认为在比较研究中，历史所呈现出的轮廓会支持这样的观点：欧洲西北地区早在公元1800年之前就脱离了近代以前的发展模式。尽管我们关注的是全球金银的流动，我们仍会阐述欧洲人如何能够维持铸币流向亚洲地区的趋势并从中受益，以此来表明近代早期铸币生产和冶金技术的进步。埃里克·赫莱纳（Eric Helleiner）曾有道理地指出，在当时的历史环境下存在"地域性货币"，这个概念用以描述外国货币在另一主权国家内不能任意使用的情况，在公元1648年《威斯特伐利亚条约》签订而规定了国家主权的概念之后很久，西欧各地的地域性货币才得以实现标准化。[3]

本章介绍了各地的采矿业情况和货币生产模式的分流，以此来论证赫莱纳教授从东亚视角提出的重要观点，同时对黑田明伸（Akinobu Kuroda）教授的重要研究进行一些补充。尽管黑田坚决地反对传统的以欧洲为中心的货币理论及观点，他似乎仍将20世纪初欧洲各国货币所最终达到的"以债务基础的单一（民族国家的）计价单位"这一特征的根源，部分地追溯至中世纪晚期英格兰商贸领域的改革。[4]

本章将会粗略地审视亚欧地区的货币演化史，时间大致开始于中国唐代及西欧的加洛林王朝时期，直到前述拉克伯里（Terrien Lacouperie）所生活的蒸汽技术已经在空间距离、劳动方式等所有领域实现革命性变化的时代。蒸汽动力当然也改变了我们对货币的观念，因为它促进了世界各地货币生产的标准化。在公元1787—1797年，伯明翰的发明家马修·博尔顿（Matthew Boulton）将蒸汽钢领（steel collar）引入了铸币工业,这项技术使得英国铸币的质量、耐磨性、圆形规整度和统一性大为提高。博尔顿的新式蒸汽铸币机遍销英国各地,随后又被俄国、法国、美国、暹罗和日本的铸币厂购进。在欧洲和北美各地,蒸汽动力的铸币方法很快取代了19世纪初期的其他较落后的铸币技术,从最古老的捶打法到人力螺旋压制法。博尔顿的发明迅速地降低了铸币的成本,减少了货币造伪,也使得中央政府能更方便地取缔、收管地方上私人把持的贱金属货币的铸造发行。基于对欧洲铸币厂的观察,我们了解到在公元1836年美国费城的技师可以自行组装一部蒸汽铸币机,并将其出口到拉美地区。[5]

蒸汽动力铸币技术使得中国的货币体系在20世纪初发生了变化。而之前的两千多年中,官方的铜铸货币一直占据中国流通货币的主流。这些被欧洲人熟知为"钱"的货币,通常由铜制成,面额较小,周边有凸起的轮廓以防剪边取铜,钱上还铸有简单的文字。钱的中心是标志性的方形孔,用来将货币串成串,大的一串一千枚(通常称为吊或贯),小的一串一百枚(足陌钱)。[6]16世纪开始,沉重的银块(银锭)和进口来的银元成为大额交易中不可或缺的货币。公元1887年,中国的一位将领,同时也是文臣的张之洞,从伯明翰引进了铸币机,而在此后十年中,铸币机的引进对中国小额交易和大额交易中的流通货币均产生了影响。到了20世纪初,各省的铸币厂不仅用蒸汽动力的铸币机铸造数量有限的官方银币,更铸造了海量的优质铜币(铜元)——不过没有传统铜钱的方形孔。铜元看起来与同时期的欧洲铸币很类似,没有方形孔,而且设计更为精致。[7]

本章其后各节将对近代早期中国与欧洲社会货币生产技术的分流进行分析说明。本节后的第一节将分析罗马解体及中国汉朝灭亡之后亚欧地区货币的演进与发展。本节后第二节则探究了为什么西欧在中世纪晚期恢复使用黄金铸币，而帝国晚期的中国却在同一时期放弃了纸币。本节后第三节质疑了加州学派提出的近代早期中国货币"富有磁性"的观点，再后一节则指出技术领域的突破使得西欧铸币的质量在蒸汽时代以前就大有提高。最后，我将全部历史证据汇总，简略地构建出东西方货币大分流的图景，这场大分流应追溯至中世纪晚期。我会阐明欧洲的货币生产是通过哪些途径得以脱离世界其他地区，以及这场发端于13世纪的脱离对欧洲各国治国理念的影响。鉴于其他研究都是从欧洲经济冲破马尔萨斯陷阱的角度来追溯大分流历史，在此我将更多地强调对全球贸易和金属资源的探求以及金属货币供给的增加这两个因素对欧洲经济成功所发挥的决定性作用。

中世纪的货币大分流：银便士时代

中国在汉朝灭亡后的三个世纪里，铜矿生产减少，劣币流行，众割据政权的货币竞相贬值，西北地区尤其如此。当然，当时北方地区的土地税是以粮食或布匹的形式征收的，这与之前汉朝的征收方式完全不一样。官员的俸禄也极少用铜钱来支付，甚至南方也如此。不过总而言之，这三个世纪当中中国南方和西北货币化水平的起伏衰退要比罗马帝国解体后的西欧小得多。[8]

例如大不列颠群岛上，到了公元450年，作为交易媒介的铸币一度完全退出流通，直至7世纪后半期才恢复。而欧洲大陆则没有发生如此清晰的中断，日耳曼人征服罗马之后，仍然继续运营其原有的铸币厂，继续大量生产5世纪时主要流通的西欧金币和罗马金币，而且完全保持了罗马金币的原有肖像。直至6世纪中期，日耳曼统治者的肖像才逐渐出现在其铸币上，因而直到加洛林王朝建立后，中世纪铸币图案的设计才趋于成熟。欧洲大陆和大不列颠群岛地区货币发展轨迹的主要差别，在不列颠地区采矿业得以恢复之后变得更为明显。而有讽刺意味的是，8世纪以后，不列颠地区货币的管理与生产和欧洲大陆地区相比反而变得更加集中。[9]

尽管法兰克（Franks）、西哥特（Visigoths）和伦巴德（Lombards）的货币都以西欧早期金币或者罗马金币为基础，但东哥特和拜占庭统治下的意大利各公国仍采用本地生产的银质和青铜铸币。自6世纪晚期开始，西欧的黄金货币全部都加速贬值，这可能是东欧地区采矿业衰落或者欧洲大陆各地贸易减少的结果。7世纪晚期，法兰克的大量铸币由25%的黄金和75%的白银混合制成。7世纪到8世纪间，拜占庭在意大利各处铸币厂生产已贬值的金币，到8世纪末期它们生产的铸币就是铜质合金的了，只是外表还会敷衍地镀一层金。严格说来，罗马帝国解体之后，金质铸币只在小亚细亚地区和北非地区仍继续流通使用，这两地黄金是从努比亚（Nubia）开采已久的矿场中采掘出来，再用骆驼穿越撒哈拉运到铸币厂的。[10]

中世纪仿冒罗马旧币的金币以及统治者自行设计铸造的金币，在8世纪都让位于西欧的纯质银币。这些银币单位价值较低，9世纪时它们在英伦地区变为"便士"（penny），在欧洲大陆成为"旦尼尔"（denier）。8世纪到13世纪之间，金币在欧洲大陆的西端退出了流通，新的银币取而代之，开启了欧洲第一个银币时代。[11]

为什么西欧各国会在8世纪弃用金币？可能是由于中央集权的瓦解以及各国的封建化削弱了人们大规模采掘金属、铸造货币的能力，也可能是由于阿拉伯人入侵地中海地区并实行货币改革后，贸易规模急剧萎缩。[12]

倭马亚王朝（Umayyad）哈里发（对伊斯兰国家政教领袖的称呼。——译者）阿卜杜勒—马利克·本·马尔万（'Abd al-Malik ibn Marwan）在

7世纪晚期对伊斯兰货币进行了改革。当时伊斯兰世界仍依赖于萨珊王朝的古希腊式银币（drachma）和拜占庭的罗马金币，不过后来，无人像的金币取而代之，占据主要流通地位。倭马亚王朝在对金币实施改革后，着力打压白银的流通。人们普遍熟知的是，在同一时期的中国，白银尚未完全货币化，银与铜比银与金的比价要低。阿拉伯世界对黄金的旺盛需求可能导致欧洲黄金被吸引流入，而白银则经由小亚细亚流出，进入中国。不过，单单去看全球各地间金属价格的套利空间并不能涵盖所有的因素，因为那时候亚欧大洲之间的贸易规模还相对较小。[13]

早期的阿拉伯货币，仿制自阿拉伯人领地东部如中亚地区萨珊王朝的银币，它们与中世纪早期欧洲货币类似，本质上仍是罗马货币的仿制品。而阿拉伯人领地西部如埃及、拜占庭，其货币主要由黄金和辅助的铜铸成。然而在阿卜杜勒—马利克·本·马尔万的货币改革之后，所有阿拉伯金属铸币上的人像都消失不见了，代之以古阿拉伯文字。很明显，阿拉伯地区铸币设计从萨珊—拜占庭样式到纯粹的古阿拉伯诗文样式的过渡，比欧洲铸币从仿制罗马样式到完全中世纪样式的过渡要快得多，前者的变化是由于伊斯兰教义禁止人像的出现。[14]

中亚地区的阿拉伯银币随着铜币一直被使用到中世纪的伊儿汗国和金帐汗国时期。奥斯曼帝国的原生货币是银质的铸币阿克萨（akçe），或被欧洲人称为阿斯皮尔（asper）。直到15世纪晚期，奥斯曼帝国才开始铸造金币，这其间，外国的金币——主要是威尼斯金币达克特（ducat）——随着中东与欧洲的贸易，在穆斯林统治下的小亚细亚畅行无阻地流通。[15]

同样重要的是，在阿卜杜勒—马利克之前，在与欧洲接壤的地区如黎凡特（Levant），黄金对白银的比价是14—18单位的银币换1单位的金币，因为拜占庭人使用的是诺米斯玛金币（nomisma），这是由罗马苏勒德斯金币（solidus）演化而来的一种金币，又被叫作贝占特（bezant）。而在中世纪早期的欧洲，白银对黄金的价值比率则接近12∶1。或者说，在欧洲东部地区，黄金尚未广泛地货币化且价格较高，尽管阿拉伯人和日后的奥斯曼人能够方便地获取努比亚蕴藏的黄金。事实上，第纳尔金币（dinar）一直是欧洲以东一带的主要货币，迪拉姆银币（dirham）和铜币是辅币。[16]

穆斯林控制的地中海地区对黄金有很大需求，恰巧欧洲的金币又十分充裕，几十年来一直在贬值。到8世纪，盎格鲁—撒克逊人和法兰克人使用的西斯金币（tremisses）已经被便士和第纳尔所完全取代。阿卜杜勒—马利克货币改革之后，拜占庭放弃铸造银币，转而建立完全以黄金为本位币种，以铜币为辅币的货币体系。[17] 此后拜占庭的金币体系一直保持稳定，直至君士坦丁九世蒙那马裘斯（Constantine IX Monomachus，在位时间：公元1042—1055年）大量削减货币的含金量。这次贬值是拜占庭面对佩切涅格（Pecheneg）的凶猛入侵，为增加政府收入而进行的一次绝望的尝试。

到11世纪末，诺米斯玛金币的含金量已跌到只剩10%，两个世纪之后弗罗林金币（florin）取代了其地位，成为地中海沿岸的贸易货币。很明显，拜占庭的铸币业和金银采掘都为中央政府所垄断，这和同期的中国一样，而在中世纪早期的很长一段时间里，欧洲则是经常见到由地方经营的矿场和铸币厂的。[18]

正当诺米斯玛金币含金量不断下降，欧洲其他地方也充斥着各类金币的时候，在欧洲的西端，英格兰所造的银质铸币却因其质量和信誉而广受欢迎，当地不铸造货币的斯堪的纳维亚半岛和波罗的海沿岸地区都在争用这种银币。这是货币史上的一次重要转折，在此之前，英格兰在罗马统治者撤离之后将近两百年中，不曾使用过铸币。到了7世纪，铸币生产才在英伦地区蓬勃复兴起来。盎格鲁—撒克逊人在伦敦、坎特伯雷（Canterbury）和温彻斯特（Winchester）建立了铸币厂，当地的铸币生产已经中断了两个世纪。后来旧的罗马金币逐渐让位于本地新铸的货币。公元928年，一套独立而稳定的货币制度在全英格兰地区建立起来。其后，在公元973年，阿尔弗雷德大帝（King Alfred）另外颁布措施，加强流通铸币的标准化与更新补充。措施规定，个人每六年可以凭官方凭证将磨损的和被凿剪的铸币熔化再铸一次，个人要自行将铸币拿到铸币厂重铸，之后可以获得等值的新铸货币，但是新币的金属价值要比旧币少，因为政府要收取一定的铸币费用及铸币税。在忏悔者爱德华（Edward the Confessor，在位时间：公元1042—1066年）当权时期，这种改铸旧币的活动改为每三年进行一次，而爱德华是最后一位统治全英格兰的盎格鲁—撒克逊人。[19]

后来征服英格兰的挪威人事实上也接受了盎格鲁—撒克逊人的这套货币制度，并将其管控权力更加集中于中央，而没有像欧洲大陆一样让封建领主自由铸币——这套制度才是挪威人所熟悉的。伦敦塔附近的皇家铸币局成立于公元1299年，它使得英国铸币尺寸的标准化程度和铸币金属的纯度更加有保证，进而使英国铸币在整个欧洲的信誉变得更好。使得英国铸币的信誉变得更好的另一个因素是，邻国法国在公元1290年到1450年间接连遭遇了几波货币贬值，令法国铸币的实际内在价值与官方规定面值严重背离。不过，直到15世纪，英国的货币体系才再度牢固地确定以黄金为基准，此后外国货币在英国的流通量急剧减少。[20]

英国银便士的金属成分一直保持稳定，直到14世纪中期，英国银币发生第一次严重贬值。亨利八世（Henry Ⅷ，在位时间：公元1509—1547年）和爱德华六世（Edward Ⅵ，在位时间：公元1547—1553年）统治时期，英镑（是计值单位但不是有形的单枚铸币）的白银含量比以前大为减少，官方企图以此大举增加铸币税收益。公元 1542 年至 1551 年间，英镑所代表的白银量减少了六分之五，因而这几年被称为"大贬值"（Great Debasement）时期。[21]

与法国不同，英国在 17 世纪晚期之前，曾经试图将基准货币重新定为白银并增加银币的储备，这部分是为了维持银币相对较好的信誉，部分是为了更好地应对金属价格的波动。后一个目的更难以精准地实现，英国也的确在那几年中失去了很大一部分银币储备，原因是英国银币在国内官方标定的价格要低于银币所含金属在海外的交易价格。[22]

在我们看来，在两百五十年间英法两国货币贬值的不同经历，表明人们对货币观念上的认知有了根本性的变化，并为"国债"和现代民族国家的最终出现打下基础，不过极少有人在亚欧地区的比较视角下研究过英法这段历史。铸币贬值，从长期来看会导致货币流通的不稳定，而且官方可获得的收益很少，但是能够为国王攫取封建领主的财富，积累资源以进一步加强中央集权。在当时的法国，封建领主可以自行铸造货币，外国铸币也可以不受干扰地自由流通。而在英国，货币的贬值和重铸（尽管频度不高）与初创的中央政府整顿货币流通的努力相联结，中央政府禁止国王允许范围外的任何铸币在英国流通。

政府进行货币贬值，是其在短期内获取收益的手段之一。如果近代早期的英法两国使用这种手段的程度出现了显著差异，那么中国早在此之前所使用的纸币以及历代因袭的儒家治国理念可能意味着，在中国由中央政府实施的铸币贬值并不经常发生。如前所述，欧洲统治者获取更多铸币收益的方法是让铸币的官方定价与实际金属价值相脱离。而在欧洲玩弄这种手段一般要比在中国容易得多，因为近代早期的欧洲同时使用黄金和白银的铸币，而帝国晚期的中国使用的铸币只有传统的铜钱。或者说，欧洲各国政府想获得铸币收益，只需要调整官方的金银兑换比价即可，而金银两种金属在经济中发挥不同的功能。不过与此同时，近代早期欧洲各国的统治者也必须想法子阻止由贬值导致的货币流向他国，因为其他国家的官方金银比价可能更为合理。面对这个问题，政府最终想出了两个手段来对付：其一，限制"自由铸币"和个人自行验定铸币成分；其二，着力促进货币统一，这一趋势在重商主义的历史背景下越发明显。在16世纪末17世纪初，西欧各地政府制造的法定铸币还没有流行开来，但是中央政府已经开始尝试着手以国家规定的标准且有形的货币单位取代各种无形的货币单位（所谓"幽灵货币"）。[23]

如黑田明伸（Kuroda）和邓海伦（Helen Dunstan）所述，中国的铜"钱"在官方的称呼中被视作一种"公共品"。铸钱的目的是便利平民百姓的生活，即所谓"便民"，因此，即使铸钱是亏本的活动，中央政府也必须充分地供给铜钱并自行承担相关成本。而增加铸钱量也被视为压低粮价的一种理想手段，特别是每年青黄不接之时或发生严重饥荒的时候。因此，中国的情况多少与人们习惯的认识相反，铜钱相对于银锭的价格，有时候反而会在铜钱铸造量增加的时候上涨，因为白银没有被铸成银币，银锭价值太高，难以普遍地被用在农村购买粮食。结果，沉重而价值昂贵的银锭为官府所喜爱，逐渐被广泛用作一种无形的"货币单位"，这与尺寸不一、来源不同但是要清点个数计算价值的有形的铜钱形成了对照。为保持铜钱价值的低廉，中国政府不仅多铸铜钱，而且同时在市场上抛售官方粮仓中的粮食，特别是在受灾荒影响而动荡不安的地方。[24]

因而，大概是由于时常面临为战争筹集资金的迫切形势，近代以前的欧洲各国同中国相比，其铸币金属价值的贬值更为频繁，因为这是政府筹资的手段之一。无论如何，早在工业革命之前，英国的理论家和决策者似乎就首次将铸币贬值在财政和货币上的限制，内部化于金银二元的货币体系之中。这些人已经知道，操纵金币与银币的官方价格，也就是给某类铸币"抬价"或"压价",以使得其交换价值背离其内在金属的价值,会导致某类铸币流到国外去。而极为严重的贬值总会伴随着"重定本位币种"。出于这样的原因,古代英国君主制造铸币贬值的频度相对较低。同时,英国君主竭力限制与本国铸币相竞争的外国贵金属铸币的流通使用,并且严格限制金银的出口。

而英国贱金属辅币的发行则大多交给了非国营部门。严格说来,尽管有的外国贵金属铸币也可在英国流通,因为有时英属殖民地不大喜欢使用英国本土的铸币,但是这类货币替代英国本土铸币总的来说是明显不被允许的。进一步讲,与欧洲其他地区相比,中世纪以来,特别是18世纪英国官方越发重视这一问题以来,英国的货币替代现象不时地受到压制。[25]

最终,英国成为世界上首个独立地建立黄金单本位制的国家,而其银币储备日益减少,白银被制成了不足值的"符号"辅币,而非与黄金并行流通的辅助性货币。在这一背景下有关欧洲税收的研究很少,但这一问题十分重要,因为从税收上人们能充分注意到近代早期的英国,早在工业革命前很久就是世界首个商业税收超过农村土地税收而成为政府主要财政收入来源的大型政权。比较而言,中国政府则仍以土地税(税率相对较低)为主要收入来源,直至20世纪才有变化。不过目前鲜有以此为背景展开的研究。人们或许会认为,18世纪英国的政治经济学家面对历史经验以及英国正与欧洲大陆国家展开激烈竞争的时代背景,会直觉地感知到一种比货币贬值更稳定的使国库丰盈的方式,而采取这种方式的前提是公众必须普遍认可"国债"。[26]

在中国,则存在着对低价值的铜钱的路径依赖,这使得政府从故意拉开铜钱实际价值与官方法定面值差距中获得的铸币税收益十分有限,因而中国皇帝也不能如英国君主那样有效地决定价值较高的货币计价单位以及这些单位之间的兑换比率。增加铸币的供给实际上是中国皇帝的职责，因为铜钱的单位铸造成本比较高。尽管国家垄断铸币最终成为古代中国治国方略的原则之一，中国对这一原则的坚持比中世纪欧洲要强得多。不过中国也有人呼吁"自由开矿"和"放铸"（即允许民间自由铸钱。——译者），将之作为弥补国家优质铜钱不足的手段，例如唐朝宰相张九龄。不过最终张九龄的建议遭人反对未被采纳，反对的人认为应禁止铜用于非货币用途，以抑制用于铸钱的铜料价格上涨。他们还认为"放铸"会导致铜料涨价。[27]

中国的铜钱从未经历过西欧各国铸币所面临的与外国铸币的激烈竞争。与西欧相反，中国铜钱还经常被周边货币化程度较低的国家吸收走，如日本、朝鲜和东南亚各国。尽管中国是纸币的诞生地并在11世纪到15世纪一直使用纸币，但是由朝廷统一集中发行的纸币在多数时间里必须与铜钱或银锭相挂钩。另一方面，中国的政府税收中征收实物或劳役的比重要高于同时期英国和法国的水平。[28]

古代中国的铸币贬值，通常是以发行"大钱"的形式出现，也就是发行重量为标准小平钱四倍的铜钱，但官定流通价值是小平钱的十倍。大钱中唯一的例外是汉代和北宋部分地区流通的廉价铁钱。不过如果我们仔细读一读宋应星所著的《天工开物》这本成书于晚明并颇具影响力的经济资料丛书，就会知道朝廷很少统一发行大钱，发行大钱被视为祸害百姓的举动，而且容易招致严重的造伪。[29]

与中国不同，中世纪晚期和近代早期欧洲大陆国家的铸币贬值都是以发行较轻、较小、杂质更多的铸币的形式出现的，这些劣质铸币的面值与标准铸币等同，没有出现过"大钱"这种体量变大的不足值货币。中世纪晚期的中欧地区曾出现体量变大的银质格罗申币（groschen / groat / grossi），发行这种银币最初是为了用货币体系中质地更纯的白银来抵消长期货币贬值的影响。[30]

另一方面，宋代以后中国铜钱铸造量持续走低，皇帝们一般容许百姓使用以往各朝代发行的旧钱。乾隆皇帝是个例外，他积极收集重量不足或伪造的铜钱去重铸，增加铸钱数量。不过帝国晚期的中国多数情况下并不着力去重铸铜钱。相比较而言，中世纪晚期欧洲的铸币贬值经常是由旧铸币的召回和重铸而引起的，因此欧洲以往各代的铸币很难流传下来，即使同时代的外国铸币十分常见。[31]

可以肯定的是，乾隆时期铜钱对白银的价格上升了，不过帝国晚期中国白银价格总体趋势是相对上升的。乾隆皇帝铸钱的努力导致了铜料价格的上升，大概也是因为这个原因，后来铸币量未能维持于乾隆时期的高水平。[32]

帝国晚期中国货币体系的总体变化趋势是，铜钱铸造量减少而且用于提升铸币技术和防伪的投资不足，使得官铸铜钱对铜料和白银的价格下跌，进而使得非法的私钱大行其道，这就使得政府失去了增加铸钱量以增加铸币税收入的激励。公元1567年，明朝的高级官员葛守礼就说，铸钱量过少会在市场上滋生朝廷完全废除铜钱流通的谣言，进而导致有些地方人们根本不敢接纳新铸的铜钱。[33]

可以肯定的一点是，明朝后期弘治、万历和嘉靖年间，朝廷都曾力图整顿钱制，推广新铸的铜钱。但是这些努力都是仓促而为，未能一以贯之，因为帝国的官僚们看不清私钱大行其道的危害，又缺乏毅力，难以忍受整顿钱制初期的亏本。起初，明朝新铸的铜钱经常退出流通被熔化重铸成私钱，因此也就无法直接在市场上获得预期的溢价。为了使新铸的铜钱能在市场上立足，政府不得不增加铜钱的含铜量并采用更好的铸钱技术以使官铸铜钱可以与私钱相区别。同样重要的是，政府还需保证新钱能用于纳税，以此更积极地支持新钱流通。不过这两个要求明朝政府都未能满足。财政困境和外部威胁对明朝的生存压力在天启与崇祯年间达到了顶峰,当时明朝铜钱铸造量虽然增加,但新铸铜钱被大量重铸为价值低劣的私钱,钱制未能得到有效的整顿。[34]

尽管乾隆皇帝曾重铸古钱,但是历代官铸或仿铸的古钱仍是帝国晚期清朝中国货币体系的支柱之一,这一点在耶稣会士们著述中有丰富的记载。杜赫德(Du Halde,公元 1674—1743 年)所著的《中华帝国全志》(*Description of the Empire of China*)中有专章讲述中国货币,这本书以法文写成,于 1736 年被翻译为英文。当然,杜赫德本人从未去过中国,他依靠的是大量由出访的耶稣会士历年带到欧洲的资料。和耶稣会士不同,杜赫德的观念方法上倾向重农主义,但他可能受到欧洲新兴重商主义学说的影响,也强调贸易的重要性,因此他对重农的中国的称赞多少显得有些矛盾。比如,他称赞中国有"天才般的"货币体系,却又在另一节中认为铜钱上仅仅铸有年号是"自大之举":[35]

> 货币上铭铸着什么内容呢?欧洲货币上铸有君主的头像,但中国货币上铸的是别的东西。在这个国家的认知中,让君主的肖像一直在交易者和底层人的手中传来传去,是对君主的冒犯。

杜赫德进一步指出伪造铜钱在中国十分普遍,尽管这会被处以死刑。杜赫德并不认为使用铜钱是缺点,他认为如果中国的铸币也如欧洲一样以贵金属制成,会招致更严重的造伪。杜赫德含蓄地认可帝国晚期中国皇帝容忍伪造货币的做法,但是这种认可的潜台词或许意在强调,18 世纪早期西欧各国政府已经开始禁止古旧铸币和外国铸币的流通,以保障政府的铸币税收益并帮助发展初现的公债。[36]

这些差异当然可以归结于中国特殊的政治经济状况,传统上中国对铸币贬值和谋取铸币税就抱有反感，将其视为牺牲百姓利益，为国家牟利的举措，帝国晚期理学的观点更是如此。在实践中，明朝政府一直不愿拿白银铸造货币，这就限制了政府给货币贬值的能力。不仅如此，明朝维持法定纸币流通的失败，以及公众对早先宋元两朝未能抑制纸币贬值的历史记忆，更使得政府无力去给货币贬值。白银铸成条块，可按照重量和纯度来精确定值以缴纳税款，而近代早期的欧洲，白银是以金币为单位计价定值的。[37]

结果，明代后期西属拉美的白银大举流入中国，尽管明代中国铜钱铸造量大为减少，在公众的观念中贱金属的铜钱仍然显得异常重要。梁方仲曾指出，明朝财政很早开始就尽力增加白银收入，使赋税收入中铜钱的地位下降，与此同时，政府开支却常支付劣质的银锭或铜钱，这样高层官僚就可以掌握优质的银子。结果，优质的银锭只在朝廷、高级官吏和富有商人之间的小圈子里流通，平民百姓们只能完全仰赖铜钱。白银在公众心目中尚未呈现出任何特殊魅力，仍是一种"遥不可及"的金属。[38]

或许同人们在如此历史背景下的预期相反，帝国晚期的中国，其货币演化的路径不仅与同时期的西北欧洲，甚至与日本和朝鲜都有显著的分别。可确定的一点是，公元1600年以前朝鲜和日本的货币体系非常依赖中国铜钱。不过如林满红所言，到了18世纪，日本流通的全部铸币中一半是由日本国内出产的金银制成的，而中国则尚未将金银制成铸币，其铜钱的铸造数量和质量也在15世纪至17世纪持续下降。而且，17世纪日本幕府铸造的货币的法定面值都比其所含金属价值要高，各地大名也获准发行不可兑现的纸币"藩札"以缓解金属供给的不足。朝鲜则一概禁止将白银（以及纸币）用作货币，直至公元1876年才放开，而中国在公元1600年以后越发依赖于进口的白银。[39]

18 世纪早期，东亚各地都面临金属来源不足、难以满足公众的铸币需求的境况。当时在中国和朝鲜，纸币已经不再受信赖而难以成为交易媒介。傅汉思（Hans Ulrich Vogel）教授曾详细论述过，公元 1685 年至 1715 年间中国铸钱所用的铜料大量进口自日本。不过公元 1726 年幕府当局禁止向中国继续出口铜料，原因之一是幕府打算增加日本的铸钱量。主要铜料来源一断，中国清朝政府不得不去偏远的云南寻找新的原料地，导致铜料运输和铸钱的成本上升。[40]

此后铜钱的相对价格骤增，这一状况持续到了 18 世纪晚期。乾隆皇帝年轻时，因为云南铜矿的开采使得铸钱量大为增加，宋代以来中国人均铜钱铸造量下降的状况有所转变。不过乾隆帝仍对前代诸皇帝的财政扩张政策态度审慎，不敢轻易模仿。以往的财政扩张总是通过容许各省增加对私人经济活动的税费摊派来实现。不管怎样，18 世纪 70 年代以后，中国铜钱的铸造量再度下降，而且整个帝国晚期中国市场上一直广泛流通着官铸或私铸的各类古钱。[41]

宋代以后铸钱量持续下降的情况，一直持续到近代早期中国采矿业发生某些变化才结束。同世界各地比较来看，中国政府对采矿业的控制比较严格。宋代铜钱铸造量之所以能空前地高，原因在于矿场使用奴隶和支付工资的苦力劳作，并且官府允许更多的私人企业参与铁矿的经营。如之前一章所述，宋代改革家王安石（公元 1021—1086 年）将以往一成不变的私人冶铸金属的税率调低至 20%，后来恢复到 30% 左右的水平。这与以后历朝力图垄断金属冶铸的做法大不相同，而一旦产销被垄断，官方所定的金属价格也就一成不变了。此外，以后各朝一贯秉持中国长久以来的重农主义信条，而且都有一位性格多疑的开国之君，他们倾向于将那些"多

余的"矿藏与内地匪盗奸吏的不法活动联系起来。[42]

到了近代早期，亚欧地区之间在采矿和铸币领域政治经济状况的巨大分流导致了技术领域出现了清晰的分野，这可能还影响了货币伪造和防伪技术的演化。例如，我们所见的有关帝国晚期中国凿剪铜钱（剪边钱）的记载较少，少于近代早期的欧洲，而中国有关熔化铜钱（销钱）或非法将铜钱改铸成器皿的记载却相对很多，原因可能是黑市的铜价要比官价高不少。类似的，政府对私人擅自熔铸铜质器皿及工具的禁令是和对私人开矿的禁令相呼应的，在中国，政府的这些举措明显意在防止伪造货币，尽管这些举措可能招致相反的后果。因为这些举措人为压低铜料价格，铜价有很大的上涨压力，反而使得铜钱的内在金属价值高于其面值，进而使得私下给铜钱减重贬值和伪造铜钱更加有利可图。基于这样的历史背景，傅汉思（Hans Ulrich Vogel）教授对亚欧大陆两端具体的政治经济境况进行了阐述：[43]

> （近代早期）欧洲与中国的采矿技术有很多相似之处，但有一个显著差异是机械化程度不同，尤其是排水、矿物运输和矿物粉碎方面。尽管中国也采用了一些合适的简单设备，但没有进行系统的使用，或者为提高采矿和冶铸效率而革新设备。比如，公元1世纪中国人就已经利用水力来驱动鼓风炉了，14世纪时又有人提到了这种水力技术，但是18世纪到19世纪初中国矿业最发达的云南却仍主要使用人力来驱动鼓风炉。

实际上，中国在开采云南矿藏之前，曾十分依赖从日本进口的银和铜，甚至从宋代铜钱铸造量最高峰过后就是如此。这与新大陆矿藏发现之前，同时代的中欧地区采矿业的活跃形成了鲜明对比。中欧采矿业活跃的重要前提是有稳固的产权制度,这与中国迥异,中国的金属价格是由作为买方垄断者的政府制定的,大量矿产被政府收走。16 世纪初期中欧地区的矿场所有者,要定期向矿场经理(Bergmeister)支付报酬,所有者是唯一有权索要矿场所出产的任意金属的人,条件是所有者必须承诺"遵守有关金属的法规以及矿场经理的命令"。很明显,矿场经理必须有注册头衔,建立合法的约定关系,还要负责记录大型矿场的各类股权人的信息,以便股权人出现商业纠纷时进行调解仲裁。[44]

  日本在尚未建立强有力的中央政权之前,一度向中国大量供给金属原料,这足以说明小型政权之间(大名们的封地)的竞争,以及室町时代晚期幕府对私人采矿的容许,能够使得采矿业生产更有效率。当然,在帝国晚期的中国,我们很难在皇族以外找到如欧洲中世纪晚期的美第奇家族(Medicis)和福格斯家族(Fuggars)那样在勘探与采矿领域具有极大权势的家族。[45]

  还需注意的是,中国皇帝要依靠国有矿场的矿产来铸造新铜钱,而英国的"大贬值"的进行,则主要依靠法律和经济的激励,吸引个人自愿地将外国和古旧铸币上缴政府的铸币厂重铸成新币。重铸之后,人们拿到的白银重量减少了,但是减少的部分被新铸货币在缴纳税款时所具备的更高的"法定货币"价值所抵消。很明显,商品价格只能部分地赶上贬值的程度。这种货币贬值在 18 世纪初期逐渐减少,因为英国君主找到了筹集资金的更好方法,那就是滚动发行国债,开始是通过英格兰银行纸币的形式发行,后来以债券形式发行。因此,"大贬值"可以被视为一次性的变革事件,这场变革为日后英国经济社会的发展起了长久而深远的影响,却并不足以破坏公众对君主保兑的交易媒介的信任。这也可

以很好地解释为什么 18 世纪早期的英格兰银行得以通过纸币发行的手段，成功地将国债的观念融入市场之中，为什么 19 世纪纸币能够演化为"法定货币"。[46]

如前所述，英国的银便士频繁地由国王召回并重铸。尽管铸币金属的重量标准不同，由于铸币被频繁重铸，铸币的价值仍在市场上保持稳定。而在欧洲其他地方和中国，旦尼尔币（denier）、铜钱以及其他各类低面额货币的流通价值都十分依赖于其金属含量。

尽管欧洲大陆的铸币厂比英国要多（14 世纪法国的重铸货币厂非常多），但是英国平民百姓的日常生活中受货币的影响要比伊比利亚半岛和法兰克人辖地等地区要大。中欧地区，货币的使用主要集中于莱茵兰（Rhineland）和巴伐利亚（Bavaria），其他地区几乎见不到货币的踪影。斯堪的纳维亚半岛和俄罗斯则普遍使用阿拉伯人的迪拉姆（dirhams）银币，当地自行铸造的货币很晚才出现。总之，不同质量和不同内在价值的银币的并行流通与各个政权频繁的铸币贬值这两类现象，是我们认识理解中世纪早期亚欧货币大分流的关键。这导致了路易吉·伊诺第（Luigi Einaudi）所称的"想象中的货币"及观念上的计价单位的产生。这场分流使得中世纪晚期的英法两国的君主得以在其各自统治区内以更高的铸币税额来重铸货币，并使得他们得以在近代早期将外国铸币逐渐逐出本国流通。[47]

宋代以后，中国就再未面对过周边其他政权货币的竞争。中国一直大量使用低面额的铜钱，并广为采取实物税制，这意味着中国皇帝难以通过发行"法定货币"的形式来攫取铸币税。

向黄金归复的西欧

近代以前世界货币史中最重要也是相对最缺乏研究的一次变化可能就是西北欧向黄金为基础的货币的归复，当时在那里银质便士已占据了主导流通地位长达4个世纪。我们姑且认为这次变化不是在南欧特别是西班牙的影响下发生的，南欧地区在8世纪以后一直在铸造金币并使用伊斯兰国家的金币第纳尔，金币和银便士并行流通。在安达卢西亚（Andalucía），倭马亚的统治者用阿拉伯的货币体系替代了西班牙的西哥特货币体系。阿拉伯货币体系最初由第纳尔金币及其与北非金币相似的衍生品构成，不过那些衍生品的质量较为低劣且参差不齐。因此，西班牙和拜占庭属的意大利成为12世纪欧洲仅有的仍完全以黄金为货币本位的地区。[48]

意大利的商业中心热那亚（Genoa）和佛罗伦萨（Florence）是沟通欧洲与西亚、北非间大量贸易的重要枢纽，同样使用伊斯兰的第纳尔金币。但是在12世纪，第纳尔严重贬值，不再是国际贸易中普遍受欢迎的货币。公元1252年，热那亚开始铸造其本地金币（genovino）。紧随其后，佛罗伦萨开始铸造知名的弗罗林金币（florin），威尼斯开始铸造达克特金币（ducat）。这三种金币的含金量都比同时期阿莫哈德（Almoahed）第纳尔要高。为什么热那亚、佛罗伦萨和威尼斯得以获得充足的黄金与伊斯兰各国进行稳定的贸易，而第纳尔金币却失去了硬通货的地位？可能我们首先想到的原因是十字军东征将黄金作为战利品带回了欧洲，不过十字军东征对欧洲与黎凡特地区之间贸易平衡所产生的经济上的影响，还远未被研究清楚。不少研究都明确提出的一个看法是：意大利人用欧洲出产的铜换取了北非的黄金，这对欧洲货币的转型意义重大。[49]

第一个例子中，意大利人以欧洲所产铜换取北非黄金或许可以解释为什么意大利城邦的货币体系会发生变化。黄金通过贸易经由哈夫斯王朝治下的突尼斯，沿着法蒂玛王朝开拓的商路流入意大利。在西非，黄金被视作一种高贵的奢侈品，极少被用作货币或作为商品买卖。到14世纪，威尼斯达克特金币（ducat）开始广泛在埃及以及其他伊斯兰地区流通，这显示出威尼斯金币成功取代了拜占庭的诺米斯玛金币（nomisma）。而后，弗罗林金币开始在地中海地区更为广泛地流通。公元1472年，威尼斯国内也从金银二元的货币体系向黄金本位币制过渡。[50]

欧洲的这些重商主义政权，本国几乎不出产金银，但是它们有规划地利用对全球市场和金银流动状况更为充分全面的了解，获取了经济上的优势。这样的状况在人类历史上首次出现。正是凭借信息上的优势，意大利城邦和后来的葡萄牙、西班牙、荷兰及英国得以控制了全球的金银储备，进而在经济上压倒了原本占据优势的欧洲东部。而这些国家得以维持其信息优势，关键原因之一是其本国的铸币贬值速度比较慢，例如14世纪威尼斯共和国的铸币。威尼斯铸币的币值得以保持稳定，原因之一是当地商人委员会具有较大的权力，使得其铸币能够流通于各地。相比较而言，威尼斯在殖民地希腊发行的铸币的贬值速度就比其在共和国本土发行的铸币快，不过这种状况也仅局限于希腊当地，希腊也未因贬值而转用其他地方铸币。威尼斯在其城邦和殖民地的铸币，其大部分金银原料都是在其他地方开采的，而同时期的匈牙利和塞尔维亚铸币所使用的白银则是在本国开采的，但是所铸的银币并未广泛流通。从更广的范围来看，全欧洲的足值以及由于磨损或凿边而不足值的铸币都汇集到了威尼斯进行重铸，因为威尼斯铸币的流通价值要高出其所含金属的价值。[51]

以往的相关研究总是强调对黄金之国（El Dorado）的梦想如何促进了新大陆的寻奇探险。但是在此很有必要指出，在美洲探险之前很多年，对非洲黄金的追求就已经使葡萄牙和热那亚两国航海家之间展开了激烈竞争，间接地导致了13世纪欧洲人再度发现加纳利（Canary）群岛，这个观点曾由皮埃尔·威尔勒（Pierre Vilar）提出。西非地区成为重要的黄金产地，这一点在英国公元1662年开始铸造的几尼

（guinea）金币的命名上就反映了出来。尽管已有的研究多强调拉美白银对世界其他地区的影响，人们也应该同样记得哥伦布日记里充满对黄金的幻想，这反映出早先地中海沿岸及西非地区的探险所产生的影响。实际上，最初从拉美带回的贵金属是黄金，主要是靠抢劫和强迫加勒比地区土著居民开采冲积层矿藏而获得的，到公元1525年当地的黄金就已被采光。[52]

葡萄牙人通过远洋航海直接与印度和东亚相接触，因为这一点，葡萄牙人得以在贵金属的运输数量上胜过意大利的各城邦。值得一提的是，奥姆·帕拉卡什（Om Prakash）曾经发现，16世纪葡萄牙人的海上贸易主要是从印度购买胡椒，以此换取西非出产的黄金——后来则是换取拉美的金银，而非一开始就从印度和东亚购买靛蓝染料或生丝。如果按货物的价值算，除胡椒和贵金属以外，葡萄牙人运量最大的货物是铜料等贱金属，这些铜料都是日本而非欧洲出产的，它们被葡萄牙人运往中国用以制造铜钱。[53]

鉴于前述的若干理由，过多地强调白银的重要性显然是错误的。近代早期欧洲与亚洲和非洲的贸易过程中，全球的金属被重新分配，从某种金属不用作货币的地区运往用作货币并且价值颇高的地区。可以由此明显观察到这场分配的历史事实是，欧洲的中心城市逐渐转用黄金，同时欧洲却用白银和铜来购入胡椒、纺织品和茶叶。在欧洲内部，人们可以发现一场次级的"分流"，发生于英国与其他各国如法国、西班牙等国之间。在英国，铸币贬值和贱金属制的零用币变得罕见，而在法国和西班牙等国，直到17世纪还发行了一种银铜合金制成的小型铸币（被称作"black money""billon"及"vellon"等衍生币种），目的是积贮银币供海外贸易使用。[54]

第三章　货币大分流：蒸汽时代以前欧洲与中国的铸币

黄金货币对意大利人而言至关重要，因为伊斯兰地区大部分都以黄金为本位币种，与当地人贸易需要黄金。当时欧洲以白银为本位币种，对白银需求较大，11世纪左右，等量的黄金在欧洲换得的白银要比在伊斯兰地区少，所以欧洲人用黄金去伊斯兰地区换取更多的白银。因而我们也就有理由假设，意大利人注意到了兑换比价的差值，并竭尽所能地从欧洲购取相对廉价的黄金，再运往东方各国以更高的比价抛出。[55]

欧洲货币的发展路径在中世纪晚期逐渐与亚欧其他地区相分离，前述的货币贬值、意大利城邦获取西非黄金可被看作导致这一分离的头两个原因，第三个原因则与采矿业相关。如彼得·斯布福德（Peter Spufford）所言，从11世纪到14世纪，美洲大陆的金银尚未发现之时，欧洲采矿业的产出出现了井喷式的增长，如此的增长当然与欧洲大陆矿藏相对丰富有关，更使得西欧地区得以成为比印度或中国货币化程度更高的地区——按人均货币量计算。欧洲本地对白银的需求得到满足，既得益于本地矿产量的迅速增长，也得益于从东方流入欧洲的多余白银——因为当时宋元王朝下的中国转而使用纸币，白银变得冗余而流往西方。在欧洲，先是戈斯拉尔（Goslar），后是梅勒（Melle）、撒丁岛（Sardinia）和库特纳赫拉（Kutna Hura），都发现了大银矿，白银出产量迅猛增加。[56]

受采矿活动增加的影响，到15世纪中期，德国的矿业工程师取得了两项日后传遍欧洲的重要技术突破，就是机械抽水泵和分离银铜的铅化学技术，而欧洲的银铜多混合蕴藏于矿石中。这两项技术进步远早于蒸汽动力的水泵和熔炉，但是人们很少思考它们与所谓"大分流"之间的关系。[57]

与矿冶技术类似，铸币技术在近代早期的欧洲也取得了革命性的进步，当时蒸汽动力还远未出现。最引人注目的进步是螺旋铸币技术的发明，就在15世纪末古登堡发明印刷机之后不久。最初，螺旋铸币法与传统的锤击打制法相比没有很大进步，和古希腊直至中世纪用的铸币工艺仍很接近。不过到了16世纪，这种铸币技术由意大利传入英国，极大地提高了欧洲铸币的标准化程度，并使得欧洲铸币的质量超过了中国铜钱。螺旋铸币法被公认是由意大利建筑家布拉曼特（Bramante）所发明，后来这项技术在英国与法国得以系统化。而在西班牙人统治的地区则更常使用滚压铸币法（roller press），直至18世纪早期。[58]

¥

自11世纪开始，撒哈拉以南非洲向欧洲输出的黄金量与日俱增，黄金主要来自于努比亚（Nubia）、马里（Mali）和埃塞俄比亚（Ethiopia）以及莫桑比克（Mozambique）的索法拉（Sofala）。值得一提的是，从欧洲带回到撒哈拉以南非洲的商品，特别是那些铜合金和铜器。在非洲人看来，这些东西比黄金还要珍贵，因为铜不仅是非洲人的货币，还被用作装饰。14世纪旅行家伊本·白图泰对此贸易有过记述，并认为马里的繁荣是由出口黄金带来的。[59]

尽管马里的确因出口黄金而繁荣，但是马里本国的金条货币却并不具备西班牙人用拉美白银铸造的银币那般广泛的国际性功能。西班牙人所铸的银币可以在全球经济活动中流通，具有超越其所含金属的交换价值。埃塞俄比亚则是撒哈拉以南非洲在殖民时代以前唯一当地自行铸造货币的地区（与马里的金条货币形成对照），不过这是伊本·白图泰所处时代以前的事。[60]公元2世纪至9世纪，阿克苏姆王朝（Aksum）的国王铸造过金币以及少量的银币和铜币。起初这些铸币上有希腊文，后来被阿姆哈拉文所取代。然而，10世纪时埃塞俄比亚本土的铸币退出了流通，于是18世纪以前，埃塞俄比亚越发依赖于进口而来的货币，尤其是奥地利的玛丽亚·特里萨·泰勒银币（Maria Theresa thaler，缩写为MTT）。只有皇帝孟尼利克二世（Menilek II，在位时间：公元1889—1913年）曾恢复铸造过埃塞俄比亚本地的货币，其中银币名为泰拉瑞（talari），形制效仿奥地利的泰勒银币，铜币仅有少量铸造。这些货币上铸有犹大之狮（Lion of Judah）的图案，暗示着该国的一个传统信念：孟尼利克一世（Menilek I）是所罗门王与示巴女王的儿子。[61]

欧洲人得以攫取非洲黄金的同时，其白银的产量也在增加。威尼斯人在国内有自己的银矿，并在殖民地也开始开采银矿。于是，公元1400年威尼斯成为黎凡特地区货币的主要来源。一般认为，公元1284年意大利的金银比价为1∶11。后来，波西米亚（Bohemia）银矿出产了巨量白银，使得白银价格下跌，公元1305—1310年威尼斯金银比价为1∶14。公元1326—1328年间，白银又变少，公元1326年威尼斯金银比价恢复到1∶10。[62]

14—16世纪间，欧洲其他各地继威尼斯之后，相继开始铸造金币。早在公元1290年，法国的腓力四世（Philip IV）就铸造发行了新式金币，同银币一起流通。公元1344年，英国本地的金币开始发行流通，之前数百年当地始终是银便士一统天下。公元1344年之后的数百年间，英国生产金币的价值及重量都超过了银币。而到14世纪末，黄金大概已经取代了白银，而白银则流向东方用以购买商品。[63]

需指出的一点是，尽管意大利城邦通过控制欧洲各地铸币和采矿业的利益，似乎对欧洲向黄金铸币的归复起了促进作用，但是13世纪地中海沿岸地区最主要的流通货币是以英国铸币为范本的弗罗林金币，特点是有皱褶状的边缘以防凿剪。再有，14世纪英国有很严格的规定来抑制个人"铸币者"(相对于国王而言)给铸币贬值的活动,英国各地的政府会不时地在港口没收外国金银并将其重铸为制式统一的英国铸币,因而中世纪英国铸币的标准化程度很高。当然总体来看,欧洲各国的"铸币者"所具有的国家赋予的权力与独立性,要比他们的中国同行多得多。[64]

14世纪60年代,英国全部铸币厂大约生产了2吨重的金币。这个产量可以用来和近代以前中国货币铸造量的峰值相比较,特别是10世纪到12世纪"宋代工业革命"时的铸造量。以当时欧洲较普遍的1∶10的金银比价计算,14世纪60年代英国金币总产量大约相当于5.4亿枚中国铜钱(宋代中国白银还未被广泛用作货币)。王安石当权时(公元1070—1086年)是中国铜钱铸造量最大的时期,每年铸造量为五百万贯,十年间铸造量达五百亿枚。从数字上我们或许可以笼统地感受到,同英国相比,宋代中国货币经济陡增的规模有多么可观,尽管中国人口比英国要多。不过在此之后中国的铜钱铸造量急剧下降,按人均量计算,铸造量再也没有达到过宋代这般的水平,直至引入蒸汽动力的铸币技术。如傅汉思教授所言,宋代以后中国铜钱铸造量最大的一次回升是在18世纪50年代至60年代,年铸造量为四百万贯,而当时中国的人口则至少是北宋的三倍。[65]

直到14世纪,中国的钢铁制造技术仍领先于欧洲。当时的中国人已使用水力驱动的鼓风机将空气吹进冶金熔炉里,这比同时代欧洲冶金业中使用的手压式鼓风机(concertina bellow)效率高得多。16世纪欧洲使用的鼓风炉,可能也受了出现于13世纪由中国人设计的鼓风炉的影响。11世纪宋代中国每年的炼铁量最多时曾达到125吨,而欧洲在18世纪每年仅能炼铁150吨。[66]

那么，欧洲的采矿与冶金技术最终又是如何超越中国的呢？近代欧洲的冶金技术的产生与万诺乔·比林古乔（Vannoccio Biringuccio，公元 1480—1537 年）和格奥尔格·阿格里科拉（Georgius Agricola，公元 1494—1555 年）二人著作的发表密切相关。其中阿格里科拉的影响力更大，他的著作用拉丁文详细记述了当时德国冶金技术所取得的进步，其中提到了冶金熔炉。阿格里科拉的著作在英国出版之后，伊丽莎白一世（Elizabeth I）邀请德国的冶金技术专家来帮助不列颠地区发展采矿业。16 世纪早期，苏塞克斯（Sussex）的维尔德（Weald）和纽布里奇（Newbridge）建起了鼓风熔炉，与旧式的罗马真空熔炉（bloomery furnace）一同使用。艾萨克·牛顿（Issac Newton）曾一度任英国皇家铸币厂厂长。因而，尽管明代早期中国在炼铁和冶金熔炉技术上居于领先地位，但是明朝的海禁这种孤立主义政策最终导致中国冶金技术发展停滞，到清初时被欧洲反超。[67]

如果仅将视野集中于这一个事件，那么 17 世纪早期欧洲开始使用焦炭和煤冶铁或许正是中国冶金技术被欧洲反超的表现之一。使用煤炭炼铁是冶金领域至关重要的技术进步，这些技术在英国相继申请了专利，例如公元 1611 年的斯特蒂文特（Sturtevant）、公元 1613 年的罗文森（Rovenson）、公元 1665 年的达德利（Dudley）。[68] 之后在 18 世纪，也就是蒸汽技术推广的一个世纪之前，欧洲大规模地使用水力驱动的鼓风熔炉。这些冶金技术已经远远超越了同时代的中国。

中世纪欧洲的铸币方法，是先用泥制或砂制的模子或者剪边的条棒铸出币坯，再将币坯逐一地打制成铸币，当时欧洲的铸币逐渐变薄。罗马人率先在铸币上使用了锯齿状边缘的设计，后来在中世纪演化为铸印或珠状的边缘，以防有人凿剪货币，中国铜钱也有较厚的外廓，目的也是为了防止凿剪。到了 17 世纪中期，英法两国的铸币采用了更为精湛的

"铣边"工艺，在打制铸币之前先用锉刀加工币坯，这项技术在中国除了加工铸印边缘时用过，在其他地方很少用。制造铸币时要打制两次甚至三次，在欧洲是很常见的事情，但是中国政府却从未强调用这种方式。帝国早期甚至直至中世纪早期，中国铜钱的形制一直变化不大，常被制成"摇钱树"的样子。[69]

亚欧不同地区间铸币生产技术呈现了越发显著的分流，这为我们展示出一个之前鲜有研究的课题：从18世纪中期开始，质量更优的欧洲铸币使得欧洲从对外贸易中积累的利润越发丰厚，而这又是货币金属在全球重新配置的结果——不同金属分别流向其具备货币价值的地区。足以证明这一点的有力证据是第一种全球货币——西班牙的加罗拉银元（Carolus dollar），它由拉美白银制成，由西班牙出口到世界各地，而西班牙国内的货币体系却开始越来越多地使用价值较低的"维隆币"（vellon coinage）。加罗拉银元被带入中国后因为其"材质重量均一而广受欢迎"，其流通价值高于其所含白银的价值，甚至直至19世纪60年代拉美解放运动兴起使得这种银币停产之后仍是如此。[70] 可以肯定的是，19世纪60年代加罗拉银元在中国的流通地位已开始让位于墨西哥合众国银元。墨西哥合众国银元最早铸造于公元1823年，质量更优。拉美各国独立后约二十年中，其铸造的银元质地大小不尽相同，而将大量流通的加罗拉银元收回重铸又太困难，故加罗拉银元在东亚地区一直凭借其可靠的质量而广泛流通，直至20世纪。[71]

欧洲铸币在海外流通时也存在类似的溢价，即流通价值高于其所含金属价值。赛维科特·帕穆克（Şevket Pamuk）于公元1997年发表的研究指出，17世纪奥斯曼帝国的货币体系中就存在欧洲铸币的溢价现象。与中国不同，当时的奥斯曼帝国铸造银币，但帕穆克（Pamuk）指出，奥斯曼长期以人工技艺铸造的银币（名为akçe）早在16世纪80年代就因贬值而严重丧失了信誉。类似的，公元1600年之后奥斯曼帝国的采矿业急剧衰落。与欧洲的情况相反，奥斯曼帝国的货币贬值并非是政府增加收入的长期策略，而是为军队镇压不时发生的造反而筹资的应急之道。17世纪，奥斯曼帝国也没能恢复建立起法国或西班牙那种官方流通发行的不足值铜币的货币体系。在这样的历史背景下，在众多欧洲其他国家的金银铸币中，加罗拉银元脱颖而出，成为17世纪黎凡特地区广受欢迎的流通货币。[72]

总之，中世纪时西北欧、伊斯兰地区和中国的货币明显地开始以不同的路径发展。欧洲在历经了两个世纪货币化的衰退之后，在8—14世纪之间从古罗马的黄金本位时代过渡到了银便士时代。货币化衰退的原因，可能是采矿活动减少和贸易规模萎缩。欧洲剩余的金币被大量熔化并运往伊斯兰地区，那里以及地中海南部沿岸仍主要以黄金为货币。伊斯兰地区的货币体系最初是金银二元本位制，到10世纪则变为单一以黄金为本位币种，原因之一或许是当地白银已经耗尽：开始是流向印度，14世纪以后更流向了对白银的需求也猛然增加的中国。[73]既然如此，那么欧洲向黄金归复的背后，除了欧洲各地矿产量的骤增和西非黄金的流入，可能还隐藏了一个重要因素。

黑田明伸教授在其最近的著述中提出，南宋和元代中国有意识地推行纸币流通，可能导致大量的白银从东亚向西外流，经辽阔蒙古帝国治下的贸易通道最终流入欧洲，进而促进了中世纪晚期欧洲向以高价值的黄金为本位币种的转化，这场白银流动发生的时间远早于欧洲人获取拉美白银的时间。证据是13世纪晚期开始，不仅欧洲乃至于亚欧大陆各地都普遍有记载表明当时白银十分丰富，直至14世纪60年代这类记载才变少。总体而言，白银在全球各地都变得廉价，意味着欧洲更能够再度以黄金作为基准货币，其所需的黄金则是进口而来。[74]

不过另一方面，我们不应忘记，蒙元王朝建立后金银块仍然是中国货币体系的重要组成部分。如马可·波罗所记述的那样，元朝纸币以白银为实际准备金有时却以铜钱或生丝为单位标注面值。在亚欧其他地区，蒙古人的铸币很多是用白银打制而成。由此看来，白银在蒙古人的意愿下从中国流向西方或许是可能的。[75] 黑田明伸的研究方式和重要观点在思维方式上与其他研究有显著区别。其他研究总是倾向于强调欧洲13—15世纪间采矿技术的进步和外来冲击的重要性，认为采矿技术进步是支撑欧洲向外大举输出白银的关键因素。[76]

近代早期货币霸权的形式

如前所述，当中国在明朝放弃纸币发行之时，白银在亚欧其他地区或许再度变得越发稀少了。不过，那时西欧各国获得了非洲生产的黄金并初步控制了近代早期金银及货币流向全球的海上航线，这些航线也是货贝等商品的传播渠道。基于此，西欧各国得以牢牢地将黄金锁定为本位货币。直到明代初期，货贝还在中国云南广泛流通，当时的契约文书和石碑上都有这样的记载。直到明朝末期，货贝仍有流通。那时候，云南生产的白银占了全中国的四分之三。如傅汉思教授所言，13世纪民间货贝的价格逐渐降低（当时地方政府用货贝来征税）。到了17世纪地方政府决定强制将铜钱引入云南，尽管此前尝试了多次却屡遭失败，而且执行此项政策成本很高。这导致货贝价格大跌。明朝以极高成本向云南推广铜钱，这反映出当时中国与欧洲政治思想的差异：在中国，铜钱的推广首先服务于政治目的，对中央政府而言是一项经济上纯粹赔本的买卖。一旦铜钱取代了货贝成为云南主要的交易媒介，很可能剩余的货贝就会自然地从云南流向仍以货贝为货币的非洲某些地区，这种状况一直持续至20世纪初。[77]

万志英的研究详尽介绍了明朝放弃名义上以白银为准备的纸币这一事件，这起事件与著名的"一条鞭法"改革是并行的。明初政府禁止白银的流通，"一条鞭法"改革却要维持巩固公众对白银的需求，因为税收要以银锭的形式来征收。明王朝并未将白银铸成标准的硬币，却在15世纪的永乐朝的边疆地区开采银矿中遇到了麻烦。[78]

具有讽刺意味的是，在此之后，随着白银在征税和商贸交易中变得越来越常用，人口日渐增长，且商业日益繁荣，与帝国政府的开支相比，中国国内的白银生产却减少了，结果在本国开采的输入国库的白银越来越少。如弗林（Flynn）和吉拉尔德茨（Giráldez）所言，从日本和拉美地区流入的巨量白银，作用绝不限于弥补了帝国财政的赤字。阿卡普尔科（Acapulco）、马尼拉（Manila）和中国之间海上贸易的兴起，以及中国国内产银量的下降，使得16世纪70年代进入明朝国库的白银总量与前几十年相比翻了一番。到了明代末期，每年流入中国的白银大约有100吨。[79]

所谓"第二个白银世纪"指的是拉美地区白银大量流入中国这个历史事件，而在此之前，白银曾在蒙古人治下向西流出中国。"第二个白银世纪"恰好涵盖了公元1738年这个中国传统铜钱铸造的转折点，这一年清朝政府减少了从日本采购的用于在京师铸币的铜料，转而放宽对私人在云南开采铜矿的限制。[80]不过日本铜料在公元1738年以后仍用于各省铜钱的铸造。云南铜矿则在19世纪初被采掘殆尽。[81]

直到铜矿枯竭，中国仍有铜钱短缺的情况出现，但再没出现过铜原料的严重短缺。另一方面，也无证据显示那时铜矿采掘技术有所进步。云南铜矿似乎并未使用水力装置，也未使用马力或机械设备。直到公元

1867年，清朝官员才向朝廷建议引进英国人在香港使用的那种现代铸币设备，以节省原料并提升货币规格的标准化程度和伪造的难度。

如本章一开始所言，现代铸币机最初于公元1887年购进中国广东，并投入使用生产。不过到了20世纪初，中央和各省的铸币局大量铸造机制的新式铜币"铜元"，使得铜元严重贬值，导致市场不确定性增强并发生通货膨胀。尽管在中国内地，能够抑制货币贬值的银铜双本位体系形式上一直维持到了公元1935年，传统成串使用的方孔铜钱在20世纪初就销声匿迹了。原因是铜元没有孔，而且面值要高于实际的金属价值。因而在20世纪初，足值的方孔铜钱就在流通中被机制的铜元驱逐了出去。古式的铜钱后来大多被熔化或者出口到日本，当时日本军火工业正亟须铜料。[82]

正是海上贸易支撑了"第二个白银世纪"以及欧洲向黄金铸币的回归，当然对后者的作用可能要小一些。长期来看，海上贸易导致中国铜和银的比价从公元1368年的320∶1跌落到了公元1621年官方所定标准价100∶1。[83] 公元1621年的数据十分有帮助，可以用来和同时期亚欧大陆另一端的情况进行粗略的比较。例如，公元1640年的奥斯曼帝国由于新大陆金银的流入，本国的铸币厂和矿场与前几个世纪相比大为减少，和中国的情况类似。17世纪初，有记载显示，奥斯曼的铜币每枚重量为8迪拉姆（1迪拉姆等于3.072克，1枚铜币即有24.576克），其价值等于1枚阿克切银币（akce，含有0.7克银的合金铸币），即1阿克苏姆（aksum）。由此大致可以看出，奥斯曼的银和铜的交换比价为1∶35。当时奥斯曼的货币体系由三种金属构成，其中黄金与白银的比价是1∶10，和欧洲基本一致，但这个比价对中国而言没有可比性，因为当时中国的黄金并未用作货币。而对用作货币的黄金的需求不足，也可能是导致中国对白银需求增加的一个次要原因。无论怎样，数据表明了17世纪前后北京白银对铜钱的价格,是君士坦丁堡(Constantinople)的三倍,尽管铜铸的"钱"是中国唯一正式制成铸币的货币,并在中国广大的内地农村仍大受欢迎。[84]

一个世纪之后,欧洲人对掌控全球黄金流动的自信心,可以从丹尼尔·笛福(Daniel Defoe)的作品中反映出来。面对中国的贸易顺差,欧洲人表面上被边缘化了,因此流露出过些许的焦虑,笛福的作品对这种焦虑有所表达,他本人在那些更为现实的作品中对此却并未如此闪烁其词。比如,在小说《新环球游记》(New Voyage Round the World,出版于公元1724年)中,一位来自英国的主人公认为中国人"看不上我们的产品,并且用他们的产品塞满了我们的市场"。[85] 不过在《经商全书》(Complete English Tradesman,出版于公元1738年)中,笛福显然注意到了同时期中国人的著述缺少对全球贸易态势的了解。在论述的关键部分,笛福明显地表示出对英国主导世界经济的自信:

> 西印度和美洲殖民地的贸易规模非常可观,需要大量船只和水手。而这些由殖民地出产并且产量日渐增长的物品又由我国出口到世界其他地区,或者运往我国供我们消费。各类商品和大量货币被运回到我国,使得我们本国的产品与出口到外国的商品保持均衡。就这一点而论,有人坚持认为每年应将更多的真实财富从殖民地运到大不列颠来,要比西班牙从其所属西印度地区运往其本土的财富还多,哪怕西班牙人的势力范围是我们的20倍,哪怕西班牙人能从墨西哥的矿藏和波托西(Potosi)的群山中获得巨量的金银。英格兰的工业产品特别是羊毛制品(包括棉制品)和丝织品,质量是最好的,这就意

味着我们的每一类商品都能够赚取最多的价值,这就需要雇佣更多劳力,这些劳力会赚取最多的钱,也就是会获得全世界所有从事该行业的人当中最高的工资。而对英格兰而言,最特别的地方在于,以其出色的质量而论,这些产品又是全世界最便宜的。[86]

今天回顾笛福所言,似乎看不出近代早期在欧洲人眼中和"东方"的贸易有多么的重要,某些吸引人的论点并非是事实。在货币领域我们也能发现若干证据来推翻其他某些引人眼球的观点,比如认为印度莫卧儿王朝(建立于公元1526年)早期的货币体系(由三种金属组成)和蒸汽时代以前的西北欧的货币体系同等发达。可以肯定的一点是,莫卧儿王朝不允许外国货币在本国流通,法国探险家让·巴蒂斯·达文尼(Jean-Baptiste Tavernier,公元1605—1689年)对此有描述。[87]就此而论,莫卧儿的货币体系的确领先于英国不成熟的"地域性"货币。与欧洲中世纪晚期的"自由铸币"不同,莫卧儿王朝会有意地将拥有白银原料的平民招揽到官方的铸币厂去,并保持其较低的贬值率。因此,理查兹(Richards)将其货币体系概括地形容为"强大、灵活、遍及各地而且存在长久"。[88]

不过,莫卧儿铸币厂所得到的大量白银都来自于拉美,与晚明时代的中国情况相近。莫卧儿的铸币尽管质量应属上乘,却并未在印度以外的地区产生多大影响。[89]荷兰东印度公司的一些代理人对莫卧儿印度(Mughal India)的铸币技术有比较多的了解,他们说在18世纪20年代印度铸币技术仍然极为依赖劳动力,"效率低下而且浪费严重",尽管莫卧儿印度的铸币是贵金属制成的,与中国不同。[90]17世纪后半期,斯里兰卡所流通的大量铜币都是荷兰人铸造的。与此类似,在印度果阿(Goa)流行使用葡萄牙人铸造的货币,印度南部沿海的商贸飞地中也流通着其他各类欧洲铸币。[91]

我们应当知道，欧洲人对热带地区的殖民入侵十分困难，因而进展缓慢，直到蒸汽船（以及铁路）的出现使得逆流航行变为可能，这种局面才得以扭转，海德里克（Headrick）对此多有论述。[92] 所以，交通落后可能是 19 世纪以前印度内陆（以及非洲内陆）的欧洲铸币都极少现身的关键原因，相对次要的原因是莫卧儿王朝当局不允许使用外国货币。因为英国人铸造的货币不常见，所以它们在 17 世纪中期的苏拉特（Surat）并不常被使用。不过早在公元 1717 年，英国人就获准铸造莫卧儿样式的货币了，这些货币广泛而深入地渗透到印度的货币体系中。在英国正式确立对印度的统治权之前，英国人生产的（莫卧儿样式的）铸币实际上对莫卧儿货币体系的稳定起了重要作用。在公元 1858 年英国政府宣布对印度确立统治权之前，一些在印度的英国统治区的流通铸币的"英国"色彩越发浓厚，铸币上出现了英国皇室成员的肖像和英文的铭文。[93]

至 17 世纪初期，欧洲金融创新的中心由意大利城邦转移到了低地国家，尽管这些创新仍然是那两个因素驱动的结果：一个是体量相等的邦国之间耗资不菲且屡屡爆发的战争所导致的紧张态势，另一个是垄断与东方各国贸易的野心。事实上，金融创新的爆发式增长出现于英国工业革命以前，而英国工业革命是一个复杂但已得到较好研究的历史事件集合体。19 世纪后半期，金融革命与工业革命出现了两个交汇点，一个是股份公司组织模式的传播，另一个是中央银行雏形的出现。[94]

向中国输入白银有利可图，并且中国在 19 世纪 30 年代以前对欧洲一直存在贸易顺差，这两个事实能否作为中国经济富有"磁性"的证据呢？这个问题应该从欧洲货币在其他地域的渗透模式的角度来分析回答。

为了更好地理解近代早期世界当中中国货币的功能，我们的视野就必须超越白银，而落在中国接触欧洲之后的货币化进程上。16世纪、17世纪白银从拉美流入中国，是与欧洲人控制全球货贝贸易相并发生的事件，而货贝贸易有助于我们理解——有计划地将一种货币（甚至不是贵金属）从世界某一个地区迁移到另一个地区，能够帮助欧洲人填补贸易赤字并"扶持"奴隶贸易。[95]

在新大陆发现大量金银储备之后，货贝贸易又能提供何种"扶持"呢？18世纪之前，由于拉美金银的发现，由非洲流入欧洲的黄金量下跌。因此，货贝的出口贸易开始为购买奴隶和其他非洲商品（如咖啡）提供资金。这是欧洲得以减少与非洲贸易逆差的原因之一，可能这与19世纪上半期鸦片帮助欧洲人减少了与中国的贸易逆差道理一致。而19世纪上半期正是拿破仑战争和拉美解放运动爆发，导致西方各国白银产量骤减的时期。[96]

然而，货贝这种海洋所产的贝壳被大量地运入非洲，不应妨碍我们去了解真实的因果关系：尽管马尔代夫（Maldives）出产的货贝早在14世纪就被输往富产黄金的苏丹用作货币，但是公元1500年以后将贸易范围扩展至阿拉伯地区甚至到西非地区的是欧洲人。人们通常认为，葡萄牙人每年从孟加拉地区输出的货贝大约有150吨之多，从中大约能由此估计出运到非洲的货贝数量。甚至到了18世纪，非洲货贝相对于白银的价格，是印度的四倍之多。因此，欧洲人之所以在欧洲和非洲之外寻找货贝来源，是因为他们将货贝视为潜在的贸易"平衡器"用以抵减欧洲与非洲贸易的逆差，而不是因为那时非洲经济富有多么特别的"磁性"。[97]

当然，如果从近代早期欧洲的霸权模式来看，马尔代夫的货贝应当与贝壳念珠（wampum，一种在北美原住民中用作货币的海贝。——译者）的故事一并被提及，后者是美洲史学生们熟悉的话题但很少在货币史的比较研究中被提到。尽管它们是不同类型的海贝，欧洲人在北美定居早期，当地贝壳念珠的货币化与葡萄牙人影响下非洲地区货贝的货币化有类似之处。货贝和贝壳念珠都是最初被当地人用作显示地位身份的装饰品，通常都是成串地挂在一起。二者都被不同程度地仿造过，并都被欧洲人大量寻获用来购买更重要的"商品"，比如从北美原住民手中购得皮毛、非洲的奴隶和黄金。[98]

大多数情况下，欧洲人并不自己单独建立其贸易模式，而是借助当地商人或外国商贸领域的霸主们的协助来参与到这类模式当中去，由此一来，其对贸易的控制力会成倍地增加，对当地贸易会形成可观的控制能力。比如，荷兰东印度公司就是在中国航海者的协助之下，成为将日本所产银和铜输入中国的主力之一。相似的，阿拉伯人是最早将货贝带入非洲的，而他们是同奴隶贩子一起去的。不过，东南亚货贝向非洲的出口真正成为具有全球性影响的事件，是葡萄牙人获得了印度洋海上霸权之后的事情。出口的货贝用于为奴隶贸易筹资，贩得的奴隶会被运往巴西种植园。[99]

不过有些事情就鲜为人知了，比如，云南尽管是明清时期的产铜地，却一直以货贝作为当地主要流通货币之一，直到明朝中期才有所变化。货贝和金属铸造的贝状物曾是春秋时期楚国的主要流通货币，但云南是中国唯一在17世纪以后才开始将货贝用作重要交易媒介的地方。印度最晚从孔雀王朝时期起就经常将货贝用作辅助性货币。早在公元前1400年，出产于马尔代夫的货贝就被运到孟加拉，并在印度河流域流通。到了中世纪晚期，80个货贝等值于孟加拉144克铜，这些铜又等值于14克白银。或者说，中世纪晚期孟加拉货贝、铜、银的交换比价大约为60∶10∶1，意味着当地的白银要比同期的中国更丰裕。随着16世纪铜铸货币成为孟加拉的标准通货，货贝逐渐失去价值而被出口到了非洲，这些货贝用于奴隶贸易能带来不菲的利润。就此而言，与欧洲的交往促进了孟加拉（使用铜铸币）和撒哈拉以南非洲（使用货贝）的货币化程度。马尔代夫是最早的货贝出产地，16世纪时那里一枚第纳尔金币可以买到一万枚货贝，而在西非地区购得一枚金币的黄金则只需要少量货贝。[100]

¥

除了货贝，葡萄牙人还能在非洲卖出什么商品以换取黄金（以及奴隶）呢？非洲人喜欢用黄金换取贱金属制品，而黄金是欧洲和黎凡特价值最为宝贵的东西。著名的马尼哈（Manilha）黄铜饰件就是由葡萄牙人生产的，有的甚至用非洲产的黄铜制成，这种东西之前是用作购买黄金和奴隶的交易媒介。不过主要铜原料不是本地所产，而是从外面进口的。铜是16世纪、17世纪间输入非洲的重要货币金属，因为在非洲黄金很少用作货币，而且白银矿产极少。非洲的白银相对价格比欧洲要高：16世纪前后，非洲白银对黄金比价大约为8∶1。[101]

人们恐怕很难认为非洲经济具有什么"磁性"特质，巨量的货贝之所以作为货币输入到非洲，其原因不过是非洲富有欧洲人渴求的黄金，而欧洲人在购买非洲产品和"人力"时又能换得这些黄金而已。尽管帝国晚期的中国经济与非洲相比大不相同，但以非洲的情况与中国稍作类比，我们就很难得出如"中国经济富有'磁性'""中国经济比工业革命前夕的欧洲还要发达"等结论，因为欧洲人可以通过输入白银来平衡其贸易账户。

欧洲人在那时对全球的金银流动情况和不同货币流通区域有比较充分全面的了解，占有信息上的优势。借此优势，欧洲人以优惠的条件将非洲和中国拉入更广阔的贸易体系当中。就此而论，欧洲人对全球金银和铸币流动的控制，成为其在近代早期重要而持久的优势，使得欧洲人能在世界各地购买他们所不能种植或生产的商品。购得的商品，不少用作欧洲人自己消费，还有很大一部分会卖给世界其他地方。不久之后，欧洲人在某些出产诱人商品如胡椒、糖、咖啡甚至茶的地方进行直接的殖民活动，而贸易又为这些殖民活动提供了资金，财富因此积累起来。而对于那些不能进行直接殖民掠夺的商品，甚至如中国的瓷器和印度的棉纺品，则在日后被英国出产的同类工业产品所大量替代。

结论

欧洲人通过大规模的采矿控制了中世纪晚期以来全球金银的流动，并且充分全面了解了世界各地贵金属的供求情况，占有了信息优势，这对于我们理解"大分流"是不可或缺的，而且也是迄今相对研究较少的领域。如果我们综合过去30年间的相关研究，就会发现这些研究都认为，早在欧洲人去新大陆探求金银之前，13世纪时白银曾从中国流出，同时欧洲本土的白银产量也上升了。欧洲人竭力在欧洲以外寻找新的金银来源，是东方白银来源枯竭并且欧洲本土由于采掘技术进步而银矿开采殆尽后才发生的事情。有人总是只把注意力放在大量白银从新大陆输往中国（或印度）这件事上，并以此作为欧洲人依赖白银的标志性证据。从之前本章的分析来看，这种观点显然是错误的。恰恰相反，葡萄牙、荷兰和英国都以黄金作为本国主要货币，这些国家都擅长利用其控制的欧洲以外出产的低价值"货币"去满足欧洲以外地区对这类"货币"的需求，这种"货币"可能并不是金属的，比如货贝。

不过，我们还应注意到铸币生产及质量（铸币的标准化）的重要意义，这一点是导致近代早期"大分流"的重要因素，而这一因素产生的影响要远远早于蒸汽动力铸币技术得以广泛应用产生的影响。否则的话，就意味着我们会忽视交易媒介这个货币的基本职能。正是在铸币质量这点上，货币的技术层面和制度层面发生了交汇：能以较低的成本生产更高质量（难于伪造）的铸币，并能确保铸币以正当的权限和范围流通，使得英国（以及西班牙）从足值的铸币制度向不足值的信用货币制度转化，这是本章第一个案例中介绍的内容。正是在这场转化开始之后，英国（及西班牙）才得以将白银从拉美地区输入亚洲，进而以较低成本持续地换取亚洲出口的商品。最晚到18世纪中期，主权独立的中国和东南亚各国极为渴求欧洲人输入的白银条块，更为渴求欧洲人生产的银质铸币，这些银币的交换价值要比同等重量的白银条块高一些。就此而言，拉美银币在这些地区获得了当年葡萄牙人以武力入侵所未能获得的东西，原因是在帝国晚期的中国，商贸中心地区流通的白银未被制成铸币，使得欧洲人"腰包变鼓"。而与中国相比，莫卧儿王朝时期的印度在货币上还能保持相对独立。

尽管研究新大陆白银的著述已经不少，但它们大多关注的是全球金银流动的问题，对此背景下的"大分流"的研究则比较少。通过比较历史分析，本章介绍了导致日后"大贬值"的铸币模式，它对于我们理解为何英国的货币发展轨迹会早在10世纪就开始与欧洲大陆（以及中国）相偏离至关重要。

到20世纪初期，机制铸币产业成功地将各类多元而混杂的外国和本国铸币从流通领域驱逐了出去，确立了国家（地域性的）法定标准货币单位的主导地位。这股货币标准化的浪潮，终结了"幽灵般的"或"想象的"计价单位的历史，这些计价单位出现于亚欧各地，都是由个人或国家所制定，用以化解多元而混杂的货币流通所带来的风险。有些人认为近代欧洲初创阶段的民族国家彻底接管铸币行业，不过是为了博得良好声誉而提供公共产品的无关大局的举动，由本章的分析可以看出这一观点完全是错误的。

本章指出，中世纪晚期的"大贬值"是欧洲货币史上至关重要的事件，欧洲各主权国家彻底接受包括辅币铸造在内的整个铸币行业，是新式财政观念影响的结果，而新式的财政观念为"国债"经济的产生播下了种子。必须特别强调的是，近代欧洲货币的发展路径，直接决定于中世纪晚期欧洲对昂贵的黄金货币的依赖与探求。黄金起初可以使政府获得更多的铸币税收益，当然这需要采取使货币价值不稳的手段。但是，以铸币生产来获取铸币税收益这种增加财政收入的手段的局限性日益明显之际，英国的国债，也就是英国货币本身，已经开始脱离"古代货币"所受金属价值的束缚了。

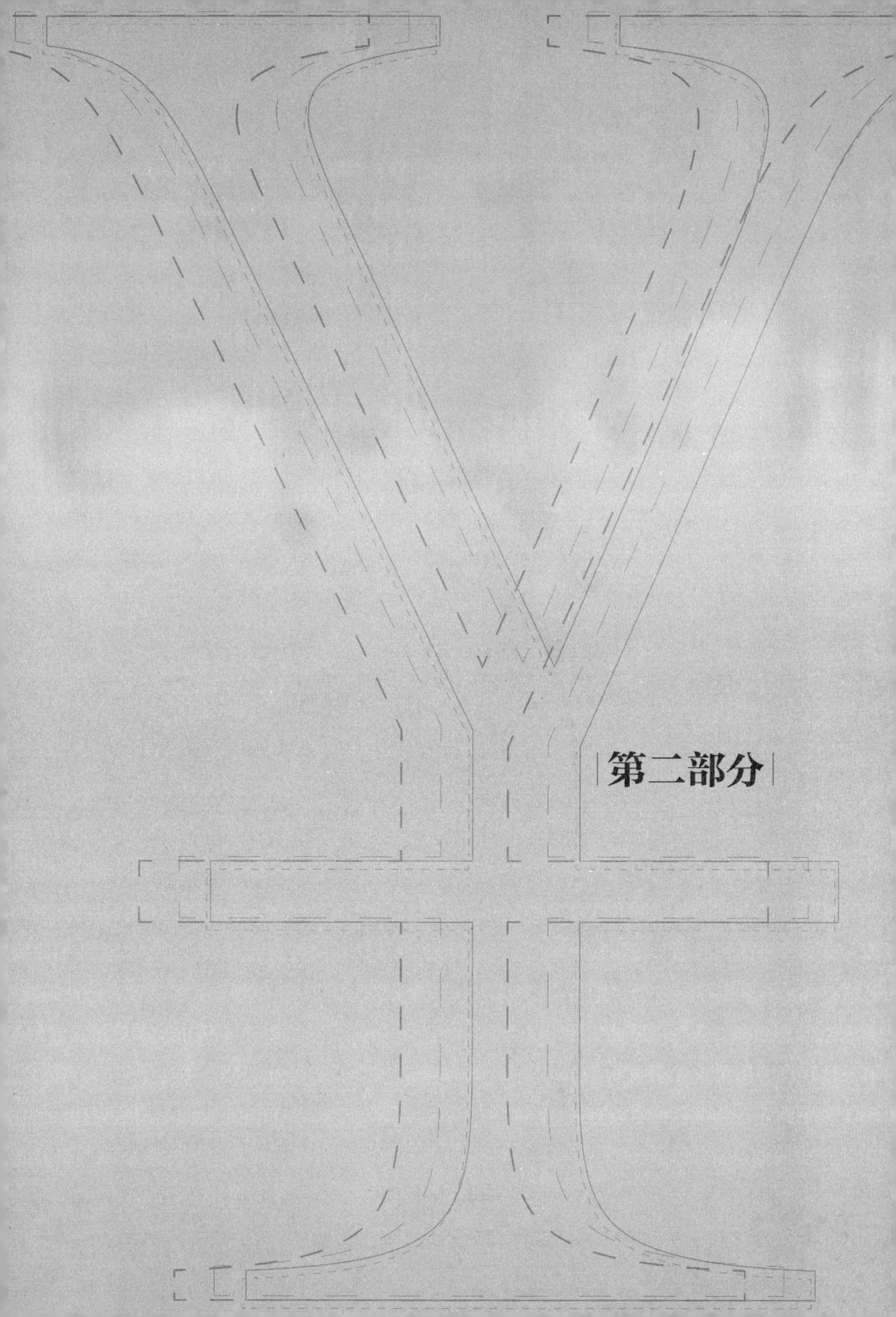

第二部分

第四章

清代中国的纸币：
20 世纪初它究竟有多普遍和多可靠？

本质上讲，清代的货币体系是由铜钱构成的，铜钱面额较低，由地方铸造，在内地农村以及零售交易中被普遍使用。高价值的货币主要是白银，或者是西方人和中国人都了解的银锭，或者是外国铸造的银元。税收主要以白银的形式上缴国库，尽管政府开工资常是支付铜钱。公元 1700 年时，外国银元在流通中越发受欢迎，尤其是在沿海地区。[1]

"银锭"一词的英文是"sycee"，源于广东话"真丝"的发音。在中国南方，优质的银锭被认为应有丝绸一般闪亮的光泽。习惯上，中国一吊铜钱（1000 枚）可以兑换一两（约 37.5 克）白银。实际上，白银和铜钱的兑换比率会随着不同时间两类金属的多寡而波动。银锭通常每个重 50 两，但银锭的重量和成色差异很大，甚至一省之内也这样。这种差异催生了验定银锭成色的行业，它们大多由私人经营，帮助鉴定市场交易和税收支付所用的银锭质量。[2]

18世纪及19世纪早期,西属拉美的白银继续净流入中国,直至19世纪30年代广州的官办外贸机构解体及两次鸦片战争(公元1839—1842年;公元1856—1860年)之后,这种局面才告结束。太平洋的另一端,情况也在发生变化。1821年,墨西哥正式摆脱西班牙的统治取得独立,其国家主权的象征——衔着蛇的鹰——取代了银币上原有的西班牙赫拉克勒斯之柱(Pillars of Hercules)图案,原本的这些银币是经由阿卡普尔(Acapulco)进口而来的。美国对墨西哥的贸易盈余说明,当时美国商人可以用他们所持的富余银币去中国换取丝绸、瓷器和茶叶,由此参与到英国主导的世界贸易体系中去。到19世纪早期,众多的汉学家以及之后20世纪初前往中国通商口岸的外国观光者,已经敏锐地注意到中国人早已开始使用纸币,其流通范围很广。也有一些外国人提到,相比较于中国传统的银铜双金属本位的货币体系,纸币相对处于边缘地位。[3]

然而,同时代西方各国的众多文献及信息并未精确地回答一个问题:为什么在帝国晚期的大部分时间里,中国官府或私人发行的纸币走向了衰落?私人发行的纸币是怎样以及何时在中国重新出现的?这些纸币在帝国晚期中国的货币体系中又有多么重要?这些文献及信息也没有详细解释中国私人纸币逐渐重新浮出水面是否与全球性的金融影响有关。[4]中国私人纸币的再度出现最早可追溯到18世纪后半期。近来有些学者提出,19世纪40年代晚期开始,在中国营业的外国银行使得当时中国官场内外实施货币改革的呼声极大地提高了,而外国银行之后也承受了来自中国本土新式银行的竞争压力。公元1848—1945年间,欧洲、美国和日本的殖民银行都曾在中国发行以中国货币计面值的纸币,这些银行参照西方和日本的经验制定与遵循金属准备规则和各项管理规章。这些外国金融机构既对中国本土金融机构形成了挑战,也为它们提供了示范,这为20世纪早期中国近现代银行业的兴起和纸币的普及奠定了基础。[5]

而其他一些学者则认为私人纸币在19世纪40年代后期外国银行进入中国之前,就已成为帝国晚期(公元1368—1911年)中国货币体系的支柱。持这种观点的学者似乎认为,中国人所不信任的是政府发行的纸币,而私人金融机构发行的纸币则应当是"受到广泛接纳"的。[6]

这样的观点显示出,可能围绕明清时期中国的社会环境还存在着隐秘但是重要的学术争论。正是在这样的社会环境之下,晚明和清朝政府极不情愿发行纸币,同样在此环境之下,清朝中期以来私人发行的纸币得以流通传播。私人纸币的发行带来了至少五个讨论的焦点:为什么清廷在17世纪50年代有效统治全国之后停止了纸币发行?为什么清廷一直极力克制不发行纸币,直至19世纪50年代出现了严重的财政和政治危机?为什么清廷19世纪50年代的纸币发行未能坚持?最后也是最重要的问题是,中国私人发行的纸币是否更加可靠?私人纸币是否填补了清廷放弃纸币后货币体系留下的空缺?

之后的内容将系统讨论这些问题以及这些问题后暗含的假设。人们或许真的认为19世纪后半期以来外国银行在中国发行的纸币实际产生的影响要比传统所认为的小得多,因为当时中国私人发行的纸币也在广泛流通。

不过,私人纸币真的"受到广泛接纳"而成为当时中国货币体系的重要组成部分了吗?答案显然是肯定的,至少可以以当时一位学生的记录为证:[7]

在市镇或者城里,日常生活中甚至连苦力的工资都是用铜钱为面值的纸币来支付的。19世纪50年代,政府官员经常向朝廷提起发行纸币的私人金融机构的成功之处，建议政府也发行纸币。但是，私人纸币价值的保障本质上与政府纸币的信誉保障不同。后者与政府机构的征税能力和财政支出的管理能力密切相关。

在之前的叙述中似乎有一个逻辑不通顺的地方：一方面，中国的私人纸币比政府纸币更受欢迎和信赖；另一方面，这也可能意味着清廷在17世纪50年代和19世纪50年代的纸币发行管理过程中没有出什么大乱子。之后的内容则不仅反驳了这样的观点，还对一些用以支持这些观点的论据提出了异议。如果我们仔细审视这些论据，或许能为这个学术讨论日趋热烈的领域提供一些有价值的修正性的观点。

顺治朝的纸币发行：背景与后果

清朝（公元1644—1912年）在其统治的两百六十八年中，仅仅发行了两次传统样式的（竖式印刷）纸币。第一次纸币（钞贯）的发行是在顺治朝（公元1644—1661年），当时清朝入关夺权不久，还面临汉人此起彼伏的反抗。此次纸币发行的范围很小，从1651年到1661年，每年发行了十二万贯。1661年顺治皇帝死后，继续发行纸币的呼声尽管没有完全消失，但已大为减弱。[8]

彭信威等学者认为，在当时的背景之下，清朝皇帝历史性地感觉到了通货膨胀的压力，满洲人祖先建立的金王朝（公元1115—1234年）也有过纸币滥发招致通货膨胀的教训。彭信威认为已有的资料不足以用来评价顺治朝纸币的发行量、金属准备以及具体的流通状况。清廷为攻占舟山地区花费不菲，导致严重的财政亏空，彭信威认为清廷纸币最初的发行就是为了填补这些亏空。[9]

纸币在清顺治朝的再度出现，意味着清朝的货币政策短暂地出现了与其后世治国方略相偏离的情况，这是由紧张的战争境况导致的。正是基于清廷以后主导的治国方略，学者们才认为尽管顺治朝纸币发行时间短暂，却可能大大加强了帝国晚期统治者竭力避免发行纸币导致通货膨胀的决心。[10] 李育安的研究尽管很大程度上依赖于彭信威已有的成果，但新引用了很多当时的记录，得出了与彭信威一致的结论：清廷于1651年的纸币发行，目的在于抵补镇压各地反抗经费的开支，以确保对全中国的统治；此次纸币发行是以通货膨胀为代价，填补政府财政赤字的行为，一旦社会秩序恢复，纸币就难以继续发行。[11] 无论如何，日后的事实是，清廷在此后近两百年间都未曾发行过纸币。

关于这一话题的学术文章普遍充斥着一些内容以具体论证清朝中期清廷如何不愿发行纸币，这是对"沉重历史"的警醒。以往历代纸币发行的失败都伴随着社会政治的严重不稳定。明朝晚期朝廷曾争论过重新发行纸币能否扭转明朝衰落的态势，清朝在其初创时期即再度有限地发行纸币，可能也与这一历史背景有关。如第二章所阐述的，明朝晚期的几位皇帝最终没有采纳发行纸币的建议。公元1643年，最终在满族入侵入之前自杀于北京的明朝末代皇帝崇祯帝，准许发行无准备金的纸币，作为给国库筹措资金不得已的举措。但他的命令被地方官员以各式各样的借口拖延阻挠。主管财政的户部尚书倪元璐曾严厉警告，商人不会接受纸币，商铺会保留其货品而不会接收没价值的纸币。[12] 这些话被应验了，倪元璐也于公元1644年自杀而死。

不过，晚明的异见知识分子黄宗羲（公元1610—1695年）曾提议发行以白银为面值的纸币，他在清初仍有影响。后来，清中期那些纸币发行的拥护者却遭到了严厉打击，尽管当时白银外流和鸦片流行的情势已经非常严重。如蔡之定（公元1745—1830年）就是提议纸币发行的代表之一，但他却因"妄言乱政"，于1814年被嘉庆皇帝处分降职。[13]

王鎏（公元 1786—1843 年）是一定程度受蔡之定和晚明纸币发行拥护者观点影响的另一个典型代表。在所著的《钱币刍言》中，王鎏否认王朝衰微与纸币发行有必然关系，他指出明朝皇帝收到了反对的意见，最终也未重新发行纸币，他还将顺治朝的纸币发行作为与以往历代王朝经验不同的例外。同时，与明初范济类似，王鎏也引用了汉武帝鹿皮币的例子来论证发行不兑现纸币的合理性。[14]

王鎏注意到外国银元流入中国的情况，他于 1831 年提出了一系列建议：首先认为政府应限制将白银用作支付手段，建议政府加强对铜矿开采的垄断，而非以允许私人开矿来促进铜钱铸造量的增加。为了将外国银币逐出流通，王鎏又建议同时发行高面额的大钱和以铜钱标注面额的大额纸币。[15]

王鎏的观点遭到了安于现状的学者以及道光朝掌权官员的抵制与反对，这些官员也注意到了外国货币的侵入。比如，魏源（公元 1794—1856 年）和林则徐（公元 1785—1850 年）就认为使中国摆脱外国白银不能首先依靠大钱和纸币的发行。他们二人并非是反对双金属本位制，而是建议通过允许私人开矿促进矿冶行业的发展以及发行中国本土的银铸币。[16]

甚至一些原则上不反对发行可兑现纸币的学者也觉得王鎏的观点难以接受。如许楣（公元 1787—1862 年）于 1846 年发表的文章尖锐地批评了王鎏，包世臣（公元 1775—1855 年）则批评王鎏认为纸币可不受限制地发行的观点，还指责他为因易引发通货膨胀而恶名昭彰的大钱辩护。这多少会让人想起几十年前欧洲的亚当·斯密和莫里恩（Mollien）所提出的观点。包世臣认为纸币发行应当"以实含虚"，即以铜钱作为纸币价值的根本保证，还认为纸币应以中国流通已久的铜钱来标注面额，并可与铜钱相兑换。就此而论，包世臣的观点和魏源、林则徐有一定区别，他们二人强烈认为中国应发行外国样式的银元。此外，包世臣也认为流通纸币的金属准备金率应在20%到30%之间。[17]

咸丰朝的纸币发行：背景与后果

顺治朝结束两百年后，不足值货币的支持者向咸丰皇帝强烈建议再次发行纸币。当时清廷面临的危机形势已经使得纸币发行的倡议显得不那么令人反感了。咸丰皇帝刚一即位就遭遇了严重的财政危机，这场危机是由鸦片战争赔款和太平天国运动爆发导致的。因此，咸丰朝纸币（户部官票）发行量要比两百年前顺治朝纸币大得多，而且导致了十分严重的通货膨胀，扰乱了市场的铜钱与白银比价，招致了民众的不满与骚乱。随着1861年咸丰皇帝辞世和同治皇帝的即位，咸丰朝纸币也停止了发行。纸币发行的最后一年，其发行的总面额不少于6020万两白银，而当年清廷总税收收入仅有8660万两白银。[18]

可以确定的一点是，清廷仅在道光朝（公元1820—1850年）后期小规模试验性地发行过纸币。早在1841年，清廷就准许五家指定的半官方机构"官银钱号"可以经营营利的铜钱与白银兑换业务。而且，这些官银钱号被允许发行半官方性质的以铜钱标注面值的纸币。但是这些官银钱号并不遵从保有纸币相应的一半金属准备金的准则，经常挪用侵占政府公款。这类机构发行的纸币结果导致了通货膨胀，因而在1858年退出了流通。[19]

更重要的是，1853年清朝户部准许省级官府直接大量发行盖有官府印玺并以白银或铜钱标注面值的纸币。不过户部纸币被承办官府公共服务的商人滥发，而且在赋税缴纳中也不被广泛接纳。纸币迅速贬值，至1860年这种地方纸币不再发行流通。[20] 在这样的历史背景之下，我们有必要重视卢公明（Doolittle）在当时的观察记载，这些记载或许意味着福州地方官府在咸丰年间仍在发行和兑换纸币，这一定程度上是为了缓解钱荒。然而，不足值的铜钱也被用于收兑纸币，以至于支撑纸币发行的金属准备金的价值大打折扣。由此导致了严重的通货膨胀压力和长期的不受信任。

近些年的研究中，杨端六引用了咸丰皇帝本人的言论以证明，尽管咸丰皇帝最初的敕令要求朝廷和官银钱号发行纸币的白银准备金比率要达到50%，但实际上各省执行情况差异极大。有的省根本没有用白银做准备金。更糟糕的是，有些省份，如离京师不远的河南，甚至在收税时都不接收本省发行的纸币。在杨端六看来，对朝廷敕令的违抗才是公元1862年所有纸币停止流通的主要原因，而不是地方官府收兑了不足值的铜钱。[21] 陈志让（Jerome Ch'ên）1958年有关咸丰朝通货膨胀的研究认为，户部要求私人缴税中纸币所占份额不能超过一半，还常要求以硬通货币缴纳，才是导致情况恶化的原因。[22]

更一般地来看，咸丰朝恶性通货膨胀的原因不仅是准备金不足的纸币的发行，还在于咸丰皇帝在犹豫之后批准了不足值大钱的发行。可以肯定的是，受鸦片战争战败并赔款的影响，清朝财政在咸丰朝之初的1850年3月出现了920万两白银的亏空。咸丰皇帝为何改变主意，决意发行历来备受批评的大钱呢？要知道，当年12月清朝统治出现了一个更大的威胁：太平天国起义爆发。就此而论，清朝无视历史教训而发行纸币和大钱，并非是长期政策的调整，而是不得已的应急之道。实际上，许多咸丰朝纸币发行的支持者也支持发行大钱和铁钱，以作为缓解财政危机与太平天国运动导致的东南地区铜钱输入不足的措施。[23]

如前所述，尽管朝廷官员对王鎏的主张大加抨击，但在王鎏辞世不到十年之后，他的观点最终被咸丰皇帝采纳。咸丰朝这次货币政策的调整是为了应对西方列强的入侵和太平天国运动，而与此次调整关系最为直接的官员当属王茂荫（公元1798—1865年）。他是马克思于1867年首次出版的《资本论》中唯一提及的中国人。《资本论》的注脚中，马克思将王茂荫支持不兑现纸币发行的观点与法国大革命指券发行的失败相提并论，认为正是因此王茂荫可能遭到了严厉惩处。[24] 当然，王茂荫并不知道自己被做了如此的类比。以此而论，王茂荫可能是中国货币领域最后一位完全基于传统治国理念探讨纸币和大钱产生原因的伟大思想家，所谓"完全基于传统治国理念"是指完全没有了解过西方各国和日本货币改革的经验。他的观点的核心是顺治朝纸币发行尽管时间短暂，却证明了纸币发行也是可以持续的。他的建议与王鎏不同，和马克思所提的指券也不一样，是一个更为稳健的制度，在此制度下流通铜钱与纸币价值的比率为4∶1。王茂荫于1851年所撰的文章中，还提出纸币总发行量应以一千万两白银为上限。[25]

与马克思的观点相反，王茂荫并未因为支持不兑现纸币而受到了惩处。相反，咸丰皇帝在1851年对他的勇言直谏提出了赞许。王茂荫于1854年失宠，因为他不断批评滥发纸币和大钱，这与他本初的建议相违。他不再对咸丰朝的货币政策抱有幻想，而是以其他方式改变了自己的观点。王茂荫最初的主张，认为维持铜钱与纸币的比价不能只依靠政府，还要发挥私人银号的作用。后来，他认为政府必须限制过多纸币的流通。[26]

清王朝最后一次纸币发行自公元1897年开始，到公元1912年清朝灭亡而结束。这次发行与之前两次完全不同，因为此时纸币已由西方式印刷机印制，票面设计也焕然一新（横式印刷）。这些纸币的发行也效仿西方，由中国半官方的新式银行而非管理财政的户部发行。[27]

英国银行在中国的纸币发行如何在 19 世纪末 20 世纪初影响中国的货币思想？这一点是下一章将要详细讨论的内容。在此有必要说明的是，19 世纪 90 年代之后，西方和日本货币史中对纸币发行可行性问题所进行的议论阐述，理论水平超过了此前的中国。梁启超（公元 1873—1929 年）是近代中国著名的君主制度拥护者，从改革家变为持不同政见者，是中国知识界的杰出代表，他的观点可能是一个极好的例子。梁启超不厌其烦地鼓动中国效仿西方建立金本位制度，以统一中国繁杂混乱的货币，并以三分之一的准备金率发行国家担保的银行纸币。[28]

然而晚清政府的观念里，既残留有传统观念的痕迹，也萌发出近现代"货币国定论"的新思想。贾谊那套关于轻重货币的生动比喻，虽然古老却一直受到肯定，不过近代以来这套说辞已经明显过时。自 1909 年开始，晚清政府又掀起了关于货币政策的议论，有些话题与道光时期类似，如是否有必要阻止外国铸币流入中国，还有些新话题，如是否有必要停止银锭这种以所含白银重量计值的货币的流通。这场议论还涉及货币主权对中国未来偿还外债和发行国债的重要性。另一个重要主题是，中国是否要效仿日本，停止历代古钱的流通，这恐怕是确立货币主权和实现货币现代化的前提之一。[29]

同样是由改革家变为持不同政见者的黄遵宪（公元 1848—1905 年），也从日本的经验中受到了启发。黄遵宪曾在公元 1877—1882 年间在东京的中国驻日本公使馆工作，在其所著并于 1895 年出版的《日本国志》中试图分析日本明治时期货币改革的复杂状况。当时，人们对咸丰朝的纸币发行一直持负面评价。然而，黄遵宪认为中国需要和日本一样发行现代纸币。黄遵宪当然也没有忘记提到 19 世纪 70 年代日本政府纸币和公债发行所导致的通货膨胀，还指出日本当时纸币发行原则上要保持 40% 的金属准备金率。[30]

福州及其以外，1850 年前后

学者们大都认为，早在英国人在上海开设银行之前，某种类型的私人纸币在福州这类忙碌的贸易口岸就已经广为流通。乔治·赛尔金（George Selgin）对此进行过开创性的研究。或者说，在英国银行踏上中国土地的前夕，"私人钱庄的私票、汇票、用以支付军饷的息票以及其他商品的兑换凭证"已在中国各地区流通——对此学术界已经达成了共识。[31]

不过，英国银行在中国通商口岸发行的纸币和之前的各类私票有着极大的不同，如图案设计不同、印刷工艺不同、防伪技术不同，以及可兑现性与流通规模不同。[32] 我将在其他部分仔细讨论这些差异。在此我仅就一点最关键的不同展开论述：18 世纪末 19 世纪初欧洲与东亚社会对纸币的信任程度不同。首先我有必要指出，赛尔金的开创性研究在 1992 年刚刚发表时到底是怎样的面目。收录他论文的论文集，意在为"自由银行"制度寻找历史合理性并批评中央银行（大多数国家的中央银行在 20 世纪才成立）是具有内在的通货膨胀倾向的。

或者说，这部论文集受了哈耶克理论的影响，试图在历史中寻找私人纸币广为流通而且信用可靠的证据。这类研究在 20 世纪 90 年代中期的美国十分常见，而且颇受赞同认可，如果从近来非国有金融机构发行次级债所带来的麻烦来看，这种状况或许有些奇怪。从 2008 年开始，占据决策者和理论经济学家头脑的主要问题当然不是中央银行是否应当被私人银行所取代的问题，而是中央银行的监管应到何种程度以确保私人银行不会肆意妄为的问题。

然而，20世纪90年代自由银行问题的研究是很有价值的——当然指的不是媒体的头条报道，因为这一研究揭示了以往不为人知的西方国家以外的货币史。因而，赛尔金的研究使人们注意到19世纪早期福州私人纸币无处不在。不过，即使我们认可福州的历史经验能够论证"自由银行"制度的合理性，赛尔金也注意到此地的经验并不适用于中国其他地区。

赛尔金对这一问题的注意，也与他所引用的一个重要记载相一致：著名植物学家罗伯特·福琼（Robert Fortune，公元1812—1880年）曾记录，福州的银行"在我所参观的（福州）以外的其他城镇经营"。[33] 赛尔金总结道，福州的私人纸币"按照票面价值流通，相比于铜钱更受公众欢迎"，还认为"破产仅在很小的银行身上才会发生"。不过如果仔细审视，就会发现赛尔金所注意到的缺少对证的案例实际上指的是银行的重复破产。数据方面，赛尔金刻意地搜集了公元1932年到公元1936年的证据，这些没有说明来源的资料表明，福州二十一家发行纸币的私营银行（或者大型钱庄），只有四家成立于公元1900年之前，最早两家的成立，则可以追溯至公元1877年。换而言之，赛尔金所提的于19世纪50年代至60年代就已发行纸币的机构，没有一家得以持久经营下去。[34]

尽管稍显矛盾，但尼士（N. B. Dennys）所编纂的书（1867年出版）对福州的描述，则为我们理解罗伯特·福琼的游记提供了很有价值的帮助。书中有关该城市货币制度的章节里，但尼士认为，当地发行纸币的私人银行虽受公众信任，但纸币的流通量正在"减少"。但尼士曾游历过中国许多通商口岸，他认为福州的银行业（本章中所提及的中国本土"银行"，多为中国传统的钱庄、票号等传统金融机构的统称，而非近现代的西方式银行。——译者）只是个例外而非常态。[35] 但是赛尔金的研究中并未多提及过他。但尼士在书中说：

欧洲人使用的交易媒介是墨西哥银元，使用的银元上要么被"切削"（上面要加盖经手这些硬币的货币兑换商或鉴定者的戳记）后使用，要么被整个使用。除了中国式铜钱，其他更小的硬币留存不下来，但这样的不足可以由面值一百文的铜钱及以上的纸币来补充，福州当地的众多银行都发行这类纸币，尽管这类纸币的流通量在逐渐减少，但仍在大范围流通。而在中国其他地方，银行业都未能如此发达，纸币也未能如此大规模地流通。中国政府对纸币的发行未加控制，而公众对纸币信心满满。纸币用铜版或木版印刷在长方形纸张上，工艺精美并有复杂的暗记以供记账和核对，这样可以防止有人制造假币。一枚墨西哥银元可以兑换一千到一千一百枚铜钱或同样面额的纸币。

这篇文字发表十多年后，由外国人把持的中国海关总税务司在出版的《十年报告》中对某些福州"钱庄"的信用度评价则不那么乐观，却又奇怪地按照纸币面值接受这些当地银行的准备金比率。《十年报告》还指出，福州当地的纸币甚至被远在北京的金融机构承兑，当然北京当地金融机构的纸币也被福州的机构所承兑。而承揽如此远距离交易的金融机构，是远近闻名的山西票号。山西票号和各地的官府关系十分密切，而非当地发行纸币的金融机构：[36]

钱庄的业务仅限于把纸币和银元兑换为铜钱或反之，其利润多少主要有赖于钱庄换给公众的整串铜钱中有多少假币。这些钱庄付起钱来颇为慷慨，近来每条街上都有数以十计的这类钱庄。当地政府也注意到钱庄的不法交易，对其行为严加监督，因而钱庄的收益大大减少。这些钱庄的资本额本来就很少，能达到五百元的都很少。

小型银行有约六十家，其资本规模较大，从两万元到五万元不等，它们的经营有比较稳定的规则为基础。这些银行被获准发行纸币，最小面额为四百文，最大面额为五百吊（或贯）。纸币发行的准备金至少必须达到纸币流通额的一半。这些银行还收取抵押金，每年收取15%到30%的利息。

大型银行有六家，名字分别是蔚长庄、蔚东庄、新在庄、谢棠庆（音）、谢和升（音）和源丰均（音）。前五家为山西金融家所开设，最后一家则是浙江当地人开设。这些银行与中国所有其他重要商贸中心有着业务联系，不过其业务交易主要是在北京和福州之间。钱也可以经由它们汇往非通商口岸地区，费率固定在5%。如是通商口岸，特别是有外资银行的通商口岸，费率通常在行市价以下。这些银行不发行纸币，但是会收取保管商品货物等形式的资产，并收取每年8%到25%不等的利息——这取决于资产价值的稳定性。它们还帮助有需要的官员。利息率与资产的本体和收益在短期与长期中所蕴含的风险和预期回报成比例。

长期的"票帖"由金融机构进行交易，这些金融机构的职员由家族亲戚或者由来自中国北方的合伙经营的镇民充任，这些镇民与清朝官吏关系密切并且参与非私人纸币的兑换业务。这些情况对我们很具启示性。山西此类银行晚至19世纪20年代才出现，其特点是股权人负有无限责任，而且存款额度比较小。大量的票帖业务是将官员的工资转寄到他们居住于京师的家人手里或反之。此外，中央和地方政府的税收转运或财政拨款也常借用票帖业务的网络。这类汇款业务并未交由官方机构如负责征收关税给国库的海关来打理。

不过，与近代早期的欧洲不同，中国政府或皇室从未正式授予过任何人特许经营权,因此无人可以借此而接触到少数高级官员并获得官方非正式的赞助。这样的大环境就意味着,清朝于 1911 年面临覆亡之际,山西票号丧失了继续与官方保持关系的可能,因此从人们视野之中消失了。[37]

在赛尔金研究所依托的证据当中,卢公明(Justus Doolittle)的记述可能是最可信的,因为卢公明不仅是只来过中国一趟的观光客,他曾在 19 世纪 60 年代在福州居住很长时间。当时,英资银行在几个新开辟的"通商口岸"(包括福州)发行了一定数量的纸币。卢公明在对这一刚发生不久的事情的说法是,人们"并未受到"英国银行"影响"。他的记述能更好地反映中国同欧洲金融机构发生联系前夕的货币流通状况。[38]

实际上,卢公明明确地记述了 1855 年在福州发生的那次"不寻常的恐慌"——因为当地几家小钱庄倒闭,无法兑付其发行的纸币,结果许多钱庄遭到了愤怒的纸币持有者的抢劫,发生了严重的骚乱。他还提到在此之后本地金融机构的经营经常出现麻烦。同时,为了应对福州铜钱短缺的问题,当地政府几年前(可能是 1858 年)试图自己发行可以兑现的纸币,但是这些纸币很快退出了流通,因为用以兑付纸币的经常是质量低劣的铜钱甚至是铁钱。[39]

小型钱庄的破产和当地政府的纸币发行使得规模更大而且似乎更具偿付能力的钱庄(出票店)留存了下来,它们是福州能发行可兑换铜钱而非银币的纸币的机构。大约从 19 世纪 80 年代开始,福州流通的纸币都变成以银元为面值的了(台伏票),这种纸币最初是福州的大型钱庄在外国金融家的怂恿下发行的,并以外资银行的纸币为范本。到了 20 世纪 20 年代,如果有人付给某位店主台伏票,"店主会让他待在店里,直至这张纸币经由专家检验被确认是真币"。[40]

在福州流通的所有纸币中,最小面值为四百文(铜钱),大约相当于

0.3 个银元，最大面值则有"数千枚银元"。纸币的价值在这种情况下才有意义：按照彭慕兰（Kenneth Pomeranz）的估计，1750 年左右，中国最富庶省份的织布工人日均收入的上限仅相当于约 0.1 银元。[41] 即使我们将这个值乘以 3 作为一个世纪后的收入水平，19 世纪 50 年代福州最小面额的纸币相当于一整天的工资。这或许能部分地解释在中国内地金属货币直至 20 世纪中叶一直比纸币更受欢迎的原因。

可以肯定的是，1852 年由英国外交官巴夏礼（Harry Smith Parkes）所写的一篇文章里提到，福州以铜钱为面值的纸币"在流通中几乎完全取代了贵金属……无论是上流社会还是平民百姓，所有人都使用纸币，以至于完全不使用他们那些笨重的金属铸币了"。但是后面巴夏礼的说法似乎又与此矛盾，他提到银元纸币占了福州私人纸币的大部分，这种纸币实际上"主要是商人和贸易团体在使用"。[42]

姑且不论这些，卢公明的记述中最有价值的部分是纸币到底有多受公众信任。按卢公明的记载，他认为公众对福州钱庄纸币的信任度，是随着钱庄那套复杂而十分私人化的清算机制而变化的：[43]

> 如果一家新钱庄（在福州）开业，按照习俗要宴请附近所有主要钱庄的老板、掌柜和店员，以及附近所有的主要钱庄掮客。一般而言，接受宴请后，除非对新钱庄有特别的怀疑或不满，附近这些钱庄都要接受新钱庄发行的钱票。

这段记载对我们很有启发性，因为它告诉了我们私人信任和制度信任之间的界限，而这也反映出这类纸币在金融家和公众眼中的可信赖程度。[44] 更要紧的是，这段记载使我们了解到 18 世纪中期到 19 世纪晚期，中国此类纸币的流通在地域上是相互分隔而破碎的，这一点十分重要。

或者说，卢公明的记载表明福州大型钱庄发行的纸币很有可能不能在当地金融圈以外的钱庄兑付，[45]因为私人信用究其本质，很难在长远的空间距离中得以保持，那个年代存在方言的阻隔并且又没有铁路运输的便利。

因此卢公明在他那本著作的结尾转变了态度，说："在中国……除了铜钱，没有全国性货币。"[46]类似的是，卫三畏（Samuel Wells Williams）著于1851年，内容相对不够可靠的旅行指南清楚地说："中国各省的本票和信用证流通量很可观，它们经常被用于商贸交易，但是这类纸质工具几乎不能像货币一样流通，它们并非是交易媒介。"[47]

有趣的是，随后卫三畏指出，中国对欧洲人开放的五个沿海通商口岸中，只有福州一带广泛使用纸币，"但是我们被告知纸币在北京、山东和河南的一些城市也颇为人们所知"。对私人银行而言，其发行的纸币流通程度如何，要看"纸币信用有多好，这些银行知名度如何"，"结果这些纸币的信息仅限于在纸币发行的地区或城市传播"。[48]

卫三畏在他后面的记载中提到，纸币即使在离福州城很近的地区流通，也有区域上的分隔限定："在南台岛上、岛的周边地区以及城墙之内，不同银行发行的纸币一般在各处流通。如有一家银行倒闭，那持有其纸币的人就会成群结队冲过去把银行的房子拆掉，也就使得他们再无机会兑付他们所持的纸币了。"有趣的是，在此记载后七十五年的另一份资料里也表明，卫三畏记载之后的很多年里，当地的情况并未发生大的变化：福州一带的银行纸币，"只能在福州城里和南台（周边）一带流通，甚至在邻近的马尾都基本看不见这些纸币的踪影，更别说那些远离福州的地方了"。[49]

在此，外国银行对中国货币现代化的重要激励作用具体地体现了出来：外国银行在各通商口岸都设立了分支行，它们可以在中国主要贸易中心之间清算彼此的纸币。同时，外国银行巧妙地利用了中国货币流通的破碎化特征，对清算本行在他地发行的纸币这类简单交易都要收取一笔费用。如下一章将要介绍的，各外国银行，特别是英国银行，通过遵守严格审慎的准备金规则（英国政府会定期修改这一规则）而逐步培养起客户非个人性的信任。

当时海关总税务司在有票号的各通商口岸的报告中将票号业务交易的本质定性为"裙带性"的。比如，在重庆的全部十六家票号都是由山西平遥或祁县的老乡开设的。十六家票号中的八家和北京的财政官员有关系，总税务司因而认为这几家票号是半官方性质的机构。而这几家票号在发行和收兑汇票时，更加看重的是"关系"而非稳定的抵押和存款，这让总税务司感到很意外。而这些票号对发放给"最可靠的人"的短期贷款的年利息率，可以低至10%，大概因为这不是它们的核心业务。[50]

福州西南约200公里的沿海一带，就是通商口岸厦门（旧英文名写作Amoy，当时欧洲人对它的称呼）。有趣的是，海关总税务司的报告中写到，当地多数办理往其他通商口岸汇票业务的银行，实际上是由福州人而非山西人开办的。可以肯定的是，的确有许多票号在厦门营业，而且它们的信誉不错，不过它们只给官员的工资进行汇兑。福州人开办的金融机构的业务则比山西人的票号丰富，它们接受货物和财产形式的抵押，并且和外资银行的业务网有更多的往来合作。由于这些，福州人发行的纸币可以在本地之外"不时地"流通。明显的是，即使贷款人可以提供"十分可靠"的担保，福州人的银行对短期贷款索取的年利率仍可高达25%。不过总税务司补充说，十年当中"这些机构中有十四家已经破产"，原因是这些机构本质上还是搞投机业务的。尽管厦门当地有这些本土金融机构纸币的流通，但流通的纸币主要还是英资和日资银行发行的，而当地的主要货币依然是铜钱，和中国其他许多地方一样。[51]

杰尼根（T. R. Jernigan）在 1904 年他那本权威指南书中略显夸张地指出，中国几乎每个"村镇"都可以见到本土银行（钱庄或票号）的身影。他进一步指出，这些银行中很多都自己发行纸币"作为事实上的交易媒介的补充"。不过他随后补充说，这些纸币和外国银行的纸币不同，只在各自发行地流通。而这些"本土银行"发行的本票和汇票等，其中有一些可以在口岸之外距离较远的小港口兑现，但是其中许多票据的兑现地点仅限于"那家银行坐落的那条街"。[52]

双金属本位制的再探讨

在此有必要穷尽地搜寻和了解那些探寻相反事实的研究成果，其原因在于这个急迫的问题对"大分流"的争论意义尤其重大，而"大分流"又是近些年经济史研究的一个核心话题。例如，在我们进行更深入的推断之前，有必要判断中国与 18—19 世纪的欧洲相比其纸币发行到底产生了怎样的影响。

一般的观点，如很多专著所述，认为帝国晚期时中国货币体系是"双本位制"的。[53] 或者说，中国参照英国设立近代新式银行发行纸币之前，整个中国只有两类货币流通：官府铸造的铜钱、银锭或西属拉美的银元。

如陈洲南（音译，Chen Chau-nan）对此问题的研究认为，帝国晚期时中国的货币体系是以铜钱和白银之间的"浮动"兑换率为基础的，而银铜两种金属又大量地进口自国外。而以铜钱和白银为面值的纸币，"其所占货币总量的份额一直微不足道……一直到 1910 年，货币总量中也仅有四分之一是中国或外国银行发行的纸币"。[54]

彭信威对此问题的研究堪称经典，是中国古代和近代早期货币体系研究的里程碑。而且，彭信威也是少数能粗略估计出 19 世纪末 20 世纪初各类支付手段使用数量的学者,其依据的是当时的各类历史资料。如表4.1所示,彭信威的发现完全不支持私人纸币曾成为帝国晚期中国货币体系支柱这一观点。

表 4.1 清末中国货币数量

货币种类	数 额	折合银元	百分比
银币		1297000000	61.85
中国银元	200000000 元	200000000	9.54
外国银元	500000000 元	500000000	23.84
银角	250000000 元	250000000	11.92
银锭	250000000 两	347000000	16.55
铜币		522253731	24.9
铜元	200000000000 枚	149253731	7.12
铜钱	500000000000 文	373000000	17.78
纸币		277777777	13.25
银两票	20000000 两	27777777	1.33
银元票(主要由国家发行)	50000000 元	50000000	2.38
铜钱票(国家发行)	54000000 吊	40000000	1.9
铜钱票(私人发行)	80000000 吊	60000000	2.86
外国钞票	100000000 元	100000000	4.77
合计		2097031508	100

数据来源:彭信威(1988,第三版),第 886—889 页

依照彭信威的研究,直至 1900 年,中国货币流通总量中私人纸币仅占不到 3%,即使算上有国家和新式银行发行的白银为面值的纸币,私人纸币占比也不到中国货币流通总量的 6%。除此之外,缺少外资银行在中国关内发行纸币的资料,导致有些年份的数字会被高估。因而,中国货币总量中纸币所占份额——哪怕到了 1900 年——也不可能超过

10% 很多。

这就意味着，20 世纪初，传统的铜钱仍占中国货币总量的 17.78%，而后逐渐从市场中退出。就此而论，铜钱对中国内陆经济的重要意义，应与 13—18 世纪西欧货币体系的状况相类比，当时西欧尚处于蒸汽动力铸币技术未推广且民族国家未构成货币流通独立区域的时代。如之前章节所述，主要由铜制成，近乎辅币的铸币于 13 世纪在西欧重新出现，与同时期的中国相比，这类铜币主要是在本地区内流通。

因为这种辅币式的铜币对各地的本地商贸有重要作用，而在蒸汽铸币技术发明之前，政府铸造这类货币成本又太高，所以 20 世纪以前欧洲各国政府极少禁止这类货币的流通。欧洲各国政府铸造的铜辅币质量甚至比私人铸的还差，欧洲各国政府也从未想过去影响规制不足值铜辅币与金银铸币的兑换比价。[55]

比较而言，帝国晚期的中国政府则十分在意铜钱兑换白银的比价和铜钱对粮食的购买力。彭信威估计，以墨西哥银元为重要部分的外国贸易银元占了 20 世纪初中国货币总量的近四分之一，比传统铜钱还要多。而同时期日本和西方国家统治的地区则发生了巨变：世界各地已经纷纷开始由政府发行了蒸汽铸币机制的辅币，同时金本位制也广为传播，北美内华达和加利福尼亚、西非地区则发现了巨量的银矿，这使得墨西哥白银所铸的银元在世界各地特别是美洲和菲律宾的流通量骤减。[56]

支持反方观点的最权威的研究成果是王业键（Wang Yeh-chien）的，他的论文于 1981 年以中文写成。与通常的观点相比，王业键认为 19 世纪初中国东南地区私人纸币的流通或许要比金属货币重要。不过就算王

业键自己看来，私人纸币在18世纪后半叶之前也是无足轻重的。⁵⁷

王业键搜集整理了许多可以论证私人纸币重要性的资料，这令人印象深刻。不过多数资料都是由那些热衷于让官府恢复发行纸币的官员记录的，因此多少会引起人们怀疑。尽管缺少足够的当时的数据资料，不过仅根据上述资料，王业键仍认为多数钱庄都为其发行的纸币备有稳定的准备金，而这些纸币在19世纪初与铜钱、白银一并成为中国货币体系的第三根支柱，而且极大地缓解了铜钱短缺的问题。而与本书第六章将要介绍的内容相反，王业键指出这类纸币在台湾（或海南）这类环境闭塞的农村地区流通更广。⁵⁸但是，就连王业键用以论证其观点的资料也提到钱庄经常会破产，以至于他论文的英文摘要也对其所研究的那个年代做了如下评价：⁵⁹

> 私人发行纸币如果缺少货币当局的监管，就会经常引发金融危机，如银行破产或者停兑。更麻烦的是私人纸币会对经济产生严重的打击。

此外，王业键所引证的历史资料也显示，写下这些资料的官员中不少人也注意到钱庄纸币的存在。王业键提到了其中的一位官员，就是福建巡抚王懿德，他在1852年注意到外国纸币（"番票"）在通商口岸的流通，据此向朝廷建议准许重新发行纸币。⁶⁰王懿德的建议很有指导性，因为当时首家获准在华营业的外国银行丽如银行在上海开设分行并发行纸币才有五年时间。当时丽如银行在上海还没什么影响力，但王业键为了论证其观点，夸大了它的重要性。⁶¹而在中国广大内地，王懿德写下回忆录三十年之后，海关总税务司才坚称，外资（主要是英国）银行的纸币在汉口等地越来越受到"当地商人"的"信任"。⁶²

如前所述，咸丰朝时的清政府为忧郁的气氛所笼罩，因为进口鸦片的消极影响、白银外流和英国的军事霸权一直困扰着清政府。与王懿德类似，祁寯藻（公元1793—1866年）也曾在福建任职，对英国人也有过近距离的观察。他试图寻找方法以使枯竭的国库充盈起来，因而力主发行大钱。这对那些对历史教训记忆犹新的保守官员而言显然是不可接受的。咸丰皇帝起初也不愿发行纸币，祁寯藻则力劝咸丰皇帝重新发行纸币，毕竟距离上次纸币发行已过去了两个世纪。和王懿德类似，祁寯藻的观点是，以白银或者铜钱标注面值的外国和私人钱庄的私票已经广为流通，成为各省省城的常见现象。他还提出另外一个有趣的观点论证纸币发行的合理性：自汉武帝发行白鹿皮币开始，历史上的不足值货币对缓解钱荒发挥了重要作用——这一观点与范济和王鎏类似。[63]

一幅更大的图景？

本书第二章通过更好地界定亚欧地区意义更加广泛的经济"大分流"，明晰地介绍了近代早期英国的货币体系。很明显，1900年中国与英国的货币体系大不相同。19世纪中期，英国的铸币仅占其包括银行存款在内的货币总量的20%，[64] 而表4.1所示彭信威的数据则或许说明，金属货币（主要是银锭和铜钱）占了1900年中国货币总量的86.75%。不过，彭信威的计算似乎没有包括银行存款。彭信威的估计可靠吗？这一数据如何与世界其他地区相比较？

为了论证彭信威数据的可靠性并加入计算银行存款，在此有必要用罗友枝（Evelyn Rawski）所提供的1910年的数据做一个参照，这一数据比较强调纸币流通量和银行存款对经济的重要影响。总之，即使考虑了时间差异和度量方法的区别，这两组数据也似乎十分一致。罗友枝估计1910年中国的白银总价值约在8.8亿至19亿银元之间，这一估计量的均值和彭信威所估计的 1900 年中国以白银为基准的货币总量——12.9 亿银元——比较接近（参看表 4.1）。罗友枝估计的 1910 年中国铜制货币的总价值相当于 4.13 亿银元，这与彭信威估计的 5.22 亿也很接近。按罗友枝的观点，1912 年无论是中国的银行存款还是流通的银行纸币，其总额不超过 1.01 亿银元。这就意味着彭信威对 1900 年的估计中缺少银行存款数据并不是一个严重的问题，毕竟他估计纸币流通量为 2.77 亿银元，这是罗友枝对 1910 年相同指标估计值的近三倍。无论如何，这两组数据都认为在 20 世纪的头十年中，中国货币供给总量中约 70% 是金属货币。[65]

然而，如果把晚清中国有关纸币可靠性的争论与"后发的"经济体，也就是那些纸币与统一的全国市场出现晚于英国的经济体相对比，我们就能够更好地理解这场争论。[66] 西方观察家们对中国货币体系的看法在 18 世纪到 20 世纪之间发生了巨大的变化。可以肯定的是，18 世纪晚期北美地区仍流通各类金属和非金属的货币（如烟草）。而在殖民地时代的很长时间里，北美一直对英国存在贸易逆差，因而也就缺少英国产的铸币。另一方面，北美当地的金属矿藏还未被发现，英国殖民当局还限制本地辅币的流通。因此，中国特有的双金属本位制和白银流通须验定成色的做法，在当时的美国人眼里毫不例外地被认为是一种落后的表现。[67] 西方蒸汽动力技术的发展，或者说蒸汽铸币技术的发展，使得中国的美好形象渐渐丧失。[68] 1889 年，金融专家艾约瑟（Joseph Edkins）在《北华捷报》（North-China Herald）发表文章写道，中国的货币体系"混乱而古怪"，以至于让所有西方国家都感到头疼。[69] 一位美国的在华工程师，威廉姆·帕森斯（William Parsons）在他 1900 年的回忆录中写道：[70]

> 中国人在使用货币时，没有等价物的概念……中国人费心建立起的货币体系，根本没有等价物的概念，既麻烦又十分费事。纸币

起源于中国,可能早在公元800年中国人就知道这种东西了,这比欧洲人发明类似的东西早了八个世纪。纸币的出现对便利金融交易本是一件意义重大的事件,但这反而使得中国货币体系欠发达的问题变得越发严重。

在中国观察家的眼里,表明中国货币落后于世界的最具说服力的证据恐怕当属日本明治早期的货币改革,与实现工业化的英国相比,日本在文化上与中国更为接近。毕竟,中国铜钱直到15世纪仍在日本经济中发挥着十分重要的作用。但是,如黄遵宪对中国同胞所言,19世纪晚期日本的货币制度已在悄无声息中发生了改变,尽管日本尚未建立金本位,明治时代的日本已经停止使用"古钱"(中国人对此的称呼),也就是停用历代(德川时代)货币,也不再使用外国铸币(墨西哥银元)。相应的,明治时代的日本发行了本国自造的蒸汽动力机制铸币,既有金银币,也有辅币,还由政府发行了大量纸币,最终这些举措使得1900年的日本已经看不到明治时代以前的货币流通了。[71]

可以肯定的是,由于金属货币的短缺,德川时代各藩曾大量发行过纸币,最早从17世纪60年代开始,这比清代中国(再度)出现私人纸币还要早不少。在多数情况下,名为"藩札"的纸币在各藩内流通一直相对稳定。当地大名以所藏的白银作为藩札的准备金,并限制商业活动中使用白银,藩札因而可以推广开来。藩札由日本最早的纸质货币工具演化而来,即私人发行的"私札",这种纸币仅在17世纪初有过有限的使用。德川幕府曾在公元1707年至1730年间试图通过禁止藩札流通而限制各藩的势力,但是幕府后来放弃了,因为经济发生了衰退,通货量发生了紧缩。因而,明治维新前夕(1868年)流通的藩札总量多达3800万日元。[72]

明治政府一站稳脚跟，就着力去停止多达几百种藩札的流通，代之以国家为担保的新纸币。很明显，持有武装的武士阶层被视为日本封建时代的象征，这帮人最后遭到了遣散，但是政府没有发给他们硬通货，而是发给了他们附息但不可兑现的政府债券。1900 年日本人均货币存量（不含银行存款）估计有 6.7 日元，其中的 5.1 日元是各类纸币。或者说，当时日本个人持有的现金中有 76% 是纸质的货币工具，而彭信威所估计的中国这一比率仅有 13.25%，日本比中国要高得多。[73] 朝鲜在被日本吞并之前，其货币体系的状况与中国类似，人均货币存量仅有 1.7 日元，而其中 76% 是铸币或者贵金属块的形式。[74]

如果以麦迪逊（Maddison）估计的中国 1820 年人口数 3.81 亿为分母，以彭信威估计的中国 1900 年货币总量 20 亿枚银元为分子，就可以求出中国人均货币量的上限应当是 5.2 枚银元。[75] 按照萧教授的方法[76]将这一数值折算为 1903 年的金本位日元，那么人均货币量就是 4.3 日元。这意味着 19 世纪末 20 世纪初朝鲜的货币化水平很有可能要比中国低得多，而中国的货币化水平则或许并不比日本低很多。当然了，相对而言，从金属货币角度来看前一个判断成立的可能性更高。

雷蒙德·戈德史密斯（Raymond W. Goldsmith）认为，1900 年英国治下的印度，狭义货币供给总量仅有 29 亿卢比。这个估计可能是最低限的值，因为戈德史密斯未能提供任何有关贱金属辅币总量的数据，而且货币总量中仅有 8.2% 是纸币，这比彭信威所估计的中国 1900 年这一比率 13.25% 还要低。1900 年印度的银行存款同样较少，仅有 1.75 亿卢比。[77] 麦迪逊估计印度 1820 年人口应为 2.09 亿。拿戈德史密斯估计的狭义货币总量除以麦迪逊估计的人口数，可以求得 1900 年印度人均货币存量应为约 14 卢比或 9.5 枚银元，实际值可能较此略高。[78] 这一值是同一年中国人均货币存量上限的近两倍。

有关奥斯曼帝国的狭义货币供给量，仅有 1914 年一些零碎的数据可供参考。帕穆克（Pamuk）认为当时的货币总量约在 6000 万金里拉上下，而当时奥斯曼帝国治下的人口是 2200 万，平均每人的货币量为 2.8 金里拉。帕穆克认为 1 金里拉相当于 0.9 英镑。[79] 按照萧教授的数据，我们可以求出 1914 年奥斯曼帝国人均货币量相当于 15.5 枚墨西哥银元或者 13.6 金本位日元。奥斯曼帝国 1914 年的人均货币量要比十五年前的中国和日本高出不少。不过与日本形成鲜明对比的是，1914 年奥斯曼帝国货币总量中仅有 7% 是各类纸币。[80]

事实上，奥斯曼帝国早在 1840 年就曾发行过数量有限的手写并附息的国库券型纸币（kaime）。这种不可兑现的纸币一经发行就面临伪造和流通不畅的麻烦，即使这种纸币可以用来缴税。19 世纪 50 年代，随着印刷技术提高和小面额纸币的发行，这类纸币才变得受公众欢迎，其发行所附的利率也比 19 世纪 40 年代低了不少。然而，随着克里米亚战争的爆发，奥斯曼帝国政府大举增发国库券型纸币，导致纸币对金属货币的价值大贬。面对公众的不满与抗议，奥斯曼帝国政府决定在 1862 年一并停止国库券型纸币的流通。而政府再度尝试发行国库券型纸币则是在 19 世纪 70 年代后期，还是出于战争原因，结果也一样不成功。此后，奥斯曼帝国的纸币发行权被交予英法两国的财团——奥斯曼帝国银行（Imperial Ottoman Bank），这一机构为纸币发行设立了更为审慎的金属准备金规则，使得纸币流通量大为减少。[81]

俄国是在日本之后不久也建立金本位制的"后起"经济体。1780 年俄国首次发现了纸币，是以银卢布为面值但不可兑现的纸币。如果简单套用萧教授的折算比率和卡亨（Kahan）提供的相关数据来计算最早为 1912 年的有关指标，可以求出 1912 年俄国人均货币存量（不计银行存款）大约是 9 日元，其中很大一部分是纸币。[82]

西方世界有记载的各"后起"经济体的货币化水平要高得多。在德意志关税同盟（Zollverein）建立之前的德意志各邦，纸币最迟出现于 1706 年，在施托尔贝格首次发行。1835 年，巴伐利亚当局批准设立了德意志首家纸币发行银行——巴伐利亚抵押和汇兑银行（Bayerische Hypotheken und Wechselbank），随后设立的还有影响更大的普鲁士银行（Prussian Bank，设立于 1846 年，为股份制银行）和一些较小的私人所有但可发行纸币的金融机构。与此同时，德意志其他各邦政府也直接发行了可兑现或不可兑现的纸币。不过到了 1913 年，德国流通的纸币中大部分是由统一的帝国政府发行的。按施普伦格（Sprenger）的计算，1913 年德国流通的纸币总额为 30 亿帝国马克，铸币有 52 亿。与不可挪用的 21 亿帝国马克准备金相对应的，是总计 384 亿帝国马克的银行存款。按照萧教授计算的 1913 年的折算比率，我们可求出德国的狭义货币总量相当于 40 亿枚银元，这是中国 1900 年货币总量的两倍，而中国人口则是德国的许多倍。[83]

1803 年，法国纸币的流通总量仅占其货币总量的 5%，而 19 世纪中法国货币体系发生了根本性的变化。到 1900 年，法国货币存量总额达 154 亿法郎（含银行存款），其中纸币多达 42 亿法郎。银行存款和铸币分别占了 50 亿和 60 亿法郎。[84] 1900 年法国狭义货币总量（铸币和纸币合计）为 102 亿法郎。从绝对规模看，法国狭义货币总量意外地与德国很接近，也同样是彭信威估计中国货币总量的两倍。

1860 年美国正处于"自由银行"最为兴盛的时期，1562 家银行共发行了总额 2.07 亿美元的纸币，也就存在与这一总额相当的墨西哥银元。当时美国货币总量（包括 2.54 亿美元银行存款和 2.53 亿美元的铸币）大约是 7.14 亿枚银元，人均 23 枚。1860 年美国的人均货币量就是四十年后中国人均现金货币的四倍以上。尽管 1860 年美国货币总量仅为 1900

年中国货币总量的一半不到,而且整个北美地区时常面临货币短缺问题(这一问题困扰欧洲人的时间是在两个世纪以前),但是该地区由于纸币的广泛使用而在货币化水平上最终大大超越了中国。与此同时,早在1860年,美国的货币体系就比四十年后的中国更加依托于纸币和银行存款,尽管不时也会有银行破产和通货膨胀的麻烦伴随着"自由银行"的时代。[85]

如前所述,信用型纸币与银行存款替代金属货币职能的程度和水平,反映出了这一地区的资本成本,因而亚欧各地这一替代程度的差异反映出的正是各地资本成本的差异。而资本成本或许可以解释为何有的国家实行工业化的速度较快,当然影响工业化的因素还有许多,本书也在之前的章节提到过,比如股份公司制这种企业组织形式。本章的研究不打算特别去证明货币结构、利息率和经济增长之间所存在的无可置疑的联系,但本章的结论是在20世纪之前相当长的时间里中国的资本成本要高于欧洲。在此历史背景下,郝延平(Hao Yen-p'ing)指出,直至19世纪后半叶,在华通商口岸营业的西方金融机构都向中国客户发放索取高达10%的年利率的短期贷款,而付给存款的年利率只有2%。而中国内地的情况比这个更糟,那里开展业务的西方金融机构本就非常少,20世纪初中国内地40%到80%的年利率都是常见的。[86]

结论

本章尽管没有展示新发现的一手材料,但对有关历史资料进行了详细通透的重新解读,这些历史资料是学术研究中最常被引用的,不过引用得十分粗疏。本章对其重新解读的目的是使这些历史记载的基础更为稳定,并对很多新观点提出挑战与质疑。尽管清代时中国政府与私人发行纸币的重新出现是一件具有转折意义的历史事件,也值得学术界予以进一步研究，但是所谓帝国晚期时中国的钱庄私票（这一概念定义很宽泛）"广为人们接受"的观点并无充实的证据基础。这是因为私票等纸币不仅在公元1900年以前很有可能占货币流通总量的比例非常小，而且流通也仅在狭窄的地域之内，地域之间的流通还相互分隔。

19世纪50年代福州一带的私人纸币并未扮演多么重要的角色，但是这里的情况并不能完全代表和反映中国其他地方的情况。与"自由银行"制度支持者所持的观点相反，即使在19世纪的福州地区，也不断地有银行破产的记录。总体来看，19世纪帝国晚期中国的货币体系仍是双金属本位，这是大家公认的看法。另外，中国这些私人发行的纸币并非人们所认为的那么可靠，它们并不能缓解帝国晚期中国货币短缺的问题。当时中国的货币短缺问题首先是铜钱铸造量和宋代相比严重偏低，再就是无人愿意铸造银币，人们甚至不愿在外国进口的白银上铸刻自己的记号。

总体上看，晚清政府极不情愿发行纸币，尽管当时清政府注意到了私人纸币的出现。原因之一是以往各朝政府的纸币发行屡屡失败，再一个原因是顺治朝纸币发行的规模和影响都比较有限，使人们难以做出判断。于是清政府未再发行过纸币，直至19世纪50年代清政府爆发了严重的政治和财政危机。由于这样和那样的情况，咸丰朝的纸币发行的确诱发了通货膨胀，清政府也在几年间叫停了纸币发行。19世纪90年代晚期，清政府再度开始了纸币发行。不过从此开始，清朝的纸币发行是由股份制银行负责进行的，这些股份制银行是以外资银行为样板而仿照设立的。即使在1912年清朝覆灭后，中国新式银行也仍然继续在内地农村深入推广发行纸币。

就此而论，人们可能认为古代中国的纸币发行流通经历阻碍了中国经济的现代化，其表现是1900年前后中国经济的货币化水平仍然远远低于日本和西方的后起经济体。无论从理论上还是实践上，清代中国的纸币流通一直和社会动荡、通货膨胀与财政危机密切相关，中国也一直没有为纸币发行建立起稳固的金属准备金制度。同样重要的是，当时的中国经济仍然十分依赖贵金属块或金属铸币，这倒防止了出现货币过多的问题。或许由于这些，在20世纪20年代以前的中国，近现代货币发行的必要条件，如银行存款、证券和其他纸质信用工具的发展水平还很低，这严重阻碍了中国金融体系追赶世界水平的进程，也很可能导致中国的利率水平相对较高。

第五章

英国在中国的银行纸币发行：
跨帝国的联系

英国纸币发行

在 20 世纪初的欧洲，家族企业式或股份制的银行常发行可与金银兑换并用于支付的纸币。到了 20 世纪 30 年代，西方各国的中央银行控制货币发行之后，这种现象就迅速消失了。[1] 欧洲曾经有很多私人银行在政府不同程度的许可之下发行纸币，但这种现象后来逐渐销声匿迹，不过类似的现象直至二战之后仍在一些殖民地和领地存在，中国香港特别行政区时至今日仍是如此。[2] 这些纸币大量渗入列强宗主权控制之外的空隙地区，在流通时对当地的金属货币存在溢价。[3] 比如，在 20 世纪头十年，港币在中国南方大量流通，叻屿呷（Straits Settlements，又称海峡殖民地，指由新加坡、槟城和马六甲三个港口组成的英属殖民地，华人多称之为三洲府。——译者）的叻币则在马来半岛一带广为流通。[4]

东亚地区欧洲列强的殖民地和自治区之间的货币联系，并不仅限于殖民地货币如港币和叻币流入到主权独立的地区。欧洲早期的股份制海外银行所发行的纸币中，很大一部分是以发行地当地的货币单位标记面值并仅在地区内发行的，这个特征鲜为人知。19世纪初期，这一特征成为欧洲海外银行的原则之一，当时英国的私人银行获准在新独立的一些拉美殖民地发行纸币。海外银行随之在世界其他地区也进行了类似的纸币发行，如东亚、奥斯曼帝国、埃塞俄比亚以及某些时期的西伯利亚，在那里欧洲银行可以享有相对自由的管理权。[5]

英国海外银行被英国财政部禁止从事国内金融市场的零售业务，因此这些银行倾向于通过那些拥有特定殖民地经济及其相关贸易情况的一手信息的投资者集团，专门将业务集中于某些地区。[6] 尽管第一次世界大战之前英国海外银行可以并确实在伦敦（以及爱丁堡）吸收存款而为其国内票据融资，但是英国财政部的规章却禁止这些银行给在英国本土定居的客户提供贷款。另一方面，直到20世纪，英国的储蓄银行、商业银行和清算银行才找到了投资于英国迅速增长的零售与工业部门的充足渠道，外国客户的业务对他们而言一直是次要的。结果，本土银行与海外银行之间几乎没有竞争。在伦敦城（City of London），这两类银行群体的公司组织结构和管理模式都很不一样。比如，尤瑟夫·卡西斯（Youssef Cassis）曾估计，在英国海外银行董事会中占有土地的贵族和政治家的数目要比储蓄与清算银行多两倍。[7]

19世纪90年代，英国海外银行在全球的分支机构已经不少于710家，而英国本土最大的清算银行，如劳合社（Lloyd's）与巴克莱（Barclay），却在英国本土之外没有分支机构。[8] 英国投资者倾向于在其相对稳定的殖民地建立稳固的立足点，银行业也不例外。因而，19世纪中期英国最大和经营时间最长的海外银行是那些与英国殖民地和海外领地关系最为密切的银行——澳大拉西亚银行（Bank of Australasia，成立于1835年），澳大利亚联合银行（Union Bank of Australia，成立于 1837 年）。直到大洋洲地区的发展潜力日益衰减时，其他投资集团才将注意力转向美洲、印度、非洲、欧洲大陆和中国。

英国的银行在巴西、希腊和中国大陆等地发行纸币，对各地的纸币发行均适用的基本约束规则来源于同一套规则系统，这套系统可以追溯至 19 世纪 30 年代，在不同地区实行时又有所修正。这套规则系统由英国财政部制定，通常被视作殖民地货币管理的规章。[9]这套规章对各家银行分支行的地理分布有效地进行了约束管理，并保证其业务从属于殖民地当局。这些规章中的一个要求就是，参与竞争的英国企业集团既已决心在大英帝国的边缘地带投资，就必须在申请皇家特许状之前满足某些条件，而皇家特许状可以赋予企业集团有限责任公司的地位。[10]从投资者的角度看，他们面临着一个权衡：接受财政部的监管还是接受来自王室的鼓励性政策，以有限责任公司的方式去遥远的海外属地发展银行业。对有限责任制的法律规定直到 1858 年才被介绍到英国。有限责任制被引入英国本土之后，皇家特许状就很少再被颁发了。[11]

英国早期的海外银行与欧洲大陆的经济状况形成了极为鲜明的对比。19 世纪法国、荷兰和德国的殖民地银行，大多数是在国内充分发展的本土银行和政府积极的联合支持下迅速发展起来的，而非受特定投资者集团的支持。总的来看，欧洲的海外银行如东方汇理银行（Banque de L'Indochine）和德华银行（Deutsch-Asiatische Bank），与英国财政部督导下的海外银行相比，它们和法国、德国在世界各地的外交机构关系更密切，而且从纸币发行中收益更多，纸币发行所受的准备金限制更少。[12]

拉美地区自然资源丰富而国内金融发展水平较低，这使得拉美成了对 19 世纪中期欧洲银行而言最富吸引力的地区。英国银行业务规模最大，占有了当时阿根廷和巴西全部银行储蓄的四分之一到三分之一。[13]结果，拉美地区成为东亚以外海外银行纸币流通量最大的地区。但是十年之后，政治动荡给当地金融业的稳定投上了阴影，外国银行纷纷被勒令从货币领域撤出，以为当地建立国家银行做准备。如1904年伦敦河岸银行（London and River Plate Bank），日后成为英国在拉美最大的银行，被迫要大量减少其在乌拉圭的纸币发行量，以为当地新设的共和国银行让路。[14]

早期在东亚地区扩展业务的英国海外银行被统一称作"东方汇兑银行"（Eastern Exchange Bank），但是在19世纪的早期和中期的英国，银行在利润丰厚的鸦片贸易中开展的融资业务却受到了英国东印度公司的阻挠与限制，这类贸易由东印度公司牢牢把控着。[15]东印度公司在印度和中国的垄断权分别于1813年和1834年被取消，之后东印度公司失去了大量亚洲和伦敦间的票据业务。

公元1829—1834年间，加尔各答（Calcutta）当地与东印度公司有联系的居于领军地位的代理行，如帕玛氏（Palmers）、亚历山大（Alexanders）、科尔文公司（Colvin& Co.）和克鲁特登公司（Cruttenden& Co.），在与规模较小的新贸易公司竞争中落败。这些新贸易公司利用东印度公司垄断权被打破的有利条件，以较低的价格提供商业银行的业务。[16]而后伦敦城的金融家、殖民地的决策者和印度本地的商贸团体将中国和印度之间的兑换银行业务看作是开展投资的全新基础。然而，由于海外地区缺少公司有限责任的相关法规，加之东印度公司的长期妨碍，银行的业务发展不大。到19世纪50年代，一些英印合办并参与兑换银行业务的小型机构在中国广州和香港开设了分支机构，并在没有官方明确支持的条件下开展业务，开业最初甚至没有经营许可证，如呵加剌银行（Agra Bank）、印度西北银行（North Western Bank of India）和印度西部银行（Bank of Western India）。[17]

伴随这一既成事实，伦敦那些富有的财团纷纷游说政府，希望获取英国皇家的特许状,以此形式取得有限责任公司的地位。皇家特许状最早曾于1851年被授予丽如银行(Oriental Bank,印度西部银行的继承者),后来又被授予过麦加利银行(Chartered Bank of India Australia and China,又译为"印度新金山中国汇理银行"或"渣打银行"。——译者)、孟买商业银行(Mercantile Bank of Bombay)以及香港上海汇丰银行(Hongkong and Shanghai Banking Corporation,以下简称为汇丰银行)。有特许权和没有特许权的银行都试图通过签发由印度分支银行往位于中国的鸦片进口商的票据,在英属印度和中国之间兴旺的鸦片贸易中分一杯羹。赚取的白银可用于从生丝和茶叶的出口商那里去贴现英镑计值的票据,有了这些票据,印度的分支行可以冲销其在伦敦签发的汇票。[18]

不过第一代的几家东方汇兑银行在19世纪末20世纪初纷纷倒闭。1866年,名义上在香港营业的外资银行共十一家:丽如银行、汇丰银行、麦加利银行、有利银行(Chartered Mercantile Bank of India, London and China)、法兰西银行(Comptoir d'Escompte,香港当地称其为"化兰西银行",但不是作为法国中央银行的法兰西银行。——译者)、呵加剌银行、汇隆银行(Commercial Bank of India)、利华银行(the Asiatic Bank)、利生银行(Bank of Hindustan)、利升银行(Bank of India)、汇川银行(Central Bank of Western India)。而正在这一年中,后列的六家银行相继倒闭,其遗留的客户很快被有利银行、麦加利银行和后来新设的"香港银行"——也就是日后人们熟知的汇丰银行——接收走。[19]

几家银行接连倒闭,很大程度上是由伦敦城的格尼危机(Overend Gurney crisis)所导致。欧沃伦·格尼银行(Overend Gurney)是英国一家十分重要的清算银行,它的倒闭是英国维多利亚时代影响最为恶劣的金融业破产事件之一,[20]在伦敦城带来了连锁反应,因为格尼银行是当时英国最重要的清算银行之一,它是给包括众多海外银行在内的大量金融机构随时进行汇票贴现的机构。格尼银行于当年5月停止了兑付业务，这距它脱离贵格会（Quaker）而注册股份制公司才仅仅一年。这样的状况招致了有关设立者让银行上市的动机的谣言，而银行又开始搞与票据交易这类核心业务无关的长期投资活动。最终，新的股权人毫不留情地让格尼银行关了门，留下了1100万英镑的债务，部分是欠现已停业的海外银行的债务。[21]

1884年，丽如银行也破了产。导致破产的首要因素并非是第三方的竞争，而是丽如银行在新设分支行时野心过大，甚至打算将欧洲到大洋洲的无数货币区连接起来，但又削减了重要分行的现金准备。当时有人认为丽如银行在向全球各个角落扩展业务时过于"鲁莽"。[22]而丽如银行的破产宣告东亚地区的汇兑银行进入了第二个历史时期，此时期内银行的地域专业化更加明显。此后，英国财政部对亚洲私人英资银行的纸币发行进行了更严格的监管，因为在这场支付危机的高潮阶段，丽如银行在斯里兰卡、缅甸和毛里求斯发行纸币的兑付工作不得不由殖民地政府承揽下来，以防引发更严重的金融问题。[23]

对汇兑银行而言，以发行纸币和吸纳存款来调动资金自一开始就是其业务必不可少的内容，因为如前所述，这些银行所持的特许经营状禁止其在英国本土开展类似的业务。比如麦加利银行，1909年以前就不被允许在伦敦开展零售业务，而且必须将客户指派给营业的代理方城市银行（City Bank），无论何时资金从总行的往来账户上撤回都必须如此。[24]更糟糕的是，国际货币汇率的波动会影响到东方汇兑银行的股票价格，股价是以金本位的英镑计算，但是亚洲各地都是银本位制。股权人期望按英镑赚取相应比例的股利，但当地分支行都以白银货币为单位营业和结算利润，而自19世纪60年代起白银相对于黄金就急速地贬值。[25]

吸收存款和为英国本土、中国和印度几处重要贸易地之间往来的出口汇票办理贴现,是英国海外银行在亚洲分支行积累金融资源的主要手段,纸币发行则是补充性的手段。19世纪后半期,英印中三地的三角贸易格局巩固了英国的经济霸权,此格局之下中国的丝和茶叶出口到了英国本土,英国进口这类货物的资金是通过印度种植的多余鸦片和美洲出产的金银而融得的。[26] 印度则吸收了英国的工业产品特别是工厂生产的纺织品,这就对冲掉了英国对欧洲大陆与美洲的贸易逆差。

对19世纪中期伦敦城的金融家们而言,开设海外银行最富吸引力的地方之一是东亚的中转港口和大洋洲领地普遍较高的利率。[27] 纸币发行则是从这样的市场条件中迅速获取利润最为方便的方式之一,因为纸币持有者会提供给银行不要利息的一笔真金白银,这笔金银可以转而作为高利率的短期贷款贷出。同时,纸币发行的重要性还在于它是新成立的海外银行获取营运资本的重要来源,因为在英国的领地、殖民地和租借地吸收定期存款要花费数年时间,而且还要面对旧式金融机构的竞争。

19世纪30年代以后英法殖民地的纸币发行比商业银行利润更为丰厚。东亚地区对英国银行家而言尤其有吸引力,因为随着英格兰银行的建立,英国本土已经不允许私人银行再发行纸币,还因为19世纪70年代几家半官方的统制型银行(Presidency Bank)垄断了印度次大陆许多地区的纸币发行。[28]

与英国不同,法国的海外银行极少去申请、补办、续办特许经营状,也极少在法国海外领地享有垄断发行法定货币获取利润的权力。不过,英法两国有类似的有关纸币发行的特许经营规则——纸币发行最低金属准备金率为三分之一,19世纪多数时间欧洲都基本如此。[29] 很明显,上海和其他中国通商口岸的货币流通习惯与租借地不一样,通商口岸那里各类准外国纸币并行流通,欧洲列强也无一可以把自己偏好的银行发行的纸币作为法定货币在当地推广。

英国财政部和殖民地部尽力阻止有特许经营权的英国银行去垄断纸币发行，并确保私人发行的纸币不会成为亚洲某单个地区的法定货币。为保护识别力差和较贫穷的纸币持有者，英国财政部强制要求纸币发行额要具备双重负债，并刻意限制大额纸币发行。[30] 财政部的种种规则限制与殖民地当局的意图发生了冲突，因为殖民地的中转港口货币不足，殖民地当局希望在不承担任何相关印刷与管理成本的条件下增加货币供给。[31]

20 世纪初，英国海外银行被剥夺了在大洋洲、加拿大和非洲等英属殖民地发行纸币的特权，在亚洲，日本和泰国政府也严格限制外国银行在其本土的营业范围。[32] 因而，20 世纪的头十年，海外银行发行纸币成了中国通商口岸所独有的现象，因为欧洲各国在华仍有治外法权，这些纸币仍可以传统的银两或各地不同的墨西哥银元为面值。

英国的海外银行业在中国

英国在东亚经营的首批银行于 19 世纪 50 年代投入运营，在此十年之前这些银行才在英属印度开业。值得注意的是，这些银行在东亚地区开始发行纸币之际，不足值信用货币（与中央银行无关）在欧洲仍是新鲜玩意。与在英国大都市中发行纸币的私人银行一样，这些本部设在印度的银行也要遵守英国财政部的严格规章，以保护那些无知的纸币持有者的利益。英国银行业从无限责任到有限责任的过渡，重塑了支撑伦敦这样的全球金融中心的管理规则，这次过渡直至 19 世纪 70 年代才得以基本完成，对海外银行业影响极小。因此，海外银行的纸币发行仍是基于 19 世纪的方式进行的，20 世纪初中央银行才在欧洲各国普遍设立起来。

20 世纪初，欧洲、美国与日本的银行都进入了中国市场。这些金融机构，无论其背景有多么的不同，在中国都会接纳结算彼此发行的纸币。

另一方面，除英国以外的外资银行在这一时期的大部分时间里，一直遭遇着破产危机。1914 年，协约国集团强迫德华银行（Deutsch-Asiatische Bank）的在华分支机构停业，而这些分支机构在 1918 年以后也未能恢复营业。华俄道胜银行（Banque Russo-Asiatique）这家名义上为中俄合资实际上为法国人所有的私营银行，则在 1917 年俄国十月革命之后被迫重组，并在 1925 年最终宣告破产。利华银行（Asiatic Banking Corporation）是一家中美合资的银行，1924 年它已经处于破产边缘，并最终卖给了花旗银行（International Banking Corporation）。[33] 中华懋业银行（Chinese-American Bank of Commerce）也是一家美资股份制银行，在 1928 年停业。[34] 对外资金融机构声誉打击最大的事件，当属 1921 年法国人开办的中法实业银行在上海停止兑换其纸币的事件，直至中资银行伸出援手之后兑换才得以恢复。[35]

因此，民国时期在华外资银行和中国本土银行之间的竞争不应被夸大。1919 年之后，中国的本土银行从高涨的民族主义浪潮中收获了不小的利益，却极少去给它们的外国竞争者找麻烦。两类银行机构多数情况下仍保持联系，还在业务上存在分工：通常是外资银行主营对外贸易融资，中资银行负责本币计价的业务，如拆借资金给钱庄。中国学者收集整理的档案也表明，至少有一家中国的新式银行和数家钱庄定期将闲置资金抵给外国银行。[36]

一般说来，英国海外银行之所以能在亚洲诸多外国银行中维持其领导地位直至 20 世纪 20 年代，很大程度上是因为伦敦是世界首屈一指的清算交易中心，也因为美国银行 20 世纪头十年的业务重心在拉丁美洲。美国的跨国企业进入东南亚和中国通商口岸的时间比较晚。美国的金融机构尽管日后逐渐成为世界其他地区信贷提供者中的领头羊，但一战之前它们在菲律宾以外的地区影响力并没那么强。[37]

第五章 英国在中国的银行纸币发行:跨帝国的联系

早期由英国人开办并以印度为总部的兑付银行经常被人们看作是"英印混血的"。如前所述,这些银行的开设是为了经营兑付业务,那时候,旧的以广州为中心的对华贸易体系已经结束,而且 1833 年起东印度公司也结束了其对亚洲内部贸易和金融活动的垄断地位。[38] 这些银行贴现票据并给付现金,但它们的法律地位十分模糊,与伦敦货币市场和殖民地的决策者的关系也很弱。1851 年,丽如银行(最初于 1843 年设立时名为印度西部银行,1847 年开始在上海营业)获得了皇家特许经营状,这标志着一个新时代的开始。特许状的获得使得丽如银行得以将其总部迁往伦敦,并将交易兑换业务扩展到大洋洲和非洲各地,还可以在英国的殖民地和属地大量发行纸币。两年前,麦加利银行也获得了类似的特许权并很快在东亚和东南亚各地建立了分行。1865 年,香港殖民地法例也赋予了一家由殖民地富商集资合建的银行以大体一致的权力,这家银行就是汇丰银行。

1865 年至 1935 年间,外国银行都要对其在华发行的大量纸币及其相关的事务与资产承担相应责任。这大概就是为什么最早对战前中国的货币状况颇感兴趣而予以关注的人都是钱币学家的原因。很明显,收集汇总外国银行在华发行的各类纸币的图录的数目,远比关注"自由银行"制度的中国经济史学家等学者完成的相关研究的数目要多。[39]

外国银行在华发行的纸币设计新奇而颇具影响力,并且采用了先进的印刷技术。但这类纸币并非是通商口岸及其周围地区唯一的通用货币——公元 1842—1914 年间,欧洲列强在沿海的通商口岸及其周围地区划分势力范围。这类纸币也不是这一时期唯一的一类纸币。

明清两代的中国一直没有统一的货币,这是本书之前几章已指出的历史事实。帝国晚期的中国,流通最为广泛的大额货币是银锭——每个重约五十两但在各地稍有差异的银块——或者西属美洲的银元。白银和旧式铜钱在中国一直广为流通,直到 20 世纪 30 年代。自 19 世纪中叶起,历届中国政府以及各色军阀政权都发行过各式纸币,这些纸币常模仿外国纸币的样式,其发行流通却未必那么成功。另外,私人钱庄的私票、汇票、军用券、产品许可证,甚至后来中共地下党发行的纸币都在全国的不同地区并行流通。[40]

不过,由于外资企业在通商口岸的经营享有治外法权,外国银行也就获得了一个颇具争议的特点——外国银行纸币的发行不受发行地政府的管束,这是与中国货币不一样的地方。尽管外国银行的纸币都是以传统的中国货币为面值的,但是这些纸币可以由那些在中国领土上营业的私营金融机构随意发行而完全不受中国任何政府和当局约束。

货币流通的破碎化

英国商人以广州、香港为根据地在中国内地扩展势力之时,面临的最严重的麻烦是中国混乱的货币体系。起初,有人简单地认为,将英镑本位制搬到香港即可维持货币流通的稳定。但是到了 19 世纪 60 年代初,大英帝国派驻到这些地区的决策者大多开始注意到这个问题,中国的货币体系过于复杂而又根深蒂固难以改变,在香港这块位于"寸草不生的石头上"的殖民地,由少数外国人建立一套统一的货币制度根本不可能。[41] 随后,香港货币采用了内地地区所偏好的类型——银元。殖民地香港的辅币也是效仿中国的铜钱。

随着香港货币也嵌入中国的货币体系中,人们期望香港货币至少能避免国内货币的造伪问题,并能在国内获得普遍的接受和欢迎。但是不久之后这种期待就显得不切实际了:香港货币至多只是中国沿海地区众多流通的外币之一。相比较于香港,英国人在上海制度上和空间上的安排显得东拼西凑、缺乏规划。英国人曾试图把香港的按银两计面值的银铸币引入到上海,但是未获成功。[42] 此后的一个世纪当中,上海的外国租界不得不依赖于中国铸币并按照其对金属货币的需求将进口的金银重铸。

上海最初吸引英国人的是其优越便捷的地理位置,它是长江下游平原的门户。[43] 19世纪50年代最早抵达这里的英国银行家们注意到,在这里取得成功的关键是了解掌握当地复杂多变的货币体系,有的人后来将这些鲜为人知的知识公之于众。查尔斯·阿迪斯(Charles Addis)是汇丰银行聘用的初入职场的苏格兰年轻人,曾被派往东亚地区,他于1886年记述道:[44]

> 在这片土地上流通深度与广度最大的货币是铜钱。其他类型的货币,则存在严重的地方主义特点——银块、银元、小的银片以及小铜币,这些货币只能在其铸造的省区内按照面值流通,在其他省区流通则要打折扣。如果是外国的(银元),则有些可以在通商口岸流通。中国的银行钱庄或货币兑换商发行可以兑取银两或银元的银票、(铜钱标注面值的)纸币,这些货币只能在其发行地使用。一位旅行者如果从一省前往另一省,那他要注意须将一省的货币兑换为另一省的货币。

这些记录对人们颇有启示性,这些记录就发生于汇丰银行在上海发行纸币不久前。该记录尽管没提到参与汇丰银行纸币发行的事情,却可以证明英国银行家们的确了解中国的货币体系。

英国银行家们必须要接受的一点是,尽管19世纪晚期中国与欧洲各列强签订了条约,但是没有哪个条约规定在通商口岸之外可以设立外国银行,上海则是通商口岸中最大的一个。除了北京以外,英国银行不能在中国具有充分管辖权的地区设立分支机构。这意味着人们离上海越远,就越难遇到这类准外国银行纸币。[45]

但是有比管辖权更重要的事情,因为在中国,对纸币价值的评估,传统上要受到纸币发行地的影响,而具体的银行标识倒没那么重要。1904年的一个内容翔实的资料对外国银行的活动有如下的记录:[46]

> (在中国)最重要的外国银行是(汇丰银行和)麦加利银行、横滨正金银行(以及华俄道胜银行、德华银行)和东方汇理银行。这些银行吸纳了大量存款并大规模开展贴现业务……(它们)可以在不与中国政府发生任何联系的条件下在中国开展业务,也不需要中国政府颁发的经营许可。它们可以自由经营……并受到治外法权的保护。
>
> 这些银行中有几家发行了纸币,纸币发行要受银行出资国有关当局的监管和约束,但不必经由中国政府——中央政府或者所在省政府——的任何许可。这些银行发行的纸币成为一些通商口岸及其周边小范围里的便捷的交易媒介……
>
> 例如,一张在上海发行的银行纸币,如在天津、北京或者香港兑现就会有折价,折价率有时高达5%,尽管两座城市之间可能仅有3小时的火车路程……
>
> 一般说来,(外国)银行以其在履行合同和完成义务时的精准仔细而知名。但是外国银行占据了如此的优势地位,是运用了很多手段的,外国银行用这些手段获取如此之高的利润,代价是牺牲了以其他路径促进贸易发展的机会。当然了,人们或许会指出,如果没

有这些外国银行所提供的必要设施与服务,贸易是无论如何难以发展到如今这种程度的。

稍晚(大约在20世纪初)有关中国货币的记录中,阿迪斯有着类似但重要性稍低的表述:[47]

> 在中国,所有的通商口岸以及一些较大的城市里都有着外国铸币流通。但是(外国)银行纸币只在其发行的城市里流通。比如由某银行在上海发行的纸币就不被北京的商人接收,即使接收也会有折价。

随着清王朝的覆灭和北洋政府的上台执政(公元1912—1927年),中国货币流通破碎化的问题变得越发严重。尽管清政府和北洋政府都采取过无数措施以纠正此问题,但是以北京为首都的晚清和民国初期政府都通过对新铸的货币实施贬值以谋取更多的铸币税,这使得货币流通破碎化的问题更加严重了。

19世纪晚期中国铜铸币的供给一直短缺,何汉威曾经讲过这个问题,清朝各省政府购入欧洲的铸币机器设备以提高铜铸币的产量。[48] 新设备一经投产,各省长官就注意到新式技术使得政府降低铸币内在价值的能力变强了,政府可将新式铜币作为旧式铜钱的等价物发行出去。如此举措通常会产生长久的灾难性影响,因为这些低面值的铸币是维持中国古代经济零售交易的命脉。尽管这使得一些地方开始更多使用私人发行的信用货币,但货币贬值也令一些地方发生了通货膨胀并使人们对金属货币的信任大减。

英国海外银行日渐成为东亚地区信用货币的重要发行者,这引起了伦敦财政部的关注,与此同时,这也引起了清朝官僚的注意。上海外资银行业的发展,使得晚清时代的改革者如张之洞和张謇,提醒朝廷要认识到中国金融机构的发展水平十分落后。[49] 他们还抱怨,如果没有仿照外资银行规则运作的金融机构,也不进行货币整顿,中国就无以进行亟须的军事与工业建设,而中国自己的金融机构太过臃肿累赘,难以进行恰当的改组拆分以承担相应的责任。旧式的私人钱庄最晚从明代后期开始就定期发行纸币,但是这类纸币的流通仅限于某些特定地区,而且所关联的银两类型繁多复杂,纸币伪造问题也较严重。[50]

两类金融机构组织结构上的巨大差异部分源自于其地理分布的不同:中国的旧式金融机构发行的纸币在广大的内地有流通市场,其业务并不局限于通商口岸。[51] 而巨大的差异或许还源自中国政府的政策,因为晚清的改革家们过分地强调了新式银行的纸币发行职能。改革家们很快注意到中国制度层面的薄弱使得外资银行在通商口岸通过发行纸币牟利,但是并没注意到纸币发行所必备的准备金要求。郑观应的观点集中反映了这种偏颇的认识。郑观应是太古洋行(Butterfield,Swire and Co.)的买办,能从内部了解到外国人的商贸活动。当官之后,郑观应轻蔑地认为准外国纸币之所以广为传播流通,只不过是因为中国的金融机构在经营业务时怠惰徇情而已。[52]

郑观应和其他人一起上奏朝廷,请求开办政府经营的银行以抵制外国经济势力的入侵。这些人的论据和观点与清朝官员并非完全不同,比如之前建议朝廷发行纸币作为挽救衰败危局之策的王茂荫,但是与传统的货币观相比,19世纪50年代改革者们的货币观还是有一定程度的修正和变化，到了19世纪90年代改革者们则提出了更为大胆、更多借鉴外国经验的建议（比如建立金本位制），并且未受到惩罚。[53]

郑观应在其对时政最为尖锐的点评中建议清政府一定要采取有效措施，决不能放弃对宏观经济的管控驾驭。早在1873年，郑观应就建议以四川出产的鸦片替代印度进口的鸦片，还建议清政府在新加坡和旧金山开设领事馆以利用海外华人的财富。[54]货币发行方面，他的观点也很明确：中国货币流通破碎化的问题要想解决，政府必须采取坚定有力的措施以杜绝货币贬值问题，并禁止各省官府和私人铸造货币。[55]明显的是，郑观应认为汇丰银行在中国的成功，原因在于它既能从中国持股人手中筹集资金，也能从外国持股人手中筹集资金，还可以吸引各行各业手中现金不多的很多存款人，而且汇丰银行借入资金和发行纸币都是不付利息的。[56]

在此期间，手中资源困窘的晚清朝廷仍旧面临着两难境地：如何在不引发通货膨胀（这会招致公众的普遍不满）和不继续下放中央权力的前提下维持政府的收入。帝国晚期的中国政体时常受困于优柔寡断和前后矛盾的政策实行，这使得国家和个人在货币领域的持续合作协调化为了泡影。19世纪中期或者更早些时候，这样的问题就使得中国裂开了一道空隙，正是借着这道空隙，英国私人开办的商行和英属印度的金融机构得以在中国沿海蓬勃发展起来。[57]最终，是那些经营通商口岸企业的管理者——"大班"（taipan）们，成为确保英国军事力量在东方地区得以实现经济维持的关键力量。[58]

尽管英国金融家们在短期内受惠于中国经济的萎靡，但是他们以及追随他们的那帮外交说客仍有充分理由去小心通商口岸经济繁荣所招致的货币方面的麻烦。[59]比如在1908年，北京的英国公使馆提醒英国外交部"过去几个月里，上海的总商会（General Chamber of Commerce）一直注意到中资银行发行的纸币没有受到任何来自政府的约束和控制"。[60]英国总商会进而建议上海道台(总揽上海地方大权的官府)加强对那些有权发行纸币的钱庄和银行的约束。而上海道台则对上海的外国银行颇为不满,因为这些外国银行不肯接受中国通商银行以外任何中资机构发行的纸币。状况多少有些令人迷乱,上海道台尽管并未采取措施,但还是回复商会说,政府已采取有效措施管控那些无准备金发行的纸币。结果,英国公使馆决定联合外国银行给庆亲王和度支部(官署名,清代掌管财政事务的机构。——编者)施加压力,要求其采取严格措施管束那些中国的金融机构。

在随后的声明中,英国公使馆毫不含糊地要求度支部采取有效措施。而在通商口岸租界区的人们看来,口岸周边地区的问题更加严重。这使得中国原本就混乱复杂的货币体系的种种问题,变得更加麻烦:[61]

> (有报告说)汉口的省立银行资本额尚不清楚,但是发行了总值超过2000万银元的纸币。上海私人银行的纸币发行额则相当于其实收资本,另一家在杭州的银行则发行了总面值超过其实收资本三倍的纸币,还有两家在苏州和南京的银行,没有实收资本却获得了省政府的经营许可,发行了总面值超过200万的纸币。

在此需指出的是,当时中国通商银行的纸币受外国人青睐,原因在于这家银行是由盛宣怀部分效仿汇丰银行而主持兴办的,张之洞也参与其中,但是还是遭到了总理衙门一些官员的反对,因为他们担心私人股份"过多"。[62]中国通商银行是中国的第一家有限责任制银行,也是第一家雇佣外国人和第一家从海外定制印刷纸币的银行。[63]依照早先汇丰银行的管理规章,中国通商银行的纸币发行总额任何时候都不得超过其实收资本,且其中三分之一要有金属货币作为准备金。然而,资产负债表上零零碎碎的数据显示,1906年以后这项规章可能并未得到真正落实。[64]

中国政府对银行和货币的管理措施实在是太少而且执行得太迟了。当金融管理措施得以颁布时,清王朝实际上已经处于欧洲列强的共同支配统治之下,因而对准外国纸币发行和外国银行的管束措施也就基本变为了一纸空文。[65]中英两国于1902年9月5日签订了《中英续议通商行船条约》(又称《马凯条约》,Mackay Treaty)。该条约中写道,中国愿意统一货币,"即以此定为合例之国币,将来中英两国人民应在中国境内遵用,以完纳各项税课及付一切用款"。[66]

到19世纪90年代后期,改革人士的倡议为中国各地省级官办银行雨后春笋般的设立铺平了道路。[67]这些银行试图通过发行纸币来站稳脚跟,而这些纸币仿照外国银行的纸币进行了全新的票面设计,并采用了新式的印刷技术,与旧式的票帖大不相同。不过,中国的新式银行经常由于其后台政治人士的鼠目寸光而陷入麻烦,因为这些人仅仅是利用银行的分支机构来扩张其利益范围。形象地说,中国的首批银行都在业务上插队抢先了:它们在建立一个稳固的客户群之前,就利用纸币发行吸收金属硬通货,而且其管理也不妙地掺杂着官府里的衙门风气。

各家英资银行并没打算去纠正中国货币流通地域分隔破碎的状况,凭借通商口岸的租界,英资银行也无力去操控中国货币供给中的绝大部分。在上海,西方人要依靠中国的商会,就如中国商会也要依靠外国的法律和军事保护一样。公元1895—1914年这段时间里欧洲帝国主义在中国关内的势力达到了顶峰,而此后的几十年间,失去了当地买办和通商口岸公会的协助,英国海外银行很难向仍以农耕为业的广大中国内地扩展业务。⁶⁸ 当时欧洲殖民势力能够通过勒索战争赔款而撬开中国的国库，还威逼利诱各色军阀政府交出关税收入和铁路利权。但是这些因素无一比得过"中国内地存在着数以亿计的渴望外国商品的消费者"这种夸张的宣传。⁶⁹ 这实在是虚构出的前工业时代中国经济的特征。

纸币准备金要求的变化

英国对其海外银行在殖民地纸币发行的准备金率要求比较宽松，有时候货币管理十分大意粗疏、规则前后不一。从大局来看，怀特霍尔街的英国财政部大员们正是在英国本土积累管理经验与智慧的人格化代表。欧洲的经验告诉我们，政府必须强制私人银行按比例保有和其纸币发行量一致的铸币储备，此等规则也适用于殖民地。但是，通常而言各地的情况都和欧洲不一样，管理的方法也要进行调整，更能了解与适应各地实情的是殖民地或地方的政府。负责殖民地事务的国务大臣是各地与财政部管理者沟通的主要渠道。不过东亚的通商口岸并不完全置于国务大臣的管治之下，如果涉及在中国发行准外国纸币的事情，还需要征询外交部等机构的意见。

在通商口岸，英国海外银行被要求保持其纸币发行额三分之一的流动现金储备。然而，由于缺乏普遍的电报设施，也没有英国本土的稳定监管，19世纪90年代之前，海外银行的分支机构受到的监管一直不足，监管规则一直得不到贯彻。⁷⁰《香港条例》允许银行设在香港的总部保持单独的准备金率，汇丰银行正是依据《香港条例》组织起来的。因此从理论上讲，总部设在伦敦的银行会有劣势，因为这些银行会被要求保持额外的准备金以满足香港和亚洲其他地区分行的不时之需。⁷¹

但真等到政策施行,英国财政部却被许多小麻烦困扰。例如,财政部坚持不允许发行小面额纸币(5银元以下),并且要求纸币发行总量要有两倍于发行额的负债与之相应(对汇丰银行则没有此限制),以保护那些缺乏辨识力的小额资产持有者。[72] 这套规则应用于香港和叻屿呷要相对容易,不过英国财政部对通商口岸发生的事情显然并不了解,在那里英国银行违反了财政部的规定,发行了面额为白银一两和一墨西哥银元的纸币。

1884年英国在亚洲最早也是规模最大的丽如银行(Oriental Banking Corporation)破产了,这对19世纪英国财政部对海外银行的强化管理是一个重大的灾难性事件。[73] 丽如银行还留下了数以百计要求赔偿的客户。斯里兰卡则有大量的纸币在流通,这场危机威胁了当地经济的稳定性。私人纸币的发行屡屡给英国财政部带来麻烦,因而斯里兰卡总督决定为纸币发行提供担保,并且对政府为私人纸币发行提供的保护设定了前提条件。[74]

至此,英国财政部被迫对这些遥远的属地采取监管措施,以避免斯里兰卡这类危机再次发生。结果之一是用以支持海外各地纸币发行的本地铸币或金银储藏量一直不足。1889年,汇丰银行试图让英国财政部因势调整对其香港以外的分支行的设立和纸币发行的政策,而此时英国财政部颁布了一项新规定:自此以后,汇丰银行应交付给受托人"恰当地覆盖掉其纸币发行的专项担保"。[75] 实际上,财政部的新规定使得银行必须保有金属准备以外的纸币准备金,通常是殖民当局承担抵押责任的可交易资产。进而,准备金的规模相当于纸币流通总量的三分之二,这使得发行信用纸币(无准备金的纸币)的潜在利润减少了一半。[76]

不久之后,汇丰银行和英国财政部就界定何种资产可以充当担保产生了分歧。汇丰银行一方当然倾向于展示出它的空闲资产：所要求的 250 万元资产中，超过 110 万元是所有权证书（房产、地契等）和私人公司债券，这些资产是由银行放贷和购买分支行的房产获得的。剩下的 150 万元则由中国政府发行的政府债券来填补，这些政府债利息很高，但是也取决于清朝政府的政治前景如何。英国财政部并不为此所动，仍然威胁殖民地部暂停汇丰银行的业务，除非汇丰银行能拿出另外一套不同的资产组合方案。[77] 考虑到最后通牒期限的临近和未来的发展，汇丰银行不得不让步了。1890 年 8 月，汇丰银行拿出了一套财政部可以接受的新资产组合方案：所有权证书被英属印度政府的卢比债券所替代。[78]

20 世纪以前，英国财政部从未特别重视过汇丰银行在华纸币的发行，因为这占汇丰银行纸币发行总量的比例并不大。原因有两个，首先是中国人对纸币一直深存疑虑（这甚至可以追溯到 14 世纪），也就意味着中国各通商口岸对纸币这种交易媒介的需求要比已经迅速货币化的香港和叻屿呷少得多，[79] 再有就是在东亚营业的英国银行对殖民地中转港口之间的贸易有着格外特殊的关注。而这些银行全球纸币发行的总额又是受英国财政部限制的，所以其在中国通商口岸纸币发行额占其全球纸币发行总额的比例就比较小。

直至 20 世纪早期，在中国的纸币发行才成为英国汇兑银行考虑的战略性业务，当时英国各银行在东南亚的纸币发行额减少，增加在华纸币发行成为英国用以平衡纸币发行量的措施。1902 年叻屿呷取消了三家私人银行（汇丰银行、麦加利银行和有利银行）的纸币发行权，代之以钉住英镑的政府货币。十年之前，就已有在叻屿呷建立金本位制并同时由政府发行货币的筹划，遭到了这三家东方汇兑银行的反对而未达成。[80] 但香港并未如叻屿呷一样转而由政府发行货币，因为香港经济和以白银为本位货币的中国经济联系更为紧密。或许更重要的是，汇丰银行管理层和香港殖民地的大员们关系很不错，这或许能解释在香港为何私人银行能继续发行纸币。[81]

失去了叻屿呷的纸币发行权，对英国这几家银行的打击有多大呢？要想得出准确的答案，我们需要看看它们从纸币发行中获得了多少利润。幸运的是，几版《叻屿呷政府志》（*Straits Settlement Government Gazette*）记录了几家银行在叻屿呷纸币发行的准备金情况，这要按照枢密院敕令（Order-in-Council）的要求进行，而《香港蓝书》（*Hong Kong Blue Book*）则没有银行在华纸币发行准备金情况的详细记载。例如在1898年8月，汇丰银行以总值160万新加坡元"未具体说明类别的金属和证券"为准备金，在新加坡和槟城发行了总计400万新加坡元的纸币，[82]准备金率为40%，比汇丰银行在香港所需遵守的准备金率低了26%。因而我们有理由认为，汇丰银行的主要分行可以保持比香港总部低得多的准备金率，而分行的盈利能力也相应地比总部更强。

利用麦加利银行的内部数据，我们可以更进一步阐释相关问题。1898年，麦加利银行以130万新加坡元的准备金发行了400万新加坡元的纸币，[83]准备金率只有33%，而其中又只有83万新加坡元是贵金属。实际运作中，三分之二的准备金率是银行达不到的，银行的年利率水平也仅有2.5%，而如果银行将其纸币发行筹得资金中没有准备金的那一部分贷给想要借入资金的客户，银行每年甚至可以获得总计8万新加坡元的利润。如果折算为英镑，麦加利银行1898年全年利润中有5%来自于在叻屿呷的纸币发行。[84]

20世纪初，几家英资银行在叻屿呷的纸币业务取得了不小发展，因为日本和泰国政府决定收回外国银行的纸币发行特权，纸币业务在日本和泰国的市场越来越小。在日本的通商口岸神户和横滨，汇丰银行发行的纸币已是无足轻重，但是曼谷在一段时间里还有大量发行流通纸币的空间。汇丰银行是在泰国发行纸币的主要欧洲银行，麦加利银行和总部对在西贡的东方汇理银行的作用和影响则小得多。1902年7月，这三家银行都被要求回收其纸币，当时三家银行纸币发行总额约为250万提卡（tical）。[85]

各家英国银行意识到它们正在失去在东南亚发行纸币的市场时，立刻提高了其在中国纸币发行的限额。早在1899年，汇丰银行的香港总部就告知上海分行，总部将中国内地的纸币发行上限额从100万元提高到了150万元，其中三分之二归上海。[86]但尽管汇丰银行在中国内地的纸币发行额增加了，作为纸币发行准备金的贵金属和债券仍存在于香港。英国财政部对此未做特殊要求，汇丰银行手中准备金很少，却要面临可能发生的挤兑风波，这使得汇丰银行承担了一定的风险。

19世纪末，英国财政部的政策发生了一次重要变化，平衡了叻屿呷地区逐渐退出流通的纸币。1898年，英国财政部首次允许汇丰银行在具备100%金属准备金的前提下，发行额度超过其实收资本的纸币。而财政部一方后来放宽了要求，因为汇丰银行及其香港政府内的支持者声称，香港地区对纸币的需求会在中国春节前夕急剧增加，唯有通过特殊的"额外发行"才能满足。[87]此后，汇丰银行的纸币发行限额随着一套既定的模式增长，"春节"这套论调被重复地利用，之前特殊额外发行的纸币被合并到了正常批准的发行额度里，而同时又为将来设定了新的额外发行的限额。这就导致了从清帝国覆灭前夕起，汇丰银行纸币发行额远远超出了实收资本的规模，但是发行的金属准备金规模也相应越来越大。[88]

英国财政部所批准的银行在全球的纸币发行限额也稳定增长了。但是伴随发行限额的增长，银行纸币发行的"信用"部分（即没有准备金相对应的部分）所占的比例却在减少。或者说，这段时间里纸币发行所带来的利润在减少。1888年以前，纸币发行中无准备金部分占比为66.6%，或者说，客户交给银行而换为纸币的银块或铸币总额中，有三分之二可以任意地贷出。如前所述，这一时期是英国财政部对英国银行在华业务管理最为宽松的时期。1889—1897年间，无准备金部分占比降到了三分之一，1898年更降至22%，而且还在继续稳定下降。这说明汇丰银行开业头几年中通过发行纸币业务获得的利润对于其迅速崛起有着至关重要的意义。

英国银行在全球纸币发行限额的增加，对香港以外地区又有什么影响？到1904年，有确切迹象表明，中国人惯有的对纸币的不信任感有了转变。另外，汇丰银行上海分行在中国通商口岸发行纸币是不必保有金属准备金的，这使得当地的经理人迫切要求发行纸币。不过香港总部还是首先顾及在香港本地的货币发行业务，这也减缓了上述因素的影响。1904年11月，汇丰银行香港总部告知上海分行：[89]

> 我们的确可以体会到你们受困于纸币发行额度有限的情况，但是你们知道我们的难处，每次到春节我们都要为银行（在香港）的大量纸币发行提供资产保障……春节（之后）你们或许可以将限额提高到200万。

或者说，比起上次1899年暂定的150万银元的限额，又增加了50万。此后汇丰银行纸币流通量一直迅速增长，直至1924年。分行现存的记录表明，1908年汇丰银行在上海发行的以墨西哥银元为面值的纸币总额达150万元（大约100万两白银），而以银两为面值的纸币流通总额则达

11.5万两。[90] 与此同时，天津和其他较小通商口岸对汇丰银行纸币的需求也增长不少。总的来看，汇丰银行在中国内地的纸币流通总量在1923年前后升到了430万元的峰值，而当时以银两为面值的纸币大多已退出流通。

辛亥革命（公元1911年）前夕，汇丰银行在中国的纸币发行量已经超过了在东南亚的纸币发行量，中国成为汇丰银行战略规划里纸币发行的第二大市场。一份于12月转交汇丰上海分行的备忘录里，汇丰香港总部阐述了它是如何看待在中国内地发行这类准外国纸币的：[91]

> 你们在上海的纸币发行并未给我们带来麻烦，在香港我们仍以（港币）银元收兑（墨西哥）银元。只要你们不反对以墨西哥银元的现价持有港币资产，就应该不会有大的风险，你们大概可以继续适度地发行纸币，额度上限升至300万元。

此段文字不可避免地保留了某些东方汇兑银行的行话。简单说，总部批准分行将纸币发行额升至300万银元（当时在上海，港币银元和墨西哥银元的价值很接近）。但是，1911年汇丰银行在全球各地都进行了数额不小的"额外发行"。因为汇丰银行首先要保障香港的货币供给，而且汇丰银行也的确将其在中国的纸币发行看作是"额外发行"的一部分。因而，汇丰在中国的纸币发行就要求有100%的金属准备金，分行在上海每发行1元的纸币，就要有香港总部的1元准备金与之对应。更重要的是，这份备忘录表明，尽管纸币发行要遵从100%的准备金率，但在总部看来在上海的纸币发行业务仍然是利润不菲的。

汇丰银行在上海的纸币业务利润能如此不菲，原因在于上海的利率普遍比较高，再加上墨西哥银元和港币银元的交叉兑换存在不小的溢价。

无论怎样，在此还有另一个因素使得在华纸币业务变得异常诱人：通商口岸的纸币发行可以免于中国和外国政府的课税，而香港则要对纸币发行征收 1% 的附加税。[92]

其他用以证明在华纸币发行业务利润不菲的证据则是比较间接的：汇丰银行的档案中有大量文件记载骗子们是如何拿着伪造的纸币去银行柜台兑换白银的，还记载了银行是如何大力投资以提高纸币印刷技术和加强各类预防措施的。最早一次较严重的假币事件，记载于查尔斯·阿迪斯（后来曾任汇丰银行北京分行的经理）1903 年的私人日记中："发现有汇丰银行 5 元面值的假币，中国人之间已广泛地相互提醒有假币。银行全天都开着门。"[93]

很明显，这句短短的记录似乎表明多数纸币持有者是中国人而非欧洲侨民。因而我们有理由认为最早的假币制造者是中国人，假币的受害者也是中国人。然而，假币质量并没有那么好，不足以让银行考虑中止发行纸币。同时，汇丰银行似乎也没花时间去尝试将风险降到最低。例如在 1901 年，汇丰银行上海分行的会计烧毁了面值总计 100 万上海银元的未发行纸币（未盖银行签章）。[94]

1925 年上海对英国银行的抵制运动

1925 年 5 月 30 日上海英租界一家日资纺织厂的劳动纠纷，升级为了一场罢工，并形成了长达一年的抵制英国货运动，这就是五卅运动的由来。这场抵制运动横扫了所有通商口岸乃至香港。[95] 诱发这场抗议运动的事件成为中外关系史上的一个重要转折点。这场运动不仅迫使外国势力与中国政府谈判修改条约并最终取消了治外法权，也改变了长久以来西方人心目中对中国人充满奴性的印象。

运动高潮时，麦加利银行被迫从香港派遣葡萄牙籍职员以替补大量集体辞职的中国本地职员。⁹⁶ 深入中国内地开办业务的英国企业也不能幸免，如北京辛迪加（Peking Syndicate）在河南焦作开设的矿场被迫停业，直至1933年才恢复。⁹⁷

暴力抗议活动不仅震动了英国公使馆，还使得越来越多的中国新式银行明确地收回了与外国银行的合作。⁹⁸ 尽管内地经济相对封闭，而且排外抗议活动也仅是暂时的，但是银行纸币是英国银行存在于通商口岸重要的有形表现之一，而且是日常的交易媒介，因而很容易成为公众排外活动的目标。⁹⁹

1925年上海对英国银行纸币的抵制运动还没有得到学术界的充分关注研究，原因主要是这场运动是在暗中进行，而且欧洲侨民的报告中对此也是轻描淡写。¹⁰⁰ 或者说，虽然对英国消费商品的不懈抵制很快在中英双边贸易数据中反映了出来，而且抵制还遭到了在华英国侨民的指责，但是有关英国银行收回纸币和流失存款的具体信息，则大部分是各分支银行的机密，只在其内部的信件中反映得出来。中国的新闻出版机构则经常报道抵制运动高潮时学生的活动，当时学生要求上海的商人公会和银行公会宣布拒收一切准外国纸币，要求那些"不识大体"接受准外国纸币的货币兑换商应当受到惩处，还要求上海的全体市民取出自己在外国银行的存款。¹⁰¹ 不过没人知道这些呼吁最终如何了，中国的报纸更倾向于报道对英国商品的抵制，因为人们可以容易地找到质量可靠的这些商品的替代品，比如香烟、洋油、药品和奢侈品。

洪葭管认为，与20世纪历次运动相比，五卅运动对中国新式银行的蓬勃发展意义最大。他指出1925年中资银行存款总量增长了71.4%。¹⁰² 我们不能轻率地否认这的确是不小的发展，但是麦加利银行上海分行的资产负债表中并未显示外资银行的存款额出现了相对下降。麦加利银行在上海的定期存款总额从 1924 年 12 月的 790 万两白银跌至 1925 年 12 月的 630 万两，经常账户则从 770 万两增加到了 850 万两。[103] 还要考虑到麦加利银行在上海的纸币流通量在此期间内几乎下降了一半，存款水平的变化说明中国人的抵制情绪并非仅由一个方面反映了出来。明白地说，我们有理由认为中国的纸币持有者急于将准外国纸币兑现，因为这些纸币很容易被人看见，但他们并不很愿意提出长期存在外国银行的存款转存到中资银行去。

早在 1925 年 6 月，上海钱庄和中资银行就宣布罢市，以示声援五卅惨案的遇难者，而且正式宣布完全停止英资银行纸币的清算兑付。[104]《北华捷报》(The North-China Herald) 是当时上海影响力最大的英文报纸，一贯对学生运动和公众抗议持轻蔑态度，认为这根本不能让中国人的政治观念真正发生改观。一开始，舆论对这场运动并未予以多少重视，但是随着动乱、罢工罢市和抵制活动显示出难以在短期中结束的态势时，《北华捷报》的论调第一次变得激进好斗起来，编辑们的注意力转到排外运动对英国公民的人身伤害上来了。[105] 但是英国银行的挤兑潮并没有得到如此的报道，抗议运动中英国企业的种种遭遇也没有得到如此的报道。因而，我们所获得的有关纸币抵制活动的新闻报道都来自于一些低端的报刊，这些报刊要比《申报》等大型新闻机构的立场激进得多。[106]

1925 年中国人对英国银行纸币的抵制比对英国商品的抵制显得沉静，另外一个原因是当时中资和外资银行之间并非总是简单的竞争关系。例如，1916 年银行业危机中，中国银行上海分行遭遇挤兑时就曾向外资银行寻求帮助。[107] 相反，1923 年浙江兴业银行在汇丰银行存有超过 30 万两白银的资金，杜恂诚的研究对此事有记载。[108]

这些错综的联系纽带或许解释了中国商业精英面对五卅运动时复杂

纠结的态度。在这场运动的酝酿期，中国的商业精英既因为外国人把持的上海工部局不愿给予其更多政治参与权力，也因为有人要求增加码头费并干预劳动条件而感到愤怒。[109] 那些和英国的进口商品与在华英国企业有着直接竞争关系的中国工业企业家们利用了当时的政治气候，鼓励公众对其竞争对手发泄不满。但是那些中国商人与银行家在多数情况下的态度都是犹疑不决，因为这帮人和英国企业多有密切的工作关系或利益联系。

1925年的中国报刊上经常会出现抵制英国商品（尤其是香烟）的广告。中资银行的排外抵制情绪则没有那么普遍，也没有那么鲜明和公开，尽管学生们发起了抵制，但是也可以找到例外。比如1925年8月4日，立场保守的《银行周报》（Bankers' Weekly）上刊出了上海商业储蓄银行的一则广告：[110]

> 恺自五卅惨案发生，举国上下悲国事之日非，愤外侮之侵凌，莫不痛心疾首，群谋补救之方，提倡实业，创办工厂然。此种事业果为救国利民之要图。但以言创设，则首在资本，欲聚集资本，则当首重储蓄。吾国四万万同胞，苟能人人从事储蓄，则日就月将，集腋成裘，将来本利相乘，自成巨大之资。彼时以之办实业，设工厂，无事不成，即无往而不利矣。本行开办十载，信用卓著，凡银行一切应备业务，莫不具备。而储蓄一项，手续格外敏捷，利息尤为优厚。爱国诸君，如蒙赐顾，曷胜欢迎。印有各种详章，函索即寄。

英国人的业务遭受了前所未有的强烈打击，这给金融中心伦敦和英国政府敲起了警钟，政府方面要检查东方汇兑银行贵金属储备方面是否做得可靠。[111] 更重要的是，1925 年中国对英国商品的抵制也对银行的绩效表现产生了影响，因为银行很大一部分收益和中英两国之间的贸易融资有关。麦加利银行总裁蒙太古·柯尼士（Montagu Cornish）在 1926 年 3 月发布给股东的年报中以直率的口吻形容了当前的形势：[112]

> 我们现在说到中国，某些特定事件已经引起了银行和贸易者的极大不安。这个动荡国家的境况以及贸易的条件在很长一段时间里一直是最差的，但是随着去年 5 月上海骚乱的爆发，严重的麻烦开始了。罢工罢市和排外抵制活动使得我们在上海几个月间的业务完全崩盘，而在内乱稍稍停顿之后，麻烦愈加严重地爆发出来。当然了，这样的状况引起了广泛的不安，对英国的影响也从贸易数据中反映了出来。我们担心 1925 年的经营状况与以往各年相比会很糟糕。

总裁的话表明了 1925 年在华营业的三家主要英资银行的利润都有了显著的下降。麦加利银行总利润与前一年相比下降了 15.5%，汇丰银行仅下降了 2%。[113] 有利银行对中国市场的依赖度更低，其在南亚地区的收益抵补了在华业务的糟糕表现，1925 年有利银行总利润上升了 5.8%。然而，上海当地的数据显示，有利银行自 1920 年至 1926 年蒙受了巨额损失，此时段里其纸币流通量从 56000 英镑跌到了 19343 英镑。[114]

20 世纪 20 年代中期，英国在华的经济霸权面临明显的来自于各个方面和部门的挑战。在中国，各行各业的民族企业利用当时的政治气候，把英国跨国公司的客户都吸引走了。南洋兄弟烟草公司在上海生产香烟，从英美烟草公司手中夺来很大一部分市场。中国船运商打破了英国蒸汽船运商在长江的独霸地位。多数服务上海公众的商场都是海外华侨开办的。[115] 高家龙（Sherman Cochran）在其有关中外企业竞争的研究中指出，1925年的排外运动极大地提升了南洋兄弟烟草公司的利润，但他不能对英美烟草公司在华的绩效进行准确的分析，因为他没能获准去接触公司在伦敦的相关档案。[116] 高家龙总结说，五卅运动的经济影响"还未被人们充分理解，有待于进一步的研究"。[117] 基于英国领事馆的资料，理查德·里格比（Richard Rigby）指出英美烟草公司的产品在华销售量于1925年7月中旬减少了40%。如此程度的下跌所产生的心理冲击无疑是巨大的，甚至使得上海英国人组织的中国协会（联合在当地营业的几家最大的英国企业的机构）在7月底请求英国外交部不要在上海采取军事行动，希望试图以承诺在遥远的将来废止治外法权的方式平息学生们的愤怒。[118]

尽管麦加利银行上海分行的资产负债表无法让我们准确估计出其在1925年蒙受的损失，但是资产负债表所反映的纸币长期流通状况说明了抵制导致的严重后果。汇丰银行分行的分类账、审查员报告和与英国政府来往信函中的数据是可得的，这些数据清楚地表明1925年汇丰银行在中国大陆的纸币流通量急剧下降。拿上海来说，数据显示年中的待兑付纸币额为360万元，到了年末额度减少了一半以上。[119] 由于麦加利银行同时期也有类似情况，那我们就很难否认五卅运动和汇丰银行纸币流通量的骤减存在联系。

不论1925年以前汇丰银行总部对在华纸币发行业务表达过怎样矛盾犹疑的观点，都从未遇到过业务利润少、治外法权下法律框架混乱所带来的问题，因为英国财政部对银行全球纸币发行总额度有限制，汇丰银行增加在中国内地的纸币发行量，就意味着要减少在香港的发行量，而香港对汇丰银行纸币的需求和纸币业务的利润更高，纸币流通速度也更快。[120] 因而，汇丰银行总部和上海分行之间的较量，最终使上海分行获准增加纸币发行，以满足当地日渐增长的对可靠交易媒介的需求，而分行可以以此筹集资金，不过增发纸币的前提是不能破坏汇丰银行作为香港独家货币供给者的地位。

五卅运动掀起的前所未有的反英浪潮冲击了旧有的通商口岸的模式基础，使得英国银行遭受了舆论的批判。那一年舆论的声音，可以参看图5.1—5.3。汇丰银行被迫在1925—1927年间减少了在华的纸币发行量，原因首先是挤兑风波，再有就是担心纸币发行或许会使其在大陆的流动准备金不稳。随后，汇丰银行很快失去了上海的头号纸币发行方地位，被中国的官办银行所取代，当然麦加利银行纸币发行的增加也一定程度上挤压了汇丰银行纸币的空间。

从中国传来的金融方面的坏消息很快就变成了股票市场上的恐慌混乱。五卅运动之前，汇丰银行在上海的股价是1300上海银元，在伦敦则是每股143英镑。到了8月29日，汇丰银行在上海和伦敦的股价分别跌了15%和11%。[121]汇丰银行的股票在香港证交所受的冲击最大。1925年6月初，汇丰每股价格为1290港币，到了1926年3月初，跌到了1065港币，下降17.5%。[122]

五卅运动是外国在华银行命运至关重要的转折点，认识到这一点很重要，原因不仅在于汇丰银行纸币流通量和股价的下跌，还在于1925年的种种事件在有关亚洲各海外银行的文献里很少被具名提到，更别说被充分地研究了。[123]人们挤兑外国纸币的风潮和之后汇丰银行纸币流通量的减少明显存在着关系，这是银行内部信函中明确提到的，而挤兑外国纸币的风潮也是受了五卅运动中反英浪潮的推动。汇丰总部的巴洛（Barlow）和上海分行新任经理施迪（G. H. Stitt）于1925年6月19日的往来电报中，施迪警告巴洛，上海分行的准备金"快用完了"，并让巴洛出面建议英国总领事，让总领事同意立刻解冻其管控下的400万元汇丰银行准备金。而巴洛则建议施迪保存好其现有的现金，因为他预料反英运动会持续很久。[124]

图 5.1　上海运动发起人阐明运动目的的报纸（第八款涉及禁止外国货币的流通）
资料来源：《热血日报》，1925 年 6 月 22 日，第 1 版

有英国驻上海总领事作为纸币发行准备金资产的监理人，并不意味着当时汇丰银行在中国内地的纸币发行就一定是全额准备的。[125] 我们应当注意的是，汇丰银行香港总部被要求与香港殖民地当局联系，殖民地当局转而批准英国驻上海总领事拿出手下的准备金资产。这进一步表明当时汇丰在华的纸币发行业务仅仅被视作其额外纸币发行的一部分，这类纸币发行按香港总部方面规定应当具备 100% 的准备金。

A VERY PATIENT BEAST, BUT BETTER NOT ROUSED.

图 5.2　反映了 1925 年五卅运动期间上海英国侨民情绪的漫画

抗议的中国人被描绘成一只愤怒而弱小的猴子,如果猴子继续激怒那只"约翰牛"(英国),肯定会下场很惨。牛身上写着"约翰牛",即代表英国,猴子右手持写有"抵制"的牌子,左手持写有"罢工"的刀,猴子身上写着"宣传人员"。

资料来源:《北华捷报》,1925 年 7 月 1 日,第 9 版

在 1921 年或更早,汇丰银行就在香港纸币发行这个中心业务之外保有了部分额外准备金。这一点可由阿迪斯从伦敦发给上海史蒂芬(Stephen)的一封洋溢着乐观之情的电报中反映出来:[126]

> 各项安排已经就绪,殖民地部注意到要保证纸币发行的安全稳定。a)英国政府不反对将本行的法定资本增加至 5000 万元。b)普通的纸币发行额度为 2000 万元,其中三分之一可无准备金对应,三分之二则要以铸币或已获批准的证券资产为准备金,各资产的比例具体可由本行自行安排,而超出 2000 万元的额外纸币发行部分,则必须有 100% 的铸币作为准备金。c)具体有多少证券资产要放置在

香港以外的地区，还有待定夺。

还可以从一份备忘录中看出，观念上汇丰银行在华的纸币发行是被作为额外的纸币发行的，这封备忘录是按财政大臣温斯顿·丘吉尔（Winston Churchill）的授意，由殖民地部副大臣发给乔治·寇松（George Curzon）副手的。备忘录指出，汇丰银行向财政大臣请求允许将部分纸币的准备金存放在汇丰银行纸币流通日增的中国内地某地。[127]备忘录还提到，丘吉尔向财政部王室专员（lord commissioner）征求意见，他们批准将上海和天津作为可存放二级准备金的地点。之后，汇丰银行建议由英国领事出任上述准备金资产的托管人，还建议由驻华领事随时向香港政府报告托管的资产数额。

图5.3 中国爱国烟公司在五卅运动高潮期宣传"五卅牌"香烟的广告

资料来源：《新闻报》，1925年6月13日，第2版

第五章　英国在中国的银行纸币发行：跨帝国的联系

　　阿迪斯的电报和副大臣的备忘录表明，1921年以前汇丰银行为在华纸币发行而保有的准备金资产由银行自己定夺，在中国通商口岸发行纸币的准备金不能从保存于香港的、为全球纸币发行而储备的核心准备金资产中扣减挪用，而这类准备金当然也不是英国财政部或殖民地部要求银行的。也就是说，是汇丰银行自己而非财政部试图让汇丰银行的在华纸币发行与其全球额外纸币发行联系起来，以增设存放在中国内地的准备金资产。汇丰银行的如此举措，目的不仅在于应对挤兑纸币，还在于取消各地方非正式准备金和正式的核心准备金之间繁杂重叠的部分。

　　1921年之后汇丰银行纸币发行的管理模式十分复杂。本质上，英格兰银行是英国货币政策的最终决定人，也是汇丰银行非金属准备金资产的托管人。特许经营状的规章和适用于所有东方汇兑银行的纸币准备金比率，以及对海外金融情况的逐日监测，都是英国财政部在外交部和殖民地部磋商之后采取的措施。在此情况下各殖民地政府要向殖民地部负责，如确保银行存款准备金足额等问题。汇丰银行的金银和铸币锁在了地下室里，处于殖民地政府的管控之下。但是由于上海是当时中华民国领土的一部分，于是由作为外交部官员的英国驻上海总领事负责监督确保汇丰银行在当地的纸币准备金率合乎法定标准。

￥

　　1921年，汇丰银行采取措施，使其在上海的准备金资产正规化并且更加巩固、稳定，这些举措或许在1925年年中汇丰银行遭受打击最为艰难的时候，帮助确保了汇丰银行在中国内地的声誉。虽然如此，汇丰银行还是在挤兑纸币的风潮中感到了极大的压力。问题在于，汇丰银行存放在上海总领事监管下的纸币准备金资产大多是墨西哥银元，这种银元兑换贬值的中国造银元时存在溢价，银行不愿意将其兑付出去。于是，汇丰银行就劝告香港财政部门将墨西哥银元作香港当地的核心准备金资产，而改用中国银元作为上海的准备金。[128]

7月初的时候，巴洛终于意识到了上海局势的严重性，于是向施迪发电报说："在我看来，反英运动是我们长久以来以及未来所要面对的最危险的事情，如果真的持续这么久，会严重损耗我们的资源。"[129]

1925年7月18日，《北京日报》报道了发生于汇丰银行上海分行的大规模挤兑事件：[130]

> 上海英商汇丰银行自民主实行对英经济绝交后，上海市民存款于该行者，均纷往提取，持有该行钞票者，亦争先往兑。当时该行处境已在岌岌状态之下，唯以赖有阿德哥（即虞洽卿。——译者）有关之某行及贪图巨利之某某银行等四家维持，始得苟延残喘。

上海的中国主流报刊明显缺少对抵制英资银行情况的报道，只有一家北京的日报对与外资银行"合作"的中资银行大加抨击，这使得此等消息的可信度大为降低。更有可能的是，随着学生排外热情越来越为中国民众所接受，在华英国银行面临的压力的确越来越大。上海学生办的喉舌刊物《热血日报》对上海当地抵制运动的发展情况有一段罕见的记载：

> 自抵制外货、拒用外国钞票呼吁传出后，本埠各外国银行兑现及提取存款者即异常拥挤，汇丰银行尤甚，自晨至午络绎不绝，该银行殊岌岌可危。[131]

无论怎样，巴洛对反英浪潮保持着高度警惕，因而他建议立刻收回上海以外各通商口岸发行的纸币。原因是汇丰银行在其他口岸的纸币发行和上海不同，是需要以香港的核心资产来充作发行准备金的，而且英国财政部除天津外未曾准许中国其他地方保有准备金。汇丰银行在其他通商口岸发行的纸币变成了"抗议者手中的武器"。之后，巴洛继续比较汇丰银行在中国内地和在香港发行纸币的流通性："香港的条件不一样，在香港我们随时可以依靠香港政府颁布保护性法令以应对针对香港货币的协同攻击。"[132]

巴洛当然知道他在谈论什么。五卅运动前不久，珠三角地区各地也是动荡不安，香港政府加强了纸币兑现、提取白银以及香港和内地之间资金转移的额度限制。此项应急法令是汇丰银行和麦加利银行事先准备的措施，以此换得了约600万港币用于救助香港"当地银行"的贷款。新的约束措施导致大量白银走私到广东省，但也或许有效地使汇丰银行和麦加利银行在香港本地免受了挤兑之灾。[133]

与此同时，上海的情况急剧恶化。7月2日，施迪致电巴洛说，自运动爆发起上海当地汇丰银行纸币流通量已经降了50万元，中国客户也从往来账户上"自由地"提走了资金。[134] 一周之后，汇丰银行纸币在上海的流通量缩减至270万元，其他口岸为66万元，而流通现金储备资产总额（包括英国领事管控下的墨西哥银元）只剩下180万元。[135]

考虑到其在华纸币发行业务的情况，汇丰银行在随后两个月间进行了永久的战略调整。7月13日，施迪汇报说分行的现金头寸增加，或许不必再动用领事手下的资产了。[136] 又过了三天，甚至认为自己已经察觉到一些迹象，表明针对汇丰银行纸币的抵制活动已趋于消沉了，而当时上海汇丰银行纸币流通量为240万元，这只比前一周少了30万元。[137]

然而，巴洛注意到6月下旬时，这场运动在中国南方广为蔓延开来，他并不相信运动已归于消沉。8月5日，巴洛要求施迪停止汇丰银行在中国内地各分行重新发行已兑现的纸币,他预料会有更多的挤兑潮发生。[138] 8月17日,巴洛给上海汇丰银行纸币流通量设定了200万元的上限额。[139] 除了帮助上海分行在未来免受挤兑之灾,巴洛还希望在华纸币发行量的减少,可以把为内地纸币发行而存在香港的那部分准备金释放出来,用以应付汇丰银行在香港的纸币兑现业务,或者用以支撑汇丰银行在香港增加的纸币发行。[140]

具有讽刺意味的是,尽管五卅运动使得汇丰银行在中国内地的纸币流通量减少,但是却使得香港对汇丰银行纸币的需求上升了,因为香港殖民地政府的新的约束措施意味着个人不能从银行自由提取白银。接受一定数额的纸币,成为从香港的中资和外资银行中提取存款的唯一方法。[141]

再一个刺激香港增加对汇丰银行纸币需求的因素是香港和珠三角之间贸易量的缩减。这意味着原本将货品经由香港的深水港出口的广州制丝商无法使用销售所得货款购买进口商品再运往上游地区,因为广东省和香港之间的边境被封锁了。因而许多人把货款经由边境偷运出来,而纸币比货品更难被查获。[142]

到了1926年的年中,五卅运动在中国内地各地的影响已经趋于消沉了。1926年发布的海关报告,尽管仍为反英抵制运动的影响感到惋惜,却也指出了一线希望:[143]

> 上海的五卅事件,在南方掀起了轩然大波,直接使贸易陷于瘫痪,但是罢工罢市和抵制活动仅限于特定几个中心城市,经由上海和广州船运或进口的货品也找到了经由邻近口岸或其他大型海港(如天津)运输的途径。但是南方也有特例,特别是西江沿岸各港口,总体来看,上海的事件只是使得贸易暂时遭到了打击。

在此之后，其他通商口岸本地居民和外国侨民之间仍不时有零星的冲突，但是再也没有形成过全国性的浪潮。过去一年的种种惨烈事端，也触动了远在天边的英国政府，西方世界对中国的态度也发生了缓慢的变化。1926年6月4日，巴洛告知汇丰银行上海分行新任经理罗森（A. B. Lowson），英国政府正在征询各通商口岸英国侨民中的头面人物对英国未来对华政策的意见。[144]

随后几年中，英国政府询问了持强硬态度的在华英国侨民的意见，这些人有的是富裕的大班，有的只是平头百姓。不过英国对华政策转变的根本意义，已经超出了本章的讨论范围。在此需要说明的是，英国对华政策的转变导致20世纪20年代后期英国对本国银行在中国通商口岸的纸币发行业务实施了更加严格的管理监督。

预兆最先出现于1926年8月，当时汇丰银行总部通知罗森，英国政府要求现在起所有在华发行纸币的英国银行如果仍想继续发行纸币，必须申请许可证。[145] 后来国民政府则进一步采取了比这严格得多的管理措施。

结论

本章详细地阐述了汇丰银行和麦加利银行纸币发行流通的兴衰起伏，特别是在民国时期。1925年年中，两家银行的纸币发行与流通遭遇了严重而且完全不曾预料到的打击，这场打击是由五卅运动引发的排外浪潮所导致的。汇丰银行纸币在上海的流通量在1927年才稍有恢复，但其在中国关内的业务量在1927年之后越发地减少，这是国民党政策和中国本土新式金融机构兴起的直接结果。

汇丰银行是在中国影响力最大的外国银行，其纸币流通量的起起落落不仅准确反映了汇丰银行自身的经营绩效，也反映了中国从民国初期紊乱破碎的货币流通体系向南京国民政府治下十年间运作卓有成效的中央银行体制的过渡。

民国初期中国的排外思潮在长期看来并没发挥什么作用，这样的观点很大程度上是雷麦（Remer）早期著作所得出的结论，但是这个观点需要进行修正。[146] 事后看来，评价这样一种思潮和认识，需要基于积累的已获得的证据。而雷麦所忽视的一个重要证据来源是各家东方汇兑银行及其与中国客户关系的变化。本章对此的案例研究表明五卅运动的影响远远地超出了策划这场运动的会议室。

五卅运动爆发出的反英情绪持续很久后才得到了英国政府的回应，当时中英双边贸易、英国银行在华纸币的流通状况已经趋于平稳。第二次世界大战爆发之前英国在东亚地区的外交政策与那些保守侨民的观点态度截然相反，英国与国民党缓和了关系，而且越发不信任日本，还支持国民党政府1935年的法币改革。正是五卅运动，影响了英国政府对中国民族主义的看法及其长远规划，如果不考虑这一点，我们很难去解释当时英国的东亚外交政策。

和雷麦不同，在他之后大量研究民国时期排外运动和民族主义运动的作品都没从经济视角进行过通透的分析，而大多集中于文化、知识、新闻、组织和政治的角度。这也或许就是为什么历来为人们看重甚至被视为中国社会政治观念历史转折点的五四运动在西方列强看来，其经济层面的意义要比六年之后的五卅运动小得多。为了纠正研究上的不平衡，未来或许需要学者们做更多的研究。

¥ ——————————————————————————

晚清和民国初期的中国政府都未能挽救国家纸币在公众中的信誉。中国政府的此场失败和20世纪初有些欧洲国家政府或殖民地政府在中央银行体制稳固建立前的遭遇并不一样。但是欧洲创设中央银行体制之后过了将近两个世纪，私人纸币发行才逐渐中止，而中国的趋势则是恰恰相反。1925年之前英国银行在华发行的纸币很受欢迎，对此最直接的解释原因是英国银行纸币发行的铸币准备金率更高，而且英国银行可以免受中国政府的干预，当地中资银行的白银储备则经常被中国政府征用。一般说来，英国财政部用以约束汇丰银行和麦加利银行的准备金率规定仅仅是制度革新的一个副产品而已，而这场制度革新则发端于16世纪的伦敦而且最终使得伦敦成为世界最大的金融清算交易中心。很多支撑这两家银行的法律和管理理论，自东印度公司这种垄断贸易模式和后来破产的丽如银行仍存在的时候，就产生和持续存在着，并且不断地演化更新。

本研究或许能够告诉我们是哪些因素使得通商口岸的外资企业比中资企业更胜一筹的。一个重要差别是外资企业广泛采用可交易股权制和有限责任制的组织形式，这有助于发挥规模经济的效益。归根结底，这种非个人的所有制才是最终使得大型且公开上市交易股权的汇丰银行和麦加利银行与上海那些分散且资本不足的钱庄相区别的因素。

英国东方汇兑银行的运作是基于皇家特许状和殖民地的法律条令的，而这些东西仅仅是19世纪50年代对有限责任制的一种简陋替代。在之后十年中，除英格兰银行以外的金融机构都普遍被赋予有限责任制的组织形式。因此，如果纯粹从当时的角度来看，中英两国在上海的银行类机构的制度差别或许并不明显。在此需要谨记的一点是，当时看起来微不足道的差别，也许成为使得近代早期欧洲得以确立世界经济领先地位的重要因素之一。

第六章

日本在殖民地的银行及货币改革：
朝鲜、中国大陆和台湾，1879—1937

¥

本章将继续分析日本银行在二战前中国大陆和台湾、朝鲜的活动，特别是分析日本银行在货币创造上发挥的功能以及与当地客户之间关系的变化，以此来揭示外国银行对这些地区的影响。日文和中文撰写的研究，倾向于关注日本银行在傀儡政权"满洲国"（存在于公元1932—1945年）的活动，而英文学术圈有关战前中国的外资银行研究则自然更偏向于英国、美国和其他欧洲国家所有的金融机构。[1] 有关中国现代新式银行兴起的研究不断增加，但是中国本土银行与和它们竞争的外国银行之间的复杂关系则是在最近才开始得到研究。[2]

前文详细阐述了英国银行对中国货币发展路径的重要影响，现在应当把视角转向第二个最为重要的影响因素：19世纪最后十年间日本的金融机构和日本的殖民政策。可以肯定的一点是，日本金融机构进入中国（不是朝鲜，也不包括台湾）是在西欧各国的金融机构之后，但早于美国主要金融机构二十年以上。从业务量来看，20世纪20年代时日本金融机构在

第六章 日本在殖民地的银行及货币改革：朝鲜、中国大陆和台湾，1879—1937

中国经营的资产已经堪比各英资银行。而在中国台湾、朝鲜和"满洲国"，这些金融机构则自然地成为日本殖民规划中起决定性作用的一部分。

金融史学家们基本都认为在东亚地区缔造"金本位日元"货币区是在1897年到1914年间，是一战前日本对外政策的关键点之一。建立以日元为基准的金汇兑本位制货币区的理念，最早由日本"非公式帝国"（informal empire）的创立者后藤新平于1907年10月提出，这是日本首次加入以伦敦为中心的国际金本位制后的第十年。然而，如马克·梅茨勒（Mark Metzler）所述，日元货币区的建设计划停滞多年，因为日本缺乏外汇储备，而且中国和朝鲜的货币体系都以白银为基准货币。因此，日本国内两派之间一直在货币政策问题上存在矛盾：一派追随后藤新平，认为应加快吸纳日本金汇兑本位制下的地区；另一派如阪谷芳郎，认为日本应审慎为之，以适应不同地区的特殊情况，并且不得罪其他列强。[3]

在此历史背景之下，仍较少被研究的问题是，到底日本各家殖民银行在两次世界大战之间是如何应对处理本国货币政策当中这些错综矛盾的问题的。因为日本和其他列强一样，在一战爆发后暂停了日元与黄金的兑换，直至1930年才暂时转回到国际金本位制之下，这事实上还导致日本殖民地的铸币生产停滞，结果日元区的扩展及稳定就要依赖于日本本土与殖民地银行协同一致、有步调地发行纸币。从广阔的比较视野来阐述日本殖民银行纸币发行的技术细节，或许能为我们在整体上把握日本殖民战略提供若干有价值的观点。[4]

横滨正金银行是日本殖民银行的开路先锋，与西方各国相比，日本殖民银行的出现和发展要晚得多，但它们以日本对外扩张为支撑，在20世纪初其规模迅速增长起来。中国的本土银行业也是在这一时期急速发展起来的。中国银行业中的重要机构——中国银行，在1916年袁世凯倒台后不久改变了经营策略，竭力免于政府的干预，聘用受过外国培训的专家，并吸引通商口岸的储蓄者。[5]

尽管大多数中国银行尽力与外国银行发展友好的经营关系，但中国一些优秀的民族金融家控诉外国银行进行不公平竞争。争论的焦点是，外国银行可以在上海和其他一些第二次鸦片战争（公元1856—1860年）以来开放的较小的通商口岸享有治外法权。治外法权使得外国银行一直免于被中国政府征税，可以自行发行纸币，并可以控制货币的汇率。20世纪20—30年代，在华外国银行越发受到攻击指责，其所享有的治外法权成为众矢之的。

之后的内容将会广泛地讨论一战前在中国与朝鲜的日本殖民银行的纸币发行情况，直至1919年这个分水岭。之后我们将详细探究日本的银行是如何经历20世纪20—30年代国内严重的经济萧条以及中国的排外运动的。《凡尔赛和约》激怒了众多中国人，反日运动席卷了中国北方的不少地区，严重打击了日本商品的出口和日本纸币的流通，这场运动就是人们熟知的五四运动。在上海，抗议的学生受到了同年（1919年）朝鲜三一反日运动的激励，但是三一反日运动的经济影响远没有中国1919年五四运动或1925年五卅运动那么大。[6]随着日本越发深入地侵入中国领土，反日运动在中国其他地区更加激烈地蔓延，严重阻碍了20世纪20—30年代日本对华的商贸活动。

如果广阔地考虑当时的地缘政治背景，本章其余部分将如下展开：下一节将简要回顾日本首家殖民银行横滨正金银行的发展史，并探讨其1919年以前发行纸币的本质；之后一节将阐述横滨正金银行是如何应对1919年以后中国越发高涨的反日潮流的；第四节和第五节将比较横滨正金银行与朝鲜银行及台湾银行的货币财产；其后一节会分析日本在更大范围的中国境内的纸币发行模式——在殖民地化的台湾与朝鲜，以及"满洲国"和中国其他名义上享有主权或者被欧美列强控制下的地区。本章将比较日本和其他在华外国金融机构,并分析这一时期民族主义排外抵制运动以及中日经济关系的变化历程。

1919年以前的横滨正金银行

横滨正金银行以英国人开办的汇丰银行为样板,成立于1879年,比日本的最终贷款方——日本银行的设立还要早三年。在19世纪70年代,日本国内一大批股份制银行被批准发行纸币,但是日本政府最初拒绝了横滨正金银行在日本国内发行纸币的请求。日本大藏大臣松方正义当时正努力以比利时为样板创立一家中央银行。比利时是欧洲经济发展的迟来者,该国专门发行纸币的银行(成立于1850年的比利时国家银行)完全是由国家经营的。与此同时,横滨正金银行被赋予了在中国发行纸币的任务,中国是名义上享有主权的国家,其政府却允许外国的私人银行(如汇丰银行)在当地发行纸币。[7]

横滨正金银行最初的实收资本是300万日元,其中100万日元由日本国库以铸币现金形式支付,其余200万日元是私人入股。因此,横滨正金银行并非是完全意义上的国营殖民银行,而是一家以促进日本海外贸易为特殊使命的半官方银行。毫无疑问,这家银行将会在日本长期的商贸活动中扮演至关重要的作用:积累外汇储备,这使得日本可以脱离银本位,并使得日元于1897年改立为金本位制。日本凭借1896年获取自中国战争的赔款以及在伦敦证交所发行国债筹集的资金,保持了日元与黄金的可兑换性。[8]

横滨正金银行在中国的第一家分支机构于1893年在上海开设,但是直至1902年才开始发行纸币,首先在上海,后来在牛庄(营口)和天津。后来,横滨正金银行开始发行以白银为面值的纸币,首先在北京发行（1910年），后在青岛（1915年）、汉口（1917年）、济南（1920年）和哈尔滨（1921年）发行。总之，这家银行在中国领土上发行了以银两和银元为面值的超过八十八种不同样式的纸币，自1913年起还在辽东半岛上的大连发行过少量金本位日元的纸币。[9]

如表6.1所示，直至1912年清朝覆亡中资银行业发生了严重的金融危机，横滨正金银行在中国关内的纸币流通量才有了迅猛的增长。尽管如此，在20世纪的头十年中，与中国关内对横滨正金银行纸币需求不断增长相伴的是，日本人势力范围内的中国东北，其纸币流通量反而较小。原因之一是横滨正金银行发行无准备金纸币的份额受到某些规章的限制，这与英国殖民地部对汇丰银行施加的限制类似。[10]

表6.1 横滨正金银行纸币在中国关内（不含满洲）的流通量与其同期纸币发行总量（1906—1912）

单位：万银元

年份	上海	天津	北京	总计	中国关内横滨正金银行纸币流通量占横滨正金银行纸币流通总量百分比
1906	144	41.2	—	752.8	24.6
1907	133.8	42.2	—	619.5	28.4
1908	108.3	49.2	—	417.2	37.7
1909	81	47.1	—	292.8	43.7
1910	75.8	33.6	14	367.4	33.5
1911	66.7	63.9	12	673.7	21.1
1912	152.6	89.1	97.5	657.6	51.5

数据来源：摘自郭予庆（2007），第195页，表3—18。横滨正金银行纸币流通总量以金本位日元计，摘自《横滨正金银行全史》（1984），第6卷，第399—401页。1909年横滨正金银行上海分行的资产负债表由银两计值改为以当地银元计值。日元和银两被折算为银元，折算方法参照萧良林（音）（Hsiao Liang-lin, 1974），第190—192页；莫斯（Morse, 1967年再版），第156—173页

第六章 日本在殖民地的银行及货币改革：朝鲜、中国大陆和台湾，1879—1937

相伴的发展进步对我们理解横滨正金银行纸币在中国各地的传播流通十分重要。1905年日俄战争俄国战败后，横滨正金银行被要求将价值1500万金本位日元的日本关东军发行的军用券兑换为其发行的纸币。日本政府试图通过这种方法把南满铁路沿线地区的金本位卢布驱逐出去。之后的1916年，袁世凯治下的民国政府暂停了中资银行纸币的兑换，横滨正金银行得以增加了其纸币（以白银和黄金为面值的）流通量，超过了既定的限额，这正是利用了公众对中国官办银行信任的破产。因而，1915—1916年间，以金本位日元计算，横滨正金银行的纸币发行量从700万日元增加至了1800万日元。为了部分地满足这一时期横滨正金银行纸币稳定增长的需求，其规章所定的实收资本从1916年的3000万日元增长至1920年的1亿日元。[11]

然而，1917年以寺内正毅为首相的内阁却排挤打压作为地区性货币发行银行的横滨正金银行，因为寺内的内阁打算让朝鲜银行成为中国东北的主要纸币发行银行，以缩减朝鲜对中国东北的贸易逆差，并在未来使朝鲜和满洲的货币统一。横滨正金银行的纸币也因此在中国东北失去了法定货币的地位，不过相反的是，中国关内对其白银面值纸币的需求持续增长，以至于1919年年中以前纸币流通量一直浮动于2000万日元上下。[12]

为了更好地理解横滨正金银行的纸币发行流通模式，该银行的货币财富应置于其他业务的终端来被审视。很明显，与在华的英国海外银行一样，横滨正金银行在中国关内的业务主要是通过提供短期的交易票据来为通商口岸之间和中日贸易进行融资的。横滨正金银行的确在天津吸引到了中国客户（主要是1912年以前的清朝官员）的储蓄，但是按照平智之的研究来看，这些存款带来的收益都被分给了住在上海的外国商人。按平智之的观点，那些年里横滨正金银行的分行相对于总行有着更多盈余，或者说，总行没有试图去利用中国当地的全部资源，而后"牺牲"了那里的利润以便为日本从欧洲和美国进口大量机械设备筹资。[13] 石井宽治也指出，20世纪的头十年间，横滨正金银行曾十分依赖于上海的中国人和孟买的印度人的存款。[14]

表6.2　横滨正金银行与其他银行的存贷款对比

单位：万银元

年份	上海存款总额	横滨正金银行在上海的标准贷款	横滨正金银行在上海的"拆款"	中国关内存款总额	横滨正金银行存款总额	横滨正金银行净利润	台湾银行在中国关内存款总额	大清银行（后改名中国银行）存款总额	汇丰银行存款总额
1906	421.4	395.4	761.8	1752.7	12431.4	506.6	44.9	1466.7	19920
1907	364.0	313.8	406.1	1482.3	12350.7	416.4	74	3066.7	22410
1908	463.2	137.5	7.2	1617.0	9885.3	395.8	127.3	4897.2	29860
1909	517.1	129.3	700.2	1340.6	11882.1	377.8	111	6779.2	27240
1910	650.1	193.6	2.9	1467.3	10225.8	361.7	96	7501.4	26410
1911	842.4	317.6	220.0	1775.9	11972.2	396.5	304.3	8201.4	29830
1912	891.7	468.4	0.0	2117.9	15992.6	446.8	532.9	313.1	38840
1913	1237.1	606.7	0.0	2627.7	17834.3	412.8	637.6	2620.6	29820

数据来源：摘自平智之（1982）69页的表2和第71页的表3；横滨正金银行存款总额和净利润摘自《横滨正金银行全史》（1984）第6卷，第398页，表1；台湾银行、大清银行和汇丰银行数据摘自郭予庆（2007）第190页的表3—14；银元与日元的折算比率取自萧良林（音）（Hsiao Lianglin, 1974），第190—192页；莫斯（Morse, 1967年再版），第156—173页

郭予庆认为，尽管上海和天津的分行占了横滨正金银行在中国关内业务的大部分（公元1901—1913年间平均有60%），而在公元1900年以前，上海分行的存款中只有不到四分之一是当地中国客户的。公元1900年以前横滨正金银行还没在中国东北开设办理存款业务的分支机构。由于横滨正金银行不能在日本国内吸收存款，当时其存款主要是欧洲分支行（60.4%）、美洲分支行（27.3%）和印度分支行（6.4%）贡献的。不过，到了公元

1913年，横滨正金银行在全球吸纳的存款中超过三分之一来自大中华地区（仅中国东北就占了9%，中国关内占了15%），而其美洲分支行存款的比重则急剧下降。在20世纪头十年里，中国对横滨正金银行的全球业务而言意义越发重要，而中国对日本扩张主义的愤恨不满也与日俱增。[15]

学者们已研究了横滨正金银行存款在各地区的分布状况，结果如表6.2所示。表6.2清楚地显示了1906—1913年间，横滨正金银行上海分行的存款总量大幅超越其标准贷款量的情况。然而，1910年以前横滨正金银行如众多在上海的外资银行一样，大量经营着对钱庄（西方人眼里的中国"本土银行"）的"拆款"，这类业务因没有担保而不安全。1910年以前，多数情况下上海分支行经营的"拆款"和标准贷款总额要比存款额多，也正是在1910年，上海众多钱庄倒闭。[16]资产与负债之间的空隙通过纸币的发行得以缩窄——或许这是一种策略。例如，纸币的持有者可以是在柜台拿着金属铸币存入银行的存款人，他们偶尔会从活期账户上以纸币的形式提走"现金"。发行的纸币中没有准备金与之相对应的那部分，则相当于被银行以更高的利率贷出了（纸币本身不带任何利息）。

同样重要的是，表6.2还显示，从在全球范围吸收存款的能力来看，20世纪初的横滨正金银行并不落后汇丰银行很多，尽管汇丰银行成立时间要早得多，而且有东亚的英属殖民地提供正式的支持。相反，也能在中国大陆（主要是厦门）吸收存款的台湾银行却比不上横滨正金银行。

而作为最早的新式中资金融机构之一的大清银行（1912年更名为中国银行）在中国大陆的存款额到1907年才超过横滨正金银行。进而，大清银行在1910年上海本土金融机构的混乱与危机中收揽了不少存款。但是随着清王朝的摇摇欲坠，作为清朝国家银行的大清银行的不少存款又被提取走了。[17]

排外抵制运动

除了20世纪20年代初日本的经济衰退，五四运动也给横滨正金银行在中国关内的纸币发行带来了冲击，尽管名义上横滨正金银行纸币在中国关内一直广为流通，直到1935年——那一年国民党政府实施了货币改革，中国脱离了银本位，法币成为中国唯一的法定货币。[18] 五四运动开启了第一场反日运动，此后多年中又爆发了多次反日运动。五四运动对中国社会政治的观念意识有重要塑造作用，对五四运动经济影响的研究主要集中在中外贸易上，而忽视了抵制运动对外资银行和跨国公司在华业务的影响。

如本书之前所述，20世纪20年代中期中国的排外运动对各国持有的敌意是一样的，对在华经营的英国企业也是如此。但在1919年，几乎全部中国人的愤怒都集中到了日本头上，因而了解当时日本人对中国排外事件的态度是至关重要的。可以肯定的是，高纲博文对这一问题的深入全面研究，告诉我们当年棉纱厂内外群情激奋的工人给战前上海的日本侨民带来了多大麻烦，但是几乎没有提及横滨正金银行的活动。郭予庆有关横滨正金银行的研究截止到1919年，自然没提到五四运动。[19] 与此类似，菊池桂晴在他有关中国民族主义的经典研究中，也只是简单地提到，1919年许多中国客户把他们在日资银行中的存款提走了，更关注的是五四运动对日本进口货售卖的影响。[20]

日本人发自上海的情报则确实而详尽地说明了1919年日本侨居中国的工厂主、金融家和银行家面对中国日益高涨的反日情绪时所表现出的焦虑紧张。20世纪20年代的反日运动当中，不仅进口自日本的商品遭到抵制，而且连中国人经营的钱庄和新式银行都拒绝兑现日本企业开具的票据和发行的纸币。[21]

尽管20世纪20年代中期有无数情报讯息详细介绍此类事件，但也有相似的许多重要资料证明，1919年反日运动发端之际在华日本侨民之间就已流传着有关危险到来的警告。例如，日本外务省经常发行的《通商公报》在1919年就提到，不仅日本商品如牙膏、轮胎等在中国市场的销售量会下降，而且横滨正金银行和朝鲜银行那些远离上海，如在长春和芝罘（烟台）等地的分行的业务也会遇到麻烦。[22] 同样的，现由日本亚洲历史资料中心（Japan Center for Asian Historical Records）保存的领事报告表明，日本殖民地的决策者关心的是1919年反日运动对青岛等地日资银行的影响。[23]

埃德蒙德·冯（Edmund S. K. Fung）教授曾颇有见地地指出，20世纪20年代中期中国南方的反英情绪（也就是之前提到过的五卅运动）是推动这场中国人发动的排外运动的决定性力量，与这次排外运动产生的效应相比，"1919—1921年的反日运动就显得无足轻重了"。[24]

冯教授的观察及结论很有价值，因为五四运动是由于巴黎和会和日本强占山东而引起的，所以文化社会史而非经济史的专家们更为关注这一事件。[25] 当然，无论哪个时期，日资银行纸币在中国发行流通的课题，都还未得到充分的研究。而对1919年横滨正金银行经营状况的进一步考察或许可以表明，五四运动中反日活动对日资银行的影响绝不是无足轻重的。

表6.3 横滨正金银行年中资产负债表若干项目额（1915—1923）

单位：百万英镑

	1915	1916	1917	1918	1919	1920	1921	1922	1923
流通中纸币	0.6	1.0	2.3	2.1	1.6	0.7	0.8	0.6	0.3
现金准备	2.2	2.4	3.3	4.2	4.1	4.5	3.5	3.6	2.7

续表

	1915	1916	1917	1918	1919	1920	1921	1922	1923
存款	16.3	25.0	33.7	66.0	53.5	56.4	50.1	50.6	47.9
资产负债总额	32.4	42.5	64.3	115.9	124.9	139.0	101.9	99.7	109.3

数据来源：《银行家》杂志，1916—1924

1919年5月17日，上海的钱庄同业公会宣布，全体公会成员停止收兑日资银行发行的纸币，尽管用以替代的中国纸币一时难以筹集。[26] 不过，当时全中国反日情绪的重心其实在北方。日本人的报告详细记述了学生发起抵制日货的运动，特别是在北京和天津两地。然而，由横滨正金银行和台湾银行在上海发行的银元纸币（当然台湾银行纸币的发行量并不大）明显是日本进行侵略渗透的证据，因而随后成为1919年5月中旬反日运动的显眼目标。[27]

1919年反日的抵制运动对中国关内日资银行纸币的总体影响，可以由表6.3看出，表6.3是以英镑为单位的。在此，计价单位十分重要，因为如前所述，横滨正金银行的纸币多是以中国类型繁多复杂的银两和银元为面值的，也有以金本位日元为面值的。

横滨正金银行用英文将这一信息传播到了东亚以外的地区。或者说，这一信息在传播时有意地转用了读者熟悉的货币单位，因而可以为更多的政治与金融分析评论家所获知，尽管这一信息并未公然将纸币流通量和当时中国的民族主义情绪联系起来。

与台湾银行和朝鲜银行不同，横滨正金银行作为日本的海外银行，其按需发行纸币的地区在日本人的统治范围之外，如中国东北、天津和上海。因此这里尤其有必要指出的是，以英镑为单位的横滨正金银行纸币流通量在1917年达到了峰值，而到了20世纪20年代中期则大幅地下降了66.6%，并在1922年和1923年间继续下降。如果仅从横

第六章　日本在殖民地的银行及货币改革：朝鲜、中国大陆和台湾，1879—1937

滨正金银行的存款总额看，1919年的冲击并不那么明显，1918年存款达到峰值后，到1923年仅下降了28%。而资产负债表上的资产总额也没有明显地反映出中国的反日氛围，只是反映出了日本与世界其他地区的贸易规模如何，此指标在1919—1920年间猛地上升了11%。横滨正金银行资产负债表各项指标的变化程度很不一样，这表明第一次世界大战和1920年日本开始的经济衰退并非是解释横滨正金银行绩效变化的仅有因素。

重要的是，在华英资银行的经营也显示出了相似的状况。英国银行是首批在中国开展业务的外国金融机构，也是最早在中国发行纸币的外国金融机构。上海英资银行的纸币因为相对颇受信赖，所以自19世纪70年代起成为上海这个地位越发重要的通商口岸的英国侨民所使用的关键货币之一。英国的金融机构在上海本地的股票交易所中占有明显优势，像丽如银行、汇丰银行和麦加利银行等金融巨头，不仅经手了大笔外国在华投资业务，还在上海当地发行了数量可观的信用货币。最终，这些银行成为大英帝国在东亚地区巩固势力和推进中国货币改革的重要帮手。[28]

不过在1925—1926年间，中国学生的反英浪潮高涨，因为英国人把持的上海公共租界巡捕制造了惨案。反英运动使得英国银行的纸币流通量大受打击，严重程度超过其资产负债表中的其他各项，而其吸纳的定期存款额则仅受到暂时的影响，运动中学生们号召所有中国人都把在英国银行中的存款取出来。[29]

与英国的银行相比，横滨正金银行受学生发动的抵日运动的影响要持久得多。1919年之后，当时有观察家注意到，因受中国民族主义运动的影响，横滨正金银行的纸币简直从上海的流通货币中消失了。[30] 比较而言，英国麦加利银行纸币的在华流通量经过1925年的低谷之后迅速恢复。中国人对日本和英国的抵制运动持续时间不同，原因或许在于1927年之后英国调整了对华政策，不再压制中国的民族主义浪潮，而日本的对华侵略则变本加厉，上海不断掀起对日资银行的抵制与抗议。[31] 事实证明，当中国某一时期的对外抵制运动仅针对一国时，给被抵制国带来的麻烦的确不小。自20世纪初开始，中国这些运动的发起者提高了寻找各国列强对华政策分歧的能力。在1919年反日运动高潮时，西方各国侨民与这场运动保持了相当的距离。但在1925年，排外运动的发起者却巧妙地将英国置于被告席上，上海英国侨民的观点发生了变化，他们认为那帮布尔什维克分子会把他们挑出来与法国人和日本人区别对待。[32]

与此同时，1919年和1925年到1926年间有学生领导的排外运动使得中国的新闻出版业转而注意起了外国银行在华纸币发行，认为这是国际上的一种异常现象，如果中国想要重振本国金融机构的声誉并获得世界各国的尊重，就必须结束这种局面。自1919年开始，人们开始呼吁民国政府取消外资银行在华特权，不少文章痛陈市场上流通的中资银行纸币要承受很高折价的事实。[33]

令人好奇的是，在横滨正金银行出版的官方史书中，竟几乎没有有关反日运动对该银行在华业务影响的记载，这套官方史书于1980—1984年间出版，内容多达六卷。而该史书却简单地提到了纸币造假问题，并将此视为阻碍该银行纸币在内陆商贸中心（如1922年的汉口）流通的因素之一，还提到了一些和全国政治环境无关的地方事件。[34]

尽管如此，这些简明的参考资料中有一份引用了1936年3月1日的横滨正金银行内部传阅的备忘录，这份备忘录写成于法币改革和外国银行收回在华发行纸币的前夕，这份回顾性的备忘录确认横滨正金银行在上海纸币发行量最大额度曾达到200万银元，比1912年年中的数字高了不到50万银元（参见表6.1）。[35]

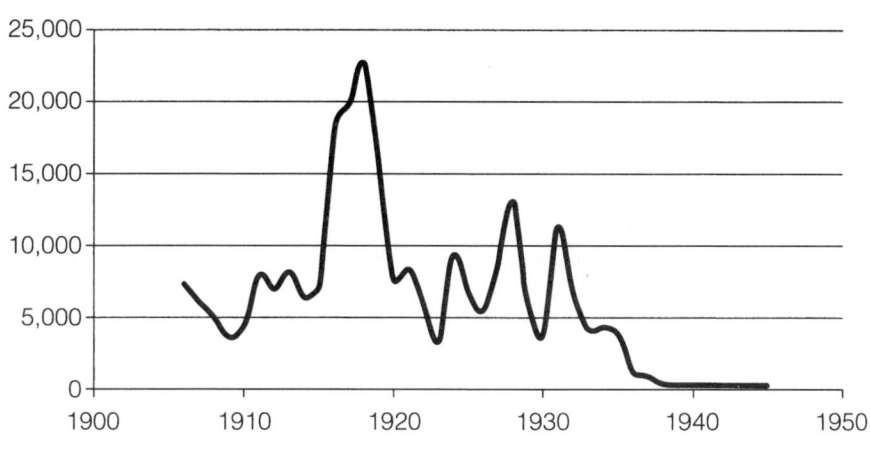

图 6.1 横滨正金银行纸币流通总量（1906—1944，年末值）
单位：千日元

数据来源：《横滨正金银行全史》(1984)，第 6 卷，附表 C1，第 398—401 页

1917 年中期横滨正金银行纸币流通量最大时的流通总额相当于 230 万英镑（参见表 6.3），这主要是因为上海地区对纸币的需求越发旺盛。考虑到这一点，到 1912 年，横滨正金银行才有超过一半的纸币发行是用以满足中国关内的需求。1918 年中期横滨正金银行纸币流通量下降了 9%（以英镑计），人们有理由认为这是由于其纸币在中国关内没有法定货币地位以及货币兑换率（横滨正金银行的纸币面值单位既有黄金也有白银）波动的结果。横滨正金银行的纸币在中国东北的日本势力范围内则一直享有法定货币的地位。另外，1920 年横滨正金银行纸币流通量出现了更严重的下跌（24%），如之前那些论据所示，原因当然是中国关内反日运动的高涨。

如果以日元为单位并以年末的数值计，我们可以更清晰地观察到变化的趋势（参见图 6.1）。总的来看，清朝灭亡（1912 年）前夕横滨正金银行纸币流通量有一次猛增，而此次增加是由于中国在民国初期军阀混战、政治形势不稳而继续加速的。这一时期横滨正金银行纸币流通量之所以上升，原因之一是袁世凯政府对银行的干涉性改革（1916年银行停兑事件）招致了公众对国营银行的不信任；之二是第一次世界大战期间西方各国在华纸币发行银行的偿付能力降低。[36] 横滨正金银行纸币流通量在1917—1918年间开始下跌，起初可能是由于横滨正金银行失去了在满洲地区独家发行纸币的地位。后来中国接连发生反日运动（1919年、1923年、1925年和1932年），屡次打击了横滨正金银行的纸币流通，当然，在几次反日运动之间的年份里，流通量有过回升。[37]

很明显，年中和年末数据有一点不同：以日元为单位的数据没能反映出1917年12月纸币流通量的下降。而且，纸币流通量在1918年12月达到了最高峰（2260.3万日元）。无论两组数据的不合之处纯粹是由于兑换比率导致，还是因为可能存在时间差，反日运动对横滨正金银行纸币流通的长期影响从两组数据中都能有力地反映出来。1919年12月纸币流通量是1515.4万日元，比一年前低了33%以上，而到了1920年12月，流通量则仅有754.3万日元了，比1918年12月更是低了不少（下降67%）。

从1920年直至1936年国民党政府正式停止中国关内的外国银行纸币发行流通，横滨正金银行纸币流通量又出现过几次高峰和低谷，当然其影响和意义远不如之前。横滨正金银行纸币流通量在1928年和1931年前后有过明显的恢复增加，但是仍赶不上1918年最高峰时的水平。尽管我未能找到横向资料以确切地证实这一点，但我们仍有理由认为1928年和1931年纸币流通量的回升与当时汇丰银行收回其在华发行的纸币有关，或者和这个时期几家较小的外资银行的破产有关，而非仅仅是若干特定事件的结果，也并非是中国东北地区需求上升的结果，因为那时横滨正金银行在东北地区的地位已经显著下降。

横滨正金银行纸币流通量的变化，可以鲜明地反映出中国同外国的地缘政治关系,以及整个大中华地区经济形势条件的变化。但是,20世纪20年代横滨正金银行在华纸币流通量对其全球业务的重要性和影响力,不应被过分夸大,因为横滨正金银行1918年在华纸币流通规模达到峰值时,其纸币流通总额也仅占其存款总额的4.2%,占其资产负债表的份额很小。而且,20世纪20年代横滨正金银行纸币流通量的下降应被视为日本国内经济衰退对殖民地银行产生影响的结果。海外银行纸币流通规模较小,意味着日本将更难以冲销其经常项目的赤字,而中国则有白银的盈余。

朝鲜和满洲

如第四章所述,朝鲜经济要比中国与1882年以前日本的货币化程度要低得多。大多数商贸活动被大约二十万流动商人所垄断,这些流动商人在政府监督下在各村镇之间游走。当地的商贸活动也就是沿街叫卖的水平,而且盛行物物交易,因为当地的铸币贬值严重而且形制不一,当时朝鲜有三千种本地的铸币和无数外国货币。村庄大部分都是自给自足,商品交易规模比较小。[38]

1882年开始,随着中日两国对朝鲜内政的干涉越来越多,朝鲜李氏王朝不情愿地推动了朝鲜的经济改革。这些改革的尝试实属装模作样,意在改变国家货币领域事务的混乱局面,措施包括建立新式铸币厂(不过很短命)、修改财政预算以增加国库财富,以及将实物型的土地税改为货币税。但是朝鲜未能获得新式的铸币技术,铸币厂难以为继,这意味着由于铸币成本过高而铸币税收益很低。到了19世纪末20世纪初,朝鲜被迫准许日元铸币在国内流通。[39]

早在1878年,李朝就邀请日本首家私营银行第一劝业银行在釜山开设支行,以为两国之间日益增长的贸易融资并代表朝廷利益发行纸币。1902年，在日本的压力下，李朝进而允许朝鲜国内在贸易中使用日本银行发行的日元纸币，并允许第一劝业银行在朝鲜国内专门发行以银本位日元为面值的纸币。[40] 这是15世纪以来在朝鲜的首次纸币发行。[41]

1904年日本与朝鲜正式结成货币联盟，日元的硬币与纸币成为朝鲜半岛的合法货币。传统的朝鲜铜钱和银锭，总计价值大约有960万日元，要么被熔化为金属条块，要么被出口到海外。为了替代旧的金属货币，第一劝业银行从大阪运了价值590万日元的新铸铜币，上面铸有朝鲜文。旧式货币不再能作为货币使用，令众多朝鲜商人和农民颇感意外，有些人发现自己的财富一夜之间化为乌有。不过殖民当局仍尽力继续在征税中接受已不是货币的白银以吸纳这些白银。后来日本在其本土建立新的金本位制，而作为日本保护国的朝鲜（公元1905—1910年）则仍是银本位制，尽管日本货币在朝鲜也可以流通。[42]

日本于1910年正式并吞了朝鲜，一年之后成立了殖民地的朝鲜银行，其任务是将朝鲜的货币体系与日本统一。朝鲜银行从第一劝业银行手中接收了纸币发行权，并发行了以日本银行资产为准备金的金本位日元纸币。1918年，另一家日本经营的半官方银行朝鲜殖产银行也参与到朝鲜银行的运营中，但并未获得纸币发行权。不过，朝鲜殖产银行主营业务是长期融资，如征购散布各地的朝鲜农民的大片土地。

从实收资本和吸纳的存款来看，朝鲜银行和朝鲜殖产银行控制了战前朝鲜银行体系的将近一半。大量贷款和存款都被日本的垄断财阀所控制。[43]

1920年，东亚在一战时的经济繁荣变为投机泡沫，投机泡沫迅速破裂，严重打击了日本的银行体系。朝鲜银行也大受冲击，其为朝鲜日本间贸易提供短期融资的能力下降了，其作为几乎唯一的纸币发行银行的能力也下降了。因为1925年至1945年间日本银行在支撑朝鲜银行的纸币发行上作用巨大，而且日本银行发行的日元纸币在朝鲜是合法货币，日本有许多人认为应取消朝鲜银行的纸币发行权。然而，朝鲜银行有日本殖民当局的强力支持，殖民当局认为要让日本在将来免受这些殖民地金融危机的影响。朝鲜银行也就成为朝鲜唯一的纸币发行银行，其发行的纸币在日本人势力范围内的中国东北也颇具影响。[44]

朝鲜银行的规章对纸币发行的金属准备金要求和发行量有着严格而正式的规定。朝鲜银行不仅要向殖民当局就经济活动中所需的纸币发行量征求意见，还要向殖民当局发布每周的货币流通状况图表，理论上纸币发行至少要有100%的资产做准备，资产有很多种：日本银行发行的金本位日元铸币、朝鲜当地的银锭和铜钱、外国铸币以及商人的票据和日本政府的附息债券。不过，债券资产作为储备的总额不能超过3000万日元（最初是1亿日元）。另外，银锭也不能超过储备总额的四分之一，而且未能清付的纸币发行额要向殖民当局缴纳5%的税。[45]

朝鲜银行发行以金本位日元为面值的纸币后不久，这种纸币就流入中国东北。不过流入的纸币有限，这些纸币既不能胜过清廷在当地发行的纸币（官帖），也不能胜过当地横滨正金银行发行的以银元计值的纸币。[46] 比如在吉林城周围，白银为面值的官帖用于缴纳土地税和买卖农业品，而朝鲜银行的金币券则主要在城镇集市使用。在吉林西北，满洲地区已有的多元货币体系在20世纪头十年间也未被破坏，基本维持在以白银为本位的状态。朝鲜银行的纸币也成为这一体系的一部分（参见图6.2）。

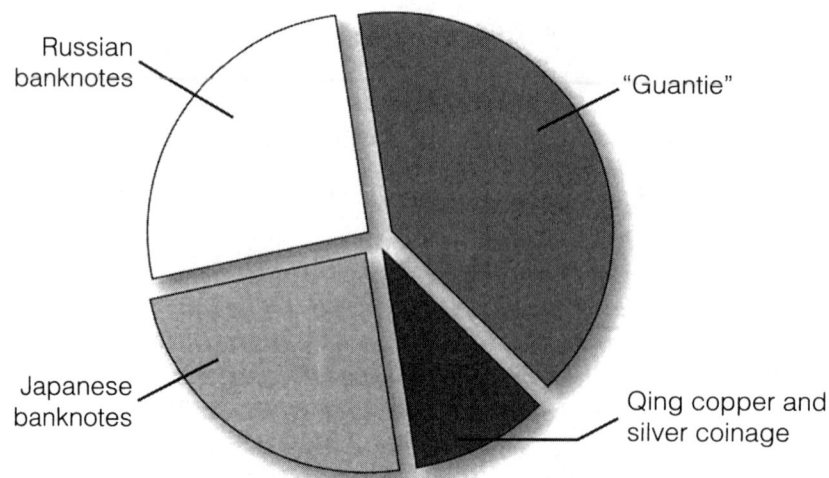

图 6.2　估算的吉林城周边（中朝边界以北大约 250 公里）流通货币的结构（1912）

流通货币总量约 55 万日元。吉林当地日资银行发行的纸币主要是横滨正金银行的纸币，还有少量的朝鲜银行纸币和日本银行纸币。估算值未包括日本军用券。

数据来源：石川太亮（2002），第 131 页，表 2

　　日本在日俄战争中获得了胜利但是代价高昂，因而日本政府打算统一其在中国东北地区势力范围内的货币，但是 1917 年俄国十月革命前，卢布仍经由海参崴流入中国东北。清朝灭亡后，清朝官方发行的官帖变得不值钱了，满洲地区货币体系的支柱消失了，这一定程度上为地方军阀发行货币开了便利之门。因而，朝鲜银行在中国东北的分支行所发行的金币券与横滨正金银行纸币一并被承认为满洲地区的法定货币。日本人一直焦虑于当地货币流通长久以来的破碎化，这使得到了 20 世纪 30 年代初，朝鲜银行所扮演的角色越发黯淡而逐渐为新成立的"满洲中央银行"（"满洲国"的中央银行）所取代。[47]

　　20 世纪 20 年代，清朝帝制覆灭后各省政府发行的纸币在各地的货币流通中占了主导地位，这些纸币大多不能兑现金属铸币，但其价值在很大程度上同银价相关。从货币角度来看，20 世纪 20 年代中国东北地

第六章　日本在殖民地的银行及货币改革：朝鲜、中国大陆和台湾，1879—1937

区成为横滨正金银行纸币、朝鲜银行纸币和奉天地方币三方角逐的战场，奉天地方币最初由东三省银行发行。这家银行隶属于军阀张作霖，他和日本人的关系十分多变。1916年大总统袁世凯暂停了中国银行纸币的兑换，张作霖这个经常发表反日言论的人竟和日本商人签订协议，承诺从日本人手中获取更多信贷以支持奉天地方币。直到1928年张作霖遭遇刺杀，奉天地方币的币制一直很稳定。但是在20世纪30年代，东北的官办银行和其他中国人开办的发行纸币的省级银行都被日本人接管，随后被"满洲中央银行"吞并。[48]

当地的日本货币，无论是银币还是以日元为面额的纸币，在高端市场和近现代化的部门及企业都颇具影响力。例如，据估计，在1921年朝鲜银行所发行的纸币中有63.9%在朝鲜本地流通，有30.2%在中国东北即满洲地区流通，有4%在西伯利亚流通，仅有1.7%在"中国本部"（关内）流通。或者说，朝鲜银行发行纸币总量（4100万日元）中仅有36%在朝鲜以外的地方流通。那一年朝鲜银行在中国关内的存款总额达到了1100万日元，这大约是朝鲜银行在中国关内纸币发行量的五倍。因此，如果将朝鲜银行在中国关内分支行的首要业务视为发行纸币——与其在汉城的总行一样——那就大错特错了。[49]

金银之间比价的变化对20世纪20年代的满洲经济有着多种影响。1932年后，新的"满洲国"元发行，新的时代随之开启。这种新货币刚诞生时与上海银两相绑定。一"满洲国"元原则上含有23.91克白银，这与民国初期的银元（袁世凯银元）类似，但其发行形式则主要是纸币和贱金属的辅币。这种"满洲国"元在流通中大幅压倒了奉系军阀的旧币和日资银行的纸币（朝鲜银行的日元券和横滨正金银行的银币券），以至于满洲地区最终建立了完全意义上的银本位制。至关重要的是，横滨正金银行通过平等地接受"满洲国"元和自己发行的银币券而支持了"满洲国"元的发行流通，而横滨正金银行自己发行的银币券很早以前就在满洲地区颇受欢迎了。[50]

1934年至1936年间，随着朝鲜银行越来越多地参与到满洲地区迅速发展起来的工业化当中，朝鲜银行发行的日元纸币在当地东山再起。我们难以获得具体的数据，但有限的证据表明，那几年朝鲜银行纸币在满洲地区的流通量曾达到过8500万日元，这比1921年的数字多了不止一倍。而且随着大萧条的发生，白银大量从中国流出，这意味着在1936年"满洲国"元不得不与日本、朝鲜和中国内地一道改为金本位制。"满洲中央银行"在本外币兑换时开出溢价并维持30%的金属准备金率（剩余70%准备金是日本政府债券形式），以保持新的金本位币币值稳定。[51]

随着"满洲国"采取金本位制，"满洲国"决定用新的金本位"满洲国"元收兑掉朝鲜银行的日元纸币，并促使东京方面让朝鲜银行缩减其在"满洲国"的营业规模。新的满洲兴业银行于1936年12月成立，目的是为了接管朝鲜银行为在"满洲国"的日本企业提供贷款的职能。不过，朝鲜银行仍是辽东一带最重要的信贷提供方。[52]

1937年卢沟桥事变后，日本军队向中国关内地区进攻，并发行了没有准备金的军用券。与此同时，日本以"满洲中央银行"为样本在各地设立了一系列纸币发行银行。这些银行发行部分是以日本政府债为准备金的战时纸币，直至1945年日本投降。[53]

台湾

台湾于1683年正式纳入清朝版图，此前在17世纪早期，日本人、西班牙人和荷兰人都曾到过台湾岛。荷兰人曾在1624年到1655年占领过台湾岛部分地区。这是荷兰人借以接近中国的策略。荷兰人同样鼓励福建和广东居民的迁入，以发展以糖为主的出口贸易。荷兰人到来后，台湾成为地区性的商贸中心，也成为世界稻谷、糖和茶叶市场的一部分。[54]

中国在甲午战争（公元1894—1895年）中战败，台湾被割让给了日本，成为日本殖民帝国的基地。同时，日本通过修改《安政条约》和恢复关税自主权（1894年），得以阻止西方金融业对其本土产生的影响。到20世纪早期，在日本的英国银行被勒令收回其在当地发行的少量纸币。[55]

日本进入殖民主义时代的前夕，台湾的货币体系基本是完全金属化的，多数当地人根本不知道纸币。海上贸易中，无论何种形状的贵金属都可以流通，但白银（银锭、银饰和墨西哥银元）占主导地位。

晚清时期，当地有些中国居民经营着台湾岛与厦门的汇兑业务银行。当铺也为茶叶贸易业务提供信贷，但是这些原生的金融业在日本人到来并垄断全岛外贸之后大多销声匿迹了。[56]

1899年台湾银行成立，它是台湾独家垄断的纸币发行银行，这显示了日本与英国在亚洲地区殖民主义活动的一个重要区别。英国没有在香港强迫人们使用英镑，也未在香港设立独家垄断的纸币发行银行，与英国不同，日本为殖民地设计了整套货币体系并使之与日本本土的货币体系长期趋于一致。传播推广日语、日本法律和日本货币单位，意味着要逐渐将殖民地融入宗主国当中去。[57]与香港自治领以及作为日本殖民地的中国台湾、朝鲜相比，货币流通的破碎化和"自由银行"现象在英国管治的半殖民地——通商口岸上海则要严重得多。

另一方面，日本政府也未将台湾银行和朝鲜银行设计成为充分而成熟的国家机构（中央银行）。至少就此而论，日本对殖民地的货币管理似乎要比英国对新加坡多少宽松一些，例如，20世纪早期新加坡金属币和纸币的发行是由殖民当局严格控制的。[58]

日本在采用金本位制 7 年之后，决定让台湾也脱离银本位制。日本起初尝试把当地流通的银块和银本位日元券兑换为台湾银行发行的金本位日元券，但是并不成功。1906 年台湾岛上有四种货币并行流通：由日本流入的旧日元银币和新的金本位日元币、中国原来在淡水发行的银币和台湾银行发行的金本位日元券。台湾银行发行金本位日元券意在以此替代原来短暂发行过的银本位日元券。[59]

为了应对货币流通的破碎与混乱，台湾银行从日本运来了数以百万计的新铸日元银币，以支持新的金本位日元的发行，并以 10% 的溢价用白银兑换其纸币。唯有如此，才能在开始几年中使当地人对纸币抱有信心。实属偶然的是，台湾银行发行金本位日元券恰在世界银价上涨之前，银价上涨使得银铸币流出了台湾而促进了台湾融进金本位日元的货币区。[60]

台湾银行因在 20 世纪 20 年代日本的经济危机中几乎崩溃解体而闻名，在此之前台湾银行一直是台湾经济发展至关重要的因素。[61] 第一次世界大战期间，包括台湾在内的东亚、东南亚地区的经济发展较快。[62] 不过战后随着 1923 年关东大地震的发生，台湾经济繁荣迅速终结，地震导致日本及其殖民地经济陷入了衰退的阴影之中。

20 世纪 20 年代中期，台湾银行曾为一家名为铃木商店的贸易公司的蔗糖出口业务提供了大笔信贷，直至该公司于 1927 年破产。结果是台湾银行暂时停业，日本政府以及横滨正金银行被迫予以救援。其他众多日本银行在 20 世纪 20 年代也被坏账问题所困，对日本金融业进行长期而彻底的整顿的呼声日渐高涨。1927 年年末，新的政策得以实施，日本及其殖民地禁止银行经营者参与其他商务活动。实收资本不足 100 万日元的银行被大型银行兼并。在新政策的作用下和日本政府与横滨正金银行的帮助下,台湾银行的困境得以缓解,于1928年恢复了营业。[63]

不过,总的说来,日本治下的台湾经济实现了显著增长。半个世纪的时间里,台湾从以农业为主的经济发展到了1945年的人均收入已不少于日本本土多少的情况。朝鲜半岛在日本治下工业化水平也得到了提高,而台湾经济相对更为依托于本土的企业部门。[64]

台湾银行早在1905年就开始在中国南方发行以白银为面值的纸币。1911年,台湾银行在上海成立了分支机构,并在此后发行了以银元为面值的纸币。如前所述,在日本本土改为金本位制后不久,台湾银行发行的银本位纸币就已经退出了流通,因而在1906年台湾银行有条件发行金本位的纸币。[65]

20世纪20年代,台湾银行发行的纸币中大约仅有10%在中国大陆流通,其发行的纸币大部分是与日元绑定的,尽管台湾与邻近的福建省存在不少金融联系,而且台湾岛内的中国人也经常兑取持有白银为面值的纸币。[66]中国大陆官方则一直以白银为本位货币,直至1935年。

有趣的是,在台湾脱离银本位之前,台湾银行没有再发行过5日元以下面额的纸币,这一做法令人联想到了19世纪中期英国在其殖民地的货币管理政策。但是一经1904年底金本位纸币取代银本位纸币,1日元的金本位纸币就得以自由发行了,这与英国殖民地银行在中国发行面额1元的纸币类似。英国政府以及后来的日本政府十分注意参考早先欧洲诸国银行发行小面额纸币的经验,但是结果证明东亚的情况与此大异其趣。东亚地区的下层社会接触不到纸币,也就不会遇到纸币造伪的麻烦。

台湾银行在台湾岛发行的纸币大多是面额 1 日元、5 日元和 10 日元的，1921 年以前未发行过 50 日元的。20 世纪 30 年代早期，50 日元仍是台湾银行发行纸币的最大面值，而那时朝鲜银行和日本银行已广泛发行了 100 日元与 200 日元的纸币。[67]

台湾银行与朝鲜银行相比，在纸币金属准备金率和纸币兑现上所受的规则约束要少，原因可能是在中国大陆购买白银以保持与总部黄金储备平衡一致比较困难。与朝鲜银行不同，1937 年以前台湾银行不能将债券作为 100% 的法定准备金。而与朝鲜银行相同的是，台湾银行未能清付的纸币也要给政府缴纳 5% 的税，因而整体来看台湾银行发行纸币的收益要比朝鲜银行少。[68]

台湾银行的官方历史于 1939 年出版，其中只是间接提到 1919 年其纸币在大陆的流通量骤减。台湾银行在大陆的纸币发行还受到了民国初期大量铸币和中国南方新式银行兴起的冲击。而数据显示的情况更为严重：1933 年台湾银行在大陆的纸币发行几乎停止，尽管当时法币改革的不确定性使得对其纸币的需求有所回升。[69]

由于台湾银行在大陆地区纸币发行量仅占其总发行量的 10%，因而 1919 年大陆掀起排外运动抵制日资银行，总体上并未给台湾银行的纸币发行带来大麻烦：1918—1921 年纸币发行总量仅仅减少了 500 万日元，占 13.5%（参见表 6.4），与此同时横滨正金银行的发行总量则下降了 62%（参见表 6.3）。这三年中朝鲜银行纸币发行量变化的完整的数据无法获得，但也足以证明其受的影响比台湾银行还要小，因为朝鲜银行完全未在中国关内发行过纸币，而且其客户也主要是日本公司。1904—1909 年间，台湾银行纸币发行总量从 470 万日元跌至 260 万日元，或许证明在台湾岛的中国人当中推广新式金本位日元券的确困难。

表6.4 台湾银行的实收资本、年终资产负债情况、纸币发行（各月末平均）和纸币准备金

单位：千日元

年份	实收资本	资产负债表总额	平均纸币流通量	金属准备	资产准备
1899	5000	10353	925	925	0
1904	5000	20185	4756	2586	2170
1909	5000	39952	2683	5932	5781
1914	10000	104452	14200	7259	6941
1918	30000	677328	40691	21275	19416
1921	60000	779488	35838	22251	13587
1923	60000	917809	33656	13296	20360
1925	45000	897912	47974	19727	28246
1927	15000	776334	45058	19734	25323
1929	15000	491328	47277	20069	27208
1931	15000	445825	37459	17499	19959
1933	15000	424568	43742	23656	20086
1935	15000	414760	58423	20969	37454
1936	15000	469009	64217	18484	45733
1937	15000	523981	83569	28194	55374
1938	15000	556948	110854	60327	50524

数据来源：《台湾银行四十年志》（1939），第54页、第69页

台湾和日本的殖民者似乎更愿意将资金存在台湾银行里而非接受使用其纸币。台湾银行设立之初，吸收台湾本地的存款仅有76.4万日元（参见表6.5），到了1904年，存款额增长了六倍。与横滨正金银行和英国的东方银行（Eastern Exchange Bank）不同，台湾银行被获准接收来自宗主国本土的存款，这类存款增长很快。不过从1918年至1923年来看，来

自台湾的存款额持续增长,来自日本本土的存款额则减少了一半,来自中国大陆的存款额也在这一时期中减少了40%。日本存款额的减少与20世纪20年代日本银行业的危机有关,而中国大陆存款额的减少则可能和五四运动有关系。无论如何,到了1938年,台湾银行只有台湾本地的存款额超过了1918年的水平。

表6.5 台湾银行分地区存款总额

单位:千日元

年 份	存款总额	台湾地区存款额	日本存款额	中国大陆存款额
1899	965	764	171	0
1904	6018	4804	938	276
1909	17437	14351	2203	883
1914	54187	24366	22600	7222
1918	389201	34341	289850	65010
1923	201905	36280	126481	39144
1929	71678	39873	22636	9168
1938	186408	109105	49317	27986

数据来源:《台湾银行四十年志》(1939),第58—59页

台湾银行吸收的中国大陆地区的存款额从未超过其存款总额的20%,这一比例与一战之前横滨正金银行在中国关内存款额占其存款总额比例(参见表6.2)并非完全不一样。不过,在中国关内,台湾银行比横滨正金银行和朝鲜银行的纸币发行量小得多,因为横滨正金银行和朝鲜银行对中国东北地区的货币体系起着至关重要的作用。

结论

之前的内容对二战之前日本的殖民地银行进行了比较性的分析,分析重点是银行的货币发行职能。第二节从地缘政治角度入手,分析了横滨正金银行作为日本首家海外经营的银行的发展史,还更为详细地探讨了1919

年以前其纸币发行的本质。第三节则阐述了横滨正金银行如何受到1919年以来中国日渐高涨的反日浪潮的沉重打击，特别是其纸币的发行方面。

以往的研究大多重点关注横滨正金银行在西方各国分支机构的活动，而且似乎低估了20世纪20—30年代中国民族主义浪潮对横滨正金银行经营产生的重大影响。可以肯定的是，20年代末日本对外政策日趋强硬。这个话题还有待将来继续研究。

本章的第四节和第五节分析了朝鲜银行和台湾银行货币领域的特征，与横滨正金银行进行了货币发行方面尝试性的比较，指出三家银行在货币发行模式、纸币准备金要求、实际流通状况、地理分布传播和各自所属殖民地管理等方面的共同点和差异。在朝鲜、中国台湾和"满洲国"的殖民地以及中国一些名义上仍有主权的地区，日本人开设的银行在纸币发行方面存在某些差异。但横滨正金银行、朝鲜银行和台湾银行三家似乎都用这样那样的方法灵活地调整其纸币发行，以控制其受民族主义的排外运动而不断减少的货币需求，并满足中国本土金融业危机所带来的巨大市场需求。这三家银行原则上要以100%的准备金率发行纸币，但它们贵金属准备的结构不同，其纸币的可兑换性也不一样，这反映出各地实际情况的差异。从准备金率和纸币面额来看，这些银行谨慎地遵循着日本财政机关制定的规则，而这些规则令人联想起欧洲海外银行所必须遵循的规则。

与英国海外银行相似，日本殖民地银行似乎谨慎地遵守着三分之一这个纸币发行的准备金率。横滨正金银行和朝鲜银行获准以政府债券作为其准备金的很大一部分，而台湾银行的金属准备金率则要更高（50%以上），以应对20世纪初台湾岛内对纸币的普遍不信任。我们有理由认为，审慎的金属准备金率帮助日本殖民地银行在海外的纸币发行上获得了成功。不过我们也应注意到，20世纪20年代日本的银行纸币很大程度上要经由代理方兑换现金，这使得中国台湾和朝鲜的殖民地经济受金融危机与公众信任大幅降低的冲击得以减小。或者说，这些纸币是以宗主国日本的日元资产为支撑的。但是宗主国日本发行的可兑换为黄金的日元，只能在日本兑现。同时，日元辅币的流通也使得两地银块在日常流通中完全消失。

在中国台湾和朝鲜，日本人并不急于去规整当地的货币，而是在部分地准许白银货币流通很久之后才开始推广金本位日元纸币。在满洲地区，1935年之前以白银为基准的货币一直是当地主要的交易媒介。另一方面，在中国关内，横滨正金银行自其创立起就旨在积累白银货币以弥补日本金本位货币储备的不足。后来横滨正金银行在1896年日本脱离银本位制的过程中起了不可替代的作用。横滨正金银行在中国发行的以白银为本位的纸币使得其在中国扎下了根。横滨正金银行在中国积累了富裕的资源，可用于抵补日本对金本位的欧洲与美国的贸易逆差。横滨正金银行对日本的全球贸易起到了至关重要的作用，这也解释了为什么日本即刻建立金本位日元货币区的呼吁最终未能变为现实。

或许令人意外的是，日本殖民地货币政策的变动总让人想起英国人在上海等通商口岸的作为，这些地方尽管实际是英国人有管治权的半殖民地，但货币流通极为混乱。由此来看，日本人在殖民地的货币管理要比英国人在新加坡的货币管理宽松得多。在英属新加坡，自20世纪10年代起，所有货币都是由政府发行的。由本章的分析或许可以得出这样的结论——至少从货币政策的实行来看：日本人所一贯坚持的殖民方针是"同化主义"。而实际上，朝鲜银行和台湾银行日元纸币发行的成功也源自日本人以渐进主义原则构建日元货币区的努力。

比较而言，横滨正金银行的纸币发行是其次要业务：横滨正金银行总负债中纸币发行仅占1%—3%，而同时期台湾银行、朝鲜银行的纸币发行占其各自总负债比例则达到了 5%—50%。横滨正金银行在中国吸纳的存款要比其发行的纸币多，而且意义也更为重要。三家日资银行都可以在中国关内吸收存款，横滨正金银行办理的此类业务是台湾银行的两倍。从资产负债表来看，横滨正金银行是三家银行中规模最大的。尽管横滨正金银行纸币发行量在 20 世纪 30 年代初大幅减少，其负债规模仍相当于其他两家银行之和，这反映出横滨正金银行对日本经济和国际贸易至关重要的作用。

朝鲜银行的货币流通量的增长一直高于台湾银行，但是到 20 世纪 20 年代末台湾银行的资产负债规模更胜一筹，这部分是由于朝鲜银行在当地遇到了朝鲜殖产银行的有力竞争。已有的资料似乎可以表明，从绝对量来看，二战之前朝鲜经济相对于台湾经济而言，其资本密集度更高，尽管总的来说朝鲜的人均收入增长速度较慢。[70]

本章的研究也为我们揭示了二战之前帝国主义日本的以"国家主义"银行为中心的经济模式发展到了何种程度。当然，本章研究的这三家银行的纸币发行对日本宏大的殖民规划意义重大。不过，三家银行一直属半官方性质，有赖于私人股权人的投资，并不是如完全意义上的中央银行一样运作经营，而与汇丰银行这种主导殖民地纸币发行的商业银行更为类似。

最后，本章认为，中国和朝鲜的民族主义排外浪潮（朝鲜要低许多）对日本三家殖民地银行的影响还有待于更多的研究。五四运动对横滨正金银行产生了显著的负面影响，台湾银行在大陆的存款总额在 1918 年至 1921 年间也大受打击。从已有研究的某些不足来看，已有的证据说明，学术界应对二战前东亚地区内中日金融关系重新进行审视研究。

第七章

人民币能走向全球吗?

人民币作为中国的法定货币将走向全球,成为近来经济领域流行文献中一个颇为热闹的话题。有些分析家认为人民币取代美元成为世界首要储备货币将不会是一个渐进的过程,另外一些人则认为中国金融市场的不足将会长期阻碍人民币成为国际货币。本章作为本书总结性的部分,将会从应用经济学理论、政治经济学以及经济史的角度,来分析探究这两方的观点,并参与到这场讨论之中。

在此我们有必要从一些新鲜的观点入手接触这一话题,弗里德里希·吴(Friedrich Wu)、潘荣芳(音)、汪迪(音)曾指出这一问题的研究不可避免地存在实证分析的"不足",[1] 这正好可以成为证明这一必要性的证据。然而,同等重要的是,目前众多关于这一问题的研究成果,仅仅基于20世纪以来英镑与美元以及更晚的21世纪初欧元的历史经验。[2] 毫无疑问,对人民币国际化前景的展望及评价,依据的是当前中国经济与过去几十年间英国、美国、日本和欧盟经济在若干经济指标上的对比。但是分析框架一旦脱离了更为宽广的历史背景,或许就会不自觉地排除掉中国以自身独特路径占据全球经济重要位置的可能性。比如，从英美两国的发展轨迹来看，资本市场的发展深度对本国货币国际化至关重要，但对于中国人民币的国际化则未必如此。

本章之后历史探究的部分，将会从某些方面就有关人民币未来角色的争论提供新的线索和启示。历史经验告诉我们，中国货币成为国际货币或许并非是一个全新的事件。尽管中国传统的铜钱在 19 世纪晚期随着蒸汽铸币技术的引进而趋于消亡，但在此前超过一千年的时间里，它们一直是东亚和东南亚经济货币化的重要标志。当中国停止铸造使用旧式铜钱之际，前往澳洲和美国的中国契约劳工仍随身携带铜钱，在英国和美国横渡太平洋的客轮上，铜钱作为不足值的符号货币，可以用于社团间的赌博或在杂货铺买东西。[3]

之后分析的内容将会探寻在较短的未来，或许能使人民币在其地理周边构筑起普遍信誉而成为别国替代性或补充性储备货币的因素，重新审视中国资本市场发展的不足会在多大程度上阻碍人民币的国际化——这个广为人知的命题已得到了广泛讨论。按传统观点，可靠的货币被首先理解为"价值贮藏手段""计价单位"和"交易媒介"。[4]

在此背景之下，弗里德里希·吴、潘荣芳以及汪迪等经济学家似乎认为"货币发行国具有高度发达和开放的资本市场，能让外国投资者以该币种计价的金融工具自由交易并获取利润"是一种"有希望"成为国际储备货币必须满足的八项重要条件之一。[5] 其他条件还有：充分的地缘政治的影响；相对于其经济规模而言，可观的信誉度；外国人获取和兑换人民币的需求得以满足；国内通货膨胀率较低，本币汇率波动小；人民币跨境流动的法律与管理限制较少。三位经济学家特别强调了资本市场发展深度的重要意义，这显然是由英、美两国历史经验而得出的结论，最后他们总结道："预期 2025 年以前人民币成为全球性货币，恐怕是过于

乐观了。"⁶

中国货币作为国际货币的历史事实

经济史学家们或许不愿在思考"中国崛起"问题时排斥其他学科，他们将中国的崛起视为 21 世纪一项具有战略性意义的事件，并从近代以前古老中国经济繁荣的历史经验中获取某些启示。如第一章所指出的，尽管开始铸造于公元 1 世纪并融合了中国与希腊风格的铜币在新疆出土，但是西欧从未发现过中国（以及印度）近代以前的铸币。类似的情况是，许多萨珊—伊朗时代（公元 224—651 年）和同时代拜占庭王朝的金币却在遥远的东方被发现，如内蒙古的呼和浩特附近和中国西北。而在塔里木盆地以西的地区，中国铸币的发现却非常有限。萨珊王朝大量进口中国的瓷器，但似乎是用金银付的款。鲜有证据表明，宋代以前中国铸币曾大量回流到伊朗。⁷ 反过来，共和国时代的罗马铸币曾在印度被广泛发现，而中国没有，甚至罗马进口的中国丝绸也是一种奢侈品。⁸

在这些发现的启迪之下，学者们似乎应当着力去更好地划清近代以前亚欧地区各类货币以及货币间替代关系的界限。中国铜钱真正开始走出中国是在唐代（公元 618—907 年），当时中国成为世界性的庞大帝国。中国铜钱成为日本首类本土货币的样板，在标准交易媒介稀缺的北亚和东南亚地区也受到了追捧欢迎。之后的宋朝（公元 960—1279 年），中国的铜钱甚至在印度南部一些地方也有过流通，尽管规模并不大，这些铜钱可能是通过贸易经由东南亚到达此地的。宋朝样式的铜钱很受欢迎，甚至到宋朝灭亡之后仍在东南亚的许多地区被选用作货币，这些铜钱有的进口自中国，有的则是当地的仿制品。铜钱被 13 世纪爪哇地区原生的货币所取代。爪哇原生的货币体系，定型时间早至公元 8 世纪到 9 世纪，以印度南部的金银重量为单位。⁹ 此外，到 12 世纪中期，日本从中国进口了大量铜钱，尽管日本铜矿蕴藏十分丰富而且日本仍具备铸造货币的能力和冶炼金属的技术。[10]

不过，尚不完全清楚的是，南宋对不足值信用货币的依赖程度有多严重。由此看来，元朝放弃铜钱而完全使用纸币，可能会释放出大量铜钱流出国境，进而流入那些铜钱能换个好价钱的地方。因此我们有理由假设中国铜钱的外流加速了日本经济的再度货币化。之前日本经济的货币化受惠于商人以及镰仓时代（公元1135—1333年）晚期的政府。本地铸造的铜钱和进口铜钱的使用似乎在10—11世纪间出现了衰落。已有的证据表明，南宋时期随着中日贸易关系变得更加紧密，尽管面对镰仓早期日本贵族的反对，日本自中国进口的铜钱数量出现了指数式的增长。元朝建立后曾屡次试图入侵日本，但以失败告终，日本的铜钱进口量因此一度减少。镰仓时代和室町时代（公元1337—1573年）日本本地的确没有铸造过铜钱。但是镰仓时代进口的铜钱大多都落入私人手中，有鉴于此，室町幕府的将军才向明朝中国派遣朝贡使团以图获得中国铜钱。[11]

10世纪安南从中国独立之后的首类本土货币就是中国样式的，安南的货币发展一直沿袭中国，直至1885年法国人将自己的货币引进当地以替代银锭和铜钱。[12]此前，大量在今日越南北部使用的货币也来自中国，最早是汉五铢钱。在此西部，藏缅一族的南诏王国（公元8—10世纪）一带有丰富的白银（今天这里大部分属于中国云南），但当时其主要货币却是货贝，当时孟加拉湾沿岸的一些国家也是如此。东南亚其他位于大陆的国家，以其货币化水平而论，大多数在公元1—1000年间的后期使用印度式的银质铸币。而在东南亚经济已货币化的岛屿上，金质铸币更流行，这样的状况持续至12世纪后半叶，满者伯夷王国（Majapahit）才开始使用中国铜钱。[13]

14世纪前后，古代中国铜钱在全球范围的流通影响力达到了顶峰，当时铜钱在日本、朝鲜半岛、安南各国以及柬埔寨、泰国和缅甸的沿海贸易港口广为流通，而且同时在爪哇、苏门答腊的一些地方以及菲律宾北部和婆罗洲颇受欢迎。中国铜钱甚至在公元7—14世纪时的印度马拉巴尔（Malabar）和科罗曼德尔海岸（Cormorandel coast）以及斯里兰卡均有少量的发现。[14]永乐皇帝派遣的由宦官郑和（公元1371—1453年）率领的出访使团甚至将中国铜钱带到了东非大陆，而桑给巴尔（Zanzibar）可能最早自公元7世纪开始就使用中国铜钱了。比较而言，非洲出土的古代印度铸币就少得多，尽管地理上非洲与印度离得更近。[15]

尽管总体而言中国铜钱的生产量在11世纪之后下降，但德川日本直至1636年、李氏朝鲜直至1678年，才分别完全以其本国铜钱取代了中国铜钱，而且它们的样式仍是效仿中国铜钱的样式（圆形方孔）。日本铸造本国货币的势头日渐增长，特别是15世纪的时候。当时为应对中国铜钱供应的减少，日本流行起了"撰钱"（意为挑拣货币。——译者），因而在支付货款的时候，真实、足值的宋代铜钱备受追捧，价值高于不足值或伪造的明代铜钱。日本当地私人铸造的仿冒中国铜钱的货币变得越来越多。另一方面，尽管当时日本金属铸造技术广为传播，但室町幕府一直不自己铸造货币，原因可能是成本过高。因为伪造劣币的流行，市场交易的混乱，税款的征收变得越发困难。为了应对这一情况，室町幕府和各地大名不得不试图自上而下地维持中国铜钱币制的稳定，但是并不成功。[16]

17世纪荷兰人到达东南亚时，他们发现中国铜钱在当地仍然广为流通。于是荷兰人开始直接从中国进口铜钱，以换取安南出产的生丝。之后荷兰人将生丝卖到日本，换取日本出产的白银，再将白银卖到中国获取暴利。[17]

然而，中国铜钱在不同地区的流通程度并不均衡。明朝晚期中国铜钱铸造量的下降以及对外贸易的禁止并未影响爪哇地区人们对中国铜钱的喜爱，却显著影响了苏门答腊和菲律宾。在荷兰人和西班牙人抵达当地前夕，带有各式伊斯兰风格的古印度式样的铸币零星地出现，如古邦银币（kupang）和玛萨金币（masa）。[18]

英国一般禁止将宗主国的货币出口到亚洲殖民地，荷兰则不同，它试图将本国的银币（stuvier、dubbeltjes）引入爪哇。但这些宗主国货币不如在当地流通的较重的西属拉美银元受欢迎。因此，一直到18世纪，荷兰东印度公司都依赖当地华人社团获取中国式铜钱（picis）——可能是进口来的，也可能是当地仿造的。这些铜钱是殖民地的主要辅币。直到1724年荷兰人才自信地将欧洲式的铜币（duiten）重新引入爪哇当地，至17世纪后半期，这类铜币才在斯里兰卡（锡兰）站稳脚跟。中国式铜钱的流通晚至1763年才在爪哇地区最终停止，当时该地区流通的高面值货币主要是加罗拉银元（Carolus dollar），也被称为比索（peso）或西班牙古银币（piece-of-eight）。加罗拉银元和之后的墨西哥银元一直是在爪哇和苏门答腊进行贸易的主要货币，直至19世纪末20世纪初。[19]

然而在1877年，荷兰本国决定将金银双本位制改为黄金单本位制，荷兰东印度公司受此影响，将所存的荷兰盾银币（guilder）改为不足值的符号货币，并且废除白银的"自由铸币"。由此扩展，荷兰东印度公司建立起了殖民地的金汇兑本位制。在此之前，荷兰盾银币未能在当地广泛流通，因为其内在价值要比其名义价值高。因而，这些银币被兑换为西属拉美的银币，退出了流通，熔化成银锭。1900年荷兰人严格禁止墨西哥银元的流通，以促进荷兰盾的使用。此后荷兰盾在爪哇地区越发广泛地流通，也正在这时，爪哇银行（Javasche Bank，建立于1828年）开始发行以荷兰盾为面值的纸币。[20]

货币全球化的历史回顾

16 世纪拉美大量白银矿藏的发现,使得近代以前亚欧地区的货币体系发生了重组,引起了一次全球化浪潮。一方面,新发现的白银矿藏加强了西方世界在控制贵金属供给方面的优势;另一方面,矿藏的发现使得产生一种真正的全球货币(西属拉美银元)成为可能,而中国人为了获取这类全球货币,愿意更大量地卖出茶叶和丝绸。[21]

拉美白银的发现和明朝(公元 1368—1644 年)中国铜钱冶铸量的骤减及对白银依赖的加深在时间上恰好吻合,这些价值昂贵的白银大多从国外进口。可以肯定的是,从绝对数量上看,清朝(公元 1644—1912 年)中国铜钱的年铸造量恢复到与五百年前的宋朝大体一致的水平。但是此时中国的货币体系越发依赖于进口而来的白银,这些白银或是铸成货币,或是铸成银块。白银主要是商人使用的高价值货币,官府征税也喜欢收白银,尽管白银的成色和真伪在多数地方要经由私人机构的检验。如前所述,出于某些尚不清楚的原因,明清两朝政府均未加强本国白银的开采,也未铸行本国的银币,直至 19 世纪末这一状况才有改变,当时欧洲的铸币技术已经普及开来。[22]

考古发现表明,最迟自近代早期起,金属硬币就从西方流向东方,以换取丝绸和茶叶。与此同时,中国铜钱也从东亚流向东南亚,以换取热带特产。因此,经济史学家们或许注意到了,现在中国向美国输出制造业产品换取美元的金融衍生品,并在亚洲推广人民币的流通,与这一历史情景并无二致。今天人民币相对于西方货币的价值被低估,使得中国商品在国外受到欢迎,而人民币被低估和近代早期西方白银货币在中国得以溢价流通的原因完全不同,发生的历史背景完全不一样。更重要的是,20 世纪 70 年代中期布雷顿森林体系解体以来,美元不再可以同金属相兑换。不过，近代早期全球货币体系与今日的全球货币体系仍存有某些奇妙的共同之处，而在今日的货币体系下中国获得了对西方贸易的巨大净顺差，这些顺差很大一部分被用来购买美国国债，美国国债又是以国际货币美元计价的。

为什么近代以前铜等贱金属相比较于在东亚、西亚，其在欧洲所发挥的货币职能并不突出（不是完全无足轻重）呢？这一问题的答案尚不清楚。可能其中唯一的例外是日本，17世纪时在日本，随着本地矿藏的开发，白银黄金取代了铜钱。[23] 在中世纪早期的欧洲，银铸币占据主导地位，尽管拜占庭和伊斯兰世界使用金或银制的碟片打制铸币。铸币会被熔化并在邻近的货币流通区之间转运，古代世界并不存在真正意义上可在不同货币流通区自由流通的全球性货币，直至西属拉美银元的出现。

近代早期以前，没有能够在亚欧地区自由流通的单种货币。导致这一现象的原因，其一是东方偏好使用铜而西方的白银相对丰裕，其二是东西方货币结构的路径依赖性。货币结构决定了铸币的技术和铸币发行的管理模式。因而，古代中国不同历史时期的铸币在币面都铸有简练的文字，而欧洲很多铸币则是铸有复杂的肖像；古代欧洲通常允许"自由铸币"，而中国私自铸币和开矿被国家视为大罪。[24]

马克斯·韦伯（Max Weber）认为中国人喜好贱金属铸币，是顺应中国皇帝比欧洲君主更充分地攫取铸币税的意图的结果，这明显是带有那个年代盛行于欧洲的"东方专制主义"论调的观点。[25] 中国人的如此喜好或许可以解释为什么从唐代到明代，中国铸币技术基本保持不变。比较视野之下，欧洲的封建领主和西亚苏丹通过减损其铸币的金属含量而获得的铸币税收益要比中国人治国理念下所可以容忍获取的收益要大得多。在中国，供给价值低贱的铜钱被视为儒教熏陶下国家的一项天然使命，其目的首要是满足公众需求而非给国家获取利益。[26]

尽管共和国时代的罗马会发行作为辅币的铜钱，但铜币在欧洲这种完全不同的货币体系之下所扮演的角色并不重要，中世纪的多数时间里铜更是极少被制成铸币。直至16世纪才有铜合金铸币（billon）重新在欧洲流通，但它从一开始流通就遭遇了严重的贬值。[27] 很明显，早在11世纪纸币就在中国出现了，但直至17世纪才在欧洲流通使用。这一时间上的分隔或许能解释中国皇帝和欧洲领主为何通过不同的方式来巩固其铸币税收益。

蒙元王朝不仅依赖纸币发行，还彻底停止了铜钱的铸造，因为铸钱被认为对增加皇室收益没什么帮助。如此的命令下达之后，中国社会对铜钱的需求从根本上就减少了，因而其大量铜钱在14世纪持续流入东南亚。在那里，铜钱这种形制标准的交易媒介在流通中颇受欢迎，能卖出个好价钱。另外，大面额纸币的发行使得银锭在中国所受追捧喜爱的程度也有所降低，这很可能导致14世纪白银经由西亚流入西方各国。[28]

因此在中国，铜钱不会像欧洲铸币那样轻易地贬值，尽管一般以"贯"为面额的纸币的发行通常缺少足够的金属准备。15世纪，由国家发行的纸币在中国失去了公众的信任，因为纸币为增加财政筹资而滥发。[29] 而欧洲最初发行纸币的经过也是颇为坎坷曲折的——至少可以这么形容，但更为稳固的准备金政策在19世纪的英国最终扎根立足，这是近代早期国债经济崛起的一部分。甚至于20世纪30年代金本位制中止时，欧洲纸币已经不再是不足值的信用货币，而是价值完全由政府法令规定的法定货币（不能再兑换贵金属）——这正是各国在布雷顿森林体系解体之后的今日所处的状况。

事实上，19世纪正是货币逐渐脱离其一般的金属准备，并向同民族国家和中央银行的"法定货币"相联结的地域性货币过渡的历史时期。

然而，由于政治动荡和内战，中国在 1935 年以前没有真正意义的单一"法定货币"。

随着 20 世纪初中国经济现代化的推进，银元、金属辅币和银行纸币的流通逐渐取代了银铜双金属本位制。但是在其后三十年间，新成立的中华民国的领导人未能将割据一方的各个省份纳入到一起，实现货币的统一。转机仅仅在 1935 年末昙花一现，当时踌躇满志的国民党人让中国脱离了银本位，确立了近代以来中国首个法定货币——"法币"。在法币改革的准备期中，大量商业银行仍然在中央银行的监管之外营业。通常这些银行都是由地方军阀控制的，这些人在以经济学家所称的"通胀税"上榨取地方老百姓时毫不手软。或者说，许多地方银行通过滥发纸币来为军阀服务。仍有其他一些银行力图维护其在地方发行的纸币，保证地方纸币与金银的可兑换性，想以此抗拒国民党政府的统一货币的改革。[30]

国民党政府填补其巨额财政赤字的愿望促进了 1935 年中国货币脱离白银的改革。1936—1937 年，国民党政府治下的中国，实现了一定的财政盈余，货币一体化程度提高，社会生产状况有了改善。然而，归根结底，由内战和迫近的抗日战争所带来的巨额军事开支，使得法币（主要钉住美元）未能维持其信誉。1948 年国民党政府进行了历时 11 小时的改革，试图使货币钉住黄金，但是改革失败，招致了极为严重的通货膨胀，也不可逆转地败坏了国民党政府经济管理的声誉。[31] 因此今天我们有关人民币成为全球货币的讨论，应置于中国的历史背景之下：20 世纪中国的货币流通极为混乱，而人民币正是这样的历史条件下诞生的。

近代早期以来中国货币的发展演化史明显地说明了一点，那就是一种货币能否得到广泛接纳取决于公众对它"价值贮藏"和"交易媒介"

功能的信任程度。事实上，20世纪中期前后美元取代英镑的地位以及今天人民币被认为挑战了美元的国际储备货币地位的原因，都在于地缘政治形势的变化。尽管没有11世纪以来的详尽历史记载，现有的证据仍足以表明，东南亚地区之所以从使用印度式铸币过渡到使用中国式铸币，至少部分是因为中国北宋王朝形势的改变——当时北宋王朝是铜钱这种颇受信赖的货币的出口国，也是经济繁荣的强大政权，并与东南亚各国不断扩展贸易关系。[32]

不过，帝国晚期中国的官铸铜钱，作为国际货币的影响力一落千丈，在民国时期官铸货币的公众信誉更是跌至极点。而作为官方发行货币的人民币是如何建立起公众信誉的？这个问题将在下一节详细探讨。

中央计划经济时代人民币的演化发展

1947年夏天，中国人民解放军在华北和华东接连取得胜利，使得中国共产党控制的众多地域连成一片。此后不久，之前被分割的地区之间的贸易得以恢复，但是邻近地区所使用的货币仍然不一样，战争期间各地货币的兑换比价时常波动，严重阻碍了经济的恢复发展。帝国晚期和民国时期，中国的货币流通一直非常混乱，这个问题如今又落到了共产党头上，货币统一问题因此变得异常迫切。此后货币统一问题成为共产党人最重要的宣传口号之一，共产党人也注意到了，民众对国民党20世纪40年代的货币改革深感失望。

随着共产党控制地域的扩展，党的工作重心逐渐转向领导宏观经济工作上。1947年稍晚的时候，共产党已计划统一全国货币并建立集中统一的纸币发行体制。结果，董必武被任命为华北财经委员会主任，并担负发行一种全新的"人民的"货币——人民币的使命。此后，货币统一的措施不断推进，董必武和地方干部不时公布人民币与之前地方政权发行货币的兑换比价。

与此同时，董必武还发起运动，提高基层民众对人民币的信任支持。这一系列努力最终促成了中国人民银行的诞生，中国人民银行于是成为为共产党政权发行纸币的唯一银行。随着共产党政权取消私营银行的纸币发行权，外国银行在中国所享有的纸币发行权也被逐渐取消，但是不同地区的共产党政权发行的纸币仍在之后一年中准许流通。[33]

1948年12月1日，在中华人民共和国诞生之前，中国人民银行在河北石家庄正式成立，人民银行成立之前，新解放区并行流通的货币种类繁多，当时主要的解放区货币发行机构有西北农民银行、冀南银行、北海银行、中州农民银行和东北银行。到1949年，大部分地方货币都被回收兑换为新的人民币，兑换比价为100—2000元旧币换1元人民币。[34]

与此同时，人民银行还加强措施，严格限制私营与外资金融机构影响当地商贸活动的能力。大多数国民党政府控制的半官方银行停业，国民党政府的中央银行也一样。不过，最大的两家银行——中国银行和交通银行被重组，而且其名称也保持至20世纪50年代。小型的私营银行和家族经营的"钱庄"也在共产党政权的监督下重组或者停业。[35]

上述措施的意图，是想让中国人民银行在数年之中成为全能的垄断性银行。结果，中国人民银行的职能已经超出了传统意义的中央银行，它可以为单个或者团体客户直接提供信贷，只要客户不被怀疑为国民党的同伙即可，而这些客户正构成了中国日渐萎靡而且感到焦虑的私营经济部门。实际上，随着中国向集中的计划经济体制和公有制过渡，许多个人和企业都面临着流通性问题。[36]

20世纪50年代初，随着新的法定货币的诞生，中国经济从内战造成的严重创伤中恢复过来,通货膨胀的压力也压到了人民币的币值上。当初国民党的金圆券也面临过相同的压力,而金圆券并未成为台湾当局的法定货币,台湾当局使用不可兑现的台币。各类非共产党政权发行的大面额纸币仍在各地私下流通,日本人和国民党特务还大量制造、流通假币,食品短缺问题也不时发生,这使得问题变得越发麻烦。[37] 更加严重的是,旧币兑换人民币的官方比价十分混乱,因为不同种类的货币面额不一,而且与旧纸币相比,人民币纸币的印刷质量不佳,容易磨损而不耐用。[38]

面临诸多问题,中国共产党决定开展第二次货币统一运动。1955年3月,中国人民银行做了更大努力,减少货币供应,提高纸币质量。旧人民币以10000∶1的比率被兑换为新人民币。从1955年至今,重新确定面额的人民币一直是中国的法定货币。与此同时,新中国政府在20世纪50年代中期建立起了一整套高度集中的货币发行管理制度。到20世纪50年代末,全部银行被合入中国人民银行,形成了中国人民银行独家垄断的金融制度。在此制度之下,中国人民银行不仅有中央银行的管理职权,还有商业银行的职能。通过现金流审计、信贷检查以及对政府实施财政约束,中国人民银行最终得以实现价格和货币供给的稳定,将所有的货币相关的权力都稳固地放在国家手中。[39]

中国开放外资进入之前的金融体系是人民银行独家垄断的,在此体系之下,人民币对外币的汇率有两个发展时期,第一个是从1955年至1972年,第二个是从1973年到1979年。第一个时期正是布雷顿森林体系的运行时期,西方各国货币以固定汇率钉住美元。此时人民币也一样,保持2.46元人民币换1美元的固定汇率(参见图7.1)。然而实际操作中,人民币是完全不可交易的,人民币在海外的使用只服从国家对外贸易的需要,而与市场需求完全无关。

第七章 人民币能走向全球吗？

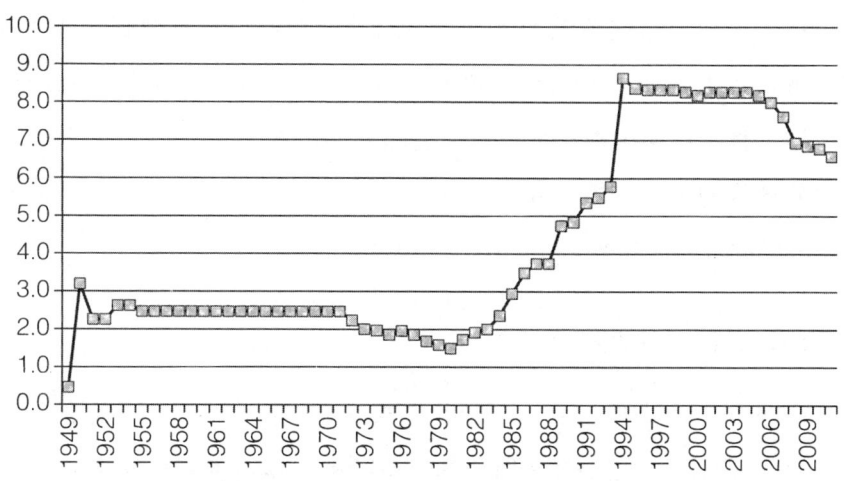

图7.1 美元兑人民币官方汇率（1949—2010）

本图按照1∶10000比率调整了1955年以前旧人民币的汇率

数据来源：1949年数据来自于李东荣（2006）。1950—1978年数据来自《各国货币汇价统计手册》（1979年版）。1979年之后数据来自中国国家外汇管理总局网站，数据更新时间为2012年9月19日

1973年到1979年间，布雷顿森林体系瓦解，西方各国随后采用了浮动汇率。中国也决定以一篮子外币为基准，调整人民币汇率，同时为了保持连续性，间歇性地不断调整人民币的汇价。[40]

总体而言，本书开篇就提到的尼克松冲击并未如影响西欧国家一样影响中国、苏联和其他共产党国家，因为计划经济体要封闭得多，其货币也与金属和布雷顿森林体系脱钩。不过，1972年西方各国的专家认为苏联不受限制的军事开支、迟滞的工业化进程和对西方进口食品的依赖，使得卢布绝无可能对美元的地位构成威胁。[41]

20世纪70年代末、80年代初人民币对美元的汇率发生了逐渐的调整，当时美元对全球各国货币都在令人遗憾地贬值。这在某种程度上说明当时世界对中国仅有的关注集中于中国对进口食品的购买力上——这在20世纪70年代是至关重要的——而非对外开放之后中国越发明显的廉价劳

253

动力比较优势，这些劳动力大批提供给外国企业。其有讽刺意味的是，这一举措对香港产生了相反的效果，20 世纪 80 年代初香港虽然是英国殖民地，且又从中国内地大量进口食品，港币却是完全钉住美元的。中国对外开放的头几年中，香港的生活成本上升，这一压力经由人民币对港币的汇率传导了出来。[42]

改革时期人民币的调整变化

1976 年毛泽东逝世后，中国共产党逐渐放宽中央计划体制的约束。1979 年，邓小平改变毛泽东时代的经济政策，实施改革开放的战略。改革从农村开始，允许农户在保证国家征购的前提下获取更多的生产剩余，并以半集体化的方式开办乡镇企业。但决策者的注意力很快转向城市工业经济，这些行业吸纳了外商的直接投资。1979 年下半年，中国人民银行进行了货币领域的改革，将个人的信贷与储蓄业务下放给地方，人民银行独家垄断的金融体系有所放松。到 1983 年，国务院正式宣布中国人民银行仅保留中央银行职能，不再进行商业银行的活动。[43]

结果，中国人民银行取消了对很多地方分支机构的控制，专注于执行协调性的货币政策以保证实现宏观经济增长的目标。为了促进制造业产品的出口，1981 年人民币在国家控制的外贸交易中首次实施官方汇率贬值。但是在其他交易中，如海外华侨给国内家人的汇款，仍然执行钉住一篮子货币的汇率。这种双轨制增强了中国廉价劳动力的优势，又使得中国大陆与境外居民的其他联系得以保持稳定（人民币相对于其他币种的购买力并未因此而全面下降）。

可以肯定的一点是，1985 年之前的汇率双轨制一直是行之有效的，尽管许多国家感到这一制度并不公平而对此有所批评。1985 年，中国官方不再公布贸易内部执行的优惠汇率，名义上回到单一汇率制上。但是单一汇率仅是名义上的，事实上双轨制在私下中仍被采用，导致了外汇黑市的产生，国内外持有外汇的个人都想私下以优惠的汇率兑换货币，经常是通过持有交易许可的外贸公司进行。当时，中国官方对人民币汇率实施了多次贬值。1985 年 1 美元兑换 2.95 元人民币，而 1993 年 1 美元则可兑换 5.76 元人民币（参见图 7.1），这显然促进中国的出口贸易并吸引外商直接前来投资。

人民币发展变化的另一个里程碑是在 1993 年 12 月 28 日，当天国务院宣布将要进行汇率机制改革。决策层注意到黑市交易已异常严重，因而郑重宣布官方和非官方汇率合一。经过一段时间的调整适应，人民币采取了有一定区间限制的部分浮动的汇率，同时中国银行间的外汇储备交易市场也应运而生。[44]

1994 年 1 月 1 日，汇率双轨制被正式取消，官方汇率从 5.8 元人民币兑 1 美元陡然调至 8.7 元人民币兑 1 美元，人民币大幅贬值。同时，外汇留存制度被强制结汇制度所取代，全国人大通过了《中国人民银行法》，中国人民银行在法律上正式成为中国的中央银行。此后，中国人民银行不再为政府财政赤字直接融资，并同财政部分离，尽管中国人民银行并未如西方国家的中央银行一样去政治化而成为专注于控制年度通货膨胀率的机构。[45]

中国人民银行在省一级的分支机构中进行了相同的设置，它们在财务和管理上直接听命于北京的中央机构，切断了与地方政府的公开联系。不过，中国的四大国有商业银行（中国农业银行、中国工商银行、中国银行和中国建设银行）以及三家政策性银行（中国国家开发银行、中国进出口银行和中国农业发展银行）被赋予向地方建设项目发放贷款的任务。[46]

这一年之后的旅游者也感受到了这一系列政策的影响。20 世纪 80

年代初，外国游客在中国的指定地点购买商品需使用人民币为面值的外汇券，这也是汇率双轨制的一部分。外汇券票幅比人民币略小，实际流通价值中要比面值略高，发行此种货币是为了鼓励游客花钱购买中国当地的产品和服务并减少进口贸易。相反，中国公民要是为出境旅游而兑换外汇，则要按票面价值的汇率兑换，并且受个人额度的限制。在中国居住的外侨要是想将他们挣得的工资寄到海外，必须要经有关部门批准。到了 1994 年，随着人民币官方汇率的陡然贬值，享有流通特权的外汇券停止了流通。此后外国人将要以和中国人相同的汇率在各地银行将外汇兑换成人民币。[47]

随着 1991 年两所股票交易所的成立，中国的金融市场改革继续深化。20 世纪 90 年代，越来越多的外国银行被准许在中国设立分支机构，尽管直至 2005 年左右，外国银行才被允许开展以本币计价的零售业务。外贸中的强制结汇逐渐改为自愿结汇，这就使得银行间市场的外币资产的流动性增加了。由于 1997—1999 年亚洲金融危机的发生，人民币国际化的呼声低了下去，当时流向新兴经济体的国际游资所带来的危险十分明显。不过，如刘隆鸿（音）、伯德金（Burdekin）和其他专家所言，尽管其他亚洲货币在危机中大幅贬值，中国仍然负责任地通过紧缩性的货币政策和回购人民币来维持本地区的稳定，而中国这么做的代价是国内经济受到了通货紧缩的压力，中国没有通过人民币贬值来维持出口行业的竞争力。[48] 最终，亚洲金融危机让亚洲各国怀疑是否仍有必要继续让本国货币钉住美元，因为这些国家的大量贸易是在本地区内部，小川英治（Eiji Ogawa）曾令人信服地指出过这一点。[49]

随着 2001—2003 年中国经济走出低谷，中国人民银行开始积累数以亿计的美元储备。而在亚洲金融危机之前，人民币的贬值使得出口贸易和投向各地制造业领域的外资大举流入带来的外汇储备出现了骤增。

2001年以后中国人民银行外汇储备量的增加，不仅意味着持续的外商投资涌入和中国对美国的贸易顺差，还意味着中国对国际投机者而言越发具有吸引力。投机者操纵的"热钱"经常被视为2005年左右以来吹大中国东部沿海城市资产价格泡沫的重要因素之一。[50]

如今，尽管逾三十年的出口导向型经济改革使中国积累了巨额的外汇储备，但是中国距离在世界金融市场建立完全浮动的人民币汇率制度或许仍然很远。从金融开放的角度看，人民币尚未满足实现国际化的基本要求。如陈晓莉和张贤旺所言，尽管近年来人民币在海外贸易融资中的使用迅速增长，中国的资本管制仍十分严格，这使得中国的金融体系仍然与全球货币市场相隔绝。不过陈晓莉和张贤旺仍然承认，人民币"具有成为国际货币的巨大潜力"，人民币在全球经济中被接纳的程度既取决于经济因素，也取决于政治因素。[51]

中国仍未完全放开资本项目的货币兑换。中国国有金融部门的专业化和去政治化程度正在提升，尤其是从朱镕基任总理（任职时间：公元1998—2003年）开始。例如，2002年独揽大权的中共中央金融工作委员会被撤销，被专业素养和技术职能更强的"监督管理委员会"所取代。[52]

中国现今的经常项目开放透明度已经大大提高，而且自2007年起，中国正在将香港培养为对外贸易的人民币计价资产的"离岸"结算交易中心。2010年，香港开始了人民币资产的交易活动，2011年1月，中国首次尝试在美国进行人民币交易。[53] 由于近来的全球金融危机导致贸易中美元的短缺，中国人民银行甚至计划原则上允许所有类型跨境贸易均以人民币结算。[54]

可以肯定的是，我们也可以在货币市场之外发现一些不佳的征兆，表明许多外国投资者仅仅是政治上受到诱使胁迫，而非真心地迫切期待人民币成为全球性的储备货币，特别是那些来自东亚、东南亚和大洋洲，在贸易上依赖中国的投资者。[55] 安德鲁·弗里斯特（Andrew Forrest）是澳大利亚矿业巨头福特斯克金属集团（Fortescue Metals Group）的董事长，他声称他的公司正在"寻找接受人民币支付的可能，并从人民币银行账户中提款购买设备，以设备或者其他一切形式将财产带回澳大利亚"。弗里斯特比力拓集团（Rio Tinto）晚了一个月做出如此评论，力拓集团是一家主营矿业和资源的跨国企业，总部在伦敦和墨尔本。力拓集团也声称他们受到了北京方面的压力而正在考虑以人民币结算铁矿石交易。与福特斯克集团相比，力拓集团起初并无计划开展人民币计价的交易以抵消其美元交易。[56]

与此同时，中国政府在缓慢地向国际压力屈服，在较小的区间内调整人民币汇率以减少中国对西方国家的贸易顺差。1994 年 1 美元可以兑换 8.6 元人民币，2010 年跌至 6.76 元人民币（参见图 7.1）。据此可知，人民币汇率的大幅调整，帮助中国相比于西方各国更平稳地度过了全球金融危机。即便如此，许多人仍批评中国政府调整人民币汇率太过缓慢，未能帮助西方各国从 2008 年全球金融危机中恢复，并认为这主要反映了美元对其他币种表现疲软，而非与中国的贸易走衰（作为比较，参见图 7.2 和 7.3）。[57]

在 21 世纪的第二个十年里，偶尔有人争论中国是否会成为全球主导经济体，但是无人会怀疑，中国是 1989 年后这一轮全球化进程中最大的受益者之一。[58] 中国在世界贸易组织（WTO）和 20 国集团（G20）等多边国际组织中的表现，表明中国在世界舞台的表现越发活跃。现在，中国领导人越来越多地意识到人民币可兑换性增强所能带来的潜在益处。尽管中国国内经济仍面临着无数的挑战，如环境污染、日益严重的收入差距，但是中国经济增长模式中仍显出了令人自信的新征兆，这使得人民币进一步的国际化成为可能。

如前所述，2007 年以来以人民币计价的债券已经在香港由国有控股银行或银团发行（"点心债券"）。近些年来，一些外资大型银团也同大型中资机构一起加入到该类债券的发行中，如麦当劳（McDonald's）和卡特彼勒（Caterpillar）。甚至世界银行也在 2011 年 1 月于香港发行了一系列"点心债券"。在中国内地，也有一些经过精挑细选的跨国非政府机构和银行，获准在中国试验性地通过国内市场的债券发行从中国公众手中筹资（"熊猫债券"）。这些机构包括联合国的国际金融公司（International Finance Corporation）、亚洲开发银行（Asian Development Bank）和最近的三菱东京 UFJ 银行。[59]

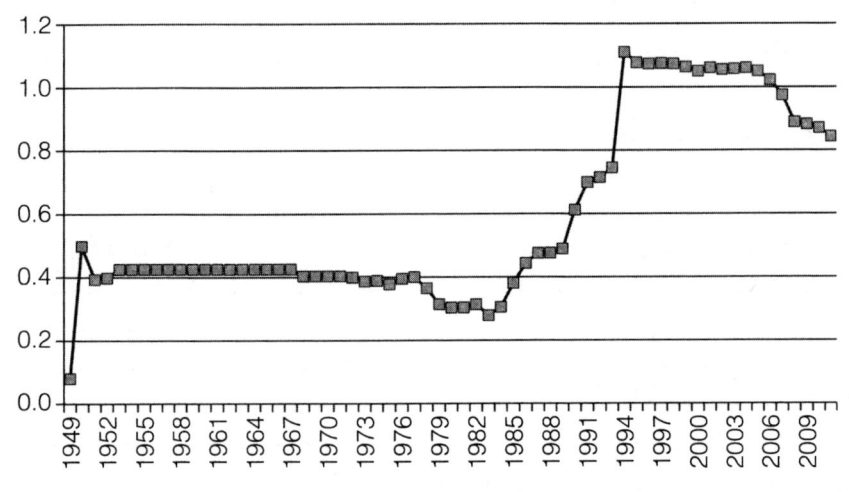

表 7.2　港币兑人民币官方汇率（1949—2010）

本图按照 1∶10000 比率调整了 1955 年以前旧人民币的汇率。1983 年港英当局将港币改为钉住美元，汇率为 7.8 元港币兑 1 美元

数据来源：1949 年数据来自于李东荣（2006）。1950—1978 年数据来自《各国货币汇价统计手册》（1979 年版）。1979 年之后数据来自中国国家外汇管理总局网站，数据更新时间为 2012 年 9 月 19 日

此外，中国开始尝试以人民币支付自东南亚进口的商品货款，这在

20世纪90年代是难以想象的,当时将人民币携带出境是违法的。人民币在其他国家主权基金的财产中扮演重要角色,是不久之前的事情。而且近来对人民币的贸易融资需求和相对较少的投资金融需求不断增长,人民币试图改革套算汇率体制。因此从中间层面来看,中国人民银行调整人民币汇率的压力似乎正在上升。[60]

人民币国际化的优势与劣势

在中国人民银行看来,现在人民币成为可在中国境外自由交易的货币,存在一些可量化的和无形的优势。可量化的优势中最主要的当然是其以抽象的现代模式获取"铸币税"收益的能力,所谓"现代模式",是与古代金属货币铸币税的获取模式相对应的。另外,人民币可交易性的

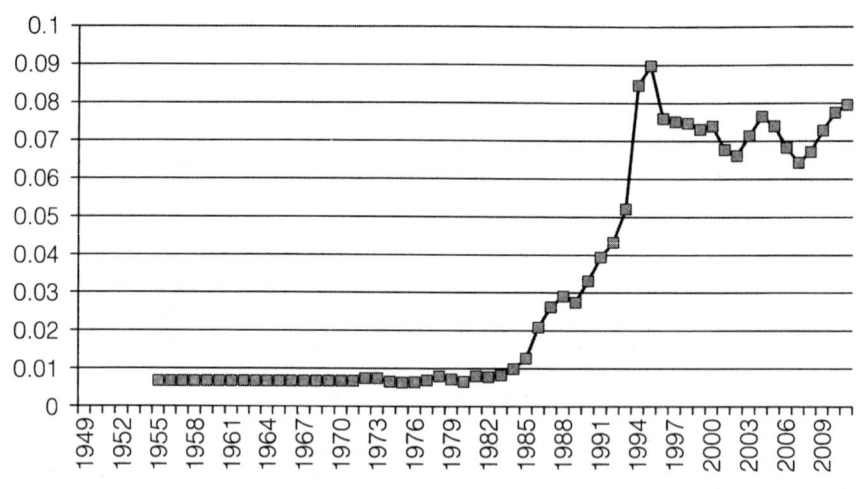

表7.3　日元兑人民币官方汇率(1949—2010)

日元兑美元汇率于1973年发生浮动,在此之前,日元在布雷顿森林体系中以360∶1的汇率钉住美元。本图按照1∶10000比率调整了1955年以前旧人民币的汇率

数据来源:1949年数据来自于李东荣(2006)。1950—1978年数据来自《各国货币汇价统计手册》(1979年版)。1979年之后数据来自中国国家外汇管理总局网站,数据更新时间为2012年9月19日

上升可能会提升在中国进行的国际金融交易规模，因而在国内提供更多的优质工作岗位，也会增加金融服务业的税收。而最主要的无形优势在于，中国公民和企业而非中国政府，会因为境外较低的金融交易费用而积极到海外开展业务。如果人民币实现国际化，中国政府就可能会无形地从更强的"软实力"中获益。[61] 在此，我们有必要想起，曾有学者估计，在1946—2002年间，美国凭借美元的全球主要储备货币地位获取了总计953万亿美元的收益。如果考虑无形因素，美国经济从中获取的利益恐怕要比这个数字多许多倍。[62]

经济学家们进一步认为，人民币会在未来十年中成为东亚和东南亚的区域性储备货币，中国经济将会从中获得744万亿元人民币的额外收益，更不要说这对中国在世界贸易组织和20国集团等国际多边组织中地缘政治地位的重大影响了。[63]

在中国人民银行看来，人民币实现国际化最为明显的负面因素是宏观经济杠杆能力的弱化，这些经济杠杆（比如有范围的汇率操控体制）刺激了中国出口的增长。人民币国际化还会导致中国居民将资产迅速向海外转移的风险，还使得"热钱"可以更容易地流入本国，让中国东部沿海地区已经严重的资产泡沫问题变得更加麻烦。[64]

很明显，当前中国的金融市场还不够开放，不足以使人民币实现彻底的国际化，而且，中国的居民和企业也不能独立地购买以外币标价的金融资产，只能通过特定的由政府批准的外国金融机构以人民币资产进行投资，或者通过特定的由国家管控的金融机构买入外国的证券类资产。中国的金融市场也缺乏足够的竞争，国有银行仍然占着零售贷款和授信业务的大部分。中国自己的证券市场仅能追溯至1990年，而且私营企业仍然不易获得上市融资的机会，因而信贷也就偏向给予大型国有企业，这时常导致投资回报率低下和资源的错配。[65]

不过，对于其他货币国际化的前提条件，人民币则大多可以满足：中国在世界经济中所占的份额已经很可观，而且近来中国也基本克服了通货膨胀的压力。尽管中国对资本项目资金的进出境管理仍然严格，但是已允许在经常项目进行自由的资金兑换。面对金融市场发展的不足，中国决策层近来审慎地推进人民币的国际化进程。2007年6月，首批以人民币计价的中国债券在香港发行，次月，中国人民银行新成立了专门的汇率司，担负推进人民币国际化以及保障促进人民币海外声誉的职责。2010年3月，国务院批准在香港尝试建立全球人民币结算交易中心，而且在不久的将来要扩展到中国内地，建设二十个区域性交易结算中心。实际上在2010年10月，中国的"十二五"规划重申了要将香港建设为人民币全球业务试验场的目标。2011年6月1日，中国政府公布一项新的试验性政策，允许海外机构和个人在不经中国国内代理的情况下直接购入人民币。很明显，过去三年中人民币已经向完全可兑换迈出了重要步伐，且未引起人民币对各外币汇率的严重波动。[66]

中国股票市场的改革步伐似乎显得缓慢，而且非国有企业对股票市场的依赖也没有那么强。[67]尽管如此，陈志武和张五常通过计算指出，以人民币进行的非金融贸易从2009年底的不到40亿元人民币增加到2010年11月的2900亿元人民币。与此类似，香港的人民币银行存款在近几年也经历了指数式增长，目前这些存款占香港银行存款总量的5%左右。几年之内香港的人民币银行存款比重可能会增至与香港的美元银行存款比重（30.8%）相当的水平。[68]

西方学者与日本学者的争论

罗伯特·特里芬（Robert Triffin）在其1960年的经典著作中指出，美元成为国际储备货币是在第二次世界大战结束后，也就是美国成为世界第一大经济体至少五十年之后。[69]但是艾肯格林（Eichengreen）和弗兰德鲁（Flandreau）在他们最近的重要研究中分析了两次世界大战之间国际储备货币的构成，发现美元早在20世纪20年代就取代英镑的地位成为全球最主要的储备货币。在此后几十年中，尽管美元因受贬值影响而在短期中其国际货币地位受到一定影响，但最终美元还是成为国际贸易中不可或缺的全球性货币。[70]

随着美元的贬值与欧洲货币联盟的建立和稳健运行，艾肯格林与弗兰德鲁认为，全球货币体系可以在短期内得以重构，他们甚至含蓄地指出，运行良好的欧元甚至会将美元从现在最受欢迎的储备货币的位子上挤下去。与我们现在正分析的话题更有关系的一点是，艾肯格林与弗兰德鲁还认为，当我们估量一种新兴国际货币会排挤掉既有国际货币的地位时，网络效应和既有国际货币地位的惯性不应被夸大。[71]

历史经验和经济理论告诉我们，一种货币要成为全球储备货币，必须同时满足几个先决条件：货币发行国的本土经济必须保持稳定，通货膨胀率较低；本土经济规模必须是全球最大；货币发行国必须具备成熟而有偿付能力的金融体系。[72]美国是整个20世纪中全球最大的经济体，而且保持了较低的通货膨胀率。与此同时，美国的金融体系是最为复杂精巧且富于扩张性的，从数量指标来看正是如此，例如公开上市交易的股权总额比国内生产总值。正是纽约货币市场的巨大规模和高透明度，赋予了美元作为全球储备货币的地位。[73]

这就是说，发端于2007年美国国内而且后来发展为2008年全球性金融危机的次贷危机，源自于同一套金融体系中监管的缺陷。这场危机暴露出美国经济深层结构的严重问题，如过度消费、巨大的政府赤字和对企业管理者不合宜的风险激励。这些问题使得人们质疑美元是否应成为唯一可靠的储备货币，尤其是亚洲地区的中央银行对此更是怀疑。但是金融新闻中认为人民币终将取代美元的论调可能还不会出现。而激起人们对人民币急速国际化的猜测的原因是，世界其他发达经济体的经济前景都十分黯淡：西班牙、爱尔兰和希腊的危机使得欧元超越美元成为更主要的储备货币的前景变得令人悲观，而也有机会挑战美元地位的日元，则由于日本经济"失去的十年"而显得实力疲软。

中国的工业化水平迅速提升，并实现了三十年时间里两位数的年均增长率，因此中国的的确确吸引了世界的目光。在全球危机的背景下，中国的银行似乎能比欧洲银行实现更好的绩效，这使得人民币在未来有望成为替代美元的又一选择。直到不久之前，还有一些杰出的经济学家如尼古拉斯·拉迪（Nicholas Lardy）断定中国的银行体系是其增长模式中最为脆弱的一环。[74] 不过中国的实情和欧洲与美国相反，从未有报道说中国对其某些重要银行进行救助，而且2008—2009年间中国经济仍实现了超过9%的增长率，如今中国已经超越日本成为世界第二大经济体，这在心理上对西方公众的观点产生了冲击，西方世界不得不更认真地思考，未来世界霸权从西方转往东方将会是怎样一番情景。伊藤隆敏认为中国经济的恢复能力很强，因为其具备潜在的人口红利。依据联合国的人口统计数据，伊藤隆敏推定中国会在不晚于2027年的时候成为全球第一大经济体。除了内在因素，伊藤隆敏认为全球经济为中国提供了一个在全球地缘政治中留下印记的黄金机遇。美国注意到金融市场监管程度的减低（这是所谓华盛顿共识的一部分）以及支持这一做法的新古典经济学理论，使得华尔街的声誉无可挽回地丧失了，越来越多的评论家倒向另外的"北京共识"并将之作为新兴市场经济体增长的动力来源，因为这一共识对经济理论和减少市场监管持更为审慎的态度。[75]

中国的经济学家是怎么想的?

中国人民银行行长周小川在许多场合声称,人民币并不需要去取代美元的国际储备货币地位。他支持以特别提款权(SDR)为基础,建立一种全新的组合式国际货币,这种国际货币不能为某一个主权国家所控制,并且不能通过参照黄金等商品的价格而超出一国的管控范围。不过,一个由周小川设立的中国人民银行研究组发现,在中期时间段里,对中国而言理想的策略是加强人民币作为中国与亚洲邻国的贸易货币的角色,使之成为新兴地区性贸易集团的一部分,而时至今日很多亚洲地区内贸易仍以美元结算,尽管当地美国企业很少。这样的地区性试验可以帮助人民币适应海外环境,在未来帮助人民币增加规避币值不稳问题的经验。[76]

中国学术界也有各式各样的观点。学者们在人民币是否应国际化和应国际化到何种程度等问题上存在分歧。清华大学李稻葵的观点应当说是争论中最具影响力的,他认为应当采取缓步推进的策略,使中国在较长时期中实现资本项目人民币的完全可兑换,实行渐进的双轨制。李稻葵认为,一方面,中国国内无须立即放开人民币兑换,而是需要首先着力提升中国金融体系的运作效率;另一方面,应在香港扩大人民币计价资产的交易规模,发行更多中国国内的债券,并最终在香港成立第二家交易所专门进行人民币计价的股权交易。[77]

出生于香港的杰出经济学家张五常多年来一直反对人民币汇率调整,他认为这只能让少数经常出国的中国富人受益。中国最弱势的群体——在劳动密集型产业工作的进城农民工,利益会受严重损害。根据张五常的理论,人民币升值会导致外国投资者将生产线迁往其他国家。张五常对此问题的看法一贯消极保守,他认为人民币汇率的预期对中国这个发展中经济体的影响作用是最大的，尽管国内市场中的各方力量或许有机会在中国人民银行主导的利率机制中发挥更重要的作用。与周小川相比，张五常并不认为应建立一种多元组合的新式全球性货币，因为这种货币的价值有可能会受到某些全球性交易商品价格（如黄金）的冲击。为了应对美国债务日益膨胀的问题，张五常建议使人民币汇率不再钉住美元，而是钉住由三十种外币和不可长久保存商品组成的一篮子商品的价值，这可以保障农村穷人们的利益，以减少人民币升值带来的负面效应。[78]

郎咸平是一位因公开反对中国国企改革而知名的商学教授，他从相反的角度参与到这场有关人民币的争论中。郎咸平指出，国际化所导致的人民币升值问题产生于现行中国经济的结构，中国经济是由固定资产投资和出口贸易而非消费与服务业驱动的，而发达国家经济的主要驱动力是消费和服务业。郎咸平认为，在人民币实现国际化之前，中国应通过建设更完善的社会保障体系来鼓励中低阶层减少储蓄，进而解决中国国内消费不足的问题。然而郎咸平认为短期内人民币币值被严重低估了，因为人们没有把美国引起的通货膨胀充分考虑在内。尽管人民币币值被低估似乎为中国出口工业部门提供了更多就业机会，但是这一积极效应被进口家产生农产品（如大豆）以及其他大宗商品（石油、铁矿石等）的价格上涨抵消了，进口品价格的上涨使得国内生活必需品也面临涨价压力，这使得穷人越发穷困，抑制了消费的增加，而且提高了工业生产的投入成本。[79]

现任教于耶鲁大学的优秀新自由主义经济学家陈志武，也持与郎咸平基本一致的观点。在陈志武看来，人民币对美元过于缓慢的升值是在强化中国经济内部的结构失衡，而结构失衡并不限于政府失去的对价格水平的控制，尤其是对财产和股票市场的价格水平。与此相反的态势是，中国的外汇储备持续积累增加，热钱大量涌入中国，形成了投机泡沫，而投机泡沫会严重打击海外对中国经济保持稳定的信心。外国投机者之所以为中国所吸引，部分是因为中国政府未来十年的政策使得人民币的升值预期变得十分明朗。在陈志武看来，被严重低估的人民币币值阻碍了中国工业向更为复杂的资本密集产业的转型，而且还压制了社会底层民众收入的提高。[80]

我们再来看另一方的观点，世界银行副行长林毅夫最近警告说，从美国经济缓慢复苏的态势来看，人民币汇率的继续调整升值会很快地妨碍到美国对中国商品的消费。因为这些中国商品大多不是在美国生产的，因而美国人的消费会立刻受到打击，阻碍美国经济复苏。从长期来看，林毅夫承认有必要提升中国国内的消费水平，但他也补充说，对美国而言，实现双边贸易平衡更为重要的方法是减少政府赤字。在林毅夫看来，当前保持稳定的中国对世界经济的复苏意义十分重要，任何市场势力（market powers）的干预都会妨害复苏目标的实现。

结论

目前西方世界有关其他货币或贵金属将超越或排挤美元的全球首要储备货币地位的争论越发热烈，在这些争论当中，本章试图从历史中获取启示，以将中国在国际货币中的历史地位置于较长的历史发展背景中。严格说来，在17世纪拉美发现丰富白银矿藏和西属拉美银元传播开来之前，根本不存在真正意义的国际货币。

不过，早在新大陆发现之前，中国传统的铜钱就已成为朝鲜和日本最早的本土货币的样板。铜钱在东南亚许多地区也受到追捧欢迎，当地同时也使用以南亚货币为样板的金银货币。很明显，12世纪中期日本进口了大量的中国铜钱，尽管日本蕴藏的铜矿比中国丰富，且日本并非没有所需的冶金技术。中国人早在 11 世纪就发明了纸币，不过大部分纸币在 14 世纪就退出了流通。而中国与欧洲货币流通的时代差异，或许能够解释中国皇帝和欧洲君主打算攫取铸币税程度的差异。

目前尽管人们聚焦于人民币能否成为未来的国际货币，却完全忽视了中国金融演化发展的历史进程。尽管中国的传统铜钱在 19 世纪晚期最终让位于使用西方蒸汽动力技术的机制铸币，但是铜钱在过去一千年甚至更久的时间里对东亚和东南亚经济货币化起了重要作用。甚至在中国本土的铜钱退出流通之际，中国的赴外劳工仍将铜钱带上了横渡南太平洋的英国客轮上，这些铜钱成为船上赌博和购买杂货的共用货币。

当然，如今中国货币在世界舞台上所扮演的角色与其金属准备已经完全无关，金属准备是 1971 年以前各国货币所具备的典型要素。1971 年，随着布雷顿森林体系的解体，全球大多数货币与黄金脱离了关系，因而成为纯粹以国家信用为基础的交易媒介。将中国货币发展史中近代以前和现今的某些部分进行简单类比而忽视其重大差别，显然是粗疏之举。尽管如此，人们还是会发现，即使是完全不同的历史时期之间也存在共同点：从西方流入中国的金融资产抵消了中国消费品出口的贸易顺差——这是历史上重复上演的事情。

面对中国经济的迅速增长，众多权威人士预测人民币会取代美元成为世界性储备货币。这种预测大多忽视了历史背景，或者认为历史背景并非必须考虑的问题。还有观点认为中国金融市场发展的不足会大大推迟人民币取代美元的时间。本章介绍了对立两方的观点，并从政治经济学和经济史的角度对这一论题发表了看法。中国的经济学家大多对人民币汇率的调整持积极态度，认为这对中国的消费者而言将是件好事，但一些中国经济学家也警告说，人民币的迅速升值会给全球经济复苏带来风险。流行的观点以及新的政策措施表明，若人民币汇率不发生剧烈波动，人民币汇率将很有可能继续调整。

人民币是否能以及在多久之后能取代美元成为全球性储备货币？对这一问题的预测更加困难。尽管人民币汇率的浮动调整从长远来看会给中国经济带来好处，但支持这一观点的经济学者大多倾向于新自由主义。而决策层人士如周小川等，并不赞成人民币对美元地位进行公开挑战。他们反而将人民币视作在构建新的国际秩序中对美元货币及商品方面的重要补充。因此，从更广阔的战略层面看，人民币在较短的未来走向全球的程度不仅仅取决于中国国内金融证券市场的改革动向，而且更多地取决于中国将要选择的国际货币基金组织（IMF）、世界银行和20国集团的总体地缘政治格局，而中国已经建起特有的发展模式并决意应对国际霸权势力。

目前来看，人民币与美元在货币体系中一决高下的时候还远远没有到来。然而，中国政府正利用香港繁荣的资本市场使香港成为人民币通向世界的大门，还签署协议在与各地区的双边贸易中以人民币计价，似乎中国政府正加快步伐使人民币逐渐具备以往没有的职能。无论怎样，未来几十年里，人民币将不再仅仅是中国人的货币，它将会呈现出与它留给世界的第一印象完全不同的新面貌。

结　论

本书之前的篇章交织着三条主要线索：第一条是探寻在过去3000年里中国与西方货币发展轨迹的共同点，这条线索很大程度上与古代中国是否有着与西方一样的铸币贬值这一问题相关；第二条线索是东亚地区的不足值信用货币如何支撑起其国家组织和近现代的民族主义；第三条线索则是从中国货币史中汲取经验以分析中国在未来世界货币体系中可能扮演的角色。本章将沿着三条线索对本书的发现进行总结，本书的内容会引发经济史研究的广泛思考，也指出未来有待于研究的新领域。

本书第一章对中西方货币史发展"相互隔绝"这一命题提出了挑战和质疑。尽管本书在此尚不能断言古代世界各类圆形铸币都是以西亚地区为共同起源地，但相关证据正在积累增加。而中国人最迟在公元1世纪的最初几十年里就敏锐地注意到西方铸币的特点：以金银制成，而且多铸有人的肖像。中国人在帝国时代之前和帝国早期的某些时段中也将白银和黄金用作货币，特别是西汉时期。白银则成为晚明和清代中国货币体系的关键组成部分。

相反的,贱金属铸币不仅仅在中国用作货币,铜或者铜合金是希腊罗马货币体系和近代早期西班牙、瑞典国内货币体系的重要组成部分。另外,后来铜原料进行过全球性的再分配,从铜料相对丰裕的地区运往铜被用作重要货币的地区,这场再分配对葡萄牙和荷兰建立其贸易帝国意义至关重要。

技术领域的相关证据似乎更能支持"相互隔绝"的观点。尽管青铜冶金技术不是前帝国时代的中国自己发明的,但事实是中国制造铸币一直采用浇注方法而非打制方法,直至19世纪后半叶才有变化。导致这一现象的原因不仅是技术落后,更有制度层面的本质性原因:毕竟低面额的浇注铜钱和对铜矿开采的严格管制是中国传统治国方略中尤其重要的原则。而近代早期的欧洲,流通使用各类用先进铸币技术制造的贵金属货币则使得国家获得了更多潜在的铸币税收益,但是按中国人的治国理念看,国家从货币中牟利是令人不齿的做法。欧洲各国政府在寻求更为精良的铸币技术,以便防伪和与外国货币相区别。中国人却缺乏提高铸币质量的动机,因为铜制的铸币缺少获取铸币税的空间。

因为这些,人们普遍认为古代中国经济缺乏贵金属铸币而古代欧洲经济缺乏国家发行的贱金属辅币。这并不是说中国的铜铸币总是很丰裕,事实上"钱荒"在中国历史上时常发生。同样,欧洲的铸币税收入尽管要多于中国,但在近代早期其占政府收入的比例也达不到十分之一。[1]

本书开篇就提出了一个问题:古代中国是否也如古代欧洲一样担忧货币贬值和外国货币替代本国货币的问题?基于本书后来的分析,这个问题的第一部分,答案显然是肯定的。不过,中西方货币贬值的方式类型很不一样,因而对这个问题继续进行比较研究将是很有价值的。

而这一问题的第二部分就不好简单回答了。可以肯定的是,近代以前的"货币战争"和对"外国"货币替代性的担忧，在中国五代时期也存在，中国最早的纸币正是从那个年代衍生出来的。南宋时期也存在类似情况，当时南宋政府试图制止铜钱流向北方女真人手里，而女真人也发行了自己的纸币。不过帝国早期和中期，中国生产的铜钱受到东亚、东南亚各国家的欢迎，这些国家甚至自己有铸币技术也不愿铸造货币。铜钱受欢迎带来的好处是否胜过了铜钱外流导致的中国国内"钱荒"引起的麻烦呢？这个问题还不好回答。同样不清楚的是是否有利益回流到了政府或者海洋贸易者手中。清楚的一点是，中国皇帝一般必去注意"外国货币"替代本国货币的问题，因为加罗拉银元出现之前中国从不存在此类问题。似乎这一问题也有待于将来的进一步研究。

人们或许会推测，长期"钱荒"导致对生产优质铜钱的投资不足，而优质铜钱又退出流通，被人改铸为劣质和重量较轻的铜钱。"钱荒"也解释了帝国晚期的中国与近代早期的欧洲相比对古钱和伪劣币的实际容忍度很高，尽管名义上中国严厉打击制造伪劣币活动。[2] 除此之外，自单旗提出其轻重货币"子母相权"的理论后，钱币重量和设计的多样性得到了很好的调整控制。

可以肯定的是，尽管在通过发行不足值货币牟利的诱惑下，晚明和清朝皇帝曾尝试去提升其铜钱的市场价值，使之高于其内在价值，方法是给铜钱重新定值或限制使用替代性的货币。这样做的目的是想让官铸铜钱重新流行起来并最终驱逐其他替代货币。不过明清时期中国铸币机构所掌握的技术不足以让官铸的足值货币与伪劣币容易地区别开来。因此，明清时的铸币机构除了强制手段以外，无法根本地从增加铸币量中获得更多的收益。帝国晚期朝廷为解决此问题，迟早又会选择缩减矿藏开采和铸币生产规模的策略。与此同时，机制的西属美洲银元成为中国越发流行的货币，之所以在这一时段出现了这一状况，原因不仅在于这类货币是银制的，还在于规格重量基本一致的银元比银锭更便于使用，而且比铜钱更难造伪。这些因素相互作用使得货币质量得以提高。

本文已对亚欧各地货币贬值的不同模式进行了介绍，但是仍缺乏化学技术视角对这一问题的完整分析，我也缺乏相关知识。如果我们对较长时段里中西方的各类铸币进行大致的浏览，会注意到一条显著的历史序列。在西方货币史中，货币贬值的通常手段是发行较小的铸币或者给铸币掺加其他金属，这种手段在中国当然也见得到，特别是东汉和晚明时期。不过，在中国货币史上，货币贬值更常与不足值铜铸大钱的发行相伴。而在中国传统的治国理念中，大钱发行带给农民生活的消极影响常与无准备金纸币发行所招致的灾难相提并论。就此而论，中国较早开始使用纸币蕴含着重要的制度因素，这一因素不是随着纸币的发明、使用自然形成的，而不足值辅币在历史上也有其他形式。真实情况或许是中国对铜钱存在着路径依赖，将之作为理想农业社会的必然产物，因而中国的统治者试图通过发行大钱来谋求铸币税收益而忽略了其他方式。姑且不论这种理念的消极内涵，由于不足值信用货币原则在当时已广为人知，大钱的发行为宋代可兑现纸币的出现奠定了基础，元朝在很长时间里明智地支撑着纸币的发行，这打消了社会对纸币滥发和造伪的担忧。

比较来看，欧洲的纸币开始流行是纸在欧洲用于书写之后很多年才发生的事情。对纸币造伪的担忧或许妨碍了纸币的流通，但在这里也有至少两个曾发挥作用的制度因素。第一，几类贵金属并行在欧洲用作货币，这给货币贬值带来了充足的空间，而且货币贬值可以不通过发行足值程度更低的货币如"大钱"而实现。除了简单地减少铸币金属含量和往货币中掺杂其他金属，近代早期欧洲各国常用的另一手段是以法律规定国内不同贵金属铸币的兑换比率，而且这一比率与铸币实际内在价值的比率不一致。与此同时，这些国家一方面必须严加限制本国的银币或金币流出其政权控制的地区，在国外这些金银币可能会以更高的比价兑换为其他金属；另一方面，则要容许外国货币流入本国并在本国流通使用，之所以如此，一个重要原因是欧洲各主权国家通常采用社会自愿向铸币厂交售金属的政策，而且国家从跨境贸易的扩展中也能获利。第二，18世纪纸币开始在欧洲流行之际，更为稳固的纸币金属准备金原则也得到了更好的推广和贯彻。这些原则最初为英国所采用，而英国是较之于欧洲大陆货币贬值问题相对不那么严重的地区，也是"地域性货币"最初诞生的地区。

那些研究欧洲纸币产生却对中国货币史未加考虑的学者经常会得出结论，认为公共信息传播水平的决定性提升是使得国家法定货币最终确定其地位的关键因素。在他们看来，19世纪以前的国家法定货币难以稳定地流通，因为国家滥发货币的行径无法被社会公众及时地知晓。[3]比较来看，中国货币史的经验可用以论证信息与技术进步对这一问题的意义。北宋朝廷大规模推广不足值的信用货币，之后元朝和明朝初期的皇帝也屡次地推广，尽管纸币之前曾经滥发，但是之所以后代皇帝仍继续发行，原因主要不在于技术进步或信息积累，而在于新王朝积累起了必要的威信。就此而论，政治因素与纸币准备金水平对市场公众对纸币所持信心的影响力是一样大的。

本书尽管以世界货币史为架构，但所得结论是，从几个关键历史节点来看，货币史本身并不能解释东西方的"大分流"。可以肯定的是，对采矿业更为灵活的监管和对私人矿产财富更好的保护，或许可以解释为什么从人均量来看，无论是希腊罗马时代还是近代早期，欧洲贵金属货币的生产量都要比中国高。而且，东西方技术的重大突破也有更大的社会背景与财政背景。因而，宋代中国的前近代"工业革命"见证了从劳役到雇佣劳动和从以粮食为主体的赋税到货币化的商业税的全面过渡，尽管中国的税收中一直有一部分是供首都民众消费的粮食，直到20世纪才告结束。类似的，英国近代的工业革命也伴随着税基规模的迅猛增长及其结构的急剧变化，同时国家也被全新地赋予以"国债"筹措资金的能力。这一能力使得英国得以建立强大的海军，得以在蒸汽时代到来前凭借扩张建立起远达世界各个角落的贸易帝国。

与葡萄牙、西班牙、法国和荷兰的贸易帝国相比，英国的贸易帝国持续时间最长，因为其基础不单纯是军事力量，还包括一套使得英国人在自由的全球贸易中利益回报最大化的制度机构。因此英国在炮舰的支持下发展起"自由"贸易，同时英国也充分保障个人的财产权利。英国在其殖民地的货币政策意在促进贸易，而非维护其国内货币在海外的地位。当时海外正迫切要求英国货币在本土以外同样发挥货币职能，而将本国货币与国际金银的流动相隔绝反倒是当时大英帝国的基本国策之一。近代以前，与其他各类收入相比，货币贬值和铸币税带给英国王室的收入并不多。

宋代中国和近现代英国的经济霸权有一个重要差别，那就是中国并不像英国那样追求贸易扩张。宋朝政府也与外国开展贸易，但是并不热切追求。人们或许会说，南宋和晚明的货币贬值似乎本质上是"防御性"的，也就是贬值的意图是为抵御游牧民族入侵而筹措军资，以及防止优质足值的铜钱流出境外。蒙古人滥发纸币可能与其侵略日本的行动有关，晚清时的货币贬值则和镇压国内起义关系更密切。

然而，近代早期欧洲的货币贬值似乎本质上更呈现"侵略性"的一面，因为贬值多是为了对外扩张筹措军费。14世纪时威尼斯城邦在其希腊殖民地强制进行铸币贬值，而且不准这些货币在其他地区作为法定货币流通，这种事情在宋代以外的中国历史上很难找到。威尼斯的此等做法在本书第三章提到过，日后被日本所效仿，在其对中国台湾、朝鲜殖民地的货币政策中践行。而日本的殖民地货币政策也成了20世纪全世界从信用货币向法定货币过渡的重要环节之一。结合这一大背景，人们对"后起"经济体（如1914年以前的俄国和奥匈帝国）纸币稳定性日益增加的研究，可以融汇到这个大的历史背景当中。[4]

日本在殖民地的纸币发行的特性，不能简单地归结为"国家主义"这个刻板的印象。如本书第六章所述，日本殖民地银行的纸币发行严格说来并非是"集中化"的，但发行银行是公开列明的，尽管这些银行在日本殖民地建设中的地位是独一无二的。各殖民地银行纸币发行的准备金要求也不一样，根据各地实情而有所变化，同时这些银行从19世纪英国银行业汲取了不少经验，学习了它们或公开或暗有的习惯和做法。尽管日本的货币改革措施在朝鲜和中国台湾基本没受到公众抵制，但是横滨正金银行还是在中国大陆遭遇了民族主义抵制运动的麻烦。历史上抵制运动的重要性既不仅仅在于其骇人的排外言论（这不禁让人想起因钓鱼岛争端而掀起的抵制日本汽车生产商的运动），也不仅仅在于抵制减少了外资银行的盈利——这一点是已有众多研究所忽略的问题。毕竟，纸币发行对在华日资和英资银行的运营而言，只是一项相对次要的业务。

此外，排外运动还对中国新式银行的兴起和中国纸币的流通传播起了重要作用，如我在全书中所指出的，银行存款的集聚和无形的"国债经济"对于我们理解经济现代化的真实意义至关重要。这些因素当然与近现代型银行纸币的发行有联系，也与金属准备金原则的推广以及市场接纳纸质金融工具有关，不过这些因素是更为重要的。

或者说，信用型纸币流通发行的稳定性为公共借贷的爆炸式增长和利率水平的降低奠定了基础，这一趋势最早发端于前工业化时代的英国，具有重要的历史性意义。而在21世纪的各经济体中，与长期的政府债务相比，流通中的有形纸币占货币总量的规模并不大。因而，这也就解释了为什么二战前的中国政府滚动发行债务要比在华外国银行向中国客户发行纸币更为困难。从货币角度看，1900年前后的中国比那些后起经济体的货币化水平还要低，尤为突出的问题是中国货币体系的基础仍是金属货币，而且银行存款和公共债务发展水平低下。

事后看来，在我们21世纪货币脱离金属的视角下，二战前中国的排外运动与其货币领域的民族主义（亦即重商主义）存在着一个巨大的差别。尽管支持本国产品仍是当代民族主义的一个显著表现，但我们今日已经很难在货币领域找到类似现象。例如东亚各国的中央银行越发依赖美国国债和其他美元资产来抵消对美国的贸易顺差，尽管东亚各国多少对美国的地缘政治霸权抱有反感。尽管中美洲各国自行强制进行的名义上的"美元化"也招致了普遍反对，但魁北克人却支持建立统一的北美货币联盟而非独立的地区性货币。类似的，不仅中国，一些外国商人也发出让人民币在国际经济事务中发挥更重要作用的呼声。[5]

另一方面，"地域性货币"与金属的脱钩，并不足以平息放弃中央银行制度而在地区内建立更具竞争性、由私人主导的"自由银行"制度和国际金本位这类呼声。相反的是，自由主义者因美国政府不断膨胀的债务规模而变得警觉起来，因而恢复建立"自由银行"制度和国际金本位的呼声想必也传入他们的耳朵里。而周小川和共和党的头面人物罗恩·保罗（Ron Paul）或罗伯特·佐利克（Robert Zoellick）等建议增加黄金在国际清算中比重的人物之间，居然产生了令人颇感异样的共识。一些有影响力的专栏作家如《经济学人》的菲利普·科根（Philip Coggan）则将尼克松冲击（即放弃二战后的金汇兑本位制）视为导致现今全球金融危机的"原罪"。[6]

本书并不打算预测黄金是否以及何时会复仇般地"归来"，但它的确

结　论

告诉我们，如果了解了既往历史的经验，那么我们就会感到向商品货币的归复并非如现在听起来的那般不可置信。货币史特别是帝国晚期的中国货币史，告诉我们"自由银行"制度绝对是一个历史学家难以去捍卫的观点。历史再一次告诉我们，中国的人民币有可能在未来几十年中具备全球性储备货币的特征，会变得可兑换性更强，中国对跨境资本的管制会更松。但是不论这些事情是否发生以及何时会发生，人民币都会是第一个由国家发行而从未真正与金属相联系的全球性储备货币。同样重要的是，人民币会开辟一条不同于昔日英镑和今日美元的走向国际货币的道路——以双边贸易协定而非资本市场流动性为驱动力的崭新道路。

有鉴于此，那些在中国影响力范围里国际形象不佳的人有必要去除一种错误观点，就是随着人民币升值，中国制造业会遭受灾难性的影响。由此而论，当前中国国内反对人民币国际化的势力也抱有和西方那些批评人民币汇率调整的人一样刺耳的论调。他们所有人都认为"（人民币国际化）对中国意味着什么？"这个问题还远未得到解决。如本书导言中指出的，英镑在19世纪获得的全球性储备货币地位，使得英国在19世纪末20世纪初随着国内工业变得越发无敌之时，其势力范围也得以扩张。尽管美国的国内生产总值可能早在1860年就超过了英国，美国人均收入在1914年也已高于英国，但是英国依然最终得以维持其全球霸主地位，直至第二次世界大战。[7]

20世纪30年代晚期"英镑区"的创立或许使得英国得以调动其关键资源以投入第二次世界大战，而战后初期"英镑区"的存在则帮助伦敦的重要金融行业在面对纽约竞争时维持了生存。也可以认为现今美元在国际货币体系中的主导地位是以较低的成本为美国的地缘政治霸权提供了资金支持，即使美国制造业正在衰退萧条之中。

不过，中国将其崛起视为独特的"和平崛起"。人民币国际化的支者也希望避免将人民币国际化与之前的"霸权"和"战争"等联系起来，他们更多地去宣传节约交易成本等平淡温和的观点。

十年之前，不少经济学家预测欧元终有一日会取代美元成为更受青睐的全球储备货币。实际上，今天人们之所以去谈论人民币国际化，很重要的原因是当初欧元区的神话已然破灭。但是今天有关人民币国际化的言论真的不像当初有关欧元那般草率和存在误导吗？如果人们了解了20世纪50年代人民币在中国是如何产生、推广并稳定立足的，那么他们对人民币提高国际地位的潜力的质疑一定会降低不少。讽刺的是，发行管理人民币的是实现了三十年急速经济增长的国家，而非难于驾驭的、发达的民族国家组成的货币联盟，这对金融家们而言是值得放心的事情。

历史未必能够指引未来，但是中国历史的确充满货币政策失败和扰人的通货膨胀的记载。历史上的痛苦回忆能否帮助当代中国的领导人避开尼克松时代一样的"冲击"并免于重蹈中国历史的覆辙，最终使得人民币成为全球性储备货币呢？中国又能否从大英帝国的衰落和美国主权债务膨胀的历史教训中吸取经验，尝试建立一个根本上避免公共债务问题的当代超级大国呢？这将开辟一条崭新的道路。

本书的另一个目的是在各类中国和西方的"例外论"之间求得平衡。历史信息似乎告诉我们，货币贬值和通货膨胀是人类社会固有的问题，即使这两样事情在近代以前的亚欧各地以稍有不同的形式表现了出来并以不同的词汇和语言被人们讨论分析。

注 释

> 为方便读者查阅参考文献，注释中引向英文文献的人名（包括汉语拼音人名和日文罗马音人名）一般不予翻译，英文版的档案类资料也不予翻译或者翻译的同时在括号内保留原英文题目，引向中日文文献的人名则译为汉字，中日文档案一概译为汉字原文。
>
> ——译者

绪论

1. 有关中国货币是"完全独立发展起来的"的观点，可以参见 Howgego（1995）第 1 页。

2. 有关布雷顿森林体系和尼克松的"破坏"，可参见 Block（1977）、Zimmerman（2002）、Gavin（2003）和 Schenk（2010）第 315—347 页。

3. 摘自 Pigou（1979）第 18—27 页的说法，人们或许既会将货币视作国家掩盖其巩固权威意图的"面纱"，也将其视为本质上赋予民族国家的运作功能的东西。

4. Fisher（1929）第 131 页。稳定的法定货币是 20 世纪才出现的新事物，有关此问题参见 Friedman 和 Schwartz（1986）、Ritter（1995）以及 Levintal 和 Zeira（2009）。有关对马可·波罗表述的不同翻译，参见 Yule（Polo, 1903）和 Latham（Polo, 1987），也可参见 Ibn Battuta（2009）第 209 页。近代早期的欧洲也不时提及早先中国发行不足值纸币的历史经验。可以参见 Sargent 和 Velde（2003）第 111 页。

5. 可参见 Glasner（1998）第 22—27 页，以及 Kindleberger（1984）第 30—31 页。

6. 有关利底亚地区出现铸币的历史环境，可参见 Ederer（1964）第 1—7 页和第 75 页，以及 Schaps（2001）和 Kroll（2001）的有关争论。扼要地讲，Schaps 认为利底亚铸有君主肖像的圆形铸币表明货币已经进入一个新的发展阶段，原因是在此之前形状随意的银条从未如在巴比伦一样地在希腊地区使用。而不规则的"器具货币"（如铁叉和铜锅）才是希腊的标准货币。然而 Kroll 认为希腊地区的货币经历了一段过渡性的发展阶段，此阶段里白银充当了货币，如在黎凡特地区一样。

7. 在此背景下，有必要提到胡寄窗（1988）的著作，这是唯一翻译为英文的全面研究两千七百年间中国经济思想史的作品。还有 Chang（1987）和马德斌（Ma Debin, 2013）。

8. 有关 Oresme 和 Bodin，可参见 Spooner（1972）第 88—89 页，Spiegel（1991）第 69—74 页与第 89—92 页，Wood（2002）第 4 章以及 Sargent 和 Velde（2003）第 98 页。

9. 有关 Thomas Mun 和重商主义的失败，可参见 Kindleberger（1989）第 10—14 页。

10. Chown（1994），第 6 章。

11. 参见本书第三章。

12. Arnon（2011），第 1—4 章。

13. 有关指券流通的兴衰，有大抵可看作亲临历史现场的经典记述，参见 Smith（1805, 1952 年再版），补卷的第 494—513 页。

14. Arnon（2011）第 5—13 章。还可参见 Galbraith（1975）第 33—49 页，以及 Rowlinson（1999）。

15. 两次世界大战之间一直有人努力恢复可兑现的国际金本位制，但是 1933 年世界经济会议未能达到此目的，这使得国际货币市场变得越发不安定，还使得美国又走上了孤立主义道路——美国日后拒绝出口黄金，而且参议员彼特曼（Pittman）将美元准备金部分改为白银并实施美元贬值的建议很大程度上被采纳。参看 Ashworth（2006）第 163—189 页，第 265—324 页，以及 Kindleberger（1986）全书各处。

16. 格雷欣当然不是第一个注意到这一货币规律的西方人，但是他的表述使得麦克劳德（H. D. Macleod，公元 1821—1902 年）将其归结为"格雷欣法则"。参看 Selgin（1996）。

17. Helleiner（2003），全文各处，Gilbert 和 Helleiner（1999）。还可参看 Van Dormael（1997），第 63 页，该作品认为二战后重要的金融支柱的建立（如国际货币基金组织）也象征着汉斯·摩根索（Hans J. Morgenthau）的胜利。摩根索是美国财政部长，长期致力于把华尔街从政府间的涉及宏观经济的磋商与决策中赶出去。

18. 参看 Flandreau 和 Zumer（2003）。

19. Eichengreen（2008）第 15 页，还可参看 Craig（1953）第 154—155 页，以及 Sargent 和 Velde（2002）第 206 页。

20. Eichengreen（2008）第 20—21 页。还可参见 Cecco（1975）。19 世纪晚期国际金本位的建立和德国、美国政府发行的金属辅币（大多是银质）的传播流通存在关系。就此而论，自由主义理论家所推崇的近现代标准式的金本位制，辩证地表明了货币脱离其存在已久的金属准备的过程中更深远的一步。关于此问题更全面的讨论，参看 Helleiner（1999）和 Helleiner（2003）第 33—34 页。

21. Cassis（1994）第 229—231 页。有关对双金属本位制拥护者政治意图的不同解释，参看 Green（1988）和 Howe（1990）。

22. Triffin（1985），以及 Schiltz（2012b）。

23. 弗里德里奇·哈耶克（Friedrich Hayek，公元 1899—1992 年）或许是近现代最负盛名的"自由银行"拥护者，所谓"自由银行"学说的主张是货币绝不应由政府发行，原因是政府总是倾向于滥发纸币而引发通货膨胀。乔治·格纳普（Georg Knapp，公元 1842—1926 年）是近现代主张货币名目主义观点的主要代表，名目主义学说认为货币必须由政府发行而且货币自身没有任何内在价值。

24. 有关亚里士多德的货币观，可参看 Ederer（1964）第 7—8 页。

25. Horesh（2009a）。

26. Bernholz（1997）。有趣的是，就此来看，Bordo（1986）对货币史方面的英文文献进行了出色的回顾总结，也提到 Bernholz 的著作，但是完全没有提到和中国相关的内容。

27. Galbraith（1975）第 13 页。

28. 史景迁（Jonathan D. Spence）此段话，摘引于 Lu（2004）141 页。

29. Gerif（2006）第 379—380 页。Douglass C. North 和 Robert Thomas（1973），这是 North 的经典作品，他被看作是新制度经济学的奠基人。

30. 有关此场灾祸的经济影响的最新研究，可参看 Pamuk（2007），其对新近研究进行了权威的回顾综述。

31. Kehoe（2007）第 566—568 页。

32. Lo Cascio（2007）第 643—646 页。

33. 对欧洲各国金属准备金原则的回顾，可参看 Nicholson（1893），第 2—3 卷，第 164—196 页，以及 Kindleberger（2000）第 334—336 页。1844 年英格兰银行法案要求发行超出信用额度的纸币，超出部分必须保持 100% 的金属准备金率。然而，19 世纪后半期法兰西银行（Bank of France）发行的纸币事实上只保持了三分之一的准备金率。

34. Needham（1974），第 5 卷，第 188—281 页。

35. Bretton（1980），Van Dormael（1997），以及 Figueira（1998）。

36. 这些外国顾问留下了一大堆有关中国经济问题的文献。清廷一位重要的外国顾问是耶利米·精其（Jeremiah Jenks），有关其详细事迹，参看 Wagel（1915）86 页，及 Hanna、Conant 和 Jenks（1904）。另一位重要的外国顾问是荷兰人杰勒德·菲瑟琳（G. Vissering），他于清朝灭亡后完成了使命，可参看 Vissering（1914）及 Wagel（1915）第 111—112 页，第 124—126 页。1928 年国民党政府邀请普林斯顿大学教授甘末尔（E.W.Kemmerer）来整顿中国的白银货币，相关细节可参看 Ji Zhaojin（2002）171 页。南京国民政府治下十年的末期，李滋罗斯（Frederick Leith-Ross）爵士和美国外交官杨格（Arthur Young）相对直接地参与到中国的货币改革中。有关此二人的详细背景信息，参看 Ji Zhaojin（2003）第 190—194 页，Young（1971），还可参看 Spalding（1924）。

37. 对这一象征手法的系统回顾，可参看 Wilkinson（2000）第 247—252 页。

38. Bentley（2006）。

39. Kirshner（1995）第 140—148 页。

第一章

1. 可参见 Flynn 和 Giráldez（2010），Rajan 和 Zingales（2003）和 Friedman（2003）。

2. 有关中古时期和近代早期全球货币史的开创性研究，可参看全汉升（1972）、Vogel（1987，1993a，b）、Von Glahn（1996a，b；2007）、Flynn 和 Giráldez（2002）、Helleiner（2003）和黑田明伸（Kuroda，2003，2008，2009）。

3. Hobson（2004）和 Frank（1998）

4. Lacouperie（1894）

5. Lacouperie（1894）第 89 页，第 118 页，第 191 页，第 217 页。有趣的是，Macdonald（1916，第 9 页）得出了完全相反的结论："所有来自当地人的记载都表明中国……最早在公元前 1091 年就使用铸币了。"有关汉朝垄断铸币生产的情况，可参见 Wagner（2008）第 171—248 页，以及柿沼阳平（2011）第 309—350 页。

6. Golas（1999）第 69—78 页，De Ryck，Adriaenes 和 Adams（2005）。

7. 美索不达米亚的铜铸币比中国的铜铸币出现得要早得多，可参见许进雄（1988）第 121—123 页。

8. 古代中国的货贝是否除了殉葬以外也承担了原始货币的职能，至今仍是一个学术争议不断的问题。尽管如此，人们都承认的一点是，货贝曾在古代世界相当广阔的范围内（地中海沿岸、非洲、中东与远东）流通，而其他单类金属货币都未能如此。参看 Cook（1997），Li Yung-ti（2006），柿沼阳平（2011）第 73—104 页。有趣的是，中国人对贝的历史记忆，被保存在与货币有关的汉字里，比如货币的"货"字。参看许进雄（1988）第 360—366 页和王毓铨（1951）第 83—89 页，还可参见 Davies（1994）第 1—35 页。

9. Wagner（2008）第 83—89 页。

10. 有关楚国货币，可参见赵德鑫（1996）。楚国最早于公元前 6 世纪前后铸造铜贝，而天然货贝的传播流通要比楚国建立还早，甚至早至公元前 1600 年。很明显，《管子·轻重》将楚国视作比北方各国黄金矿藏更为丰富的国家。

11. 宫崎市定（1977），第 1 卷，第 50 页，第 126 页，第 184 页，第 220 页，以及许进雄（1988）第 360—366 页。

12. 汪锡鹏（2009）。兽皮早在帝国时代以前就用作货币了，但并不是主要货币。

13. Von Glahn（1996a）第 35—36 页，第 43 页。有关王莽的货币改革，参见肖茂盛和杨明（2005）。有关贮藏货贝的铜容器，参见李金莲（2005）。中国货币标准化的另一个重要步骤，完成于秦汉之后相隔很久的唐朝。秦汉时期的中国铜钱标注有重量单位，秦代和西汉早期为"两"，公元前 118 年及其后的西汉则为"铢"，唐代开始铜钱上铸有年号而不再铸重量单位。

14. 如想对中国货币的发展进行历史性的回顾，可参见彭信威（1958），此著作堪称经典，还可参见《中国历代货币》（1999），有关西汉半两钱的类型与发行史，可参见加藤繁（1963），第 1 卷，第 147—148 页。

15. Snodgrass（2003）第 8—11 页，Lowick（1970），Husain（1967）。有关货币充当全球性货币的情况，参见 Einzig（1966），Johnson（1970），Hogendorn 和 Johnson（1986），以及 Yang Bin（2004）。

16. 可参看 Burnett（1991）第 9 页，该书是一部简明货币史。

17. 可参看 Sellwood（1976）对罗马铸币技术的详细介绍。

18. 目前学术界仍对中国丝绸何时通过丝绸之路贩往境外这一问题存在极大争议，这也是古代文明交往史上最为引人关注却又悬而未决的话题之一。希罗多德（Herodotus）或许曾有可能在希腊见过丝绸。而且，西伯利亚、印度甚至埃及都发现过可能的丝绸残迹（也可能是自然生成的），其时间远早于中国汉代。然而，Good（1995）指出化学鉴定技术还不足以对这些发现的残迹做出确切判断。

19. 在帝国时代以前的中国，青铜被当然地视作"吉金"，这或许部分地解释了为什么直至 19 世纪青铜而非金银仍然是中国货币的主要材质。参见 Wagner（2008）第

83—91 页。

20. 很明显，汉代时金银块是相对普遍的一种价值贮藏手段，可参见彭信威（2007），第 1 卷，第 137—139 页。早在汉代中国某些地方就出现了铁铸的货币，偶尔得以流通使用，直至 19 世纪。但是，铁钱的价值总是被认为低于标准的铜钱，只有在五代和宋朝（尤其在四川）时铁钱在货币中的地位比较突出，其他时候铁钱一直不被当作标准货币使用。参看 Wagner（2008）第 286—289 页。有关帝国时代以前中国的铲形铁铸货币，可参见邹桂山（2011）。

21. 有关罗马世界内铜币的重要性，可参见 Katsari（2011），209—243 页。有关 4 世纪至 5 世纪雅典的铜币，参见 Gardner（再版，1974）第 295—297 页。

22. 有关阿里斯托芬对货币贬值的看法，可参见 Bernholz（2003）第 24—29 页。

23. 参见《国语·周语下》，有关单旗观点及其对古代中国治国方略的影响的研究，可参看胡寄窗（1988）第 24—29 页，第 119—131 页，Von Glahn（1996a）第 43—44 页，以及叶世昌（2003）第 32—33 页。

24. 《秦汉经济思想史》（1989）第 61 页，引用了该内容。贾谊有关货币的观点汇编于《贾谊新书》的第 4 章和第 5 章。

25. 萧清（1984）第 15—21 页。还可参见 Pines（2009）第 198—217 页。

26. 马涛和宋丹（2009），全文各处。

27. 可参看《盐铁论》中政治家桑弘羊（约公元前 152—前 80 年）的相关言论，这是国家主义的代表性主张。贾谊则是引用《管子》言论，倡导国家主义观点的最为出名的官员。唐代中国重新统一之后，刘秩（出生于约公元 730 年）重申过桑弘羊和贾谊的观点。可参见 Von Glahn（1996a）第 34—39 页，Golas（1999）第 416—417 页，以及叶世昌（2003）第 165—166 页。有关印度，可参看 Sihag（2009）。有关古代世界的专营垄断问题更充分的信息，可看看相关的经典著作 Finley（1973）第 166—170 页。

28. 参见 Shaughnessy（1988）和 Kuz'mina（2008）第 39—70 页。还可参见 Loehr（1949），Forbes（1950）第 4—40 页，Beckwith（2011）第 43—46 页。有关公元前 5 世纪至公元前 2 世纪青铜时代自美索不达米亚向亚欧各地的扩散传播，参看

Chernykh（1992）。Barnard（1983）的观点仅为少数人所赞成，即古代中国的冶金技术是独立地从本土发展起来的，尽管他承认美索不达米亚地区青铜冶炼技术的出现早于中国。

29. Maspéro（1955）第505—515页；Rawson（1989）；还可参看Tylecote（1976）第1—25页，这是有关冶金技术的经典作品。对中国青铜时代更为全面的回顾，参看Von Falkenhausen（1999）。

30. 萧清（1984）第4页，第72—74页。比较而言，华觉明（1999，第468—471页）指出中国刀币和布币的出现时间不早于公元前5世纪。华觉明进而认为铜块在此之前用作原始货币，这与银块在美索不达米亚和黎凡特地区的功能是一样的。Coole（1981）大概是唯一一部专门研究帝国时代以前中国圆形铸币的英文著作，但此著作并未探讨圜钱的起源或者为什么圜钱取代了刀币和布币。有关圆形铸币起源、独创性以及利底亚早期货币的年代问题，可参看Thompson（2003）和Bresson（2009）。有些新近的研究则重申了中国铸币起源更早的观点，可参看《中国金融百科全书》（1990），第1卷，第15—16页。

31. 华觉明（2000）。

32. 王毓铨（1957）第116—125页。

33. 彭信威（2007）第9页，第39—42页。日本的中国钱币学元老加藤繁（1991）第107—109页，第121—125页，认为之所以货币由铲形的布币向圆形的圜钱转化，原因首先在于圜钱较为轻小而且更为便于铸造。不过，加藤繁也指出玉盘对这一转化也有影响。

34. 戴志强和周卫荣（1993）。

35. 《尔雅注疏》的《释宫》（第五章）和《释器》（第六章）。

36. 《吕氏春秋·圜道》，还可参见华觉明（1999）第468—510页。

37. 柿沼阳平（2011）第73—104页。

38. 此类观点大多是追随彭信威（2007）第40页，彭信威说最早"圜钱"这个称呼取自"垣"这个魏国地名的谐音。

39. Scheidel（2009b），第 140 页认为最早出现于公元前 350 年左右的圜钱是受玉盘形制的启发而产生的，和同时代希腊的圆形铸币没有任何关系。如前所述，这个观点和多数中国学者的看法一致。还可参看陈隆文（2006）对此问题做出修正的回顾。有关希腊货币是否有可能到达帝国时代之前的中国，参见 Harl（1996）第 302—303 页，还可参见 Lewis（2007）第 115—117 页。对希腊货币形制的回顾，参看 Kraay（1976）。

40. Edmondson（1987）和 Healy（1978）。

41. Badian（1972），Love（1991）第 175—189 页，以及 Malmendier（2005）。

42. Cooper（1988）。

43. Bivar（1971）和 Stronach 等（1978）。

44. Bivar（1985）。

45. 参看 Siglos Coins Found in Taxila（1934，Siglos Coins Found in Tazila）。

46. Bivar（1985）。

47. Bivar（1971）。

48. Schaps（2006）。可参见 Schaps（2004）第 235 页及 Maity（1970）。

49. 参见 Decourdemanche（1913），Dhavalikar（1975），Kennedy（1898）。中国内地出土的最古老的波斯货币是萨珊王朝时期的（公元 224—651 年），有关这些发现可参见《呼和浩特市附近出土的外国金银币》（1975）。对印度的铸币技术的发展和帝国晚期货币演化更全面的回顾，可参见 Om Prakash（1988），Kuppuram 和 Kumudamani（1990）第 8 卷。

50. Carradice（1987）第 89—90 页。还可参看 Schlumberger（1953），Farrokh（2007）第 65—66 页，Mitchiner（1977），以及 Jackson（1922）第 341—344 页。

51. Gupta 和 Hardaker（1985）。

52. Bopearachchi 和 Rahman（1995）列出了近年阿富汗和巴基斯坦新发现的货币窖藏，这可能是阿契美尼德与希腊罗马的铸币对印度向圆形和有人物肖像铸币过渡产生过影响的最佳例证，其中希腊罗马铸币的影响更为明显。

53. Brown（1967），Kosambi（1981）。

54. Krishnamurthy（2000）和 Sagar（1992）第 48 页，还可参看 Kim Hyun Jin（2009）第 148 页，以及 Yang Bin（2009）第 33—34 页。公元以前，罗马的金银币也在印度南部与当地的铜币一起流通，参看 Hall（1999）。

55. Narain（1990）第 161 页。参看 Yu Taishan（2006）第 165—166 页。

56. 月氏征服大夏（巴克特里亚）一事，可参看 Yu Taishan（2006）第 12—14 页。

57. "月氏"在当时的发音为 zguja，即斯基泰人（Scythians）的谐音。参看 Enoki、Koshelenko 和 Haidary（1994）第 172 页。

58. Narain（1990）第 155 页，或参看 Hill（2009）第 312—318 页。

59. 有关此问题的讨论，参看 Hill（2009）第 537 页。

60. 或许这些塞人就是月氏人，或者包括月氏人。参看 Czeglédy（1983）第 28 页，以及 Van WickevoortCrommelin（1998）第 270 页。

61. 后来帕提亚人和"斯基泰人"（可能就是月氏人）之间的冲突，参看 Enoki、Koshelenko 和 Haidary（1994）第 181—182 页。

62.《后汉书·卷一百一十八》，还可参看 Hill（2009）第 29 页。

63. 参看 Puri（1994），第 248—249 页，Hill（2009）第 29 页，第 329—332 页。

64. 参看 Narain（1990）第 165 页，Pugachenkova、Dar、Sharma、Joyenda 和 Siddiqi（1994）第 372 页，还可参看 Wink（2001）第 221 页。

65. 参看 Harmatta（1994）第 422—433 页，Mukhamedjanov（1994）第 280 页，第 286 页，以及 Puri（1994）第 257—258 页。

66. Pugachenkova 等（1994）第 333 页，第 348 页，第 367 页，第 372 页，还可参见 Puri（1994）第 258 页。

67. Grayson（1985）第 43—44 页。

注 释

68. 有关乌孙概况的介绍，参见 Yu Taishan（2006）第 25—32 页。

69. 《史记·卷四十三》，《战国策》（1979 年版）第 299 页和第 302—303 页，还可参见 Pines（2005）。

70. 《汉书·列传》《汉书·西域传》。

71. Di Cosmo（2002）第 71—78 页。

72. Higuchi，（1992）。

73. 夏鼐（1966）。

74. Whitfield（2004）第 27—30 页，也可参见 Wang（2004）。

75. Whaley（2009）。

76. Redish（2000）第 54—61 页。

77. 可参见 Becker（1969）第 115 页。

第二章

1. Crawford（1985）第 9—17 页，还可参见 Bolin（1958）第 41—46 页。

2. Crawford（1985）第 29—30 页，第 41—72 页，第 116 页。

3. Crawford（1985）第 143—146 页，第 175 页，第 256—257 页，还可参见 Bolin（1958）第 47—50 页。

4. Sawyer（1982）第 33 页。斯堪的纳维亚半岛地区的铸币最早制造于公元 9 世纪。英国和波罗的海各国发现的最早的铸币窖藏应和维京人广为开展的皮毛贸易有关，这些贸易多以阿拉伯的第纳尔为货币。

5. Davies（2002）第 125—128 页，还可参见 Metcalf（1980—1981）。

6. 桑弘羊（去世于公元前 80 年）干涉主义色彩的经济改革尽管十分短命，但其某些措施可能是帝国早期时中国将白银纳入流通货币最为认真的一次尝试，可参看宫崎市定（1977）第 185 页。还可参见 Davies（1994）第 60—87 页，Baskin 和 Miranti（1997）第 315—316 页。东汉时期白银和铁都多少更为频繁地被用作货币，而用作货币的黄金则越发地稀少。参看千家驹和郭彦岗（2005）第114—129页。不过，除了宋代有过金铸的"太平通宝"钱以外，东汉以后中国内地几乎就再无黄金货币的踪影了。可参看彭信威（2007），第1卷，364—366页，还可参看穗积文雄（1944）第25—33页。

7. 有关董卓铸造"小钱"一事，可参看戴宏嘉（1988）。有关孙权的"当千"钱一事，参见彭信威（2007）第139—144页。

8. 彭信威（1994）第1卷，第214—215页，以及周卫荣（2009）。

9. 萧清（1984）第94—120页。

10. Lewis（2007）第6—7页。

11. Lewis（2007）第80页，第100—101页。

12. Scheidel（2009a）。

13. Scheidel（2009b）。

14. 有关欧洲的造纸、居民文化水平和其后纸币的出现，参看Robinson（2004），第7.2卷，第56—58页，第188页。

15. Twitchett（1970）第73—74页。

16. 加藤繁（1963），第1卷，第395—411页，Twitchett（1970），第72—73页。

17. 参看加藤繁（1963），第2卷，第1—11页，第56页。

18. Elvin（1973），第150—161页，Schifferli（1986）全文各处，还可参看彭信威（1958）第280—291页。

19. 贾大泉（1994a，b）；许平安（2000），Von Glahn（2005）第67—69页。与今天的纸币不同，近代以前的中国纸币都是竖式印刷。

20. 贾大泉（1994a，b）；许平安（2000），Von Glahn（2005）第67—69页。

21. Smith（1991）第93—108页。爆发于公元993年反抗宋朝统治的起义的领导人是王小波，他就来自盐商家庭。

22. 贾大泉（1994a，b）；许平安（2000），Von Glahn（2005）第 67—69 页。

23. 汪圣铎（2003），第 2 卷，第 610—625 页。

24. 贾大泉（1994a,b）；许平安（2000），Von Glahn（2005）第 67—69 页。还可参看《宋史·食货下》。

25. Elvin（1973）164—199 页，还可参看邓钢（1999）第 301—324 页。

26. 全汉升（1972），第 1 卷，第 355—416 页，以及王文成（2000）。唐代的很长一段时间里，岭南地区常拿白银来支付，但也仅限于典礼仪式这类场合，征纳土地税极少用白银。参看加藤繁（再版，1970）第 1 卷，第 47—82 页。

27. Zelin（1984，第 28 页，表 2.1，43）估计清朝中央政府公元 1685 年总收入按铜钱计算相当于 2300 万贯，而土地类税收总计 3000 万贯。实际上，各省征收的土地税收中有 80% 要上缴到中央国库去。Ji Zhaojin（2002，第 69 页）估计清朝中央政府公元 1895 年来自土地和商贸的税收收入按铜钱计算有 8900 万贯。

28. Elvin（1973），还可参见高聪明（1999）第 16—20 页，以及 Bol（2010）第 25 页。

29. Andréadès（再版，1966）第 54—56 页，第 85—89 页，第 192 页。还可参看 Ferguson（2001）。很明显，君主主义的托利党人最初反对英格兰银行的建立，因为他们认为此举会助长共和主义。

30. Webber 和 Wildavsky（1986）第 262—355 页。Huang（1974，第 46—50 页）估计 16 世纪初中国政府年度财政收入仅有 2670 万贯铜钱，其中 75% 是土地税。

31. 漆侠（1987），第 2 卷，第 576—587 页；汪圣铎（2003），第 1 卷，第 71—78 页。

32. Hartwell（1967），漆侠（1987）第 2 卷，第 557—565 页，Von Glahn（1996a）第 48—50 页。"钱荒"一直困扰着帝国晚期的决策者。有关明代中期君臣们如何看待铜钱流通一事，参看 Dunstan（1996b）。有关伦敦铸币厂产量的估计，参看 Craig（1953）第 39—40 页，第 52 页，第 84 页。尽管这些数据使人们对那个时代印象深刻，但是在此有必要指出，按照 Nef（1941 年，第 581 页）的说法，16 世纪中期仅在曼斯费尔德（Mansfeld）一地，铜料作为白银开采的副产品的年产量就达 2000 吨。

33. Elvin（1973）第 147—149 页。

34. 萧清（1984）第162—171页。"饥不可食"的比喻，最早出自《管子》，后来涉及货币的争论中常被人引用。参看 Herbert（1976）第266—268页，第278—279页脚注86。

35. 赵靖（1997）第3卷，第272—281页，以及张家骧（2001）第19页。

36. 皇帝阿纳斯塔修斯一世发行的铜币及其后续变化，参看 Grierson（1999）第17—22页。

37. 萧清（1984）第154—162页。很明显，非洲、东南亚和中国云南历史上都有过用盐饼当作货币的记载。参看 Vogel（2013）第286—287页。

38. 萧清（1984）第148—154页，Bol（2010）第14页，第41—42页。

39. Elvin（1973）第147页，萧清（1984）第148—154页，汪圣铎（2003）第1卷，第137—171页，第300—303页，第354—386页。有关短陌，可参看 Hartwell（1967）第280—289页，Von Glahn（1996a）第21—23页，以及 Von Glahn（2005）第65—69页。

40. 《史记·平准书》。

41. Tao Jing-Shen（1983）第76页，第81页；漆侠（1987），第2卷，第576—587页；Levine（2008）第72—90页，第159页；Bol（2010）第86—89页，第103—105页，第120—138页，第220—222页；Pines（2012）第40页，第119—120页。理学有将皇帝圣化但同时将其内质掏空的趋向（"全能的偶像"），这或许源自先秦时期的异端思想，Pines（2009，第82—113页）持此观点。有关王安石在宋朝科举制度改革中的作用，参看 Elman（2000）第15—43页。

42. 《宋史·列传第七十三》。

43. 有关明治维新时期的"富国强兵"口号，可参看 Morris-Suziki（1989）第34页，第56—58页，Samuels（1994）第2章。

44. 高聪明（1999），第43—44页。

45. 高聪明（1999），第50—66页。

46. 加藤繁（1963），第2卷，第86—138页；王文成（2000）认为境外对中国铜钱的需求成为催生唐代"飞钱"和宋代交子的重要因素。

47. 高桥弘臣（2002），第 142 页，脚注 16，还可参看汪圣铎（2003），第 2 卷，第 619—625 页，第 701—703 页，以及缪明杨（1995）。

48. 马涛和宋丹（2009），还可参看萧清（1984）第 183—187 页，Von Glahn（1996a）第 44 页。

49. Von Glahn（2005）第 75 页。

50. 可参看叶子奇（公元 1327—1390 年）于《草木紫·杂制》中的记载："当其盛时皆用钞以权钱。及当衰叔，财货不足，止广造楮币以为费。"意思是，宋元两朝处于鼎盛之时，政府都用纸币以支撑铜钱。但是王朝一经衰落，物资和金属货币都变得稀缺了，政府就只能大肆发行纸币以供财政之用。很明显，叶子奇原则上并不反对纸币发行，他支持明初的纸币发行但认为应保证纸币发行有稳定的金属准备。

51. 转引自萧清（1984，第 248—257 页）所引袁燮的话："楮之为物也，多则贱，少则贵，收之则贵矣；贱则壅，贵则通，收之则通矣。"

52. 漆侠（1987），第 2 卷，第 1188—1194 页；Von Glahn（1996a）第 51—56 页。

53. Franke（1992），以及姚朔民（2003）。

54. Franke（1992），姚朔民（2003）。

55. 可参看 Franke（1949），这是此领域的开创性研究。

56. Von Glahn（1996a）第 56—59 页。

57. Rossabi（1989）第 123—124 页，第 186—187 页。

58. 宫崎市定（1977），第 2 卷，第 418—422 页。

59. Von Glahn（2005）第 84 页。

60. 李幹（1985b）第 384—411 页；Von Glahn（2010），全文各处。

61. 汪圣铎（2003），第 1 卷，第 24—27 页。

62.《元史·卷九十三》中的《钱法》。还可参看 Von Glahn（2005）第 73 页，第 86

页的页下标题；Vogel（2013）第 96—101 页。

63. Rossabi（1994）第 6 卷，第 449—488 页。公元 1309 年元朝曾短暂发行过完全以白银而非"贯"为面值的纸币"至大银钞"。

64. Schurmann（1967）第 131—137 页，Hsiao Ch'i-Ch'ing（1994）第 6 卷，第 500—501 页。

65. 李幹（1985b）第 413—417 页，Dardess（1994）第 575—578 页，以及唐景（2009）。

66. Von Glahn（1996a）第 62—64 页，马涛和宋丹（2009）。

67. 萧清（1984）第 200—247 页。

68. 萧清（1984）第 212—215 页。

69. 萧清（1984）第 247—249 页。

70. 叶世昌（1996）和邹进文与黄爱兰（2010）。

71. 刘森（2007），还可参见萧清（1984）第 221—223 页。

72. 明朝曾在公元 1629 年到 1644 年间进行过一次绝望的尝试，以图恢复纸币的发行，但是完全失败。后来的清朝政府也不再大规模地发行纸币，直至清末。可参看 Von Glahn（1996a）第 197—206 页，还可参见 Tullock（1958）和 Chen Chau-nan 等（1995）第 273—279 页。有关元朝官员关于提高纸币发行信用度还是彻底无准备金地发行法定货币型纸币的争论，可参见萧清（1984）第 219—249 页。

73. Laufer（再版，1967）560 页。有关蒙古治下伊朗的纸币的发行，可参见 Allsen（2001）第 176—199 页。

74. Jahn（2009），还可参见 www.iranicaonline.org/articles/cav-cao-from-chinese-chao-paper-money-assignat-mathews-chinese-english-dictionary-no，信息更新于 2012 年 7 月 11 日。

75. 李幹（1985）第 52 页，有关更多此类不正确的印象，可参见袁水清（2003）第 64 页。

76. Chaudhuri（1990）第 83 页。

77. 有关宝钞发行和继之而来的通货膨胀，可参看 Tsai Shih-shan（1996）第 172—173 页，还有 Brook（1999）第 68—71 页。

78. Von Glahn（1996a）第 156 页，引用了著名官员郭子章（公元 1543—1618 年）的言论。

79. Huang（1994）36—43 页，第 118—122 页。Yamane Yukio（1984）曾详细论述过里甲改革的影响。按全汉升（1972，第 1 卷，第 355—416 页）的观点，公元 997 年宋朝中央政府收入有 1232.5 万贯铜钱和 37.6 万两白银。或者说，宋朝政府总收入中仅有 2.4% 是以白银形式获得的。比较来看，全汉升估计了明朝政府公元 1573 年的收入，为 2819153 两白银和 2678 贯铜钱，或者说，明代万历朝政府财政收入中仅有 0.095% 是铜钱。

80. Dunstan（2006）第 233—243 页。

81. Flynn 和 Giráldez（1994）第 79—83 页。有资料显示公元 1571 年至公元 1821 年由西班牙人自美洲横跨太平洋运出的银元多达 4 亿枚，可参看全汉升（1972）第 439 页。还可参看 Schurtz（1959）第 1—32 页，以及 KazuiTashihiro（1991）。

82. 日本地表的金属矿藏在室町时代就采掘殆尽了，因而这可能促使了德川幕府制止白银的出口。深层矿藏未被开采，部分是因为日本当地的矿工还未使用排水管，而此项技术在当时的欧洲已经广为应用。与此相伴的是，幕府一直压制私人开矿活动，也就进一步减少了金属的产量。而当时日本国内对白银的需求不断增加，因为幕府统一了日本的货币体系并增加了货币铸造量。或者说，18 世纪的日本总体来看银和铜产量下降了，尽管日本对两种金属的货币需求一直增加。参看《明治前日本矿业技术发达史》（1982）第 207—273 页，小叶田淳（1969）第 368—374 页，Lin Man-houng（2006）第 59—63 页，以及 Shimada Ryuto（2006）第 52—67 页，还可参看 Sakurai（2008）。

83. 有关中国和西方货币体系发展各自的历史回顾，可参看彭信威（1958），Helleiner（2003），以及 Davies（1994）。

84. 14 世纪时明朝试图再度发行纸币，但在当时的背景之下，公众对纸币十分反感抗拒，政府也无能为力。此后，仍有明朝官员不时地上奏皇帝建议恢复纸币发行，但是皇帝并未采纳。参看彭信威（1958）第 429—433 页，第 506—509 页，Yang Lien-

sheng（1952）第 67—68 页。

85. 王业键（Wang Yeh-chien, 1973）第 59—61 页，有关帝国晚期中国双金属本位制，参看 Kann（1927）。

86. 这种习俗可能源自汉代以前葬礼中烧毁仿制金属钱币的习俗。参看 Hou Ching-Lang（1975），陈启新（1996）。

87. 彭信威（1994）第 574—576 页，以及 Von Glahn（1996a）第 74—77 页。

88. Von Glahn（1996a）第 161—166 页。

89. Von Glahn（2005）第 85—88 页，第 156 页，第 188—189 页。明代天启朝时，政府再度"括古钱"，即主要从民间征集收购宋代古钱以重铸成本朝新钱。

90. Golas（1999）第 417—427 页。取消不准民间采矿这一禁令的倡议，可以追溯至明清之际，当时有些文人的著述中论及此事。比如曾在晚明直至清康熙朝做官的蔡毓荣（？—1699 年），他建议应允许更多的私人开矿，这有助于增加官府的收入。参看《明实录类纂》（1993）的《经济史料卷》第 118—136 页。

91. 《明经世文编·卷之二十九》："华夷诸国莫不奉行。"

92. 巫宝三（1990），《明清卷》第 1—4 页。

93. 《中国古钞图辑》（1987）全书，还可参看 Vogel（2013）第 173—174 页。

94. 此文转引自萧清（1984）第 256—257 页："多造之则钞贱；而过多则不可以行，必也。"

95. 萧清（1984）第 257—262 页；赵靖（1997），第 4 卷，第 1719—1725 页；叶世昌（2003）第 349—352 页。还可参看 Cobbett（1820），Von Glahn（1996a）第 80—82 页，以及 Kindleberger（2000）第 351 页。

96. Von Glahn（1996a）第 186—189 页。

97. 萧清（1984）第 269—279 页，胡寄窗（1998）第 2 卷，第 434—437 页。很明显，蒋臣认为应发行可兑换白银的纸币，而钱秉镫则认为要发行不可兑现的纸币。

98. Von Glahn（1996a）第 154—155 页，还可参看张家骧（2001），第 1 卷，第 27—

29 页。

99. 张家骧（2001），第 1 卷，第 636—644 页，还可参看萧清（1984），第 285—290 页。

100. 张家骧（2001），第 1 卷，第 622—629 页；赵靖（1997），第 4 卷，第 1881—1887 页；刘恒武和杨新珉（2010）。

101. 萧清（1984）第 280—290 页；张家骧（2001），第 1 卷，第 629 页；Rowe（2010）。

102. 参看《皇朝经世文统编·卷五十九》的《钱币》中顾炎武的相关观点。

103. Farue（2006），全文；Puk Wing-kin（2010）；Zelin（1984）第 283 页。

104. 与后来的英国相比，中世纪意大利城邦国家政府以债券形式的借贷更具强制性而且期限短。可参看 Pezzolo（2005），还可参见 Braudel（1992），第 2 卷，第 519—522 页。

105. Hargreaves（1930），全文各处；Braudel（1992），第 2 卷，第 375—379 页。

106. O'Brien 和 Hunt（1999）第 56—57 页。

107. Cassis（2006）第 17 页。

108. Usher（1914）认为早在十字军东征时代的公元 1156 年，意大利城邦与黎凡特地区之间的贸易就开始使用信用证和本票了，但是那时这类金融凭证还是非个人的、由公共机构管控的。Andréadès（再版，1966）第 45—46 页，De Roover（1999）第 104—106 页，Homer 和 Sylla（2005）第 124—159 页。

109. Smith（再版 1952）第 30—31 页，第 82—83 页，第 90 页，第 318 页。有关这个具体论断的计量经济分析，参看 Allen 等（2011）。很明显，Allen 等（2011）认为工业革命前夕中国人的一般生活水平要比西北欧低不少。此观点和 Staunton（1799，全文各处）相一致，Staunton（1799）的观点和 18 世纪早先耶稣会士们的记载相反，认为中国人与欧洲人相比更加贫困而且寿命更短。

110. Smith（再版，1952）第 40 页，第 159 页，第 212 页。

111. Smith（再版，1952）第 55 页。

112. Smith（再版，1952）第 298 页，第 318 页，第 367—368 页。Smith 估计，在莫

卧儿王朝治下的孟加拉从土地攫取的政府税收占总产出的五分之一。不过这并不是说中国农民所承担的税收负担必然低而且一直低。官员的巧取豪夺和腐败产生的影响很大。有关实际税收负担的讨论，可参见 Elvin（2009）。

113. Labib（1969），Pamuk（2000）第 6 页，Khan（2003）第 74 页，第 174 页，以及 Banaji（2007），还可参看 Denzel（2010）导言部分。

114. Wagel（1915）第 240 页，以及 Brown（1994）第 158—159 页，第 188 页。

115. 参看 Brewer（1988）全文各处。

116. Davies（1994）第 278—282 页。参看 Cameron（1967a）表 II.2，第 42—46 页，有关法国，参看 Cameron（1967b）第 116 页，该作者根据保守估计认为，公元 1688 年至公元 1689 年英国各类支付手段中有一半还是金属铸币。

117. Sherman（1996）第 5 页，还可参见 Chamley（2011）。

118. Clapham（1944），第 1 卷，第 21—23 页，以及 Neal（1993）第 203—207 页。

119. Glasner（1989）第 75—81 页。

120. 这一段依据的是 Clapham（1944，第 1 卷，295—298 页，附录 C）的数据。

121. Andréadès（再版，1966）第 257 页。

122. Tennant（1866）第 354 页。

123. Faulkner（2004）。

124. Irigoin（2009）第 226—229 页。

125. Mira 和 Noble（1988）第 5—6 页，还可参见 Teare（1926）。

126. Clark（2008），Allen（2011）。

127. 可参看刘秋根（2000），还可参看 Pan Ming-te（1996），以及 Homer 和 Sylla（2005）第 124—159 页。帝国晚期中国农村地区的短期贷款的年利率通常超过 50%。

128. Cibot（1776）第 336 页，第 368—372 页，第 385—386 页。有关耶稣会士对中国经济的看法，更详细资料参看 Huey（1985）。很明显，韩国英（Cibot）认为中国对年利率的法定限额是30%左右,而公元1714年英国的法定上限只有5%。英国于公元1833年废除了高利贷法。还可参看Temin和Voth(2008),以及Wennerlind(2010)。

129. Baskin和Miranti(1997)第34—63页。

130. Magnusson(2000)第72—103页。

131. Goudsmit(2004)第159页。

132. Heckscher(1954)第9—92页,以及Dewey(2007)。

133. Heckscher(1954)第252—253页,以及Bernholz(2003)第41—45页。需要指出的是,公元1776年至公元1789年间,瑞典一度建立了银本位制而且部分收回了一些纸币,以抑制通货膨胀。参看Eagly(1971)的导言部分和图3。

134. Neal(1993)第14—16页。英国的国家年金以荷兰为样板,但是当时荷兰没有那么大范围的纸币流通。实际上,直至18世纪中期左右英国发行"统一公债"(consol)时,英国的国家年金也并不普遍。很明显,从人均量来看,18世纪早期荷兰的公债规模是英国或者法国的两倍之多。可参看Hargreaves(1930)第1—46页,第56—59页,以及Gorski(2003)第50页。

135. Engdahl和Ögren(2008)。

136. Magnusson(2000)第181页。

137. Heckscher(1954)第20—23页。瑞典铜产量在公元1650年左右达到峰值,为年产3000吨,这一水平为600年前中国王安石变法时期年产量的三分之一。

138. Mackenzie(1953)第24—35页;Schuler(1992);Mokyr(2009)第220—254页。

139. Goudsmit(2004)第156—157页,Quinn和Roberds(2005),以及French(2006)。

140. Heal(再版,1972),引言部分;White(1984)第33—38页;Van der Wee(1977)第350—355页;Goudsmit(2004)第161—164页。

141. Helleiner(2003)第58—59页,第103页。

142. Taylor(2006);有关股份制银行,可参看Griffiths(1974);Cameron(1967a)第

27—29 页；Michie（2006）第 52—53 页。

第三章

1. Schaps（2006），以及 Scheidel（2008）。

2. 近来有关"大分流"的这一领域的研究，可参看 O'Rourke 和 Williamson（2004），Williamson（2008），Galor、Moav 和 Vollrath（2009），以及 De Vries（2010）。有关货币史的知名研究都或多或少地提到了"大分流"，包括彭信威（1958），Perlin（1993），Von Glahn（1996a），Kuroda（2009）和 Mark Elvin（即将出版）。

3. Helleiner（2003），全文各处。

4. Kuroda（2009）第 268—269 页。

5. Carson（1970）第 242 页，第 563—569 页；Doty（1990）；Sargent 和 Velde（2002）；Helleiner（2003）第 46—53 页；Selgin（2008）。

6. 有关帝国晚期中国铜钱的分类。可参看 King（1965）。英语"现金"（cash）作为专指亚洲铜质铸币的名词，起源于梵文中金银重量单位的词"karsa"，这个梵文词演化为了泰米尔文的"kaasu"，表示低价值的铸币。葡萄牙文中的"caixa"最终变为英语词汇中的"cash"，"caixa"正是"kaasu"的葡文变种。而英语"cash"最初也是来自于更古老的词义——中世纪意大利语的"cassa"，不要将这两个渊源混淆。

7. Kann（1927）第 41—44 页，第 149—157 页，第 443—445 页。

8. 全汉升（1941），何兹全（1949），以及萧清（1984）第 94—120 页。

9. Blackburn（2005）第 660—675 页。

10. Del Mar（2004）第 34 页。西西里的狄奥多罗斯（Diodorus of Sicily）生活于公元前 1 世纪，他是首位详细探讨努比亚金矿中奴隶劳动重要性的人。

11. Pirenne 和 Clegg（2006）第 100 页，Kuroda（2009）。

12. Pirenne 和 Clegg（2006）第 115—120 页。

13. Grierson（1960），以及 Umayyads（2000）第 173—180 页。有关拜占庭货币，参看 Hendy（2008）。

14. 有关早期的伊斯兰货币改革，可参看 El-Hibri（1993）。对阿拉伯和奥斯曼货币发展演化的全面介绍，可参看 Carson（1970）第 478—490 页，Ehrenkreutz（1970），Inalcik（1970）。

15. Pamuk（2000），全文各处。

16. 讽刺的是，尽管阿拉伯的金币"第纳尔"这个名称是源自于罗马便士银币（denarius），而银币"迪拉姆"这个名称则是从萨珊王朝对古希腊德拉克马银币的称呼演化而来。贸易可以很大程度地解释这一地区金银的流动原因，当时西欧各地普遍一致地放弃了后罗马时代的金本位，而阿拉伯和拜占庭地区的金币流通量上升了。伊斯兰世界的金币则似乎在阿卜杜勒—马利克掌权时期大举流入了欧洲，这说明阿拉伯至少起初就对政治上分裂的西欧存在贸易逆差。伊斯兰地区的迪拉姆银币则流入到东欧和北欧，因为阿拉伯人和波罗的海各国的皮毛与奴隶贸易不断扩大。不过总的说来，欧洲对阿拉伯世界的货币需求，主要原因可能还在于封建时代的欧洲各国采矿和铸币活动都十分消沉。有关此问题的详细讨论，参看 Spufford（1988a），第 2 章。

17. Grierson（1960）第 263—264 页。

18. Lopez（1951），Kaplanis（2003）。在此有必要指出，十字军在黎凡特地区发行的金币，形制模仿了埃及的法蒂玛王朝（fatimid）金币，尽管当时西欧仍处于银本位的阶段。法蒂玛王朝铸币的制造发行是国家的特权，和拜占庭与中国一样。

19. Tylecote（1976）第 77 页，以及 Allen（2012）第 35—40 页，第 372 页。

20. Miskimin（1984），Sussman（1998），Ormond（1999），Allen（2012）364 页。

21. Gould（1970），Glassman 和 Redish（1988），以及 Rolnick、Velde 和 Weber（1996）第 789—808 页。

22. Li Ming-Hsun（1963）全文各处，Carson（1970）第 238—241 页，以及 Andréadès（再版，1966）第 90—100 页。

23. Braudel（1992）第 2 卷，第 423—428 页；Sargent 和 Velde（2002）第 208—213 页。有关欧洲近代早期的化验技术，参看 Agricola（再版，1950）第 7 册，这是相关的经典著作。

24. 黑田明伸（1987），Dunstan（2006）第60—61页，第431—433页。还可参看 Vogel（1987）和王宏斌（1987）。帝国晚期中国政府治国策略中增加铸钱量（鼓铸）和税收减免及铜钱分配（蠲赈）是相得益彰的。它们都是意在减缓灾荒和防范民变的措施。可参看明朝王纪的记载，他提倡将两类措施并用，《明经世文编·卷之四百七十三》。有关清朝粮食仓储、铜钱分配和救灾政策之间的关系，参看 Will（1990），Will 和 Wong（1991）。

25. Li Ming-Hsun（1963）第147—150页，以及 Deng（2011）第6章，还可参看 Snelling（1762）全文。Brooke（1950）第174—231页，Peters（2002）第87—115页，Sargent 和 Velde（2002）第31页，第132—135页，Allen（2012）第77页。整个18世纪当中，在英国的外国铸币只有加铸特定戳记才被视为合法货币。

26. 有关世界税收开创性的比较史研究，参看 Goldstone（1983），Webber 和 Wildavsky（1986）。

27. Herbert（1976），还可参看 Von Glahn（1996a）第41—42页。

28. Franke（1949），还可参看 Huang（1990），Von Glahn（1996a）。

29. 宋应星（再版，1987）第184—189页，郑瑾（2007）第207—213页。Redish（2000，第24—26页，第109—112页）研究了近代早期欧洲的有关情况，认为铸币的名义价值越高，就会越容易诱发人们造假币。和宋应星类似，近代早期许多欧洲经济学家也知道这一点。这就是为什么当纸币于17世纪晚期在欧洲出现时，这些经济学家坚持认为纸币可能引发更为严重的伪造货币问题。因此，欧洲的银行纸币一开始的面值就很大——其用意是缺乏辨识力的平民们不大可能使用这些纸币，而商人们则必然会仔细检查这些纸币的真伪。

30. Spufford（1988a）第320—330页，Chown（1994）第31—32页，Stahl（2000）第16—27页，以及 Sargent 和 Velde（2003）第79页，还可参看 Lin Man-houng（2006）第29—30页。

31. 有关乾隆时期政府增加铸币量的努力，参看王显国（2006），足立启二（2012）第463—482页。有关乾隆时期重铸古钱（包括伪币）的情况，参看 Mark Elvin（2013），该作品中《清代中国诗词中的钱与商业》(Cash and Commerce in the Poems of Qing China) 讨论了褚廷璋。

32. 王宏斌（1987）。

33. Von Glahn（1996a）第 111—112 页，参看岸本美绪（1997）第 329—332 页。

34. Von Glahn（1996a）第 93—94 页，第 142—187 页，以及郑瑾（2007）第 78—85 页。

35. Du Halde（1741）第 330 页。

36. Du Halde（1741）第 333 页。15 世纪以前，在欧洲伪造铸币是可判处死刑的。随着启蒙运动的兴起，对伪造货币的惩罚多少变轻了。可参看 Spooner（1972）第 105—107 页，以及 Allen（2012）373 页。

37. Zelin（1984，48 页）认为清代早期获准使用对他们而言更方便的铜钱而非白银缴税。但是缴税时铜钱兑换白银的比价要比市场价高。

38. 梁方仲（1989），第 572—573 页。

39. Lin Man-Houng（2006）第 68—71 页，294 页。黑田明伸（2003，第 137—140 页）引用了一份 15 世纪由一位在朝鲜的使节发往日本的报告书，提到当时朝鲜使用铜钱并不多，布匹、粮食这类商品货币仍在朝鲜货币体系中占主要地位，这位使节对此印象深刻。

40. Vogel 和 Theisen-Vogel（1989）第 147 页。将铜料从云南运出的运输成本较高是"钱"贵的原因之一，这可由清朝户部的《钦定户部则例》第 6 册，第 36—39 节。

41. Zelin（1984）第 264—301 页，Lin Man-Houng（2006）第 29—30 页，还可参看 Rowe（2005）。

42. 夏湘蓉等（1980）。明朝建立者朱元璋是出了名的反对开矿者。还可参看 King（1965）第 3—5 页，Dunstan（1996a）第 164—167 页，Vogel（2006）第 177 页，以及 Elvin（2006）第 341 页，第 441—442 页。很明显，雍正皇帝（在位时间：公元 1722—1735 年）是少数容许私人开矿的人，而且对私人开矿的课税也较低，这是刺激和利用矿业发展的手段。而从矿业中获得的税款，被用于增加省级官府的收入并用作养廉银以减少基层官员的腐败。参看 Zelin（1984）第 141—148 页。

43. Vogel 和 Theisen-Vogel（1989）第 170—178 页，还可参看 Stahl（2000）第 226—242 页，以及 Golas（1999）。很明显，火药是中国人的发明，尽管如此，但是火药最

早是于 1574 年在威尼斯被用于采矿活动。类似的，罗盘最初用于采矿也是在 16 世纪的欧洲，参看 Horesh（2009b）。

44. 参看 Agricola（再版，1950），第 4 册，第 89—100 页。

45. 小叶田淳（1965），还可参看 Morelli（1976），Molenda（1976），Totman（1993）第 69—70 页，以及 Farris（2009）第 176—180 页。还可参看 Vogel 和 Theisen-Vogel（1989）。

46. 有趣的是，Mattingly（1960，第 252—253 页）指出罗马帝国时期铜币和合金币是最常被伪造的货币。有关货币剪凿问题，可参看 Spufford（1988a），第 3 章，有关英格兰银行作为纸币发行银行而诞生的历史背景，参看 Andréadès（再版，1966）第 14—67 页。

47. Einaudi（1953）。

48. Cipolla（1967）第 14—16 页。

49. Postan（1987）第 168—305 页，第 211—214 页。

50. Walker（1983）。

51. Stahl（2000）第 61—63 页，第 81—86 页，第 99—102 页，第 117 页，第 127—128 页，以及 Sargent 和 Velde（2002）第 173—181 页。

52. Vilar（1976）第 30—36 页，第 66—69 页，第 93—94 页，第 108—109 页。

53. Prakash（1998）第 30—31 页，第 83—84 页。

54. Hamilton（1943），Carothers（再版，1967）第 11 页，Sprenger（1991）第 111—116 页，Motomura（1994）。

55. Walker（1983）。

56. Spufford（1988a），还可参看 Allen（2012）第 246—259 页。

57. Nef（1941），以及 Munro（1983）第 99 页，还可参看 Agricola（再版，1950）第 6 册，第 171—200 页。

58. Cooper（1988）第 39—51 页，Snodgrass（2003）第 53 页，以及 Challis（1978）第 37 页，还可参看 Becker（1969）第 111—157 页。

59. Snodgrass（2003）第 12 页。

60. 基尔瓦苏丹国（Kilwasultanate）是当时撒哈拉以南非洲唯一的另外一个自行发行其特有铸币的地区。参看 Freeman-Grenville（1960）。

61. Tschoegl（2001）第 443—448 页，以及 Lane（2008）第 204—206 页。有关玛丽亚·特里萨·泰勒银币此后的发展史，参看 Kuroda（2007）。

62. Robbert（1983）第 60—62 页。

63. Miskimin（1983）第 82 页，Allen（2012，第 1—22 页，第 41—72 页，第 115—117 页）解释说，直到 14 世纪英国的采矿业与盎格鲁—撒克逊时期相比更加集中于伦敦。可以肯定的是，公元 970 年至公元 1278 年之间，铸币者的名字出现在英国铸币之上，但在公元 1279 年这些名字都被抹去了。类似的是，英国君主们在 14 世纪取缔了教会的采矿权。

64. Lopez（1953）。有关罗马的世袭铸币者，可参看 Mattingly（1960）第 254—255 页有关中世纪欧洲的铸币行业公会，参看 Spufford（1988b，第 15—17 页）。Spufford（1988b，第 17 页）进一步指出中世纪早期的欧洲公国经常把本地的采矿权承包给出价最高的人。实际上，15 世纪早期以前，许多欧洲的矿场，包括伦敦的那个，经常把管理委派给外国人——通常是意大利城邦国来的金融家。

65. 依据 Von Glahn（1996a）、Blanchard（2005）、Vogel（1987）中显示的数据而计算。还可参看 Lucassen（2005）。

66. Tylecote（1976）第 48 页，第 65—69 页，以及华觉明（2008）。

67. Tylecote（1976）第 81—83 页。有关明代中国的冶金技术、货币流通和城市化，参看周卫荣（2004），以及田仲一成、小南一郎和斯波义信（2009）。

68. Tylecote（1976）第 105—143 页。

69. 凌业勤（1987）第 318—343 页，还可参看 Hill（1922）。

70. 有关 18 世纪西属美洲银元在亚洲广泛传播的历史当时记载，参看 Staunton（1799）

第 9—11 页，还可参看 King（1965）第 37 页，第 46 页，第 174—175 页，以及 Hao Yen-p'ing（1986）第 34—36 页。

71. Hao Yen-p'ing（1986）第 40—42 页，Lin Man-Houng（2006）第 46—47 页，Von Glahn（2007），Burger（2008），以及 Giráldez（2008）。有关加罗拉银元溢价以及中国人试图伪造该银元的历史当时记载，参看 Morrison（1848）第 234—237 页。

72. Pamuk（1997）。有关 16 世纪和 17 世纪间欧洲铸币在奥斯曼的流通情况，参看 Masters（1988）第 148—149 页。而在欧洲内部，优质而且大量生产的铸币流通中也对那些少有人知而且手工制作的铸币存在溢价，可参看 Stahl（2000）第 47 页，以及 Chilosi 和 Volckart（2011）。很明显，当时英国铸币在亚洲地区不那么常见，因为英国公民和政治家经常批评东印度公司将英国国内的铸币吸收走了。结果，18 世纪之前，英国政府不允许将本国铸币携带到境外。可参看 Chaudhuri（1975）第 160—174 页。

73. 笈多王朝的货币主要是黄金，但在公元 600 年到公元 1300 年之间，印度北部几乎没有铸造过金币，银币是主要货币。另一方面，印度南部在此时期以黄金和铜为主要货币。莫卧儿王朝的确铸造过金币，但其主要货币还是银币。

74. Kuroda（2009），还可参看 Blake（1937），Waston（1967），以及 Lane 和 Mueller（1985）第 539 页。

75. 可参看 Franke（1949），还可参看 Carson（1970）第 485—487 页。

76. 可参看 Spufford（1988a）第 109—115 页，第 146—147 页，第 267 页，第 282 页，Blanchard（2005），以及 Munro（2007）。

77. Vogel（1993a, b）。还可参看 Heimann（1980），Deyell（1994），以及 Yang（2004）第 301—304 页。有关云南融入中国官方货币体系的情况，参看方国瑜（2001）。

78. Von Glahn（1996a），第 2—3 章。

79. 可参看 Flynn 和 Giráldez（2010），还可参看 Atwell（1982）第 81 页，Flynn 和 Giráldez（1995a，1995b，2004）。

80. Shimada（2006）。

81. Vogel（1987）。

82. Bloch（1935）第 623 页，T'ang Leang-Li（1936）第 8—19 页，杨端六（1962）第 22—23 页，第 44—45 页，Ho Hon-wai（1993），以及郑瑾（2007）第 218—220 页。

83. Huang（1974）第 60—70 页。

84. Sahillioglu（1983）第 287—288 页，以及 Walker（1983）第 18 页，还可参看 Pamuk（2004）。需要指出的是，奥斯曼帝国铜铸币的法定价值比其内在金属价值高，另一个需要注意的是，阿克苏姆王朝的白银藏量在 17 世纪急剧减少，但是未有记录显示货币贬值频繁发生。

85. Markley（2003）第 516 页，相似的观点还可参见 Porter（2002）第 400—401 页。

86. Defoe（再版，1989），第 26 章，第 184 页。

87. Tavernier（1677），题目为"大蒙古国治下地区流通的货币"的那章。

88. Richards（1987）第 2 页。

89. Hasan（1969）和 Om Prakash（1988）。

90. Om Prakash（1987）第 175 页。

91. Shimada（2006）第 91—97 页。

92. Headrick（2010）第 139—176 页。

93. Om Prakash（1987）第 171—174 页，还可参见 Carson（1970）第 521—525 页。

94. Ferguson（2008）第 48—52 页。

95. Hogendorn 和 Johnson（2003），Yang Bin（2009）第 207 页。

96. Lin Man-houng（2006）第 107—114 页。

97. Curtin（1983）第 260—263 页。

98. 有关北美地区的贝壳念珠，可参见 Davies（2002）第 40—42 页。

99. Hogendorn 和 Johnson（2003），还可参见 Vogel（1993b）第 225—226 页，以及 Dunstan（1992）。

100. Devell（1994）第 128 页，中国学者对公元前 2 世纪以前货贝在多大程度上充当了日常"货币"这一问题有争议。参见 Yang Bin（2011）。

101. Sundström（1974），Curtin（1975）第 313 页，以及 Curtin（1983）第 255—259 页。

第四章

1. Lin Man-houng（2006）第 43 页。

2. 有关帝国晚期中国金属重量单位标准的概览，可参见 Kann（1927），Cribb（1992）和张惠信（1988）。

3. Klaproth（1823），Chaudoir（1842），Doolittle（1868）第 2 卷，第 139 页，以及 Edkins（1905）第 106—107 页，还可参看 Jernigan（1904，第 77—91 页），该研究甚至于错误地断言："可以确信地说，中国早在公元前 199 年就已经有纸币了。"Wagel（1914，1915）。

4. Lin Man-houng（2006，第 36—37 页）指出，近代以前中国的钱庄自乾隆晚期才开始发行纸币，中国北方的钱庄或许更为发达，在那里它们主要发行以铜钱为面值的纸币。中国南方的钱庄则发行以银两为面值的纸币。不过，侯厚吉和吴其敬（1982，第 1 卷，第 11 页）则认为私人发行的纸币早在 18 世纪或许已经出现，到了 19 世纪 20 年代此类纸币已经十分常见了。

5. 可参看 Cheng Linsun（2003），还可参看 Horesh（2009a）。

6. He Wenkai（2010），还可参看王业键（1981），以及 Hao Yen-p'ing（1986）第 47—50 页。

7. He Wenkai（2010）。

8. 《清朝文献通考·卷十三》，萧清（1984）第 292—294 页，以及 Lin Man-houng（2006）第 40 页。

9. 彭信威（1958）第 807—808 页，还可参看 Yang Lien-sheng（1952）第 68 页，石毓符（1984）第 109—111 页。

10. Horesh（2009a）第 63 页。类似的观点，参见魏建猷（1986）第 83 页。还可参看彭信威（1958）第 556—559 页。

注释

11. 李育安（1996）。

12. Wakeman（1985）第1卷，第13—14页，特别是脚注32，第238—240页，特别是脚注36.Von Glahn（1996a）第205—206页。

13. 杨端六（1962）第104—113页。

14. 《皇朝经世文统编·卷五十九》的《理财》，其中《钞币议》一文。

15. 参看萧清（1984）第320—332页，侯厚吉和吴其敬（1982，第1卷，212—225页）认为王鎏受了晚明官员倪元璐（公元1593—1644年）和蒋臣（于公元1636年左右为官）的不小影响。

16. 萧清（1984），309—318页；Lin Man-houng（2006）第1—35页。

17. 侯厚吉和吴其敬（1982）第1卷，第90—96页，第108—113页，第143—149页；萧清（1984）第332—348页，Rowe（2010）。有关亚当·斯密和莫里恩反对发行不兑现纸币一事，可参看 Jacoud（2001）。

18. Ji Zhaojin（2002）第30—32页。

19. 李育安（1996），以及黄亨俊（2001）全文。

20. 《中国近代纸币史》（2001）第6页。对咸丰朝货币政策更详细的分析，参看滨下武志（1989）第57—61页。

21. 杨端六（1962）第112—113页。

22. Ch'ên（1958）。

23. Ch'ên（1958）。

24. Marx（再版，1967），第1卷，第141页脚注83，此段英文翻译可参看 Marx（再版，1990），第1卷，第224页脚注34。

25. 侯厚吉和吴其敬（1982）第1卷，第401—414页，以及萧清（1984）第348—358页。

26. 侯厚吉和吴其敬（1982）第1卷，第401—414页，以及萧清（1984）第348—358页。

27. 有关近代中国首批新式银行的情况，可参看 Ji Zhaojin（2002）第80—89页，以及 Cheng Linsun（2003）第 10—36 页，还可参见 Sheehan（2003）第 1—44 页。

28. 侯厚吉和吴其敬（1982），第 3 卷，第 322—339 页。

29. 该资料汇编名为《货制说帖简明总要》，时间为光绪三十四年三月二十三。该资料保存于北京故宫博物院的《上谕档》（电子版），条 1，卷宗号 1510，册 3。

30. 侯厚吉和吴其敬（1982），第 2 卷，第 292—298 页。

31. Selgin（1992），还可参见 Horesh（2009a）第 13 页。

32. "可兑换性"这里指的是兑换纸币所需的时间。比如上海钱庄贷出资金并发行以私人存款为准备的"庄票"，但庄票必须在 10 天到 15 天之后才能在邻近的钱庄兑现，这期间有专人负责联络庄票发行方以防有欺诈。可参看 McElderry（1976）这一经典研究。

33. Fortune（1847）第 376 页。在距福州很近的周边农村（那里因出产茶叶而闻名于世）就不使用纸币，这一点可以从 Fortune（1847，第 207 页）的记载看出来：

> 当茶叶已供销售时，大茶商们就会从当地的主要镇子上赶过来，住满各家小旅馆和饭店（这种地方在中国各地都很多）。茶商们还让苦力运送来中国的铜钱，以供购货之用。

34. 参看 Selgin（1992）第 104 页，第 109 页，表 6，还可参看《福州当地的银行》（*Native Banks in Fuchow*，1932）。

35. Dennys、Mayers 和 King（1867）第 285 页。

36. 伦敦大学亚非学院档案（Archive of the School of the Oriental and African Studies，以下简称为 SOAS），大清海关总税务司资料（Imperial Maritime Customs Collection），十年报告（Decennial Reports，1882—1891），"福州"（Foochow）第 427 页。

37. 有关山西票号，参看 King（1965）第 94—96 页，《山西票号史料》（1990）第 132 页，第 742—751 页，以及黄鉴晖（1992）全书各处。

38. Doolittle（1868），第 2 卷，第 138—147 页。

39. Doolittle（1868），第 2 卷，第 138—147 页。Parkes（1852，第 184 页）有更早的

记载，说道："这年年末几家小（福州）银行发生了挤兑事件，当时正是人们急需铜钱的时候。而且在此次危机中，这些银行中总会有一两家相继破产。"

40. 《福州的"台伏票"》（1927，*The Dai Fook Dollar of Fuchow*）第 129—131 页，Bloch（1935，第 618 页）认为"台伏票"面值的一枚银元名义上相当于 1000 枚标准铜钱。

41. 摘自 Pomeranz（2001）第 102 页，第 122 页。按当时的资料，Hao Yen-p'ing（1986，第 272 页）认为 1883 年中国农民每日平均收入在 0.4 枚银元上下。还可参见 Fortune（1847）第 376 页，其证明了最小的纸币面值是 400 文，"大约相当于 18 枚英国便士"。

42. Parkes（1852）。

43. Doolittle（1868），第 2 卷，第 141 页。

44. 有关清代以后中国新式银行的非个人信用问题的详细信息，可参看 Sheehan（2003）。

45. Selgin（1992，第 112 页），引用了《福州的"台伏票"》（1927）。

46. Doolittle（1868），第 2 卷，第 365 页。

47. Williams（1851）认为中国纸币的原料是竹子（第 292 页），而且还表现出当时欧洲侨民一般不具备的偏见（第 289 页）：

> 如基督教国家一样，中国人也认识到生活中和平常交易中使用纸币而非硬币的便利，如果不是因为欺诈是中国人的秉性中的典型特征，以及这导致了所有中国人连他们的邻居都不敢信任，纸币肯定会得到广泛的流通使用。

48. Williams（1851）第 289 页。另一方面，郝延平（Hao Yen-p'ing，1986，第 49 页）基于《北华捷报》当时的文章而指出，1859 年时在上海，中国私人发行的汇票可能十分常见。大卫·沙逊公司（David Sassoon & Co.）的商行使用这些汇票从当地人手里购买黄金。1862 年另有一家外国保险公司在签发保单时也愿意接收这些汇票。郝延平指出这些"本土汇票"通常对铸币有溢价。然而在此有必要指出，上海的外国银行通过"拆款"给当地钱庄（所谓"本土银行"）以确保汇票的安全性及其买办的个人利益，这使得汇票使用变得更受公众欢迎。

49. Williams（1851）第 292 页，以及《台伏票》（*The Dai Fook Dollar*, 1927）第 133 页。

50. SOAS, Imperial Maritime Customs Collection, Decennial Reports, 1882—1891, "重庆"（Chungking）第 115—116 页，还可参看 Jernigan（1904）第 93—95 页：

> 银行家们自己是山西人，他们也想雇佣更多山西本地人，如果可能的话，还要选他们自己村的人……每家（山西）银行都发行它们自己的票据，这些票据可支付给持票人，习惯上是客户一有需求即可支付，但有时票据即使发行很多天之后仍可支付。

51. SOAS, Imperial Maritime Customs Collection, Decennial Reports, 1882—1891, "厦门"（Amoy）第 516—518 页。

52. Jernigan（1904）第 84 页。

53. 可参看 Wagel（1914），Kann（1927），以及 Von Glahn（1996a，b）。

54. Chen（1975）第 361 页。《台伏票》（1927，第 132—133 页）估计认为，所有福州金融机构发行在外的纸币总额达 1000 万元，包括 10 万元由外资的美丰银行（American-Oriental Bank）发行的纸币。《福州当地的银行》（1932，447 页）则估计当地银行在福州的纸币发行总额仅有 400 万元。

55. Carothers（1930），黑田明伸（2003）第 1—2 章，以及 Helleiner（2003）第 23—24 页，第 37 页。

56. Triffin（1985），以及 Helleiner（2003）第 38 页。

57. 王业键（1981，第 5 页，第 16 页）认为中国东北主要流通的是铜钱为面值的纸币，而东南一带则更多地流通白银为面值的纸币。

58. 可参看王业键（1981）第 19 页，第 21 页的地图。

59. 王业键（1981）第 102 页。

60. 王业键（1981）第 16 页。有关王懿德，可参看彭信威（1958）第 708 页，第 809 页，第 817 页的注 11，以及《中国近代货币史资料》（1964）第 1 卷，第 237 页，第 458—第 460 页。

61. 有丽如银行在华业务，参看汪敬虞（1983）。

62. SOAS, Imperial Maritime Customs Collection, Decennial Reports, 1882—1891, "汉口"（Hankow）第 177—178 页。

63. 北京故宫博物院《上谕档》，条 3，卷宗号 1169，册 3，祁寯藻给咸丰皇帝的奏本中说道："省城以外府州县所用银票或钱票或番票处处皆然。"还可参看杨端六（1962）第 94—97 页。

64. Capie 和 Webber（1983）。

65. Rawski（1989）135 页的表 3.1，第 157 页的表 3.4，第 364—394 页附录 C。

66. 有关近现代西方现代的民族市场和经济民族主义，可参看 Polanyi（1944），Braudel（1992），Heilperin（1960），以及 Helleiner（2003）第 3 章。

67. Galbraith（1975）第 48 页，Davies（2002）第 459—462 页，还可参看 Mihm（2007）的导言。

68. King（1965）第 25 页。

69. 引自 Burger（2008）第 177 页。

70. Parsons（1900）第 181 页。

71. 黑田明伸（2003）第 137—140 页，第 155—164 页，还可参看 Frost（1970），Hirokichi（1980），Hanashiro（1999）。

72. Maruyama（1999）。Segal（2011，第 169—179 页）指出早在 14 世纪日本就经常使用纸质的土地税汇兑凭证（日语称为"为替"或"割符"）。

73.《明治大正财政史》（1955）第 133 页，表 156；第 144 页，表 173。

74. 人均数据指标取自《明治大正国势总览》（1975）第 144 页，表 173。

75. Maddison（2007）第 24 页。

76. Hsiao Liang-lin（1974）第 191 页。

77. Goldsmith（1983）第 13 页，表 1—6。

78. Maddison（2007）第 24 页。这个计算结果是上限值，因为印度 1900 年的人口应比 1820 年多很多。印度卢比和墨西哥银元的兑换率取自于 Hsiao Liang-lin（1974）第 191 页。

79. Pamuk（2000）第 241—242 页。

80. 由 Pamuk（2000，第 218 页）推算而来。

81. Pamuk（2000）第 210—213 页。

82. Kahan（1989）第 48—52 页，表 1.24。因为俄国在 19 世纪末 20 世纪初时建立了金本位制，原来的不可兑现纸币被改兑为金本位面值的纸币，由公元 1860 年成立的俄国国家银行（Russian State Bank）负责发行。参看 Olga Crisp（1967）第 198 页。俄国开始收兑不兑现纸币时，不兑现纸币的流通总量有 11.317 亿卢布。

83. Sprenger（1991）第 201 页，表 28。有关德国统一前货币供给问题，参看 Tilly（1967）。

84. Cameron（1967b）第 116 页，表 IV.3。

85. Davies（2002）第 484 页，表 9.1，还可参看 Friedman 和 Schwartz（1963）第 30 页，表 5，以及 Martin（1977）。有关"自由银行"的权威文献回顾，参看 Briones 和 Rockoff（2005）。

86. Hao Yen-p'ing（1986）第 107—111 页，还可参见 Tawney（再版，1972）第 58—62 页。

第五章

1. 至 20 世纪初期仍有一些国家让商业银行发行纸币，例如瑞士和希腊。苏格兰的纸币如今仍是商业银行发行。参看 Schuler（1992）。

2. 有关香港独特的货币体系的发展变化，参看 Jao 和 King（1990）。

3. Spalding（1924）第 272—273 页。

4. 有关中国南方地区港币在流通中替代其他当地货币的情况，参看李泰初（1936）第 3—21 页，Schenk（2000）全文。而英国在马六甲所设立的特许商业银行的纸币发行量于 1882 年达到了 7 万元叻币，这对于当地特许商业银行分支行的生存至关重要。这些纸币在邻近的马来亚各邦广泛流通，可参看 Muirhead（1996）224—225 页。

5. 法国东亚地区最具影响力的金融机构是东方汇理银行，其在1919年至1920年间的海参崴发行过印有西里尔文字的卢布纸币，参见Kolsky和Muszynski（1996）第303—306页。阿比西尼亚银行（Bank of Abyssinia）则是英国人开办的埃及国家银行（National Bank of Egypt）的附属行，最早于1906年2月15日在亚的斯亚贝巴（Addis Ababa）和哈拉雷（Harare）设立机构。该银行于1915年在埃塞俄比亚首先发行纸币，之后银行被海尔·塞拉西（Haile Selassie）于1931年收归国有，参看Marcus（2002）第130—146页。有关由英法两国共同所有的奥斯曼帝国银行纸币发行的情况，参看Eldem（1998）第75—110页。

6. Bowen和Cottrell（1997）第107—108页。

7. Cassis（1994）第78页。

8. Jones（1990）第33—34页。

9. 有关英国对其海外私人银行纸币发行问题的立法，参看Chalmers（1893）第27—32页。

10. Grossman（2001）第111页。

11. Jones（1990）第40页。

12. 参看Gonjō（1993）第178—182页，第267—271页；Müller-Jabusch（1940）第215—219页。

13. Jones（1990）第36页

14. Joslin（1963）第137—138页。拉美地区私人银行发行的纸币在20世纪20年代初被国家发行的纸币完全取代了，参看Bulmer-Thomas（1994）第179—180页。

15. Greenberg（1951）第179—184页；Philips（1961）第276—280页；还可参看川村朋贵（2005）第25—39页。

16. Baster（1934）第140—141页，Jalin（1929）第140—142页，还可参看McGuire（2004）第2—4页。

17. 直到1860年，印度才正式批准设立有限责任制企业，可参看Jain（1929）第142—146页。有关呵加剌银行法律地位的变化，可参看Orbell和Turton（2001，第

48—49 页）的总结。丽如银行于 1845 年在香港、广州开设分行，于 1847 年在上海开设分行，参看丁日初（1994）第 2 卷，第 62 页。

18. Baster（1934）第 143—145 页，以及 Davenport-Hines 和 Jones（1989）第 11—12 页。

19. Baster（1934）第 147 页。印度银行或许根本没有开展业务，参看 Orbell 和 Turton（2001）第 70—71 页。

20. Jones（1993）第 23—24 页。

21. 有关格尼银行的清算诉讼，参看《银行家杂志》（*Bankers' Magazine*）第 26 卷（1866），第 2 号，第 848—863 页，以及 King（1936）第 238—256 页。

22. 有关丽如银行破产原因的不同分析，可参看 McGuire（2004）第 14—15 页。

23. 1883 年 12 月丽如银行总资产负债额为 1125 万英镑，其中纸币发行占 6% 以上，参看《银行家杂志》（*Bankers' Magazine*）（1884）第 44 卷，第 664—670 页。

24. Mackenzie（1954）第 146 页。

25. Triffin（1985），Van der Eng（1999），以及横内正雄（1996）第 171—173 页。

26. Davenport-Hines 和 Jones（1989）第 1—4 页。

27. 当时欧洲短期利率为接近年息 8% 的水平，而东亚地区的折借贷款年利率高达 10%。可参看 Baster（1929）第 10—13 页。外资银行进入前，广州的信贷市场利润丰厚，有关这一情况，参看 Greenberg（1951）第 152—156 页，以及 Van Dyke（2005）第 97—99 页，第 150—160 页。

28. 这类统制型银行和英属印度殖民政府有着密切合作，可以独家经营管理政府的账务，但是它们和东方汇兑银行不一样，无权在伦敦筹集资本。有关此类银行的纸币发行情况，参看 Bagchi（1989），第 96—98 页。

29. Baster（1929）第 46—48 页，以及 Hickson 和 Turner（2004）全文。

30. Baster（1929）第 23—24 页，还可参看 Grossman（2001）全文。

31. 一开始人们觉得由私人银行发行纸币要比殖民地政府发行纸币更合适，因为法律对私人银行发行纸币的准备金要求更高，可参看 King（1987），第 1 卷，第 374—

376 页。

32. 1902 年泰国政府决定自行发行纸币，停止汇丰银行、麦加利银行、东方汇理银行的纸币发行流通，参看 Ingram（1971）第 150—155 页。1889 年至 1894 年间汇丰银行在横滨和神户的纸币流通量从 86517 港币降至 5675 港币。汇丰银行在日本的纸币发行量占其纸币发行总量的份额也就从 1.5% 降至 0.057%，参看 King（1987），第 1 卷，第 39 页，第 485 页。

33. 徐寄庼（再版，1970）第 138—140 页，以及丁日初（1994）第 2 卷，第 67—68 页，101 页。

34. 有关中华懋业银行，参看 Pugach（1997）。

35. Chen Shao-teh（再版，1982）第 293—296 页，也可参看《中华民国货币史资料》（1989，第 1 卷，第 894—897 页）引用的当时的记载。

36. 杜恂诚（2002）第 82—83 页，Cheng Linsun（2003）第 75 页。

37. 20 世纪 20 年代以前美国海外银行业务受到参议院法案的限制，参看 Cleveland 和 Huertas（1985）第 76—79 页，Dayer（1981）第 1—3 页，Jones（1990）第 33—34 页，Pugach（1997）第 32—33 页，以及 Wilkins（1986）第 281—282 页。

38. 由于大型英国商行在发行汇票业务上处于领导地位而怡和洋行（Jardine, Matheson& Co.）又是这些商行的头领，这些商行试图坚持在广州和上海建立英属印度的银行。当银行业务专门化的趋势已显得不可避免之时，怡和洋行和其他商贸集团一道建立了它们自己的银行，那就是 1865 年成立的香港上海汇丰银行。可参看 Checkland（1953）全文。

39. 最为全面详尽的货币类比列表，参看 Pick（1990）第 1 卷，第 253—288 页。Huang 和 Wang（2004）第 1 卷，14—54 页，Mao King On（1977）第 2 卷，马传德等（2000）第 23—60 页，《中国纸币标准图录》（1994）第 567—644 页，《资本主义国家在旧中国发行和流通的货币》（1992），以及 Cribb（1987）。有关"自由银行"，可参看 Dowd（1992）全文。

40. 清末民国初期中国货币流通破碎化问题的概览，以及中国金融机构如何效仿外国银行纸币的新奇设计，参看《中国近代纸币史》（2001）全书。有关共产党发行流通的"地下"货币，参看吴平（1994），丁国良和张运才（1993）。

41. 参看香港总督罗便臣爵士（Hercules Robinson）给纽卡斯尔公爵（Duke of Newcastle）的一封急件，日期为1861年3月9日，引自《香港：殖民地部大臣与香港总督关于殖民地货币事务通信的复印件》（Hong Kong: Copy of Correspondence between the Secretary of State for the Colonies and the Governor of Hong Kong upon the Subject of the Currency of the Colony）（1863）。

42. 1867年英国人曾考虑铸造银两单位的货币以供上海使用，但此计划由于中国方面的阻挠而告吹，可参看 Cribb（1987）11页。1925年上海有人尝试发行市内的辅币，但也同样没有落实。可参看《工部局董事会会议录》第23—24卷（1925—1926）。还可参看《东方杂志》第22卷，第12期，1925年6月25日，第46—51页；《申报》1925年4月11日，第14版；《申报》1925年9月6日，第15版；《申报》1926年12月2日，第10版；徐寄庼（再版，1970）第233页。有关香港货币进口到上海的情况，参看 Goodman（1995）。有关英属租界地理空间的扩展，参看 Kotenev（1927）第27—71页；Bickers（1999）第123—131页；高桥孝助和古厩忠夫（1995）第79—85页；Osterhammel（1999）第146—215页。有关相邻的法属租界的制度支撑的观点看法，可参看 Marybon（1929）全文。

43. Murphey（1953）第57—61页。

44. 参看"有关中国货币的记录"（Notes on Chinese Currency），1866年3月22日。SOAS，Charles Addis Papers，PP MS 14/380。

45. 杨荫溥（再版，1972）第194—195页；Lee（再版，1982）第32页；Baba（1922）第2卷，第1432—1433页；Chen Shao-teh（再版，1982）第292页，第300—301页。

46. Hanna、Conant 和 Jenks（1904）第47—49页。这些段落是精琪（Jenks）顾问使团提交予中国政府的报告的一部分，参看后面几页。

47. SOAS，Charles Addis Papers，PP MS 14/380。随后那段备忘录没有标明日期，但取自于"清王朝末期"（the Late Manchu Dynasty）那部分，应当在1911年辛亥革命后不久，而时间相近的调查也得出了相同的结论，参看 Wei Wen Pin（1914）第50页，以及 Arnold（1919）第591页。

48. Ho Hong-Wai（1993）第389—391页。

49. 全面了解晚清经济改革，参看 Ch'en Jerome（1980）第 120—123 页。有关张之洞在经济领域的态度立场，参看李细珠（2003）第 176—192 页。1898 年作为企业家的张謇尝试着兴办他的首家纺织工厂，却筹集不到足够的资金，这让张謇感受到建立新式金融机构的紧迫性。可参看朱志骞（1972）第 20—23 页。

50. 叶世昌（2002）第 599—604 页。

51. 在中国各通商口岸，外国银行享有治外法权而免受中国政府的约束管制。外国银行很少在中国通商口岸以外的地区开设分支机构，除了政治上特殊的北京。

52. 夏东元（1981）第 73—75 页，以及郑观应（1982）第 1 卷，第 685 页。

53. 19 世纪末 20 世纪初，郑观应和清廷其他几位官员认为中国应放弃银本位而改用稳定的以黄金为本位的货币，参看郑观应（再版，1969）第 921—927 页，以及黄鉴晖（1994）第 90—91 页。

54. 郑观应（再版，1982）第 1 卷，第 19—22 页，第 71—75 页。

55. 郑观应（再版，1982）第 1 卷，第 192—193 页。

56. 郑观应（再版，1982）第 1 卷，第 680—681 页，第 683—690 页。

57. 参看 Elvin（1999）全文。

58. McLean（1976）第 292—293 页，第 300—304 页。

59. 在华的外国银行习惯性地抱怨中国货币混杂紊乱的问题，而它们发行的以白银为面值的纸币也不过仅能在特定通商口岸之内流通（不能在各口岸之间流通）而无法根本地缓解这个问题。外国银行的纸币如在发行地以外另一口岸的同一家银行兑换现金，也须打 5% 的折扣，由此可以看出外国银行对中国统一货币的态度十分矛盾。还可参看 Conant（1927）第 598—599 页。

60. 参看乔丹给格雷（Jordan to Grey）的分类报告，日期 1908 年 12 月 11 日，英国国家档案，公共档案馆，伦敦（United Kingdom National Archive, Public Records Office, London，以下简称为 PRO），FO371/435，第 561—562 页，第 570 页。还可参看 Cheng Linsun（2003）第 162 页，第 168 页。

61. Jordan to Grey，日期 1908 年 12 月 11 日，PRO FO371/435，第 561—562 页，第

570 页。

62. 参看 Feuerwerker（1958）第 228 页，第 232 页，以及陈礼茂（2003），还可参看滨下武志（1980）第 459 页。

63.《中国第一家银行》（1982）第 157 页。有关外国公司为中国一些银行印刷纸币的事情，参看 Huang 和 Wang（2004）。

64. Feuerwerker（1958）第 230—231 页，第 233 页，第 240 页（表 24），以及《中国第一家银行》（1982）第 28—29 页。

65. 黄鉴晖（1994）第 100—104 页。

66. Wagel（1915）第 83 页，Hall（1921）第 20—23 页。

67. 姜宏业（1991）第 3—17 页，黄鉴晖（1994）第 96—104 页。

68. Hao Yen-p'ing（1970）第 109—112 页。

69. Feuerwerker（1958）第 54—56 页。在中国通商口岸的侨民团体呼吁英国政府动用武力以对中国内地实施有效控制，而英国外交政策制定者们对这样的呼吁感到很反感。早在 1852 年的《米切尔报告书》（*Mitchell Report*）中，英国外交部就声称不要指望军事干预能给英国贸易出口起多大促进作用，因为中国经济被认为是自给自足的。参看 Pelcovits（1948）第 15—18 页，Moulder（1977）第 107—109 页。

70. 例如麦加利银行直到 1928 年才把一部分纸币准备金存放在上海。在此之前，上海只有一部分用以支持当地负债的金属准备金，而准备金率也是由分行经理决定，可参看汇丰银行集团的档案，伦敦（Hongkong and Shanghai Banking Corporation-Group Archives，以下简称为 HSBC GA），Ms 31519/1—101。汇丰银行早期来自上海的报告中也无法证明存在一笔特殊的纸币准备金。出于同样原因，分行金属准备金总额也不低于当地分行经常账户总额的三分之一，可参看 Allen 和 Donnithorne（1954）112 页。然而麦加利银行上海分行的资产负债表表明，这一规则并不同时适用于其他银行。有关监管不足的问题，参看 King（1987）第 4 卷，序言，第 40—41 页。

71. 通商口岸的纸币也可在香港兑现，因此除了汇丰银行以外所有英国的银行都面临准备金重叠的问题。数据图表收录于《叻屿呷政府志》（*Straits Settlements Government Gazette*）第 32 卷，第 33 号，1898 年 6 月 10 日，第 665 页，这个记载表明19世纪末20世纪初以前，麦加利银行被要求在新加坡和槟城当地保有纸币发行总量四分之一的贵金属准备金，而汇丰银行则可以利用其在香港的准备金充作其在叻屿呷发行纸币的准备金。可参看 King（1987），第1卷，第120—122页。

72. 双倍和无限制的负债意味着银行破产的情况下，银行纸币持有者与其他债权人相比应当受到优先待遇。因此，如果银行亏光了所有资产而无力给所发行的纸币兑现，纸币持有者可要求银行利益相关人用其个人资产进行相应或者没有额度限制的偿付。

73. 斯里兰卡咖啡种植园的破产拖垮了丽如银行，有关这一情况，参看 Bandarage（1983）第77—79页。

74. Chiang Hai Ding（1963）第356—360页。

75. 参看汇丰银行总经理诺博给香港殖民地辅政司司长骆克的信函（G. E. Noble to J. Stewart），日期1889年6月8日，PRO CO 129/241，第621—624页。

76. 参看财政部给殖民地部副大臣的信函（Treasury letter to Under Secretary of State for the Colonies），日期1890年2月22日，PRO CO 129/248，第273页。自20世纪头十年起，必须进行债券回购，以确保英国在亚洲各家海外银行纸币发行的安全稳定。由于债券是附息的，所以新的证券准备金资产和以往不带收益的金属类资产不一样。

77. Treasury to Under Secretary of State for the Colonies，日期1890年7月18日，PRO CO 129/248，第295—296页。

78. Treasury to Under Secretary of State for the Colonies，日期1890年8月4日，PRO CO 129/248，第299—300页。

79. Nelson（1984）第157—159页，Tom（1964）第50—56页。帝国晚期的中国人对纸币有着根深蒂固的不信任，可参看 Cheng Linsun（2003）第160—161页。

80. King（1987，第1卷，第487页）认为汇丰银行反对在叻屿呷设立法定货币，因为汇丰银行在当地发行的纸币很难迅速地收回并再转送到中国发行以满足中国的货币需求。这个解释忽视了一点，那就是汇丰银行在叻屿呷通过发行纸币获得了不菲的利润，而利润是和发行量成比例的，相比较而言在香港发行纸币利润就没那么多，只是在中国春节之前当地货币需求较旺盛。所以与之相反的一个观点或许是对的：汇丰银行担心香港和通商口岸对纸币的需求很少，在那里发行纸币或许不能抵补失去叻屿呷纸币发行权带来的损失。有关各家东方汇兑银行反对叻屿呷货币改革的详细情况，参看 Chiang Hai Ding（1963）第 355—357 页，以及 Nelson（1984）第 190—197 页，第 223—229 页。

81. 英国在货币方面对香港和叻屿呷的治理到底呈现出了怎样的不同，还是一个未得到深入研究的问题。

82. 参看《叻屿呷政府志》(Straits Settlements Government Gazette) 第 32 卷，第 33 号，1898 年 8 月 10 日，第 665 页。

83. 同上；有关麦加利银行，《叻屿呷政府志》显示准备金资产有一次突破：83 万新加坡元是叻屿呷殖民地政府储备的银元，23.7 万新加坡元是存在新加坡的年息 5% 的日本政府债券，还有 26.6 万新加坡元是存在伦敦由英联邦代办（Crown Agents）保管的年息 2.5% 的英国主权债券。

84. 麦加利银行公布的净利润按时间顺序列在了 Jones（1993）表 A5.1 当中。

85. 参看 HSBC GA F1.1，其中有汇丰银行在曼谷纸币发行的简要说明"纸币发行"（The Note Issue）。麦加利银行于 1898 年开始在曼谷发行纸币，1902 年该行在当地的纸币流通量达 40 万提卡。参看麦加利银行档案，市政厅图书馆，伦敦（Archive of Chartered Bank of India, Australia and China, Guildhall Library, London，以下简称为 CBIAC GL）Ms 31519/15。东方汇理银行在曼谷开始大量发行纸币则是在一年之后了，而且此后发行量迅速减少。1902 年东方汇理银行纸币流通量有 86.5 万法国法郎，相当于 43 万提卡。参看 Gonjō（1993）第 181—182 页。

86. 参看汇丰总部给上海的半官方（S/O）备忘录（from Head Office to Shanghai），日期 1899 年 11 月 3 日，HSBC GA SHG 1-51。

87. 在香港的广东人越来越多地使用纸币而非传统的银锭来进行传统的借贷活动，而传统借贷活动多在春节前后进行。

88. 可参看 King（1987）第 1 卷，第 68 页。

89. S/O from Head Office to Shanghai，日期 1904 年 11 月 17 日，HSBC GA SHG 1-51。

90. 参看上海分行给总部的彼特·史密斯的信函（Shanghai branch to Peter Smith in Head Office），日期 1908 年 3 月 12 日，HSBC GA London II-670；"流通的纸币"（Notes

Outstanding），HSBC GA SHG 1-51。

91. S/O from Head Office to Shanghai Branch，日期 1911 年 12 月 30 日，HSBC GA SHG 1-51。

92. S/O from Head Office to Shanghai Branch，日期 1911 年 12 月 30 日，HSBC GA SHG 1-51。1910 年以前私人银行在澳大利亚发行纸币要被政府征收 2% 的税，而人们一般认为银行发行纸币可获得 2.5% 到 3% 的利润。参看 Vort-Ronald（1982）第 35 页，第 253 页。

93. SOAS，Charles Addis Papers，PP MS 14/21，日期 1903 年 3 月 7 日。

94. 参看"收兑和发行的纸币"（Notes Received and Issued），HSBC GA SHG 1-51，日期 1901 年 10 月 24 日。试图伪造外国银行纸币的现象日益增多，也可由《泰晤士报》（Times，1908 年 9 月 22 日，第 6 版）的一段文字所证明："日本的贸易问题中，对在华外国人而言最重要的是侵犯商标权、伪造外国银行纸币和日本仿造的中国各省纸币输入中国。"

95. 有关 1925 年排外浪潮的掀起，参看 Rigby（1980）第 38—56 页，还可参看 Borg（1947）第 39—40 页，以及 Waldron（1995）第 241—244 页，第 255—256 页。

96. Mackenzie（1954）第 236—237 页；《大陆报》（China Press）于 1925 年 6 月 25 日的第 1 版中报道说："汇丰银行的一些办公室勤杂工已经罢工了。"

97. Wright（1984）第 130 页。

98. 例如一些中国银行家期望顾客的剩余财富只存在中资银行，可参看《北华捷报》（North-China Herald），1925 年 9 月 19 日，第 338 页。

99. 长远看，麦加利银行在上海的"无形"资产，如定期存款，并不像银行发行流通的纸币那样容易受排外运动的影响。实际上，麦加利银行的资产负债总额从 1925 年 6 月的 1620 万两白银增长到 1926 年 6 月的 1830 万两。参看 CBIAC GL Ms 31519/83 & 86。

100.《北华捷报》最早报道这场运动是在 1925 年 6 月 6 日那一期（参看 414 页，416—417 页）。该报承认罢工罢市导致上海市陷入了停顿，还承认在北京、上海发起运动的学生已经某种程度上成功实现了其宣称的目标之一，那就是对英资银行的封禁抵制。然而英资企业的管理者们并未应邀来评价抵制活动影响的严重性。有关外国侨民媒体对北京、上海学生发起运动抵制准外国纸币并要求人们从外国银行取出存款的报道,可参看《南华早报》(*South China Morning Post*),1925 年 6 月 2 日,第 8 版,以及 1925 年 6 月 6 日,第 12 版。

101. 参看《民国日报》1925 年 6 月 3 日的报道,《五卅运动史料》(1981) 第 214 页有引录。

102. 洪葭管 (1989,第 18—19 页) 估计 1924 年底主要中资银行存款总额为 14 亿银元,而到 1926 年底这一数额则达到 24 亿银元。

103. 参看 CBIAC GL Ms 31519/78 至 83。

104. 参看《时事新报》1925 年 6 月 4 日报道,《五卅运动史料》(1981) 第 199 页有引录。

105. 《北华捷报》历来替那些鄙视中国民族主义情绪并对"中国人的秉性"发表种族主义言论的外国侨民发声,有关这一情况,参看 Clifford(1991)第 117—118 页,第 241 页,第 278—279 页。

106. 《公理日报》1925 年 6 月 8 日报道,上海的汇丰银行突然发生挤兑使得银行现金储备耗尽,而麦加利银行纸币持有者也正急于将纸币兑现。据说这两家英资银行直至获得两家钱庄帮助兑付其纸币之后方才脱困,两家钱庄是秘密决定施以援手的,而且向两家银行索要了高额的费用,此事情引录于《五卅运动史料》第 200—201 页。尽管《申报》早在 1925 年 6 月 4 日就在其前几页打广告宣传替代英国牌子香烟的商品,而且报道了学生们要求抵制准外国纸币的消息(第 2—4 版,第 13—15 版),这家报纸的态度仍然相对温和克制。

107. 《中国银行行史》(1995) 第 78 页。

108. 杜恂诚(2002)第 83—84 页,还可参看杜恂诚(2003)第 81—89 页。

109. Fewsmith(1985)第 65 页。

110. 《银行周报》,第 9 卷,第 29 号,1925 年 8 月 4 日,第 410 页。有关 20 世纪 20 年代上海商业储蓄银行的背景信息,参看曾宪明(2000)。

111. 参看殖民地部和几家东方汇兑银行之间的信函往来(the Colonial Office and the

Eastern Exchange Banks），日期 1925—1926 年，PRO CO 129/510/1。

112. 柯尼士的话引自《麦加利银行：东方市场的条件》(Chartered Bank of India, Australia and China: Conditions in Eastern Markets，1926）。

113. 基于 Jones（1993）表 A5.1 数据计算。根据上海分行调整过的会计分录，我们有道理推断认为 1925 年麦加利银行利润下降中有至少 30% 是由于上海分行经营绩效不佳，参看 CBIAC GL Ms 31519/83。尽管 1925 年汇丰银行经营绩效比较好，但是其管理人员仍受了长期抵制的警示，参看《经济学人》(The Economist）的相关报道，1926 年 4 月 17 日，第 791—792 页。

114. 基于 Green 和 Kinsey（1999，第 199—212 页）计算得出。

115. Osterhammel（1989）193—194 页，上海公共租界由英国人开办的商场几乎是专为外国人提供服务的。当地领衔的中资连锁百货店永安公司（Wing On）和先施公司（Sincere）是由海外华侨出资开办的股份制企业，似乎在 20 世纪 30 年代以前没有从外国银行大规模借入过资金。可参看 Chan（1977）全文。

116. Cochran（1980）第 177—178 页，还可参看 Remer（1933）第 101—112 页，第 121 页。

117. Cochran（1980）第 182—230 页。Clifford（1991，第 132 页）持有类似的结论。

118. Rigby（1980）第 142—146 页，还可参看 Clifford（1991）第 137 页。

119. 集成自以下文件，HSBC GA: SHG II-1023；SHG 343.1-5；SHG II-1044；London II-Box8 Item 127（检查员对上海的报告 Inspector's Report on Shanghai）；GHO 96.2；GHO13.2；SHG LEDG 294。以及 PRO: FO 371/13193；FO 371/18130；1935 年年末情况基于 King（1987）第 3 卷，第 247 页。

120. 这一点在一封信中已经得以明确的表达，题目为"北京机构的纸币发行"，由巴洛寄给汇丰上海分行的伯克（A. E. Baker），日期 1924 年 4 月 16 日，HSBC GA SHG II 576。巴洛在信中主要向伯克解释说，汇丰在中国大陆的纸币发行会降低其在香港的纸币发行能力。巴洛还告诉伯克"不建议"汇丰把在北京的纸币发行额提升到 60 万元以上，因为北京作为首都的政治风险会使得汇丰银行的纸币大受欢迎，甚至任何额外发行的纸币都能被人们收走囤积，这就减低了银行调整大陆和殖民地香港之间相对货币流通规模的能力。而汇丰银行纸币在香港对其他货币存在溢价的问题，也是20世纪20年代到30年代间香港政府和伦敦财政部之间经常讨论的议题，但是稍有资料表明汇丰纸币在中国大陆对金属货币也有类似的溢价。可参看巴洛给希尔利乐（Barlow to Hillier），日期1922年1月6日，HSBC GA SHG II 576。这封信中巴洛详述了第一次世界大战爆发之际中国大陆各分行的大量客户正在把存款从银行中提走的情况，但是客户们经常是要求支付汇丰银行的纸币而非白银。

121. 上海和伦敦的股价，分别来自于《北华捷报》和《金融时报》（*Financial Times*）。有趣的是，只在伦敦交易的麦加利银行和有利银行的股票，其价格在同一时期内下跌的要少。

122. 香港的股票价格来自于《南华早报》，香港的股票交易在1925年7月到11月间被暂停了，因为受排外运动的影响。可参看 Ku Hung-ting（1983）第863页。

123. 可参看 King（1987）第3卷，第62—63页。令人意外的是，五卅运动没有出现在这部著作第3卷的索引中。类似的是，第3卷也没有讨论1927年以前在华纸币流通的变化情况。

124. 巴洛给施迪（Barlow to Stitt），日期1925年6月19日，HSBC GA GHO 13.2, folio 28。施迪在汇丰银行工作36年之后于1926年辞职，参看 King（1987）第3卷，300页。中国报刊对当时抵制准外国纸币产生的影响有所报道，但由于缺少外国金融机构的可靠数据，难以确认这些报道是否可信。1926年10月10日，《经济学报》（第2卷，第2期，第271页）曾有报道说：

> 汇丰银行的纸币自纸币（重新）进入中国以来就颇受欢迎。去年五卅惨案的发生，中国人呼吁中断（与英国之间的）经济往来，自此汇丰纸币在中国的部门机构的流通多少（减少了），而在外国部门机构的流通却完全没受影响。

125. 关于此观点，参看 King（1987）第3卷，第62—63页。

126. Addis to Stephen，日期1921年6月15日，HSBC GA F1.1，"总会计师处保存的几项文件中有关的纸币发行/回收情况的文件"（The Notes Issue/Extracts from Sundries File Kept in the Chief Accountant Office）。

127. Undersecretary of State at Colonial Office to the Foreign Office，日期1921年6月2日，PRO FO 371/6650，第154页。

128. Hong Kong Colonial Treasurer to Barlow,日期1925年6月25日,HSBC GA GHO 13.2,第45页;Stitt to Barlow,1925年6月30日,HSBC GA GHO 13.2 folio 52。

129. Barlow to Stitt,日期1925年7月3日,GHO 13.2, folio 50。

130. 转引自潘连贵(2004)第126—127页。据流言说,所提到的中资银行是虞洽卿的四明银行,但四明银行很快否认了这样的流言,参看杜恂诚(2002)第84页,还可参看杜恂诚(2003)第85—86页。

131. 参看《热血日报》1925年6月7日,第2版。

132. Barlow to Stitt,日期1925年7月3日,HSBC GA GHO 13.2, folio 50。

133. 实际上,之所以汇丰银行在1925年到1926年间港币发行量增加,原因是暂停兑付铸币而且当时"本土"银行发生了挤兑。有关背景的更多细节,参看《南华早报》1925年7月2日,第2版。

134. Stitt to Barlow,日期1925年7月2日,HSBC GA GHO 13.2,第54页。其中施迪电报的措辞表明银行纸币与经常账户和定期存款相比更容易受到时常发生的挤兑的影响,因为纸币是可按需求予以兑现的。

135. Stitt to Barlow,日期1925年7月8—9日,HSBC GA GHO 13.2,第69页。

136. Stitt to Barlow,日期1925年7月13日,HSBC GA GHO 13.2,第71页。

137. Stitt to Barlow,日期1925年7月16日,HSBC GA GHO 13.2,第81页。

138. Barlow to Stitt,日期1925年8月5日,HSBC GA GHO 13.2,第111页。

139. Barlow to Stitt,日期1925年8月17日,HSBC GA GHO 13.2,第121—122页。

140. Barlow to Stitt,日期1925年7月24日,HSBC GA GHO 13.2,第83页。

141. Barlow to Stitt,日期1925年6月23日,HSBC GA GHO 13.2,第43页。这封电报中巴洛指出,在所有其他事务中,"汇丰总部(在香港)的纸币发行大幅增长了,因而我们或许需要请求在上海至少增加200万元的(由领事保管的准备金)存款。"有关当时香港情况的详细信息和对港币纸币的特殊需求,参看《泰晤士报》1925年

6月23日，第16版，还可参看 Sinn（1994）33—35页。然而总的来看，汇丰银行在全球的纸币流通量从1924年12月的4960万港币跌至1925年12月的4520万港币，参看《银行家》(*Bankers' Magazine*) 第121卷，643—644页（1924），768—777页（1925）。1925年到1926年间，麦加利银行在上海和香港的纸币发行流通情况则是以类似的方式负相关。

142. Barlow to Stitt，日期1925年10月5日，HSBC GA GHO 13.2，第225—226页。

143. 《中国的对外贸易》(*The Foreign Trade of China*，1926) 第1页。中国商会1925年到1926年的年报中也提到反英运动很大程度上正在"减弱"，参看SOAS CHAS/A8。

144. Barlow to Lowson，日期1926年6月4日，HSBC GA GHO 13.3。

145. Head Office to Lowson，日期1926年8月24日，HSBC GA GHO 13.3。

146. 参看 Remer（1933），全文各处。

147. 参看 Chen（1971）。

第六章

1. Tamagna（1942），King（1965，1987），以及 Jones（1993）。

2. 可参看 Cheng Linsun（2003），Sheehan（2003）和 Horesh（2009a）。

3. 参看 Metzler（2006）第57页，第108页。也可参看 Schiltz（2012a）全文各处。有关二战前日本在国际金本位制中的地位，可参看 Eichengreen 和 Flandreau（1997，5页）这一经典研究。

4. Tamaki（1995）第111—168页，Metzler（2006）第199—217页。

5. 近代中国的许多新式银行都聘用来自西方各国的顾问，参看《中国金融机关》（1919）。本章中我不打算讨论那些经由中国政府批准而发行纸币的中外合资银行。不过在此还是有必要提一点，那就是1918年成立的中华汇业银行（Exchange Bank of China）是一家著名的中日合资银行，它也可以在中国发行纸币，但是受1928年的反日运动影响而遭到了麻烦。

6. Eckert（1996），Manela（2007），Wells（1985）。

7.《横滨正金银行全史》，第2卷，32页，144页；《明治大正财政史》(1955)，第14—16卷。更充分地了解近代早期日本的货币银行史，参看野田正穗（1980），Tamaki（1995），Kuroda（2006），以及石井宽治（2007）。有关台湾殖民地经济，参看 Ho（1978）第3章。松方正义以比利时国家银行为样板一事，参看 Schiltz（2006）。1947年，驻日本盟军最高统帅（SCAP）将横滨正金银行重组为东京银行（Bank of Tokyo），现在已经变为东京三菱银行（Mitsubishi Tokyo Bank）。第二次世界大战后，驻日本盟军最高统帅也类似地将日本其他设立已久的半官方银行（日本所谓的"特殊银行"）重组，改为纯粹私人经营的银行，这些银行最初是仿照德国与法国模式而特许设立的。这些银行通常有大量的私人参股，但也获得了日本政府的大力扶持，而且它们对日本军事和工业的现代化起了重要作用。

8. Tamaki（1995）第69—73页。

9. 吴筹中（1989），《资本主义国家在旧中国发行和流通的货币》（1992）第27—35页，还可参看 Pick（1990）第1卷，第285—288页。

10.《横滨正金银行全史》，第2卷，第144页。

11.《横滨正金银行全史》，第6卷，第399—401页，有关横滨正金银行实收资本的数据，参看《日本经济百年统计》（*Hundred-Year Statistics of the Japanese Economy*）（1966）第166—167页。1亿日元的限额一直保持到1945年。

12. Wray（1989）第61页，邓成福（1995），Metzler（2006）65页，以及郭予庆（2007）第117页。

13. 平智之（1982），其观点得到了 Wray（1989，第44—47页）的支持。

14. 石井宽治（2002）。D. K. Lieu（1929，第86页）明确地指出本地存款的重要性：

> 中外客户的存款，尤其是储蓄和长期存款，经由（外国银行之手）在（中国或者）其他国家进行投资……我们尽管可以获得所有分支银行合并精简的资产负债表，但是仍不能单独地获得有关其在中国分支行的可靠数据。如银行将客户存款用于投资的方式，有关于此的详细信息仍然无法获得。

15. 郭予庆（2007）第189页，第191页。

16. 有关"拆款"和1910—1912年上海的金融危机，参看Bergère（1964），McElderry（1976），Nishimura（2005）。

17. 有关大清银行，参看孔祥贤（1991）。

18. 有关法币改革对外资银行在华纸币发行的影响，参看Horesh（2009c）。

19. 高纲博文（1995），郭予庆（2007），还可参看Remer（1933）。

20. 菊池桂晴（1966）第182页。

21. 可以参看《山东出兵和排日货运动》（1927）。

22.《通商公报》1919年6月16日（长春）和1919年7月17日（芝罘）。

23. 可参看日本亚洲历史资料中心的情报报告，报告时间1919年11月20日，卷号1-0517，页号0273，参看网站www.jacar.go.jp/english/index.html，更新时间2012年9月12日。

五四运动掀起的排外浪潮引发了日本人对其在华商贸业务的担忧，有关这一问题可参看Banno（1989）第314—317页。不过，Banno并没特别讨论排外运动对银行业的影响。

24. Fung（1991）第44页。

25. 林原文子（1983，第47页）的案例研究很好地阐述了1919年至1937年作为当时排外运动重要内容之一的抵制准外国纸币运动的失败。林原文子概略地记述了1919年天津的学生们试图迫使商人将日资银行的纸币兑现，但是如其他学者一样，林原文子并未分析天津的日资银行到底最后怎样了。而天津最早发生的抵制准外国纸币的运动是在1916年，对象是法国人经营的中法实业银行。参看Sheehan（2003）第82页。

26. 参看《五四运动在上海史料选辑》（1961）第11页，第215页。

27. 参看任建树（1996），11—16页，以及《五四运动在上海史料选辑》（1961），第212—213页，第689—692页。

28. Baster（1935），Davis（1982），还可参看Horesh（2009a）。

29. Remer（1933），还可参看 Horesh（2009a）。

30. 参看《上海事情》(1924) 第 131 页，以及 Orchard（1930）第 252—254 页，还可参看潘连贵（2004）第 130 页。

31. 抵制日资银行纸币的运动在 1923 年再度兴起，因为那一年日本不肯交还其在中国东北的租借地。参看《北华捷报》1923 年 4 月 14 日，第 81 页。

32. 可参看《北华捷报》1925 年 8 月 8 日，第 1925 页，有皇家亚洲学会上海分会成员苏柯仁（Arthur Sowerby）的文章，还可参看 Orchard（1930）第 256 页。

33. 可参看《申报》1919 年 11 月 27 日，第 6 页,《申报》1919 年 11 月 18 日，第 10 页。五卅运动期间类似的文章，可参看《东方杂志》第 22 卷，第 22 号,1925 年 11 月 25 日，第 59—63 页；《东方杂志》第 22 卷，第 24 号，1925 年 12 月 25 日，第 59—63 页。

34.《横滨正金银行全史》第 2 卷，第 360 页，第 385 页。20 世纪 20 年代早期横滨正金银行或许试图增加其在汉口的纸币流通量，以抵补上海对其纸币需求的减少。

35.《横滨正金银行全史》第 1 卷，第 336 页。

36. 有关袁世凯的干涉主义政策，可以参看 Cheng Linsun（2003）第 37—57 页。

37. Wray（1989）和 Gerth（2003）全书。

38. Chung Young-Iob（2006）第 15—16 页。

39. Palais（1991）第 8 章；Duus（1998）第 90—96 页；Chung Young-Iob（2006），第 28—29 页，第 58 页，第 61—65 页；Schiltz（2012a）第 3 章。

40.《朝鲜银行史》(1987，第 26—29 页)，Duus（1984）第 152—157 页指出 1909 年第一银行汉城分行的存款大部分都来自李氏王朝治下的朝鲜人，可参看 Horesh（2009a），以及海关收入和日本人以外的外国人。

41. Sukawa（2009）。15 世纪中国式的纸币（楮货）也曾在朝鲜发行，但在 16 世纪就退出了流通。

42.《朝鲜货币史》(*The History of Korean Money*,1969) 第 136—149 页。《朝鲜银行史》(1987) 第 26—29 页。Oh Doo-Hwan（1987），以及 Pratt、Rutt 和 Hoare（1999）第 81 页。

43. McNamara（1990）第 42 页，以及 Chung Young-Iob（2006）第 131—132 页，第 156—194 页。第一次世界大战期间亚洲经济实现了爆炸式的增长，在朝鲜新开设了一些私人经营的小型银行（其中有朝鲜人自己开办的），但是到 20 世纪 30 年代，这些银行绝大多数都破产了。朝鲜殖产银行的开办是为了给在朝鲜的日本企业所经营的矿业、工业，及其大规模的土地并购筹集资金。而同样以产业发展为导向的"特种银行"并未在台湾设立，因为台湾这块殖民地在二战以前仍高度依赖农产品（糖、大米和茶叶）出口。这些农产品大多为日本贸易公司所控制，但是其种植仍大多是由拥有小块土地的中国农户们进行。参看 Helleiner（2003）第 175 页。

44.《朝鲜银行史》（1987），历史附录（Historical Appendix）。

45.《朝鲜银行略史》（1960）第 7—10 页，第 748 页。

46. 朝鲜银行最早于 1909 年在中国安东（今丹东市）开设了分行。朝鲜银行的金本位日元券在中国广东的租界里也是法定货币。同时，横滨正金银行也在大连发行以白银为面值的纸币。参看 Mitter（2000）第 61 页。

47. 石川亮太（2002）。

48. Suleski（1979）第 643—660 页，以及 Suleski（1994）第 75—88 页。

49. 参看《朝鲜银行史》（1987）第 11 页，表 1；第 227 页，表 2—32。Rawski（1989，第 377 页）也类似地发现朝鲜银行发行的纸币中有三分之一在满洲地区。《通商公报》1917 年 7 月 17 日那一期有报道说，芝罘（烟台）当地流通货币中四分之一是横滨正金银行和朝鲜银行的纸币。

50. 安富步（1997）第 53—54 页，以及安富步（1998）第 1—5 页。

51. Mitter（2000）第 121 页。有关 1935 年中国白银的外流，参看 Burdekin（2008b），这是该领域开创性的实证研究。有关东亚地区的"大萧条"时期，参看 Shiroyama（2008）。

52. 安富步（1998）第 5—7 页，还可参看 Jones（1949）第 124 页。

53. 戴建兵（2001）。

54. Howe（2001）第 38 页，以及 Andrade（2006）。

55. Perez（1999）第 173 页，Tamaki（1995）第 24—27 页，还可参看 Chang 和 Myers（1963）。

56. Davidson（1903）第 173 页，岸本美绪（1997，第 359—363 页）指出 18 世纪中期台湾地区多数私人间签订的合同所使用的货币单位是银元而不是银两，而大陆地区货币单位由银元向银两过渡则是 19 世纪晚期的事情了。在清朝支持下的反割台斗争中，台湾首次发行了数量可观的纸币，但是这些纸币在台湾为日本占领之后就销声匿迹了。参看《中国近代纸币史》(2001)，台湾部分。日本人在台湾的统治巩固后，许多中国商人作为日本人又迁到大陆定居，他们可以享受治外法权的保护，也就比本地中国商人有优势。台湾人开办的经营汇兑业务的商行在 20 世纪头十年间的厦门得以繁荣发展，而且可以把许多当地台湾银行的业务转接过来。参看 Lin Man-houng（2005）第 230—231 页。

57. Chen I-Ten（1970）。

58. 和台湾与朝鲜不同，新加坡自 1907 年就完全由政府承办货币发行了，私人银行纸币的发行流通因而停止。参看 Nelson（1984）。

59. Davidson（1903）第 618 页，以及 Schiltz（2012a）第 2 章。

60. 日本人把在大阪铸造的日元金银货币带进台湾岛，但并不在台湾本地铸造。和在朝鲜流通铸造于大阪的货币不同，带进台湾的铸币没有当地文字和图案。各类银币的样式无所不有，但到了第一次世界大战时所有银币都在台湾消失了，当时全球银价飙升。参看袁颖生（2001）。

61. 有关台湾银行的完整历史，参看《台湾银行史》(1964)。

62. Boomgaard 和 Brown（2002）。

63. Jansen（2002）第 534 页，以及加藤俊彦（1988）第 341—342 页。

64. Howe（2001）第 47—48 页，还可参看 Ho（1978, 1984），Myers 和 Yamada（1984），Mizoguchi（1972），以及 Mizoguchi 和 Yamamoto（1984）。

65. 台湾银行只在中国大陆发行过以当地银元为面值的纸币。首次发行是在厦门（1905）和福州（1906），后来又在汕头（1908）、九江（1913）、上海（1912）和汉口（1915）发行过。参看 Pick（1990），第 1 卷，第 284 页。

66. 1904年年末,台湾银行的银本位日元券在全岛流通总量达267.3万日元,到1905年年末,降至31.8万日元。1906年,银元纸币的发行停止了。1909年银本位日元券流通总额仅剩下2万日元了。参看《台湾银行四十年史》(1939)第44—46页。

67. 总体来看,台湾银行在中国大陆发行的纸币额仅占其纸币发行总额的10%。参看《资本主义国家在旧中国发行和流通的货币》(1992)第32页,Jin Zhaojin(2002)第143—145页,以及《台湾银行四十年史》(1939)第227页。有关早先欧洲发行小面额纸币的历史,可参看 Helleiner(2003)第55—57页,第71—75页。有关日本银行、朝鲜银行和台湾银行的纸币发行额,参看 Field(1934)第328—329页。

68. 《台湾银行四十年史》(1939,第45—46页)和《朝鲜银行史》(第1987,第202页,表2—23)数据的比较显示,台湾银行的金属准备金和总准备金比率都比朝鲜银行高。比如1920年,朝鲜银行总纸币发行量多达1.14亿日元,而其准备金总额4990万日元,准备金率只有43%。而1921年台湾银行纸币发行量则比朝鲜银行小得多,仅有3580万日元,相应的金属准备金就有2220万日元,占了纸币发行额的62%,而台湾银行当年总准备金率则是100%。

69. 参看《台湾银行四十年史》(1939,第58页,第228页)对这一影响的引述。

70. 可参看《明治大正财政史》(1955),第16卷,第321—325页,第419—424页,和第15卷,第87—93页;日本殖民时期朝鲜人生活水平的变化趋势,参看 Kimura(1993)。有关台湾,参看 Howe(2001)。此问题的综合评价,参看 Mizoguchi(1972)。

第七章

1. Wu,Pan 和 Wang(2010)第64页。

2. 可参见 Hefeker 和 Nabor(2005)。

3. Olsen(1983),Ritchie 和 Park(1987)。

4. 相关的经典理论探讨,可参见 Von Mises(翻译版,1982)和 Menger(1909)。

5. Wu,Pan 和 Wang(2010)第66页。

6. Wu,Pan 和 Wang(2010)第79页。

7. Cribb(1996),Lucassen(2007)第35页。

8. Sewell（1904），Sidebotham（1986）第 27—30 页，Turner（1989）。铸造于 9 世纪至 10 世纪印度北方的货币，曾在苏联乌拉尔（Urals）以西地区有过少量发现。参见 Wink（2002）第 128 页。

9. Hall（1999），Van Aelst（2007）第 108—109 页。

10. Ghosh（1989）196 页，Honda（2007）。

11. 小叶田淳（Kobata, 1971）。Segal（2011, 59 页，第 101—106 页，第 184—213 页）指出，在镰仓晚期的日本，宋朝所铸的铜钱取代了布匹和生丝而成为主要的交易媒介，甚至幕府将军都不得不准许宋朝铜钱的使用。

12. Robequain（1944）。

13. Wicks（1992）第 19—75 页，第 157—161 页，第 225—250 页。

14. Codrington（1975）第 166 页，Van Aelst（2007）第 97—106 页。在斯里兰卡发行的最古老的中国铜钱可追溯至公元 9 世纪，而在印度南部发行的一些中国铜钱可追溯至公元 7 世纪。

15. Raschke（1978）第 1070—1071 页，Greste（2010）。有关近代以前印度货币在非洲的情况，可参见 Chittick（1980）第 123 页。

16. Miyamoto 和 Shikano（2003）第 170—171 页，Kim（2005）第 94 页，Honda（2007），以及 Segal（2011）第 203—211 页。

17. Van Aelst（2007）第 107 页。

18. Van Aelst（1995）和 Heng（2006）。

19. Reid（1993）第 107—108 页，Wolters（2006）。

20. Van der Eng（1999）第 63—66 页，以及 Helleiner（2003）第 165 页。

21. Horesh（2008）。

22. Vogel（1983），Horesh（2008）第 5—8 页。

23. 《明治前日本矿业技术发达史》（1982）。

24. Horesh（2004）。

25. Weber（再版，1964）第 283—291 页。

26. Von Glahn（1996a）第 145 页，以及 Kuroda（2000）。

27. 有关铜合金铸币（billon），参看 Munro（1974）。

28. Kuroda（2009）。

29. Kuroda（2000）第 187—188 页。

30. Horesh（2009c）。

31. Burdekin 和 Whited（2005）。

32. Schottenhammer（2001）。

33. 石雷（1998）第 20 页。

34. 陈明远（2009）第 168 页。

35.《中国银行行史》(1995)。

36. Naughton（1996） 第 26—56 页；Lardy（1998） 第 61 页；Burdekin（2008a），76—82 页；张杰（2010）第 182 页。

37. Burdekin 和 Whited(2005)。有关日本人造的假币，可参看 Kotani（2009）第 45 页，所谓国民党造的假币，可参看 Hung Yin-hang（1970）。

38. 有关人民币单位的演化，参看中国人民银行的官方数据 www.pbc.gov.cn/publish/huobijinyinju/387/1590/15901/15901_.html，更新于 2012 年 9 月 19 日。

39. Burdekin（2008a）第 14 页，张杰（2010）184 页，Liew 和 Wu（2007）第 29—49 页。

40. 李平和杨清仿（1999）第 85—88 页。

41. Dukes（2001）第 101—107 页。

42. Schenk（2009）第 6—7 页。

43. 1983年的公告在中共中央机关报《人民日报》上发布,可参看人民日报的网站 www.people.com.cn/item/flfgk/gwyfg/1983/112203198306.html,更新于2012年9月19日。

44. 1993年官方公告可参看中国人民银行网站 www.pbc.gov.cn/publish/bangongting/91/1590/15900/15900_.html,更新时间2012年9月19日。

45. Chung 和 Tongzon(2004)。

46. Tao Yi-feng(2011)第116页;Burdekin 和 Siklos(2008);Singleton(2011)第218—219页。

47. Tseng Wanda(1994)第7页,Drumm(1994—1995);Lin 和 Schramm(2003)。

48. Liew Leong H.(2002)和 Burdekin(2008a)第20—21页。还可参看李平和杨清仿(1999)第106—107页,Long Yuan(2011)第7—10页。

49. Ogawa(2002)。

50. Prasad 和 Wei(2005),以及 Burdekin(2008a)第26—27页。

51. Chen Xiaoli 和 Yin-wong Cheung(2011)。

52. Tao Yi-Feng(2011)第118—124页。

53. Wei Linglin(2011)。

54. Shi Jianhui(2008)第101—107页。

55. Li Jing(2007)。

56. Chambers(2011)。

57. Le Yan(2007)。

58. 有关全球化和中国政治经济变迁的深入探讨,参看Zweig(2002)和Liew Leong H.(2006)。

59. Chen Xiaoli 和 Yin-wong Cheung(2011)第7页,第13页。

60. 有关此次发行的官方新闻,可参看中国中央电视台英文频道 http://english.cntv.

cn/20110614/103933.shtml,更新时间 2012 年 9 月 19 日。

61. 陈雨露,王芳和杨明(2005),还可参看 Cheng、Ma 和 McCauley(2011)。

62. 陈雨露,王芳和杨明(2005)。由铸币税带来的收益总额达 678 万亿美元,金融交易收益总额达 274 万亿美元。

63. 陈雨露,王芳和杨明(2005)。

64. 人民币国际化课题组(2006)。

65. Dobson 和 Masson(2009)。

66. 6 月份公告可见于中国人民银行的网站,更新于 2012 年 9 月 19 日,参见 www.pbc.gov.cn/publish/huobizhengceersi/3131/index.html。

67. Chen Xiaoli 和 Yin-wong Cheung(2011,第 5—6 页,第 9—10 页)指出,与人们的一般影响相反,在中国非居民单位所持有的股票总值占中国 GDP 的 24%,而日本非居民单位持有股票总额仅相当于日本 GDP 的 17%。较之于其他因素,这一因素使得人们预测,在人民币计价债券和规模日益增长的海外贸易推动下,人民币在不久的将来会自然地成为全球性货币。

68. Chen Xiaoli 和 Yin-wong Cheung(2011)第 5—6 页,第 9—10 页。

69. Triffin(1960)。

70. Eichengreen 和 Flandreau(2008)。

71. Eichengreen 和 Flandreau(2008)。

72. Tavlas(1991)。

73. Carbaugh 和 Hedrick(2009)。

74. Lardy(1998)。

75. Ito(2010),还可参见 Lee Jong-Wha(2010)第 277 页,Takagi(2010)第 280 页。

76. 周小川(2009)第 8—13 页。

77. 李稻葵和刘霖林（2008）第 42—43 页。

78. 张五常（2010）第 98 页。

79. 郎咸平（2009）。

80. 陈志武（2008）。

81. 林毅夫（2009）。

结论

1. 有关这一问题更详细的讨论，可参见 Munro（2012）。

2. 这并不是否认清朝政府表面上会严厉打击制造伪币，可参见 Greatrex（2013）。

3. 可参见 Araujo 和 Camargo（2006）。有关近代早期信息在抑制铸币贬值上的重要作用，可参见 Gandal 和 Sussman（1997）。

4. 可参见 Flandreau 和 Maurel（2001）。

5. 参见 Helleiner（2005a，b）和 Hira 和 Dean（2004）。

6. Coggan（2011）。

7. Cassis（2006）第 81 页。

参考文献

本参考文献包括本书引用的专著、书的章节和论文。所有的档案记录以及公开数据、当时的媒体报道均在注释部分有详细说明。

Adachi Keiji 足立启二. 2012. *Min Shin Chūgoku no keizai kōzō* 明清中国の经济构造. Tokyo: Kyūko Shoin.
Agricola, Georgius. *De Re Metallica*. [1556, rep. 1950]. Trans. by Herbert C. Hoover and Lou Henry Hoover. New York: Dover.
Allen, G. C., and Audrey G. Donnithorne. 1954. *Western Enterprise in Far Eastern Economic Development*. London: George Allen and Unwin.
Allen, Martin. 2012. *Mints and Money in Medieval England*. New York: Cambridge University Press.
Allen, Robert C. 2011. *Global Economic History: A Very Short Introduction*. Oxford, UK: Oxford University Press.
Allen, Robert C., Jean-Pascal Bassino, Ma Debin, Christine Moll-Murata, and Jan Luiten Van Zanden. 2011. "Wages, Prices, and Living Standards in China, 1738–1925: In Comparison with Europe, Japan, and India." *Economic History Review* 64.s1: 8–38.
Allsen, Thomas. T. 2001. *Culture and Conquest in Mongol Eurasia*. Cambridge, UK: Cambridge University Press.
Andrade, Tonio. 2006. "The Rise and Fall of Dutch Taiwan, 1624–1662: Cooperative Colonization and the Statist Model of European Expansion." *Journal of World History* 17.4: 429–450.
Andréadès, Andreas Michaël. [1922, rep. 1966]. *History of the Bank of England: 1640 to 1903*. Trans. by Meredith Christabel. London: King.
Araujo, Luis, and Braz Camargo. 2006. "Information, Learning and the Stability of Fiat Money." *Journal of Monetary Economics* 53: 1571–1591.
Arnold, Julean. 1919. *Commercial Handbook of China*. 2 vols. Washington, DC: Government Printing Office.
Arnon, Arie. 2011. *Monetary Theory and Policy from Hume and Smith to Wicksell: Money, Credit and the Economy*. New York: Cambridge University Press.

Ashworth, William. 2006. *An Economic History of England, 1870–1939*. London: Routledge.
Atwell, William S. 1982. "International Bullion Flows and the Chinese Economy Circa 1530-1650." *Past & Present* 95: 68–90.
Baba Kuwatarō 马场锹太郎. 1922. *Shina keizai chirishi*中国经济地理志. Shanghai: Uiki gakkai.
Badian, Ernst. 1972. *Publicans and Sinners: Private Enterprise in the Service of the Roman Republic*. Ithaca, NY: Cornell University Press.
Bagchi, Amiya Kumar. 1989. *The Presidency Banks and the Indian Economy*. Calcutta: Oxford University Press.
Banaji, Jairus. 2007. "Islam, the Mediterranean and the Rise of Capitalism." *Historical Materialism* 15.1: 47–74.
Bandarage, Asoka. 1983. *Colonialism in Sri Lanka: The Political Economy of the Kandyan Highlands, 1833–1886*. New York: Mouton.
Banno Junji. 1989. "Japanese Industrialists and Merchants and the Anti-Japanese Boycotts in China, 1919–1928." In Peter Duus, Ramon H. Myers, and Mark R. Peattie, eds., *The Japanese Informal Empire in China, 1895–1937*, 314–330. Princeton, NJ: Princeton University Press.
Barnard, Noel. 1983. "Further Evidence to Support the Hypothesis of Indigenous Origins of Metallurgy in Ancient China." In David N. Keightley, ed., *The Origins of Chinese Civilization*, 237–278. Berkeley: University of California Press.
Baskin, Jonathan Barron, and Paul J. Miranti Jr. 1997. *A History of Corporate Finance*. New York: Cambridge University Press.
Baster, A. S. J. 1929. *The Imperial Banks*. London: P. S. King and Son.
———. 1934. "The Origins of the British Exchange Banks in China." *Economic History* (Supplement to *The Economic Journal*) 3.9: 140–151.
———. [1935, rep. 1977]. *The International Banks*. New York: Arno Press.
Becker, Thomas W. 1969. *The Coin Makers*. New York: Doubleday.
Beckwith, Christopher I. 2011. *Empires of the Silk Road: A History of Central Eurasia from the Bronze Age to the Present*. Princeton, NJ: Princeton University Press.
Bentley, Jerry H. 2006. "Beyond Modern Centrism: Toward Fresh Visions of the Global Past." In Victor H. Mair, ed., *Contact and Exchange in the Ancient World*, 17–29. Honolulu: University of Hawai'i Press.
Bergère, Marie-Claire. 1964. *Une crise financière à shanghai à la fin de l'ancien régime*. Paris: Mouton.
Bernholz, Peter. 1997. "Paper Money Inflation, Gresham's Law and Exchange Rates in Ming China." *Kredit und Kapital* 30.1: 35–51.
———. 2003. *Monetary Regimes and Inflation: History, Economic and Political Relationships*. Northampton, MA: Edward Elgar.
Bickers, Robert A. 1999. *Britain in China: Community Culture and Colonialism, 1900–1949*. Manchester, UK: Manchester University Press.
Bivar, A. D. H. 1971. "A Hoard of Ingot-Currency of the Median Period from Nush-i-Jan, Near Malayir." *Iran* 9:97–130.

———. 1985. "Achaemenid Coins, Weights and Measures." In Ilya Gershevits, ed. *Cambridge History of Iran*, vol. 2, 610–639. Cambridge, UK: Cambridge University Press.

Blackburn, Mark. 2005. "Money and Coinage." In Paul Fouracre, ed., *The New Cambridge Medieval History c. 500–c. 700*, 660–675. New York: Cambridge University Press.

Blake, Robert P. 1937. "The Circulation of Silver in the Moslem East Down to the Mongol Epoch." *Harvard Journal of Asiatic Studies* 2.3/4: 291–328.

Blanchard, Ian. 2005. *Mining, Metallurgy, and Minting in the Middle Ages: Continuing Afro-European Supremacy, 1250–1450*. Berlin: Franz Steiner Verlag.

Bloch, K. 1935. "On the Copper Currencies in China." *Nankai Social & Economic Quarterly* 8.3: 616–632.

Block, Fred L. 1977. *The Origins of International Economic Disorder: A Study of United States International Monetary Policy from World War II to the Present*. Berkeley: University of California Press.

Bol, Peter K. 2010. *Neo-Confucianism in History*. Cambridge, MA: Harvard University Press.

Bolin, Sture. 1958. *State and Currency in the Roman Empire to 300 A.D.* Stockholm: Almqvist & Wiksell.

Boomgaard, Peter, and Ian Brown. 2002. "The Economies of Southeast Asia in the 1930s Depression: An Introduction." In idem., eds., *Weathering the Storm: The Economies of Southeast Asia in the 1930s Depression*, 1–19. Leiden: KITLV Press.

Bopearachchi, Osmund, and Aman ur Rahman. 1995. *Pre-Kushana Coins in Pakistan*. Karachi: Iftikar Rasul.

Bordo, Michael D. 1986. "Explorations in Monetary History: A Survey of the Literature." *Explorations in Economic History* 23.4: 339–415.

Bowen, H. V., and P. L. Cottrell. 1997. "Banking and the Evolution of the British Economy." In Alice Teichova, Ginette Kurgan-Van Hentenryk, and Dieter Ziegler, eds., *Banking, Trade and Industry: Europe, America and Asia from the Thirteenth to the Twentieth Century*, 89–112. Cambridge, UK: Cambridge University Press.

Braudel, Fernand. 1992. *Civilization and Capitalism, 15th–18th Century: The Perspective of the World*, vol. 2, *The Wheels of Commerce*. Trans. by Sîan Reynolds. Berkeley: University of California Press.

Bresson, Alain. 2009. "Electrum Coins, Currency Exchange and Transaction Costs in Archaic and Classical Greece." *Revue Belge de Numismatique et de sigillographie* 140: 71–80.

Bretton, Henry L. 1980. *The Power of Money: A Political-Economic Analysis with Special Emphasis on the American Political System*. Albany: State University of New York Press.

Brewer, John. 1988. *The Sinews of Power: War, Money and the English State, 1688–1783*. London: Unwin Hyman.

Briones, Ignacio, and Hugh Rockoff. 2005. "Do Economists Reach a Conclusion on Free-Banking Episodes?" *Econ Journal Watch* 2.2: 279–324.

Brook, Timothy. 1999. *The Confusions of Pleasure: Commerce and Culture in Ming China*. Berkeley: University of California Press.

Brooke, George C. 1950. *English Coins: From the Seventh Century to the Present Day*. London: Methuen.

Brown, C. J. 1967. *The Coins of India*. Chicago: Argonaut.

Brown, Rajeswary. 1994. *Capital and Entrepreneurship in South-East Asia*. New York: St. Martin's Press.

Bulmer-Thomas, Victor. 1994. *The Economic History of Latin America since Independence*. Cambridge, UK: Cambridge University Press.

Burdekin, Richard C. K. 2005. "Exporting Hyperinflation: The Long Arm of Chiang Kai-shek." *China Economic Review* 16.1: 71–89.

———. 2008a. *China's Monetary Challenges: Past Experiences and Future Prospects*. New York: Cambridge University Press.

———. 2008b. "US Pressure on China: Silver Flows, Deflation and the 1934 Shanghai Credit Crunch." *China Economic Review* 19.2: 170–182.

Burdekin, R. C. K., and Siklos, P. L. 2008. "What Has Driven Chinese Monetary Policy since 1990? Investigating the People's Bank Policy Rule." *Journal of International Money and Finance* 27: 847–859.

Burger, Werner. 2008. "Coin Production during the Qianlong and Jiaqing Reigns (1736–1820): Issues in Cash and Silver Supply." In Thomas Hirzel and Nanny Kim, eds., *Metals, Monies, and Markets in Early Modern Societies: East Asian and Global Perspectives*, 171–189. London: Global.

Burnett, Andrew. 1991. *Coins: Interpreting the Past*. Berkley: University of California Press.

Cameron, Rondo. 1967a. "England, 1750–1844." In Rondo Cameron, Olga Crisp, Hugh T. Patrick, and Richard Tilly, eds., *Banking in the Early Stages of Industrialization: A Study in Comparative Economic History*, 15–59. New York: Oxford University Press.

———. 1967b. "France, 1800, 1870." In Rondo Cameron, Olga Crisp, Hugh T. Patrick, and Richard Tilly eds., *Banking in the Early Stages of Industrialization: A Study in Comparative Economic History*, 100–128. New York: Oxford University Press.

Capie, Forrest, and Alan Webber. 1983. "Total Coin and Coin in Circulation in the United Kingdom, 1868–1914." *Journal of Money, Credit and Banking* 15.1: 24–39.

Carbaugh, Robert J., and David W. Hedrick. 2009. "Will the Dollar Be Dethroned as the Main Reserve Currency?" *Global Economy Journal* 9.3: 1–14.

Carothers, Neil. [1930, rep. 1967]. *Fractional Money: A History of the Small Coins and Fractional Paper Currency of the United States*. New York: A. M. Kelley.

Carradice, Ian. 1987. "The 'Regal' Coinage of the Persian Empire." In idem., ed., *Coinage and Administration in the Athenian and Persian Empires: The Ninth Oxford Symposium on Coinage and Monetary History*, 73–95. Oxford, UK: BAR.

Carson, R. A. G. 1970. *Coins: Ancient, Medieval & Modern*. London: Hutchison.

Cassis, Youssef. 1994. *City Bankers, 1890–1914.* Trans. from the French by Margaret Roques. Cambridge, UK: Cambridge University Press.

———. 2006. *Capital of Capitals: A History of International Financial Centres, 1780–2005.* Cambridge, UK: Cambridge University Press.

Challis, C. E. 1978. *The Tudor Coinage.* Manchester, UK: Manchester University Press.

Chalmers, Robert. 1893. *History of Currency in the British Colonies.* London: Her Majesty's Stationary Office.

Chambers, Matt. 2011, July 13. "It's Yuan for the Money for Twiggy Forrest." *The Australian* [online edition]; retrieved on August 1, 2011, from www.theaustralian.com.au/business/mining-energy/its-yuan-for-the-money-for-twiggy-forrest/story-e6frg9df-1226093397794

Chamley, Christophe. 2011. "Interest Reductions in the Politico-Financial Nexus of Eighteenth-Century England." *The Journal of Economic History* 71.3: 555–589.

Chan-kuo Ts'e [*Zhanguo ce*]. 1979. Trans. by J.I. Crump. San Francisco: Chinese Materials Center.

Chan, Wellington K. K. 1977. *Merchants, Mandarins and Modern Enterprise in Late Ch'ing China.* Cambridge, MA: Harvard University Press.

Chang Han-Yu and Ramon H. Myers. 1963. "Japanese Colonial Development Policy in Taiwan, 1895–1906: A Case of Bureaucratic Entrepreneurship." *Journal of Asian Studies* 24.4: 433–449.

Chang, James L. Y. 1987. "History of Chinese Economic Thought: Overview and Recent Works." *History of Political Economy* 19.3: 481–502.

"Chartered Bank of India, Australia & China: Conditions in Eastern Markets." *Bankers' Magazine* 121.1 (1926): 784–786.

Chaudhuri, K. N. 1975. *The Trading World of Asia and the East India Company, 1660–1760.* Cambridge, UK: Cambridge University Press.

———. 1985. *Trade and Civilisation in the Indian Ocean.* Cambridge, UK: Cambridge University Press.

———. 1990. *Asia before Europe: Economy and Civilisation of the Indian Ocean from the Rise of Islam to 1750.* Cambridge, UK: Cambridge University Press.

Chaudoir, B. M. 1842. *Recueil des monnaies de la Chine, du Japon et de la Coree.* Published Manuscript. St. Petersburg.

Checkland, S. G. 1953. "An English Merchant House in China after 1842." *Bulletin of the Historical Society* 27.3: 158–189.

Chen Chau-nan. 1975. "Flexible Bimetallic Exchange Rates in China, 1650–1850: A Historical Example of Optimum Currency Areas." *Journal of Money, Credit and Banking* 7.3: 359–376.

Chen Chau-nan, Chang Pin-tsun, and Chen Shikuan. 1995. "The Sung and Ming Paper Monies: Currency Competition and Currency Bubbles." *Journal of Macroeconomics* 17.2:273–288.

Chen I-Ten, Edward. 1970. "Japanese Colonialism in Korea and Formosa: A Comparison of the Systems of Political Control." *Harvard Journal of Asian Studies* 30: 126–158.

Ch'ên, Jerome. 1958. "The Hsien-Fêng Inflation." *Bulletin of the School of Oriental and African Studies*, 578–586.

———. 1980. *State Economic Policies of the Ch'ing Government, 1840–1895*. New York: Garland.

Chen, Joseph T. 1971. *The May Fourth Movement in Shanghai: The Makings of a Social Movement in Modern China*. Leiden: Brill.

Chen Limao 陈礼茂. 2003. "Zhang Zhidong zai Zhongguo tongshang yinhang chunagban guochengzhong de yanlun shuping" 张之洞在中国通商银行创办过程中的言论述评. *Anhui shixue* 5: 29–35.

Chen Longwen 陈隆文. 2006. "Shi yuanqian" 释圜钱. *Renwen zazhi* 5: 140–143.

Chen Mingyuan 陈明远. 2009. *Lishi de jianzheng: Si shi nian piaozheng he Renminbi shi* 历史的见证:四十年票证和人民币史. Nanjing: Fenghuang chubanshe.

Chen Qixin 陈启新. 1996. "Ming zhi shi kao" 冥纸史考. *Zhongguo zaozhi* 75–79.

Chen Shao-teh. [1932, rep. 1982]. *Étude sur le marché monetaire de Changhai*. New York: Garland.

Chen Xiaoli and Yin-Wong Cheung. 2011. "Renminbi Going Global." *China & World Economy* 19.2: 1–18.

Chen Yulu, Fang Wang, and Ming Yang. 2005. "Internationalization of Currency as a Transnational Competition Strategy: Evidential Experience of the US Dollar on the Globalization of the Renminbi." *Economic Research* 2: 35–44.

Chen Zhiwu 陈志武. 2008. "Renminbi sheng zhi guo man jia ju liu dong xing guo sheng" 人民币升值过慢加剧流动性过剩 *Caifu luntan* 3: 129–130.

Cheng Linsun. 2003. *Banking in Modern China: Entrepreneurs, Professional Managers and the Development of Chinese Banks, 1897–1937*. New York: Cambridge University Press.

Chernykh, E. N. 1992. *Ancient Metallurgy in the USSR: The Early Metal Age*. Trans. by Sarah Wright. Cambridge, UK: Cambridge University Press.

Cheung Yin-Wong, Ma Guonan, and Robert N. McCauley. 2011. "Why Does China Attempt to Internationalise the Renminbi?" In Jane Golley and Ligang Song, eds., *Rising China: Global Challenges and Opportunities*, 45–68. Canberra: ANU e-Press.

Chiang Hai Ding. 1963. *A History of Straits Settlements Foreign Trade, 1870–1915*. Published PhD dissertation. Australian National University.

Chilosi, David, and Oliver Volckart. 2011. "Money, States, and Empire: Financial Integration and Institutional Change in Central Europe, 1400–1520." *Journal of Economic History* 13.71: 762–791.

Chittick, Neville. 1980. "Indian Relations with East Africa before the Arrival of the Portuguese." *Journal of the Royal Asiatic Society* 112.2: 117–127.

Chōsen Ginkō ryakushi 朝鮮銀行略史. 1960. Tokyo: Haibunsha.

Chōsen Ginkō shi 朝鮮銀行史. 1987. Tokyo: Tōyō Keizai shinpōsha.

Chown, John F. 1994. *A Histroy of Money from AD 800*. London: Routledge.

Chung, Connie Wee-Wee, and Jose L. Tongzon. 2004. "A Paradigm Shift for China's Central Banking System." *Journal of Post Keynesian Economics* 27.1: 87–104.

Chung Young-Iob. 2006. *Korea under Siege: Capital Formation and Economic Transformation* . New York: Oxford University Press.

Cibot, Pierre-Martial. c. 1776. "Mémoire sur l'intérêt de l'argent en Chine." In C. Batteux and L. G. O. F. de Brequigny, eds., *Memoires concernant l'histoire, les sciences, les arts, les moeurs, les usages, &c. des Chinois*. Paris: Chez Nyon.

Cipolla, Carlo M. 1967. *Money, Prices, and Civilization in the Mediterranean World, Fifth to Seventeenth Century*. New York: Guardian Press.

Clapham, J. H. 1944. *The Bank of England: A History*. Cambridge, UK: Cambridge University Press.

Clark, Gregory. 2008. *A Farewell to Alms: A Brief Economic History of the World*. Princeton, NJ: Princeton University Press.

Cleveland, Harold van B., and Thomas F. Huertas. 1985. *Citibank, 1812–1970*. Cambridge, MA: Harvard University Press.

Clifford, Nicholas R. 1991. *Spoilt Children of Empire: Westerners in Shanghai and the Chinese Revolution of the 1920s*. Hanover, NH: University Press of New England.

Cobbett, William. 1820. *Paper against Gold: Or, The History and Mystery of the Bank of England, of the Debt, of the Stocks, of the Sinking Fund, and of All the Other Tricks and Contrivances, Carried on by the Means of Paper Money*. London: C. Clement.

Cochran, Sherman. 1980. *Big Business in China: Sino-Foreign Rivalry in the Cigarette Industry, 1890–1930*. Cambridge, MA: Harvard University Press.

Codrington, Humphrey W. 1975. *Ceylon Coins and Currency*. Colombo: Colombo Museum.

Coggan, Philip. 2011. *Paper Promises: Money, Debt and the New World Order*. London: Allen Lane.

Conant, Charles Arthur. 1927. *History of Modern Banks of Issue*. New York: G. P. Putnam.

Cook, Constance A. 1997. "Wealth and the Western Zhou." *Bulletin of the School of Oriental and African Studies* 60.2: 253–294.

Coole, Arthur B. 1981. *Earliest Round Coins of China*. Lawrence, MA: Quarterman Publications.

Cooper, Denis R. 1988. *The Art and Craft of Coinmaking: A History of Minting Technology*. London: Spink & Son.

Craig, John Herbert McCutcheon. 1953 [rep. 2011]. *The Mint: A History of the London Mint from A.D. 287 to 1948*. Cambridge, UK: Cambridge University Press.

Crawford, Michael H. 1985. *Coinage and Money under the Roman Republic*. Berkeley: University of California Press.

Cribb, Joe. 1987. *Money in the Bank: An Illustrated Introduction to the Money Collection of the Hongkong and Shanghai Banking Corporation*. London: Spink & Son.

———. 1992. *Catalogue of Sycee in the British Museum.* London: British Museum.

———. 1996. "Chinese Coin Finds from Arabia and the Arabian Gulf." *Arabian Archaeology and Epigraphy* 7: 108–118.

Crisp, Olga. 1967. "Russia, 1860–1914." In Rondo Cameron, Olga Crisp, Hugh T. Patrick, and Richard Tilly, eds., *Banking in the Early Stages of Industrialization: A Study in Comparative Economic History,* 183–238. New York: Oxford University Press.

Curtin, Philip D. 1975. *Economic Change in Precolonial Africa.* Madison: University of Wisconsin Press.

———. 1983. "Africa and the Wider Monetray World, 1250–1850." In J. F. Richards, ed., *Precious Metals in the Later Medieval and Early Modern Worlds,* 231–268. Durham, NC: Carolina Academic Press.

Czeglédy, K. 1983. "From East to West: The Age of Nomadic Migrations in Eurasia." *Archivum Eurasiae Medii Aevi* 3: 25–125.

"The Dai Fook Dollar of Foochow." 1927. *Chinese Economic Journal* 2: 127–141.

Dai Hongjia 戴宏嘉. 1988. "Dong Zhuo xiaoqian ji qi dui liangjia de ying xiang" 董卓小钱及其对粮价的影响. *Zhejiang xuekan* 3: 32–40.

Dai Jianbing 戴建兵. 2001. "Riben touxiang qianhou dui Zhongguo jingji de zuihou zhaqu he zhaiwu zhuanyi" 日本投降前后对中国经济的最后榨取和债务转移. *Kang ri zhanzheng yan jiu* 1: 36–42.

Dai Zhiqiang and Zhou Weirong. 1993. "A Comparative Study of Early Metal Currency (7th–3rd Centuries B.C.) in China and the West." *Bulletin of the Metal Museum* 20.11.

Dardess, John. 1994. "Shun-ti and the end of Yüan rule in China." In Herbert Franke and Denis Twitchett, eds., *The Cambridge History of China,* vol. 6, *Alien Regimes and Border States, 907–1368,* 561–586. Cambridge, UK: Cambridge University Press.

Davenport-Hines, R. P. T., and Geoffrey Jones. 1989. "British Business in Asia since 1860." In idem., eds., *British Business in Asia since 1860,* 1–30. Cambridge, UK: Cambridge University Press.

Davidson, James W. 1903. *The Island of Formosa, Past and Present.* London: Macmillan.

Davies, Glyn. [1994, rep. 2002]. *A History of Money: From Ancient Times to the Present Day.* Cardiff: University of Wales.

Davis, Clarence B. 1982. "Financing Imperialism: British and American Bankers as Vectors of Imperial Expansion in China, 1908–1920." *Business History Review* 56.2: 236–264.

Dayer, Roberta Albert. 1981. *Bankers and Diplomats in China, 1917–1925: The Anglo-American Relationships.* London: Frank Cass.

De Cecco, Marcello. 1975. *Money and Empire: The International Gold Standard, 1890–1914.* Totowa, NJ: Rowman and Littlefield.

De Roover, Raymond. 1999. *Money, Banking and Credit in Medieval Bruges: Italian Merchant-Bankers, Lombards and Money-Changers: A Study in the Origins of Banking.* London: Routledge.

De Ryck, I., A. Adriaens, and F. Adams. 2005. "An Overview of Mesopotamian Bronze Metallurgy during the 3rd Millennium BC." *Journal of Cultural Heritage* 6: 261–268.

De Vries, Jan. 2010. "The Limits of Globalization in the Early Modern World." *Economic History Review* 63.3: 710–733.

Decourdemanche, J. A. 1913. *Traité Des Monnaies, Mesures et Poids Anciens et Modernes de L'Inde et de La Chine*. Paris: Leroux.

Defoe, Daniel. [1738, rep. 1989]. *The Complete English Trademan*. Manila: Historical Conservation Society.

Del Mar, Alex. 2004. *A History of the Precious Metals from the Earliest Times to the Present*. London: Kessinger.

Deng Fucheng 邓成福. 1995. "Riben Hengbin zhengjin yinhang dui woguo de jinrong qinlüe" 日本横滨正金银行对我国的金融侵略. *Beijing liaowang* 6: 27–64.

Deng Gang. 1999. *The Premodern Chinese Economy: Structural Equilibrium and Capitalist Sterility*. London: Routledge.

Deng, Stephen. 2011. *Coinage and State Formation in Early-Modern English Literature*. New York: Palgrave Macmillan.

Dennys, N. B., W. F. Mayers, and Charles King. 1867. *The Treaty Ports of China and Japan: A Complete Guide to the Open Ports of Those Countries, Together with Peking, Yedo, Hongkong and Macao. Forming a Guide Book & Vade Mecum for Travellers, Merchants, and Residents in General*. London: Trübner & Co.

Denzel, Markus A. 2010. *Handbook of World Exchange Rates, 1590–1914*. Aldershot, UK: Ashgate.

Dewey, Donald. 2007. "In Palmstruch We Trust." *Scandinavian Review* 95.1: 60–64.

Deyell, John. 1994. "The China Connection: Problems of Silver Supply in Medieval Bengal." In Sanjay Subrahmanyam, ed., *Money and the Market in India 1100–1700*. Delhi: Oxford University Press.

Dhavalikar, M. K. 1975. "The Beginning of Coinage in India." *World Archaeology* 6.3: 330–338.

Di Cosmo, Nicola. 2002. *Ancient China and Its Enemies: The Rise of Nomadic Power in East Asian History*. New York: Cambridge University Press.

Ding Guoliang 丁国良 and Zhang Yuncai 张运才. 1993. *Xiang E Gan geming genjudi huobi shi* 湘鄂赣革命根据地货币史. Beijing: Zhongguo jinrong chubanshe.

Ding Richu 丁日初. 1994. *Shanghai jindai jingji shi* 上海近代经济史. 2 vols. Shanghai: Shanghai renmin chubanshe.

Dobson, Wendy, and Paul R. Masson. 2009. "Will the Renminbi Become a World Currency?" *China Economic Review* 20.1: 124–135.

Doolittle, the Reverend Justus. [1868, rep. 1966]. *Social Life of the Chinese*. 2 vols. Taipei: Chengwen chubanshe.

Doty, Richard. 1990. "The World Coin: Matthew Boulton and His Industrialisation of Coinage." *Interdisciplinary Science Reviews* 15.2: 177–186.

Dowd, Kevin, ed. 1992. *The Experience of Free Banking.* London: Routledge.

Drumm, Larry L. 1994–1995. "Changing Money: Foreign Exchange Reform in the People's Republic of China." *Hastings International & Comparative Law Review,* 359–396.

Du Halde, J. B. c. 1741. *Description of the Empire of China and Chinese-Tartary.* Trans. from the French. London: Gardner and Cave.

Du Xuncheng 杜恂诚. 2002. *Shanghai jinrong de zhidu, gongneng yu bianqian, 1897–1997* 上海金融的制度、功能与变迁, 1897–1997. Shanghai: Shanghai renmin chubanshe.

———. 2003. *Zhongguo jinrong tongshi: Beiyang zhengfu shiqi* 中国金融通史—北洋政府时期. Beijing: Zhongguo jinrong chubanshe.

Dukes, Paul. 2001. *Superpowers: A Short History.* London: Routledge.

Dunstan, Helen. 1992. "Safely Supping with the Devil: The Qing State and Its Merchant Suppliers of Copper." *Late Imperial China* 13.2: 42–81.

———. 1996a. *Conflicting Counsels to Confuse the Age: A Documentary Study of Political Economy in Qing China, 1644-1840.* Ann Arbor: University of Michigan Press.

———. 1996b. "'Orders Go Forth in the Morning and Are Changed by Nightfall': A Monetary Policy Cycle in Qing China, November 1744–June 1745." *T'oung pao* 82: 66–136.

———. 2006. *State or Merchant? Political Economy and Political Process in 1740s China.* Cambridge, MA: Harvard University Press.

Duus, Peter. 1984. "Economic Dimensions of Meiji Imperialism: The Case of Korea, 1895–1910." In Ramon H. Myers and Mark R. Peattie, eds., *The Japanese Colonial Empire, 1895–1945,* 128–171. Princeton, NJ: Princeton University Press.

———. 1998. *The Abacus and the Sword: The Japanese Penetration of Korea, 1895–1910.* Berkeley: University of California Press.

Eagly, Robert V. 1971. "Introduction." In *The Swedish Bullionist Controversy: P. N. Christiernin's Lectures on the High Price of Foreign Exchange in Sweden (1761).* Philadelphia: American Philosophical Society.

Eckert, Carter J. 1996. *Offspring of Empire: The Koch'ang Kims and the Colonial Origins of Korean Capitalism, 1876–1945.* Seattle: University of Washington Press.

Ederer, R. J. 1964. *The Evolution of Money.* Washington, DC: Public Affairs Press.

Edkins, J. D. D. 1905. *Banking and Prices in China.* Shanghai: Presbyterian Press.

Edmondson, J. C. 1987. *Two Industries in Roman Lusitania: Mining and Garum Production.* Oxford, UK: B. A. R.

Ehrenkreutz, Andrew S. 1970. "Monetary Aspects of Medieval Near Eastern Economic History." In M.A. Cook, ed., *Studies in the Economic History of the Middle East,* 37–50. Oxford, UK: Oxford University Press.

Eichengreen, Barry J. 2008. *Globalizing Capital: A History of the International Monetary System.* Princeton, NJ: Princeton University Press.

Eichengreen, Barry J., and Marc Flandreau. 1997. "Editor's Introduction." In idem., eds., *The Gold Standard in Theory and History*, pp. 1–21. London: Routledge.

———. 2008. "The Rise and Fall of the Dollar, or When Did the Dollar Replace Sterling as the Leading International Currency?" *NBER Working Paper 14154*.

Einaudi, Luigi. 1953. "The Theory of Imaginary Money from Charlemagne to the French Revolution." In Frederic C. Lane and Jelle C. Riemersma, eds., *Enterprise and Secular Change: Readings in Economic History*, 229–261. London: Allen and Unwin.

Einzig, Paul. 1966. *Primitive Money in Its Ethnological, Historical and Economic Aspects*. New York: Pergamon Press.

Eldem, Edhem. *1998. A 135-Year-Old Treasure: Glimpses from the Past in the Ottoman Bank Archives*. Istanbul: Osmanli Bankasi.

El-Hibri, Tayeb. 1993. "Coinage Reform Under the 'Abbasid Caliph al-Ma'mun." *Journal of the Economic and Social History of the Orient* 36: 58–83.

Elman, Benjamin A. 2000. *A Cultural History of Civil Examinations in Late Imperial China*. Berkeley, CA: University of California Press.

Elvin, Mark. 1973. *The Pattern of the Chinese Past*. London: Eyre Methuen.

———. 1999. "How Did the Cracks Open? The Origins of the Subversion of China's Late-Traditional Culture by the West." *Thesis Eleven* 57: 1–16.

———. 2006. *The Retreat of the Elephants: An Environmental History of China*. New Haven, CT: Yale University Press.

———. 2013. "Cash and commerce in the poems of Qing China," in Nanny Kim and Keiko Nagase-Reimer, eds., *Mining, Monies, and Culture in Early Modern Societies; East Asian and Global Perspectives*, pp. 209–260, vol. 4 of the series *Monies, Markets, and Finance in East Asia, 1600–1900*, Hans Ulrich Vogel, ed. Leiden: Brill.

———. 2009. "Why Intensify? The Outline of a Theory of the Institutional Causes Driving Long-Term Changes in Chinese Farming and the Consequent Modifications to the Environment." In Sverker Sörlin and Paul Warde, eds., *Nature's End: History and the Environment*, 273–303. Basingstoke, UK: Palgrave Macmillan.

———. Forthcoming. "Preface." In Ulrich Theobald, ed., *Small Currencies Matter*. Edited Volume in Preparation.

Engdahl, Torbjörnand Anders Ögren. 2008. "Multiple Paper Monies in Sweden 1789–1903: Substitution or Complementarity?" *Financial History Review* 15.1: 73–91.

Enoki, K., G. A. Koshelenko, and Z. Haidary. 1994. "The Yüeh-chih and Their Migrations." In J. Harmatta, ed., *History of Civilizations of Central Asia*, vol. 2, *The Development of Sedentary and Nomadic Civilizations: 700 B.C. to A.D. 250*, 171–189. Paris: UNESCO.

Erya zhushu 尔雅注疏. [rep. 1965]. Annotated by Guo Pu (CE 276–324) 郭璞 and Xing Bing 邢昺 (CE 932–1010). Taipei: Taiwan Zhonghua shuju.

"The Failure of the Oriental Bank". 1844. *Bankers' Magazine* 44: 613–616.

Fang Guoyu 方国瑜. 2001. *Yunnan shi liao cong kan* 云南史料丛刊. Kunming: Yunnan daxue chubvanshe.

Farris, William W. 2009. *Japan to 1600: A Social and Economic History*. Honolulu: University of Hawai'I Press.

Farrokh, Kaveh. 2007. *Shadows in the Desert: Ancient Persia at War*. New York: Osprey.

Faulkner, Chris. 2004. "Holey Dollars and Other Bitts and Pieces of Prince Edward Island." In Richard G. Doty and John M. Kleeberg, eds., *Money of the Caribbean*, 191–215. New York: American Numismatic Society.

Faure, David. 2006. *China and Capitalism: A History of Business Enterprise in Modern China*. Hong Kong: Hong Kong University Press.

Ferguson, Niall. 2001. *The Cash Nexus: Money and Power in the Modern World, 1700–2000*. New York: Basic Books.

———. 2008. *The Ascent of Money: A Financial History of the World*. New York: Penguin.

Feuerwerker, Albert. 1958. *China's Early Industrialization: Sheng Hsuan-huai (1844–1916) and the Mandarin Enterprise*. Cambridge, MA: Harvard University Press.

Fewsmith, Joseph. 1985. *Party, State, and Local Elites in Republican China: Merchant Organizations and Politics in Shanghai, 1890–1930*. Honolulu: University of Hawai'i Press.

Field, Frederick V. 1934. *Economic Handbook of the Pacific Area*. New York: Doubleday.

Figueira, Thomas. 1998. *The Power of Money: Coinage and Politics in the Athenian Empire*. Philadelphia: University of Pennsylvania Press.

Finley, M. I. 1973. *The Ancient Economy*. Berkeley: University of California Press.

Fisher, Irving. 1929. *The Purchasing Power of Money*. New York: Macmillan.

Flandreau, Marc, and Mathilde Maurel. 2001. "Monetary Union, Trade Integration, and Business Cycles in 19th Century Europe: Just Do It." *CEPR Discussion Paper* 3087. Paris: Centre Maison des Sciences Economiques.

Flandreau, Marc, and Frédéric Zumer. 2004. *The Making of Global Finance 1880–1913*. Paris: OECD, Development Centre Studies.

Flynn, Dennis Owen, and Arturo Giráldez. 1994. "China and the Manila Galleons." In A. J. H. Latham and H. Kawakatsu, eds., *Japanese Industrialization and the Asian Economy*, 71–90. London: Routledge.

———. 1995a. "Born with a Silver Spoon: The Origin of World Trade in 1571." *Journal of World History* 6.2: 201–221.

———. 1995b. "Arbitrage, China, and World Trade in the Early Modern Period." *Journal of the Economic and Social History of the Orient* 38. 4: 429–448.

———. 2002. "Cycles of Silver: Global Economic Unity through the Mid-Eighteenth Century." *Journal of World History* 13.2: 391–427.

———. 2004. "Path Dependence, Time Lags and the Birth of Globalisation: A Critique of O'Rourke and Williamson." *European Review of Economic History* 8: 81–108.

———. 2010. *China and the Birth of Globalization in the 16th Century.* Farnham, UK: Ashgate.
Forbes, R. J. 1950. *Metallurgy in Antiquity.* Leiden: Brill.
The Foreign Trade of China 1925: Reports and Abstracts of Statistics. 1926. Comp. by the Chinese Maritime Customs. Shanghai: Inspector General of Customs.
Fortune, Robert. 1847. *Three Years' Wanderings in the Northern Provinces of China.* London: J. Murray.
Frank, Andre Gunder. 1998. *ReOrient: Global Economy in the Asian Age.* Berkeley: University of Californai Press.
Franke, Herbert. 1949. *Geld und Wirtschaft unter der Mongolen-Herrschaft.* Leipzig: Harrassowitz.
———. 1992. "The Chin Dynasty." In idem. and Denis Twitchett. eds., *The Cambridge History of China*, vol. 6, *Alien Regimes and Border States*, 907–1368, 215–320. Cambridge UK: Cambridge University Press.
Freeman-Grenville, G. S. P. 1960. "East African Coin Finds and Their Historical Significance." *The Journal of African History* 1.1: 31–43.
French, Doug. 2006. "The Dutch Monetary Environment during Tulipmania." *The Quarterly Journal of Australian Economics* 9.1: 3–14.
Friedman, M., and A. Schwartz. 1986. "Has Government Any Role in Money?" *Journal of Monetary Economics* 17: 37–62.
Friedman, Milton, and A. Schwartz. 1963. *A Monetary History of the United States, 1867–1960.* Princeton, NJ: Princeton University Press.
Friedman, Thomas L. 2003. *The World Is Flat: A Brief History of the 21st Century.* New York: Farrar, Straus and Giroux.
Frost, Peter. 1970. *The Bakumatsu Currency Crisis.* Cambridge, MA: Harvard University Press.
Fung, Edmund S. K. 1991. *The Diplomacy of Imperial Retreat: Britain's South China Policy, 1924–1931.* Hong Kong: Oxford University Press.
Galbraith, John Kenneth. 1975. *Money: Whence It Came, Where It Went.* Boston: Houghton Mifflin.
Galor, Oded, Omer Moav, and Dietrich Vollrath. 2009. "Inequality in Landownership, the Emergence of Human-Capital Promoting Institutions, and the Great Divergence." *Review of Economic Studies* 76.1: 143–179.
Gandal, Neil, and Nathan Sussman. 1997. "Asymmetric Information and Commodity Money: Tickling the Tolerance in Medieval France." *Journal of Money, Credit and Banking* 29.4: 440–457.
Gao Congming 高聪明. 1999. *Songdai huobi yu huobi liutong yanjiu* 宋代货币与货币流通研究. Baoding Shi: Hebei daxue chubanshe.
Gardner, Percy. [1918, rep. 1974]. *A History of Ancient Coinage, 700–300 BC.* Chicago: Ares.
Gavin, Francis J. 2003. *Gold, Dollars, and Power: The Politics of International Monetary Relations, 1958–1971.* Chapel Hill: University of North Carolina Press.
Geguo huobi huijia tongji shouce 各国货币汇价统计手册. 1979. Comp. by the Bank of China. Beijing: Zhongguo caijing jingji chubanshe.

Gerth, Karl. 2003. *China Made: Consumer Culture and the Creation of the Nation.* Cambridge, MA: Harvard University Press.

Ghosh, A. 1989. *Encyclopaedia of Indian Archaeology.* New Delhi: Brill.

Gilbert, Emily, and Eric Helleiner. 1999. "Introduction." In idem., eds., *Nation-States and Money: The Past, Present and Future of National Currencies,* 1–21. London: Routledge.

Giráldez, Arturo. 2008. "China and Counterfeiting in 1650 Potosí." In Thomas Hirzel and Nanny Kim, eds., *Metals, Monies, and Markets in Early Modern Societies: East Asian and Global Perspectives,* 15–43. London: Global.

Glasner, David. 1989. *Free Banking and Monetary Reform.* New York: Cambridge University Press.

———. 1998. "An Evolution Theory of the State Monopoly over Money." In Kevin Dowd and Richard H. Timberlake, eds., *Money and the Nation-State.* Oakland, CA.: Independent Institute.

Glassman, Debra, and Angela Redish. 1988. "Currency Depreciation in Early Modern England and France." *Explorations in Economic History* 75–97.

Golas, Peter A. 1999. *Mining.* In Joseph Needham, ed., *Science and Civilisation in China* vol. 5, *Chemistry and Chemical Technology,* Part 13. Cambridge, UK: Cambridge University Press.

Goldsmith, R. W. 1983. *The Financial Development of India, 1860–1977.* New Haven: Yale University Press.

Goldstone, Jack A. 1993. *Revolution and Rebellion in the Early Modern World.* Berkeley: University of California Press.

Gongbuju dongshihui huiyilu 公部局董事会会议录 ['The Minutes of the Shanghai Municipal Council']. 2001. Comp. by the Shanghai Municipal Archive. Shanghai: Shanghai guji chubanshe.

Gonjō Yasuo. 1993. *Banque coloniale ou banque d'affaires: la Banque de l'Indochine sous la IIIe République.* Paris: Comité pour l'histoire économique et financière de la France.

Good, Irene. 1995. "On the Question of Silk in Pre-Han Eurasia." *Antiquity* 69: 959–968.

Goodman, Bryna. 1995. *Native Place, City, and Nation: Regional Networks and Identities in Shanghai, 1853–1937.* Berkeley: University of California Press.

Gorski, Philip S. 2003. *The Disciplinary Revolution: Calvinism and the Rise of the State in Early Modern Europe.* Chicago: University of Chicago Press.

Goudsmit, Simon. 2004. *The Limits of Money: Three Perceptions of Our Most Comprehensive Value System.* Delft: Eburon.

Gould, J. D. 1970. *The Great Debasement: Currency and the Economy in Mid-Tudor England.* Oxford, UK: Clarendon Press.

Grayson, J. H. 1985. *Early Buddhism and Christianity in Korea: A Study in the Emplantation of Religion.* Leiden: Brill.

Greatrex, Roger. 2013. "Administrative Regulations Concerning Counterfeiting and Their Implementation in Eighteenth-Century China." In Nanny Kim and Keiko Nagase-Reimer, eds., *Mining, Monies, and Culture in Early Modern Societies; East Asian and Global Perspectives,* pp. 185–208, vol. 4 of the series *Monies, Markets, and Finance in East Asia, 1600–1900*, Hans Ulrich Vogel, ed. Leiden: Brill.

Green, E. H. H. 1988. "Rentiers Versus Producers? The Political Economy of the Bimetallic Controversy c. 1880–1898." *The English Historical Review* 103.408: 588–612.

Green, Edwin, and Sara Kinsey. 1999. *The Paradise Bank: The Mercantile Bank of India, 1893–1984*. Aldershot, UK: Ashgate.

Greenberg, Michael. 1951. *British Trade and the Opening of China, 1800–42*. Cambridge, UK: Cambridge University Press.

Greif, Avner. 2006. *Institutions and the Path to the Modern Economy: Lessons from Medieval Trade*. New York: Cambridge University Press.

Greste, Peter. 2010. "Could a Rusty Coin Re-Write Chinese-African History?" October 18, 2010. BBC News Africa [online]; retrieved on September 15, 2012, from www.bbc.co.uk/news/world-africa-11531398.

Grierson, Philip. 1960. "The Monetary Reforms of 'Abd al-Malik: Their Metrological Basis and Their Financial Repercussions." *Journal of the Economic and Social History of the Orient* 3.3: 241–264.

———. 1999. *Byzantine Coinage*. Washington DC: Dumbarton Oaks Research Library and Colelction.

Griffiths, Percival. 1974. *A Licence to Trade: The History of English Chartered Companies*. London: Ernest Benn.

Grossman, Richard S. 2001. "Charters, Corporations and Codes: Entry Restrictions in Modern Banking Law." *Financial History Review* 8.2: 107–121.

Guanzi 管子. [rep. 1989]. Shanghai: Shanghai guji chubanshe.

Guo Yuqing 郭予庆. 2007. *Jindai Riben yinhang zai Hua jinrong huodong: Hengbin zhengjin yinhang 1894–1919* 近代日本银行在华金融活动：横滨正金银行 1894–1919. Beijing: Renmin chubanshe.

Guoyu 国语. [rep. 2008]. Changchun: Shidai wenyi chubanshe.

Gupta, P. L., and T. R. Hardaker. 1985. *Indian Silver Punchmarked Coins: Magadha-Maurya Karshapana Series*. New Delhi: Indian Institute of Research in Numismatic Studies.

Hall, Kenneth R. 1999. "Coinage, Trade and Economy in Early South India and its Southeast Asian Neighbours." *Indian Economic Social History Review* 36: 431–459.

Hall, Ray Ovid. 1921. *Chinese National Banks: From Their Founding to the Moratorium*. Berlin: s.n.

Hamashita Takeshi 滨下武志. 1980. *Chūgoku tsūshō ginkō no setsuritsu to Honkon Shanhai ginkō* 中国通商银行の设立と香港上海银行. *Hitotsubashi ronsō*: 84.4: 448–464.

———. 1989. *Chūgoku kindai keizaishi kenkyū* 中国近代经济史研究. Tokyo: Tokyo University.

Hamilton, Earl J. 1943. "Money and Economic Recovery in Spain under the First Bourbon, 1701–1746." *Journal of Modern History* 15.3: 192–206.

Hanashiro, Roy S. 1999. *Thomas William Kinder and the Japanese Imperial Mint, 1868–1875*. Leiden: Brill.

Hanna, Hugh H., Charles A. Conant, and Jeremiah W. Jenks. 1904. *Report on the Introduction of the Gold-Exchange Standardinto China, the Philippine Islands, Panama, and Other Silver-Using Countries*. Washington, DC: Government Printing Office.

Hanshu 汉书. [rep. 1956]. 40 vols. Taipei: Er shi wu shi bian kanguan.

Hao Yen-p'ing. 1986. *The Commercial Revolution in Nineteenth-Century China*. Berkeley: University of California Press.

———. 1970. *The Comprador in Nineteenth Century China: A Bridge between East and West*. Cambridge, MA: Harvard University Press.

Hargreaves, Eric Lyde. 1930. *The National Debt*. London: E. Arnold.

Harl, K. W. 1996. *Coinage in the Roman Economy, 300 BC to AD 700*. Baltimore: Johns Hopkins University Press.

Harmatta, J. 1994. "Languages and Literature in the Kushan Empire." In idem., ed., *History of Civilizations of Central Asia*, vol. 2, *The Development of Sedentary and Nomadic Civilizations: 700 B.C. to A.D. 250*, 417–440. Paris: UNESCO.

Hartwell, Robert. 1967. "A Cycle of Economic Change in Imperial China: Coal and Iron in Northeast China, 750–1350." *Journal of the Economic and Social History of the Orient* 10.1: 102–159.

Hasan, Aziza. 1969. "The Silver Currency Output of the Mughal Empire and Prices in India during the 16th and 17th Centuries." *Indian Economic and Social History Review* 6.85: 85–116.

He Wenkai. 2010. Book Review of Horesh (2009a). *Economic History Review* 63.2: 558–559.

He Ziquan 何兹全. 1949. "Dong Jin nanchao de qianbi shiyong yu qianbi wen ti" "东晋南朝的钱币使用与钱币问题." *Zhongyang yanjiuyuan lishi yuyan yanjiusuo jikan* 14: 21–56.

Headrick, Daniel R. 2010. *Power over Peoples: Technology, Environments and Western Imperialism, 1400 to the Present*. Princeton, NJ: Princeton University Press.

Heal, Ambrose. [1935, rep. 1972]. *The London Goldsmiths, 1200–1800: A Record of the Names and Addresses of the Craftsmen, Their Shop Signs and Trade-Cards*. London: Cambridge University Press.

Healy, John F. 1978. *Mining and Metallurgy in the Greek and Roman World*. London: Thames and Hudson.

Heckscher, Eli F. 1954. *An Economic History of Sweden*. Trans. from the Swedish by G. Ohlin. Cambridge, MA: Harvard University Press.

Hefeker, Carsten, and Andreas Nabor. 2005. "China's Role in East-Asian Monetary Integration." *International Journal of Finance and Economics* 10: 157–166.

Heilperin, Michael A. 1960. *Studies in Economic Nationalism*. Geneva: Droz.

Heimann, James. 1980. "Small Change and Ballast: Cowry Trade and Usage as an Example of Indian Ocean Economic History." *South Asia* 3.1: 48–67.

Helleiner, Eric. 1999. "Denationalising Money? Economic Liberalism and the 'National Question' in Currency Affairs." In Emily Gilbert and Eric Helleiner, eds., *Nation-States and Money: The Past, Present and Future of National Currencies*, 139–158. London: Routledge.

———. 2003. *The Making of National Money: Territorial Currencies in Historical Perspective*. Ithaca, NY: Cornell University Press.

———. 2005a. "Why Would Nationalists Not Want a National Currency: The Case of Quebec." In Eric Helleiner and Andreas Pickel, eds., *Economic Nationalism in a Globalizing World*, 164–182. Ithaca, NY: Cornell University Press.

———. 2005b. "Conclusion: The Meaning and Contemporary Significance of Economic Nationalism." In Eric Helleiner and Andreas Pickel, eds., *Economic Nationalism in a Globalizaing World*, 220–234. Ithaca, NY: Cornell University Press.

Hendy, Michael F. 2008. *Studies in the Byzantine Monetary Economy C. 300–1450*. Cambridge, UK: Cambridge University Press.

Heng, Derek. 2006. "Export Commodity and Regional Currency: The Role of Chinese Copper Coins in the Malacca Straits Region, Tenth to Fourteenth Centuries." *Journal of Southeast Asian Studies* 37.2: 179–203.

Herbert, Penelope A. 1976. "A Debate in T'ang China on the State Monopoly on Casting Coin." *T'oung Pao* 62.4/5: 253–292.

Hickson, C. R., and J. D. Turner. 2004. "Free Banking and the Stability of Early Joint-Stock Banking." *Cambridge Journal of Economics* 28: 903–919.

Higuchi, Takayasu. 1992. "Silk Road: A Culture of Imported Goods." *Senri Ethnological Studies* 32: 33–36.

Hill, George F. 1922. "Ancient Methods of Coining." *Numismatic Chronicle* 2: 1–42.

Hill, J. E. 2009. *Through the Jade Gate to Rome: A Study of the Silk Routes during the Later Han Dynasty 1st to 2nd Centuries CE*. Charleston, SC: Book Surge.

Hira, Anil, and James W. Dean. 2004. "Distributional Effects of Dollarisation: The Latin American Case." *Third World Quarterly* 25.3: 461–482.

Hirokichi Taya. 1980. "The Modernization of the Japanese Currency System." *Acta Asiatica* 39: 78–94.

The History of Korean Money. 1969. Compiled by the central Bank of Korea.

Ho Hon-wai 何汉威. 1993. "Cong yinqian huang dao tongyuan fanlan—Qingmo xin huobi de faxing ji qi yinxiang" 从银钱荒到铜元泛滥——清末新货币的发行及其影响. *Zhongyang yanjiuyuan lishi yuyan yanjiusuo jikan* 62.3: 389–494.

Ho, Samuel P. S. 1978. *Economic Development of Taiwan 1860–1970*. New Haven, CT: Yale University Press.

———. 1984. "Colonialism and Development: Korea, Taiwan, and Kwantung." In Ramon H. Myers and Mark R. Peattie, eds., *The Japanese Colonial Empire, 1895–1945*, 347–397. Princeton, NJ: Princeton University Press.

Hobson, John M. 2004. *The Eastern Origins of Western Civilization*. New York: Cambridge University Press.

Hogendorn, Jan, and Marion Johnson. 1986. *The Shell Money of the Slave Trade*. New York: Cambridge University Press.

Homer, Sidney, and Richard Sylla. 2005. *A History of Interest Rates*. Hoboken, NJ: Wiley.

Honda, Hiroyuki. 2007. "Copper Coinage, Ruling Power and Local Society in Medieval Japan." *International Journal of Asian Studies* 4.2: 225–240.

Hong Jiaguan 洪葭管. 1989. *Jindai Shanghai jinrong shichang* 近代上海金融市场. Shanghai: Shanghai renmin chubanshe.

Horesh, Niv. 2004. "The Transition from Coinage to Paper Money in China: Hallmarks of Statehood in Global Perspective, 8th Century BC to 1935 AD." *Journal of the Institute of Asian Studies* 21.2: 1–26.

———. 2008. "Silk, Tea, and Treasure: Maritime Trade in Eighteenth-Century Literature." *Sungkyun Journal of East Asian Studies*. 8.2: 131–142.

———. 2009a. *Shanghai's Bund and Beyond: British Banks, Banknote Issuance and Monetary Policy in China, 1842–1937*. New Haven, CT: Yale University Press.

———. 2009b. "What Time Is the 'Great Divergence'? And Why Economic Historians Think It Matters." *China Review International* 16.1: 18–32.

———. 2009c. "Whitehall vs Old China Hands: The 1935–36 Leith-Ross Mission Revisited." *Asian Studies Review* 33.2: 211–227.

Hou Ching-Lang. 1975. *Monnaies D'offrande et la notion de tresorerie dans la religion Chinoise*. Paris: Institut de Hautes Etudes Chinoises.

Hou Hanshu 后汉书. [rep. 1999]. Beijing: Zhonghua shuju.

Hou Houji 侯厚吉 and Wu Qijing 吴其敬. 1982. *Zhongguo jindai jingji sixiang shigao* 中国近代经济思想史稿. Harbin: Heilongjiang renmin chubanshe.

Howe, A. C. 1990. "Bimetallism, c. 1880–1898: A Controversy Reopened?" *The English Historical Review* 105.415: 377–391.

Howe, Christopher. 2001. "Taiwan in the 20th Century: Model or Victim? Development Problems in a Small Asian Economy." *China Quarterly* 165: 37–60.

Howgego, Christopher J. 1995. *Ancient History from Coins*. London: Routledge.

Hozumi Fumio 穂積文雄. 1944. *Shina kahei ko* 中国货币考. Kyoto: Kyōto Inshokan.

Hsiao Ch'i-Ch'ing. 1994. "Mid-Yüan Politics." In Herbert Franke and Denis Twitchett, eds., *The Cambridge History of China*, vol. 6, *Alien Regimes and Border States, 907–1368*, 490–560. Cambridge, UK: Cambridge University Press.

Hsiao Liang-lin. 1974. *China's Foreign Trade Statistics, 1864–1949*. Cambridge, MA: Harvard University Press.

Hsu Yih-tzong 许义宗. 1997. *Qing dai zhibi tushuo* 清代纸币图说. Taipei: Hsu Yih-tzong.

———. 1998. *Zhongguo Huashang zhibi tushuo* 中国华商之笔图说. Taipei: Hsu Yih-tzong.

Hu Jichuang 胡寄窗. 1988. *A Concise History of Chinese Economic Thought*. Beijing: Foreign Languages Press.

———. 1998. *Zhongguo jingji sixiang shi* 中国经济思想史. Shanghai: Shanghai caijing daxue chubanshe.

Hua Jueming 华觉明. 1999. *Zhongguo gudai jinshu jishu: tong he tie zaojiu de wenming* 中国古代金属技术：铜和铁造就的文明. Zhengzhou: Daxiang chubanshe.

———. 2000. "On the Origins of Metallurgy in China." In Katheryn M. Linduff, Han Rubin, and Sun Shuyun, eds., *The Beginnings of Metallurgy in China*, 51–62. Lewiston, NY: Lampeter.

———. 2008. "Metallurgy in China." In Helaine Selin, ed., *Encyclopaedia of the History of Science, Technology, and Medicine in Non-Western Cultures*, 1624–1626. Berlin: Springer.

Huang Hengjun 黄亨俊. 2001. *Qingdai guanyin qianhao faxing shi* 清代官银钱号发行史. Taipei: Guoli lishi bowuguan.

Huang Jianhui 黄鉴晖. 1992. *Shanxi piaohao shi* 山西票号史. Taiyuan: Shanxi jingji chubanshe.

———. 1994. *Zhongguo yinhang yeshi* 中国银行业史. Taiyuan: Shanxi jingji chubanshe.

Huang, Ray. 1974. *Taxation and Government Finance in 16th Century Ming China*. New York: Cambridge University Press.

———. 1990. *China: A Macro History*. New York: M. E. Sharpe.

Huang Yihai and Wang Yunting. 2004. *Chinese Specimens Printed by the American Bank Note Company*, 3 vols. Hong Kong: Zhongguo tong chubanshe.

Huangchao jingshi wen tongbian 皇朝经世文统编. [rep. 1980]. 10 vols. Taipei: Wenhai chubanshe.

Huey, Herbert. 1985. "European Conceptions of the Chinese Economy, 1650–1750: French Jesuits' Views on China." *Papers on Far Eastern History* 31: 95–116.

"Huhehaoteshi fujin chutu de waiguo jinyin bi" 呼和浩特市附近出土的外国金银币. 1975. *Kaogu* 3: 182–186.

Hundred-Year Statistics of the Japanese Economy. 1966. Tokyo: Nihon Ginko tokeikyoku.

Hung Yin-hang. 1970. "A Great Victory for Mao Tse-Tung'S Thought on the Financial and Monetary Front—China's People's Currency Has Become an Exceptionally Stable Currency of the World." *Chinese Economy* 3.3: 179–190.

Husain, M. K. 1967. "The Silver Larin." *Journal of the Numismatic Society of India* 29.2: 54–72.

Ibn Battuta. [rep. 2009]. *The Travels of Ibn Battuta*. Trans. by Samuel Lee. New York: Cosimo.

Inalcik, Halil. 1970. "The Ottoman Economic Mind and Aspects of the Ottoman Economy." In M. A. Cook, ed., *Studies in the Economic History of the Middle East*, 207–218. Oxford, UK: Oxford University Press.

Ingram, James Carlton. 1971. *Economic Change in Thailand since 1850*. Stanford, CA: Stanford University Press.

Irigoin, Alejandra. 2009. "The End of a Silver Era: The Consequences of the Breakdown of the Spanish Peso Standard in China and the United States, 1780s–1850s." *Journal of World History* 20.2: 226–229.

Ishii Kanji 石井寛治. 2002. "British-Japanese Rivalry in Trading and Banking." In Janet E. Hunter and Sugiyama Shinya, eds., *The History of Anglo-Japanese Relations, 1600–2000*, vol. 4, 110–132. Basingstoke, UK: Macmillan.

———. 2007. *Keizai hatten to ryōgaeshō kin'yū* 経済発展と両替商金融. Tokyo: Yuhikaku.

Ishikawa Ryota 石川亮太. 2002. "1910 Nen Manshū ni okeru Chōsen ginkō no ryūtsū to chiiki keizai" 1910 年代満州における朝鮮銀行券の流通と地域経済. *Shakai keizai shigagu* 68.2: 127–144.

Ito Takatoshi. 2010. "China as Number One: How about the Renminbi?" *Asian Economic Policy Review* 5.2: 249–76.

Jackson, A. V. W. 1922. "The Persian Dominions in Northwestern India Down to the Time of Alexander's Invasion." In E. Rapson, ed., *Cambridge History of India*, 319–344. Cambridge, UK: Cambridge University Press.

Jacoud, Gilles. 2001. "Mollien's Contribution to the Analysis of the Bank of Issue1." *Financial History Review* 8.2: 123–141.

Jahn, K. 2009. "Čāo." In P. Bearman, Th. Bianquis, C. E. Bosworth, E. van Donzel, and W. P. Heinrichs Brill, eds., *Encyclopaedia of Islam*, second edition. Retrieved on September 15, 2012, from Brill Online at www.brillonline.nl.virtual.anu.edu.au/subscriber/entry?entry=islam_SIM-1591.

Jain, Lakshmi Chandra. 1929. *Indigenous Banking in India*. London: Macmillan.

Jansen, Marius B. 2002. *The Making of Modern Japan*. Cambridge, MA: Harvard University Press.

Jao Y. C. and Frank H. H. King. 1990. *Money in Hong Kong: Historical Perspective and Contemporary Analysis*. Hong Kong: The University of Hong Kong, Centre of Asian Studies.

Jernigan, T. R. 1904. *China's Business Methods and Policy*. Shanghai: Kelly & Walsh.

Ji Zhaojin. 2002. *A History of Modern Shanghai Banking*. Armonk, NY: M. E. Sharpe.

Jia Daquan 贾大泉. 1994a. "Xue Tian shi woguo he shijieshang zuizao de jiechu de zhibi zhuanjia" 薛田是我国和世界上最早的杰出的纸币专家. *Xinan jinrong* 7: 51–53.

———. 1994b. "Zhang Yong, Xue Tian yu jiaozi—guanyu jiaozi de chansheng shijian, zhengdun he guan jiaoziwu de jianli" 张咏、薛田与交子——关于交子的产生时间、整顿和官交子务的建立. *Sichuan wenwu* 5: 58–61.

Jia Yi Xinshu 贾谊新书. [rep. 2008]. Changchun: Shidai wenyi chubanshe.

Jiang Hongye 姜宏业. 1991. *Zhongguo difang yinhang shi* 中国地方银行. Changsha: Hunan chubanshe.

Johnson, Marion. 1970. "The Cowrie Currencies of West Africa." *Journal of African History* 11.3: 331–353.

Jones, F. C. 1949. *Manchuria since 1931*. New York: Oxford University Press.

Jones, Geoffrey. 1990. "Competitive Advantages in British Multinational Banking Since 1890." In idem., ed., *Banks as Multinationals*, 30–61. London: Routledge.

———. 1993. *British Multinational Banking, 1830–1990*. Oxford, UK: Clarendon Press.

Joslin, David Maelgwyn. 1963. *A Century of Banking in Latin America*. London: Oxford University Press.

Kahan, Arcadius. 1989. *Russian Economic History: The Nineteenth Century*. Chicago: University of Chicago Press.

Kakinuma Yōhei 柿沼阳平. 2011. *Chūgoku kodai kahei keizai shi kenkyū* 中国古代货币经济史研究. Tokyo: Kyūko shoin.

Kann, Eduard, 1927. *The Currencies of China*. Shanghai: Kelly & Walsh.

Kaplanis, Costas. 2003. "The Debasement of the 'Dollar of the Middle Ages.'" *The Journal of Economic History* 63.3: 768–801.

Katō Shigeru 加藤繁. 1963. *Zhongguo jingji shi kaozheng* 中国经济史考证. 2 vols. Trans. from Japanese into Chinese by Wu Jie 吴杰. Beijing: Xinhua shudian.

———. 1944 [rep. 1970]. *Tang Song shidai jinyin zhi yanjiu.* 唐宋时代金银之研究. 2 vols. Hong Kong: Longman shudian.

Katō Toshihiko 加藤俊彦. 1988. "Kin'yū kyōkō to Yokohama shōkin ginkō" 金融恐慌と横浜正金銀行. In Yamaguchi Kazuo 山口和雄 and Katō Toshiniko 加藤俊彦, eds., *Ryō taisenkan no Yokohama shōkin ginkō* 両大戦間の横浜正金銀行, 326–354. Tokyo: Nippon kei'ei.

Katsari, Constantina. 2011. *The Roman Monetary System: The Eastern Provinces from the First to the Third Century AD*. Cambridge, UK: Cambridge University Press.

Kawamura Tomotaka 川村朋貴. 2005. "Higashi Indo kaisha kaisan izen no isutan banku mondai, 1847–1857 nen" 东インド会社解散以前のイースタンバンク問題、１８４７-１８５７年. *Shakai keizai shigaku* 71.2: 25–47.

Kazui Tashihiro. 1991. "Exports of Gold and Silver during the Early Tokugawa Era, 1600–1750." In Eddy H. G. Van Cauwenberghe, ed., *Money, Coins and Commerce: Essays in the Monetary History of Asia and Europe*, 75–93. Leuven: Leuven University Press.

Kehoe, Dennis P. 2007. "The Early Roman Empire: Production." In Walter Scheidel, Ian Morris, and Richard Saller, eds. *Cambridge Economic History of the Greco-Roman World*, 543–569. Cambridge, UK: Cambridge University Press.

Kennedy, J. 1898. "The Early Commerce of Babylon with India 700–300 BC." *Journal of the Royal Asiatic Society of Great Britain* (New Series) 30.2: 241–288.

Keynes, John Maynard. 1926. *The End of Laissez-Faire*. London: Hogarth Press.

Khan, Muhammad Akram. 2003. *Islamic Economics and Finance: A Glossary*. London: Routledge.

Kikuchi Takaharu 菊池贵晴. 1966. *Chūgoku minzoku undō no kihon kōzō* 中国民族运动の基本构造. Tokyo: Daian.

Kim Chun-kil. 2005. *The History of Korea*. Westport, CT: Greenwood.

Kim Hyun Jin. 2009. *Ethnicity and Foreigners in Ancient Greece and China*. London: Duckworth.

Kimura Mitsuhiku. 1993. "Standards of Living in Colonial Korea: Did the Masses Become Worse Off or Better Off under Japanese Rule?" *Journal of Economic History* 53.3: 629–652.

Kindleberger, Charles P. 1984. *A Financial History of Western Europe.* London: Allen & Unwin.

———. 1986. *The World in Depression, 1929–1939.* Berkeley: University of California Press.

———. 1989. *Spenders and Hoarders: The World Distribution of Spanish American Silver, 1550–1750.* Singapore: ASEAN.

———. 2000. *Comparative Political Economy: A Retrospective.* Cambridge, MA: MIT Press.

King, Frank H. H. 1965. *Money and Monetary Policy in China, 1845–1895.* Cambridge, MA: Harvard University Press.

———. 1987. *The History of the Hongkong and Shanghai Banking Corporation.* 4 vols. New York: Cambridge University Press.

King, W. T. C. 1936. *History of the London Discount Market.* London: Routledge.

Kirshner, Jonathan. 1995. *Currency and Coercion: The Political Economy of International Monetary Power.* Princeton, NJ: Princeton University Press.

Kishimoto Mio 岸本美绪. 1997. *Shindai chūgoku no bukka to keizai hendō* 清代中国の物价と经济变. Tokyo: Kenbun.

Klaproth, J. 1823. *Origin of Paper Money.* London: Treuttel and Wurtz.

Kobata Atsushi 小叶田淳. [1930, rep. 1969]. *Nihon kahei ryutsushi* 日本货币流通史. Tokyo: Toko shoin.

———. 1965. "The Production and Uses of Gold and Silver in Sixteenth and Seventeenth-century Japan." *Economic History Review* 18.2: 245–266.

———. 1971. "Coinage from the Kamakura Period through the Edo Period." *Acta Asiatica* 21: 98–108.

Kolsky, Maurice, and Maurice Muszynski. 1996. *Les Billets de la Banque de L'Indochine.* Monaco: V. Gadoury.

Kong Xiangxian 孔祥贤. 1991. *Daqing yinhang hangshi* 大清银行行史. Nanjing: Nanjing daxue chubanshe.

Kosambi, D. D. 1981. *Indian Numismatics.* New Delhi: Orient Longman.

Kotani, Ken. 2009. *Japanese Intelligence in World War II.* New York: Osprey.

Kotenev, Anatol M. 1927. *Shanghai: Its Municipality and the Chinese.* Shanghai: North-China Daily News and Herald.

Kraay, Colin M. 1976. *Archaic and Classical Greek Coins.* London: Methuen.

Krishnamurthy, R. 2000. *Non-Roman Ancient Foreign Coins from Karur India.* Chennai: Garnet.

Kroll, John H. 2001. "Observations on Monetary Instruments in Pre-Coinage Greece." In Miriam S. Balmuth, ed., *Hacksilber to Coinage: New Insights into the Monetary History of the Near East and Greece,* 77–92. New York: American Numismatic Society.

Ku Hung-ting. 1983. "Urban Mass Movement in Action: The Shakee Incident and the Canton-Hongkong Strike." In Academia Sinica, comp., *Proceedings of the Conference on the Early History of the Republic of China, 1912–1927,* 849–872. Taipei: Academia Sinica.

Kuppuram, K. and K. Kumudamani. 1990. *History of Science and Technology in India.* vol. 8, *Coins, Metallurgy.* Delhi: Sundeep Prakashan.

Kuroda, Akinobu 黑田明伸. 1987. "Kenryō no senki" 乾隆の钱贵. *Tōyōshi kenkyū* 45.4: 692–723.

———. 2000. "Another Monetary Economy: The Case of Traditional China." In A. J. H. Latham and Heita Kawakatsu, eds., *Asia Pacific Dynamism 1550–2000,* 187–198. London: Routledge.

———. 2003. *Kahei shisutemu no sekaishi: "hitaishosei" o yomu* 货币システムの世界史：〈非对称性〉をよむ. Tokyo: Iwanami shoten.

———. 2006. "Too Commercialised to Synchronise Currencies: Monetary Peasant Economy in Late Imperial China in Comparison with Contemporary Japan." Proceedings of the XIV International Economic History Congress in Helsinki. Retrieved on October 6, 2008, from www.helsinki.fi/iehc2006/papers3/Kuroda.pdf.

———. 2007. "The Maria Theresa Dollar in the Early Twentieth-Century Red Sea Region: A Complementary Interface between Multiple Markets." *Financial History Review* 14: 89–110.

———. 2008. "Concurrent but Non-Integrable Currency Circuits: Complementary Relationships among Monies in Modern China and Other Regions." *Financial History Review* 15.1: 17–36.

———. 2009. "The Eurasian Silver Century, 1276–1359: Commensurability and Multiplicity." *Journal of Global History* 4: 245–269.

Kuz'mina, Elena Efimivna. 2008. Trans. by Victor H. Mair. *The Prehistory of the Silk Road.* Philadelphia: University of Pennsylvania Press.

Labib, Subhi Y. 1969. "Capitalism in Medieval Islam." *The Journal of Economic History* 29.1: 79–96.

Lacouperie, Terrien de. 1894. *Western Origin of the Early Chinese Civilisation from 2,300 B.C. to 200 A.D.* London: Asher & Co.

Lane, F. C. and Reinhold C. Mueller. 1985. *Money and Banking in Medieval and Renaissance Venice.* Baltimore, MD: Johns Hopkins University Press.

Lane, Roger DeWart. 2008. *Encyclopaedia of Small Silver Coins.* Self-published.

Lang Xianping 郎咸平. 2009. "Renminbi shengzhi rang ni geng fuyu?" 人民币升值让你更富裕? *Shiye* 8: 40.

Lardy, Nicholas R. 1998. *China's Unfinished Economic Revolution.* Washington, DC: Brookings Institution Press.

Laufer, Berthold. [1919, rep. 1967]. *Sino-Iranica: Chinese Contributions to the History and Civilization in Ancient Iran.* Taipei: Ch'eng-Wen.

Le Yan. 2007. "China's Foreign Exchange Markets." In Salih N. Neftci and Michelle Yuan Ménager-Xu, eds., *China's Financial Markets: An Insider's Guide to How the Markets Work,* 112–134. Burlington, MA: Elsevier.

Lee, Frederic Edward. [1926, rep. 1982]. *Currency, Banking, and Finance in China.* New York: Garland.

Lee Jong-Wha. 2010. "Comment on 'China as Number One': How about the Renminbi?" *Asian Economic Policy Review* 5.2: 277–278.

Levine, Ari D. 2008. *Divided by a Common Language: Factional Conflict in Late Northern Song China.* Honolulu: University of Hawai'i Press.

Levintal, Oren, and Joseph Zeira. 2009. "The Evolution of Paper Money." *CEPR Working Paper.* Jeruslaem: Hebrew University Economics Department. Retrieved on September 17, 2012, from http://papers.ssrn.com/sol3/papers.cfm?abstract_id=1429724&http://papers.ssrn.com/sol3/papers.cfm?abstract_id=1429724

Lewis, Mark Edward. 2007. *The Early Chinese Empires: Qin and Han.* Cambridge, MA: Harvard University Press.

Li Daokui 李稻葵 and Liu Linlin 刘霖林. 2008. "Shuangguizhi tuijin Renminbi guojihua" 双轨制推进人民币国际化. *Zhongguo jinrong* 10: 42–43.

Li Dongrong 李东荣. 2006. *Renminbi hui jia hui bian: 1949–2005 nian* 人民币汇价汇编: 1949–2005 年. People's Bank of China.

Li Gan 李幹. 1985. *Yuandai shehui jingji shigao* 元代社会经济史稿. Hubei renmin chubanshe.

Li Jing. 2007. "The Rise of the Renminbi in Asia: Cost-Benefit Analysis and Road Map." *The Chinese Economy* 40.4: 29–43.

Li Jinlian 李金莲. 2005. "Yunnan gudai dianchi diqu qingtong wenhua zhong de zhubeiqi zongshu" "云南古代滇池地区青铜文化中的贮贝器综述." *Chuxiong shifan xueyuan xuebao* 楚雄师范学院学报 2: 56–62.

Li Lonsheng 李隆生. 2010. *Qingdai de guoji maoyi* 清代的国际贸易. Taipei: Xiuwei.

Li Ming-Hsun. 1963. *The Great Recoinage of 1696 to 1699.* London: Weidenfeld and Nicolson.

Li Ping 李平 and Yang Qingfang 杨清仿. 1999. *Renminbi huilü, lilun, lishi, xianzhuang ji qi fazhan qushi* 人民币汇率：理论、历史、现状及其发展趋势. Beijing: Jingji kexue chubanshe.

Li Taichu 李泰初. 1936. *Xianggang zhibi yu Guangzhou wujia guanxi zhi chubu yanjiu* 香港纸币与广州特价关系之初步研究. Guangzhou: Guangdong shengli rangqin daxue shangxue yuan.

Li Xizhu 李细珠. 2003. *Zhang Zhidong yu Qingmo xinzheng yanjiu* 张之洞与清末新政研究. Shanghai: Shanghai shudian.

Li Yu'an 李育安. 1996. "Qingdai de bizhi he zhibi liutong" 清代的币制和纸币流通. *Zhengzhou daxue xuebao* 6:84–89.

Li Yung-ti. 2006. "On the Function of Cowries in Shang and Western Zhou China." *Journal of East Asian Archaeology* 5.1–4: 1–26.

Liang Fangzhong 梁方仲. 1989. *Liang Fangzhong jingji shi lunwenji* 梁方仲经济史论文集. Beijing: Zhonghua shu ju.

Lieu, D. K. 1929. *Foreign Investments in China.* Nanjing: Chinese Government Bureau of Statistics.

Liew, Leong H. 2002. "Policy Elites in the Political Economy of China's Exchange Rate Policymaking." *Journal of Contemporary China* 13.38: 21–51.

———. 2006. "Changing China's Political Economy: Uniting and Dividing Impacts of Globalisation." In Iyanatul Islam and Mozaaem Hossain, eds., *Glo-

balisation and the Asia-Pacific: Contested Perspectives and Diverse Experiences, 131–149. Cheltenham, UK: Edward Elgar.

Liew, Leong H, and Harry X. Wu. 2007. *The Making of China's Exchange Rate Policy: From Plan to WTO Entry.* Cheltenham, UK: Edward Elgar.

Lin Guijun and Ronald M. Schramm. 2003. "China's Foreign Exchange Policies since 1979: A Review of Developments and an Assessment." *China Economic Review* 14.3: 246–280.

Lin Man-houng. 2005. "Taiwanese Merchants in the Economic Relations between Taiwan and China, 1895–1937." In Sugiyama Kaoru, ed., *Japan, China, and the Growth of the Asian International Economy, 1850–1949*, 217–244. New York: Oxford University Press.

———. 2006. *China Upside Down: Currency, Society and Ideologies, 1808–1856.* Cambridge, MA: Harvard University Press.

Lin Yifu 林毅夫. 2009. "Renminbi shangzhi keneng hui esha quanqiu fusu" 人民币升值可能会扼杀全球复苏. *Renmin luntan zhenglun shuangzhoukan* 22: 158.

Ling Yeqin 凌业勤. 1987. *Zhongguo gudai chuantong zhuzao jishu* 中国古代传统铸造技术. Beijing: Xinhua.

Liu Hengwu 刘恒武 and Yang Xinmin 杨心珉. 2010. "Mingdai de qianfa zuzhi wenti yu Huang Zongxi de qianfa sixiang" 明代的钱法阻滞问题与黄宗羲的钱法思想. *Zhejiang shehui kexue* 9: 64–71.

Liu Qiugen 刘秋根. 2000. *Ming Qing gaolidai ziben* 明清高利贷资本. Beijing: Shehui kexue wenxian chubanshe.

Liu Sen 刘森. 2007. "Yuanchao 'chaoben' chutan" 元钞'钞本'初探. *Henan daxue xuebao* 47.2: 135–143.

Lo Cascio, Elio. 2007. "The Early-Roman Empire: The State and the Economy." In Walter Scheidel, Ian Morris, and Richard Saller, eds. *Cambridge Economic History of the Greco-Roman World*, 619–650. Cambridge, UK: Cambridge University Press.

Loehr, Max. 1949. "Weapons and Tools from Anyang, and Siberian Analogie." *American Journal of Archaeology* 53.2: 126–144.

Long Yuan. 2011. *Further Development of Renminbi's Exchange Rate Regime after Joining the WTO.* Norderstedt: Grin Verlag.

Lopez, Robert Sabatino. 1951. "The Dollar of the Middle Ages." *The Journal of Economic History* 11.3: 209–234.

———. 1953. "An Aristocracy of Money in the Middle Ages." *Speculum: A Journal of Medieval Studies* 28.1: 1–43.

Love, John R. 1991. *Antiquity and Capitalism: Max Weber and the Sociological Foundations of Roman Civilization.* London: Routledge.

Lowick, N. M. 1970. "Axumite Coins." *British Museum Quarterly* 34.3-4: 148–151.

Lu Hanchao. 2004. "The Art of History: A Conversation with Jonathan Spence." *Chinese Historical Review* 11.2: 133–154.

Lucassen, Jan. 2005. "Coin Production, Coin Circulation, and the Payment of Wages in Europe and China." In Christine Moll-Murata, Song Jianze, and

Hans Ulrich Vogel, eds., *Chinese Handicraft Regulations of the Qing Dynasty: Theory and Application*, 423–446. Pheonix: Arizona University Press.

———. 2007 "Introduction." In idem., ed., *Wages and Currency: Global Comparisons from Antiquity to the Twentieth Century*, 9–58. Berlin: Peter Lang.

Lüshi chunqiu 吕氏春秋. [rep. 1991]. Beijing: Zhonghua shuju.

Ma Chuande 马传德, Xu Yuan 徐渊, and Hu Youwen 胡幼文. 2000. *Shanghaitan huobi* 上海滩货币. Shanghai: Shanghai jiaoyu chubanshe.

Ma Debin. 2013. "Chinese Money and Monetary System, 1800–2000, Overview." In Gerard Caprio, ed., *Handbook of Key Global Financial Markets, Institutions, and Infrastructure*, vol. 1, 57–64. Oxford, UK: Elsevier.

Ma Tao 马涛 and Song Dan 宋丹. 2009. "On the Features of Ancient Money Categories in China." *Journal of Finance and Economics* 11: 26–36.

Macdonald, George. 1916. *The Evolution of Coinage*. Cambridge, UK: Cambridge University Press.

Mackenzie, A. D. 1953. *The Bank of England Note Issue: A History of Its Printing*. Cambridge, UK: Cambridge University Press.

Mackenzie, Compton. 1954. *Realms of Silver: One Hundred Years of Banking in the East*. London: Routledge and Kegan Paul.

Maddison, Angus. 2007. *Chinese Economic Performance in the Long Run*. Paris: Development Centre of the Organisation for Economic Co-Operation and Development.

Magnusson, Lars. 2000. *An Economic History of Sweden*. London: Routledge.

Maity, S. K. 1970. *Early Indian Coins and Currency System*. Delhi: Munshiram Manoharlal.

Malmendier, Ulrike. 2005. "Roman Shares." In N. Goetzmann and K. Geer, eds., *The Origins of Value: The Financial Innovations That Created Modern Capital Markets*. Oxford, UK: Oxford University Press.

Manela, Erez. 2007. *The Wilsonian Moment: Self-Determination and the International Origins of Anticolonial Nationalism*. New York: Oxford University Press.

Mao King On. 1977. *History of Chinese Paper Currency*, 2 vols. Hong Kong: K. O. Mao.

Marcus, Harold G. 2002. *A History of Ethiopia*. Berkeley: University of California Press.

Markley, Robert. 2003. "Riches, Power, Trade and Religion: The Far East and the English Imagination, 1600–1720." *Renaissaince Studies* 17.3: 494–516.

Martin, David A. 1977. "The Changing Role of Foreign Money in the United States, 1782–1857." *Journal of Economic History*. 37.4: 1009–1027.

Maruyama Makoto. 1999. "Local Currencies in Pre-Industrial Japan." In Emily Gilbert and Eric Helleiner, eds., *Nation-States and Money: The Past, Present and Future of National Currencies*, 68–81. London: Routledge.

Marx, Karl. [1867, rep. 1967]. *Kapital: Kritik der politischen Ökonomie*. 3 vols. Frankfurt: Europaische Verlagsanstalt.

———. [rep. 1990]. *Capital: A Critique of Political Economy*. 3 Vols. Trans. from German by Ben Fowkes. London: Penguin Classics.

Marybon, Charles B. 1929. *Histoire de la concession française de changhai*. Paris: Plon.
Maspéro, Henri. 1955. *La Chine Antique*. Paris: Impr. Nationale.
Masters, Bruce. 1988. *The Origins of Western Economic Dominance in the Middle East: Mercantilism and the Islamic Economy in Aleppo, 1600–1750*. New York: New York University Press.
Mattingly, Harold. 1960. *Roman Coins: From the Earliest Times to the Fall of the Western Empire*. London: Methuen.
McElderry, Andrea Lee. 1976. *Shanghai Old-Style Banks (Ch'ien-Chuang), 1800–1925: A Traditional Institution in a Changing Society*. Ann Arbor: Center for Chinese Studies, University of Michigan.
McGuire, John. 2004. "The Rise and Fall of the Oriental Bank in the Nineteenth Century: A Product of the Transformation That Occurred in the World Economy or the Result of its Own Mismanagement." In *Proceedings of the Fifteenth Biennial Conference of the Asian Studies Association of Australia*, 1–20. Retrieved on September 19, 2012, from http://coombs.anu.edu.au/SpecialProj/ASAA/biennial-conference/2004/McGuire-J-ASAA2004.pdf.
McLean, David. 1976. "Finance and 'Informal Empire' before the First World War." *Economic History Review* 29.2: 291–305.
McNamara, Dennis L. 1990. *The Colonial Origins of Korean Enterprise, 1910–1945*. New York: Cambridge University Press.
Meiji taishō kokusei sōran 明治大正国勢总览. 1975. Tokyo: Keizai Shinposha.
Meiji taishō zaisei shi 明治大正財政史. 1955. 20 vols. Tokyo: Keizai Ōraisha.
Meiji-zen Nihon kōgyō gijutsu hattatsushi 明治前日本矿业技术发达史. 1982. Tokyo: Hatsubaijo Inoue shoten.
Menger, Carl. 1909. "Geld." In F. A. Hayek, ed., *Schriften über Geld und Währungspolitik*, 1–116. Tübingen: Mohr.
Metcalf, D. M. 1980–1981. "Continuity and Change in English Monetary History 973–1086." *British Numismatic Journal* 50, 51.
Metzler, Mark. 2006. *Lever of Empire: The International Gold Standard and the Crisis of Liberalism in Prewar Japan*. Berkeley: University of California Press.
Miao Mingyang 缪明杨. 1995. "Songdai zhibi faxing zhunbeijin shulüe" 宋代纸币发行准备金述略. *Caijing kexue* 5: 75–76.
Michie, Ranald C. 2006. *The Global Securities Market: A History*. Oxford, UK: Oxford University Press.
Mihm, Stephen. 2007. *A Nation of Counterfeiters: Capitalists, Con Men and the Making of the United States*. Cambridge, MA: Harvard University Press.
Ming jingshi wenbian 明经世文编. [rep. 1964]. Comp. by Chen Zilong 陈子龙. 6 vols. Hong Kong: Zhuji shudian.
Ming shilu leizuan 明实录类纂. [rep. 1993] Comp. by Li Guoxiang 李国祥 and Yang Chang 杨昶. Wuhan: Wuhan chubanshe.
Mira, W. J. D., and W. J. Noble. 1988. *The Holey Dollars of New South Wales*. Sydney: Australian Numismatic Society.
Miskimin, Harry A. 1983. "Money and Money Movements in France and England at the End of the Middle Ages." In J. F. Richard, ed., *Precious Metals in*

the Later Medieval and Early Modern Worlds, 79–96. Durham, NC: Carolina Academic Press.

———. 1984. Money and Power in Fifteenth-Century France. New Haven, CT: Yale University Press.

Mitchiner, Michael. 1977. Indo-Greek and Indo-Scythian Coinage. London: Hawkins.

Mitter, Rana. 2000. The Manchurian Myth: Nationalism, Resistance and Collaboration in Modern China. Berkeley: University of California Press.

Miyamoto Matao and Shikano Yoshiaki. 2003. "The Emergence of the Tokugawa Monetary System in East Asian International Perspective." In Richard Von Glahn, Arturo Giráldez, and Dennis O. Flynn, eds., Global Connections and Monetary History, 1470–1800, 169–186. Aldershot, UK: Ashgate.

Miyazaki Ichisada 宮崎市定. 1977. Chūgoku shi 中国史. 2 vols. Tokyo: Iwanami shoten.

Mizoguchi Toshiyuki. 1972. "Consumer Prices and Real Wages in Taiwan and Korea under Japanese Rule." Hitotsubashi Journal of Economics 13.1: 40–56.

Mizoguchi Toshiyuki and Yamamoto Yuzo. 1984. "Capital Formation in Taiwan and Korea." In Ramon H. Myers and Mark R. Peattie, eds., The Japanese Colonial Empire, 1895–1945, 399–420. Princeton, NJ: Princeton University Press.

Mokyr, Joel. 2009. The Enlightened Economy: An Economic History of Britain, 1700–1850. New Haven, CT: Yale University Press.

Molenda, Danuta. 1976. "Investments in Ore Mining in Poland from the 13th to the 17th Centuries." Journal of European Economic History 15.1: 121–139.

Morelli, Roberta. 1976. "The Medici Silver Mines (1542–1592)." Journal of European Economic History 5.1: 121–139.

Morris-Suzuki, Tessa. 1989. A History of Japanese Economic Thought. London: Routledge.

Morrison, John Robert. 1848. A Chinese Commercial Guide. China s.n.

Morse, H. B. [1921, rep. 1967]. The Trade and Administration of China. New York: Russel and Russel.

Motomura, Akira. 1994. "The Best and Worst Currencies: Seigniorage and Currency Policy in Spain, 1597–1650." Journal of Economic History 54.1: 104–197.

Moulder, Frances V. 1977. Japan, China and the Modern World Economy. Cambridge, UK: Cambridge University Press.

Muirhead, Stuart. 1996. Crisis Banking in the East: The History of the Chartered Mercantile Bank of India, London and China, 1853–93. London: Scolar Press.

Mukhamedjanov, A. R. 1994. "Economy and Social System in Central Asia in the Kushan Age." In J. Harmatta, ed., History of Civilizations of Central Asia, vol. 2, The Development of Sedentary and Nomadic Civilizations: 700 B.C. to A.D. 250, 265–290. Paris: UNESCO.

Müller-Jabusch, Maximilian. 1940. *Fünfzig Jahre Deutsch-Asiatische Bank, 1890–1939*. Berlin: Die Bank.

Munro, John H. 1974. "Billon: From Byullion to Base Coinage." *Revue Belge de Philology et d'histoire*. 52.2: 293–305.

———. 1983. "Bullion Flows and Monetray Contraction in Late-Medieval England and the Low Countries." In J. F. Richards, ed., *Precious Metals in the Later Medieval and Early Modern Worlds*, 97–158. Durham, NC: Carolina Academic Press.

———. 2007. "South German Silver, European Textiles, and Venetian Trade with the Levant and Ottoman Empire, c. 1370 to c. 1720: A Non-Mercantilistic Approach." In Simonetta Cavaciocchi, ed., *Relazione Economichetra Europa e Mondo Islamico, Seccoli XIII-XVIII*, 905–1055. Tuscany: Fondazione Casa Risparmio di Prato.

———. 2012. "Introduction," in idem., ed., *Money in the Pre-Industrial World: Bullion, Debasements and Coin*, 1–14. London: Pickering & Chatto.

Murphey, Rhoads. 1953. *Shanghai: Key to Modern China*. Cambridge, MA: Harvard University Press.

Myers, Ramon H., and Yamada Saburo. 1984. "Agricultural Development in the Empire." In Ramon H. Myers and Mark R. Peattie, eds., *The Japanese Colonial Empire, 1895–1945*, 420–455. Princeton, NJ: Princeton University Press.

Narain, A. K. 1990. "Indo-Europeans in Inner Asia." In D. Sinor, ed., *The Cambridge History of Early Inner Asia*, 151–176. Cambridge, UK: Cambridge University Press.

"Native Banks in Foochow." 1932. *Chinese Economic Journal* 10.5: 440–447.

Naughton, Barry. 1996. *Growing Out of the Plan: Chinese Economic Reform, 1978–1993*. New York: Cambridge University Press.

Neal, Larry. 1993. *The Rise of Financial Capitalism: International Capital Markets in the Age of Reason*. New York: Cambridge University Press.

Needham, Joseph. 1974. *Spagyrical Discovery and Invention*. In Joseph Needham, ed., *Science and Civilisation in China*, vol. 5, *Chemistry and Chemical Technology*, Part 2. Cambridge, UK: Cambridge University Press.

Nef, John U. 1941. "Silver Production in Central Europe, 1450–1618." *The Journal of Political Economy* 49.4: 575–591.

Nelson, Evan W. 1984. *The Imperial Administration of Currency and British Banking in the Straits Settlements, 1867–1908*. Unpublished PhD dissertation, Duke University.

Nicholson, J. Shield. 1893. *Principles of Political Economy*. London: Black.

Nishimura, Shizuya. 2005. "The Foreign and Native Banks in China: Chop Loans in Shanghai and Hankow before 1914." *Modern Asian Studies* 39.1: 109–132.

Noda Masaho 野田正穂. 1980. *Nihon shōken shijō seiritsu* 日本証券市場成立史. Tokyo: Yu hikaku.

North, Douglass C., and Robert Thomas. 1973. *The Rise of the Western World: A New Economic History*. Cambridge, UK: Cambridge University Press.

O'Brien, Patrick K., and Philip A. Hunt. 1999. "England, 1485–1815." In Richard Bonney, ed., *The Rise of the Fiscal State in Europe, 1200–1815*, 53–100. Oxford, UK: Oxford University Press.

Ogawa Eiji. 2002. "Should East Asian Countries Return to a Dollar Peg Again?" In Peter Drysdale and Kenichi Ishigaki, eds., *East Asian Trade and Financial Integration: New Issues*, 159–184. Canberra: Asia Pacific Press.

Oh Doo-Hwan. 1987. "Currency Readjustment and Colonial Monetary System of 1905 in Korea." *Journal of Social Sciences and Humanities* 65: 53–86.

Olsen, John W. 1983. "An Analysis of East Asian Coins Excavated in Tuscon, Arizona." *Historical Archaeology* 17: 42–55.

Orbell, John, and Alison Turton. 2001. *British Banking: A Guide to Historical Records*. Aldershot, UK: Ashgate.

Orchard, Dorothy J. 1930. "China's Use of the Boycott as a Political Weapon." *The Annals of the American Academy of Political and Social Science—China* 152: 252–261.

Ormond, W. M. 1999. "England in the Middle Ages." In Richard Bonney, ed., *The Rise of the Fiscal State in Europe 1200–1815*, 19–52. Oxford, UK: Oxford University Press.

O'Rourke, Kevin H., and Jeffrey G. Williamson. 2004. "Once More: When Did Globalisation Begin?" *European Review of Economic History* 8: 109–117.

Osterhammel, Jürgen. 1989. "British Business in China, 1860s–1950s." In R. P. T. Davenport-Hines and Geoffrey Jones, eds., *British Business in Asia since 1860*, 189–216. Cambridge, UK: Cambridge University Press.

———. 1999. "Britain and China, 1842–1914." In Andrew Porter, ed., *The Oxford History of the British Empire* 3: 146–169. Oxford, UK: Oxford University Press.

Palais, James B. 1991. *Politics and Policy in Traditional Korea*. New York: Cambridge University Press.

Pamuk, Sevket. 1997. "In the Absence of Domestic Currency: Debased European Coinage in the Seventeenth-Century Ottoman Empire." *The Journal of Economic History* 57.2: 345–366.

———. 2000. *A Monetary History of the Ottoman Empire*. Cambridge, UK: Cambridge University Press.

———. 2004. "The Evolution of Financial Institutions in the Ottoman Empire, 1600–1914." *Financial History Review* 11: 7–32.

———. 2007. "The Black Death and the Origins of the 'Great Divergence' across Europe, 1300–1600." *European Review of Economic History* 11: 289–317.

Pan Liangui 潘连贵. 2004. *Shanghai huobi shi* 上海货币史. Shanghai: Shanghai renmin chubanshe.

Pan Ming-te. 1996. Rural Credit in Ming-Qing Jiangnan and the Concept of Peasant Petty Commodity Production. *The Journal of Asian Studies* 55.1: 94–117.

Parkes, H. 1852. "An Account of the Paper Currency and Banking System of Fuhchowfoo." *Royal Asiatic Society of Great Britain and Ireland* 13: 179–189.

Parsons, William Barclay. 1900. *An American Engineer in China*. New York McClure, Phillips & Co.
Pelcovits, Nathan A. 1948. *Old China Hands and the Foreign Office*. New York: King's Crown Press.
Peng Xinwei 彭信威. 1958 [rev. 1970, 1988, 2007]. *Zhongguo huobi shi* 中国货币史. Shanghai: Shanghai renmin chubanshe.
———. 1994. *A Monetary History of China*. Trans. by Edward H. Kaplan. Bellingham, WA: Western Washington.
Perez, Louis G. 1999. *Japan Comes of Age: Mutsu Munemitsu and the Revision of the Unequal Treaties*. Madison, NJ: Fairleigh Dickinson University Press.
Perlin, Frank. 1993. *The Invisible City: Monetary, Administrative, and Popular Infrastructures in Asia and Europe, 1500–1900*. Brookfield, VT: Ashgate.
Peters, Ken. 2002. *The Counterfeit Coin Story*. Kent, UK: Envoy Publicity.
Pezzolo, Luciano. 2005. "Bonds and Government Debt in Italian City-States, 1250-1650." In William N. Goetzmann and K. Geert Rouwenhorst, eds., *The Origins of Value: The Financial Innovations That Created Modern Capital Markets*, 145–164. Oxford, UK: Oxford University Press.
Philips, C. H. 1961. *The East India Company, 1784–1834*. London: Routledge.
Pick, Albert. 1990. *Standard Catalog of World Paper Money*. 2 vols. Iola, WI: Krause Publications.
Pigou, A. C. [rep. 1947, 1979]. *The Veil of Money*. Westport, CT: Greenwood Press.
Pines, Yuri. 2005. "Beasts or Humans: Pre-Imperial Origins of the 'Sino-Barbarian' Dichotomy." In Reuven Amitai and Michal Biran, eds., *Mongols, Turks, and Others: Eurasian Nomads and the Sedentary World*, 59–102. Leiden: Brill.
———. 2009. *Envisioning Eternal Empire: Chinese Political Thought of the Warring States Era*. Honolulu: University of Hawaii Press.
———. 2012. *The Everlasting Empire: The Political Culture of Ancient China and Its Imperial Legacy*. Princeton, NJ: Princeton University Press.
Pirenne, Henri, and Ivy E. Clegg. 2006. *An Economic and Social History of Medieval Europe*. London: Taylor & Francis.
Polanyi, Karl. 1944. *The Great Transformation*. New York: Rinehart.
Polo, Marco. [rep. 1903]. *The Book of Ser Marco Polo*. Trans. from the Venetian by Henry Yule. London: J. Murray.
———. [rep. 1987]. *The Travels of Marco Polo*. Trans. from the Venetian by R. E. Latham. Harmondsworth, UK: Penguin.
Pomeranz, Kenneth. 2001. *The Great Divergence*. Princeton, NJ: Princeton University Press.
Porter, David L. 2002. "Monstrous Beauty: Eighteenth-Century Fashion and Aesthetics of Chinese Taste." *Eighteenth-Century Studies* 35.3: 395–411.
Postan, Michael. 1987. "The Trade of Medieval Europe: The North." In M. M. Postan and Edward Miller, eds., *The Cambridge History of Europe: Trade and Industry in the Middle Ages*, vol. 2, Chapter 4. Cambridge, UK: Cambridge University Press.

Prakash, Om. 1987. "Foreign Merchants and Indian Mints in the Seventeenth and the Early Eighteenth Century." In J. F. Richards, ed., *The Imperial Monetary System of Mughal India*, 171–192. Bombay: Oxford University Press.

———. 1988. "On Coinage in Mughal India." *Indian Economic and Social History Review* 25: 475–491.

———. 1998. *European Commercial Enterprise in Pre-Colonial India*. New York: Cambridge University Press.

Prasad, Eswar S., and Wei Shang-jin. 2005. "The Chinese Approach to Capital Inflows: Patterns and Possible Explanations." *IMF Working Paper* No. 05/79.

Pratt, Keith L., Richard Rutt, and James Hoare. 1999. *Korea: A Historical and Cultural Dictionary*. London: Routledge.

Pugach, Noel H. 1997. *Same Bed, Different Dreams: A History of the Chinese American Bank of Commerce, 1919–1937*. Hong Kong: Centre of Asian Studies, Hong Kong University.

Pugachenkova, G. A., S. R. Dar, R. C. Sharma, M. A. Joyenda, and H. Siddiqi. 1994. "Kushan Art." In J. Harmatta, ed., *History of Civilizations of Central Asia*, vol. 2, *The Development of Sedentary and Nomadic Civilizations: 700 B.C. to A.D. 250*, 331–395. Paris: UNESCO.

Puk Wing-kin. 2010. "The Ming Salt Certificate: A Public Debt System in Sixteenth-Century China?" *Ming Studies* 61: 1–12.

Puri, B. N. 1994. "The Kushans." In J. Harmatta, ed., *History of Civilizations of Central Asia*, vol. 2, *The Development of Sedentary and Nomadic Civilizations: 700 B.C. to A.D. 250*, 247–263. Paris: UNESCO.

Qi Xia 漆侠. 1987. *Songdai jingji shi* 宋代经济史. 2 vols. Shanghai: Shanghai renmin chubanshe.

Qian Jiaju 千家驹 and Guo Yangang 郭彦岗. 2005. *Zhongguo huobi yanbian shi* 中国货币演变史. Shanghai: Shanghai renmin chubanshe.

Qin Han jingji sixiang shi 秦汉经济思想史. 1989. Comp. by the Shanghai Academy of Social Sciences. Beijing: Zhonghua shuju.

Qinding Hubu zeli 钦定户部则例. [rep. 1968]. Taipei: Chengwen chubanshe.

Qingchao wenxian tongkao 清朝文献通考.[rep. 1962]. Taipei: Xinxing shuju.

Quan Hansheng 全汉升. 1941. "Zhong gu ziran jingji" 中古自然经济. *Zhongyang yanjiuyuan lishi yuyan yanjiusuo jikan* 10: 73–173.

———. 1972. *Zhongguo jingjishi luncong* 中国近代史论丛. 2 vols. Hong Kong: Chinese University of Hong Kong.

———. 1987. *Ming Qing jingji shi yanjiu* 明清经济史研究. Taipei: Lian jing chuban shiye gongsi.

Quested, R. K. I. 1977. *The Russo-Chinese Bank: A Multinational Financial Base of Tsarism in China*. Birmingham, UK: Birmingham University Press.

Quinn, Stephen, and William Roberds. 2005. "The Big Problem of Large Bills: The Bank of Amsterdam and the Origins of Central Banking." *Federal Reserve Bank of Atlanta Working Paper*.

Rajan, Raghuram G., and Luigi Zingales. 2003. "The Great Reversals: The Politics of Financial Development in the Twentieth Century." *Journal of Financial Economics* 69.1: 5–50.

Rang Huey-shin [Zhang Huixin] 张惠信. 1988. *Zhongguo yinding* 中国银锭. Taipei: Liu Qiuyan.

Raschke, M. G. 1978. "New Studies in Roman Commerce with the East." In Temporini, Hildegard ed., *Aufstieg und Niedergang der Römischen Welt* vol. 9, Part 2, 604-1361. Berlin: Gruyter.

Rawski, Thomas G. 1989. *Economic Growth in Prewar China*. Berkeley: University of California Press.

Rawson, Jessica. 1989. "Statesmen or Barbarians? The Western Zhou as Seen through Their Bronzes." *Proceedings of the British Academy* 75: 71–95.

Redish, Angela. 2000. *Bimetallism: An Economic and Historical Analysis*. New York: Cambridge University Press.

Reid, Anthony. 1993. *Southeast Asia in the Early Modern Era: Trade, Power, and Belief*. Ithaca, NY: Cornell University Press.

Remer, C. F. 1933. *A Study of Chinese Boycotts: With Special Reference to Their Economic Effectiveness*. Baltimore, MD: Johns Hopkins University Press.

Ren Jianshu 任建树. 1996. *Xiandai Shanghai da shiji* 现代上海大事记. Shanghai: Shanghai cishu chubanshe.

Renminbi guojihua yanjiu ketizu [PBC Research Group for RMB Internationalization] 人民币国际化研究课题组. 2006. "Renminbi guojihua de shiji, tujing ji celüe" 人民币国际化的时机、途径及策略. *Zhongguo jinrong* 5: 12–13.

Richards, J. F. 1987. "Introduction." In idem, ed., *The Imperial Monetary System of Mughal India*, 1–12. Bombay: Oxford University Press.

Rigby, Richard W. 1980. *The May 30 Movement: Events and Themes*. Canberra: Australian National University.

Rinbara Fumiko 林原文子. 1983. *Sō Sokkyū to Tenshin no kokka teishō undō* 宋则久と天津の国货提唱运动. Kyoto: Dōhōsha.

Ritchie, Neville A., and Stuart Park. 1987. "Chinese Coins Down Under: Their Role on the New Zealand Goldfields." *Australian Historical Archeology* 5: 41–48.

Ritter, Joseph A. 1995. "The Transition from Barter to Fiat Money." *The American Economic Review* 85.1: 134–149.

Robbert, Louise. 1983. "Monetary Flows—Venice 1150–1400." In J. F. Richards, ed., *Precious Metals in the Later Medieval and Early Modern Worlds*, 53–78. Durham, NC: Carolina Academic Press.

Robequain, Charles. 1944. *The Economic Development of French Indo-China*. Trans. by Isabel A. Ward. Oxford, UK: Oxford University Press.

Robinson, K. G. 2004. *General Conclusions and Reflections*. In Joseph Needham, ed., *Science and Civilisation in China* vol. 7, *The Social Background*, Part 2. Cambridge, UK: Cambridge University Press.

Rolnick, Arthur J., Francois R. Velde, and Warren E. Weber. 1996. "The Debasement Puzzle: An Essay on Medieval Monetary History." *Journal of Economic History* 56: 789–808.

Rossabi, Morris. 1989. *Khubilai Khan: His Life and Times*. Berkeley: University of California Press.

———. 1994. "The Reign of Khubilai Khan." In Herbert Franke and Denis Twitchett, eds., *The Cambridge History of China*, vol. 6, *Alien Regimes and Border States, 907–1368*, 414–488. Cambridge, UK: Cambridge University Press.

Rowe, William T. 2005. "Provincial Monetary Practice in Eighteenth-Century China: Chen Hongmou in Jiangxi and Shaanxi." In Christine Moll-Murata, Jianze Song, and Hans Ulrich Vogel, eds., *Chinese Handicraft Regulations of the Qing Dynasty*. München: Iudicium.

———. 2010. "Money, Economy and Polity in the Daoguang-Era Paper Currency Debates." *Late Imperial China* 31.2: 69–96.

Rowlinson, Matthew. 1999. "'The Scotch Hate Gold': British Identity and Paper Money." In Emily Gilbert and Eric Helleiner, eds., *Nation-States and Money: The Past, Present and Future of National Currencies*, 47–67. London: Routledge.

Sagar, Krishna Chandra. 1992. *Foreign Influence on Ancient India*. New Delhi: Northern Book Centre.

Sahillioglu, Halil. 1983. "The Role of International Monetary and Metal Movements in Ottoman Monetary History, 1330–1750." In J. F. Richards, ed., *Precious Metals in the Later Medieval and Early Modern Worlds*, 269–304. Durham, NC: Carolina Academic Press.

Samuels, Richard J. 1994. *"Rich Nation, Strong Army": National Security and the Technological Transformation of Japan*. Ithaca, NY: Cornell University Press.

Santō shuppei to hai nikka undō 山东出兵と排日货运动. 1927. Shanghai: Shanhai Nippon shōgyōkai gisha.

Sargent, Thomas J., and François R. Velde. 2002. *The Big Problem of Small Change*. Princeton, NJ: Princeton University Press.

Sawyer, P. H. 1982. *Kings and Vikings: Scandinavia and Europe AD 700–1100*. London: Routledge.

Schaps, David M. 2001. "The Conceptual Pre-History of Money and Its Impact on the Greek Economy." In Miriam S. Balmuth, ed., *Hacksilber to Coinage: New Insights into the Monetary History of the Near East and Greece*, 93–104. New York: American Numismatic Society.

———. 2004. *The Invention of Coinage and the Monetization of Ancient Greece*. Ann Arbor: University of Michigan Press.

———. 2006. "The Invention of Coinage in Lydia, in India, and in China." Proceedings of the XIV International Economic History Congress, Helsinki. Retrieved on September 20, 2012, from www.helsinki.fi/iehc2006/papers1/Schaps.pdf.

Scheidel, Walter. 2008. "The Divergent Evolution of Coinage in Eastern and Western Eurasia." In W. V. Harris, ed., *The Monetary Systems of the Greeks and Romans*, 267–288. New York: Oxford University Press.

———. 2009a. "Introduction." In idem., ed., *Rome and China: Comparative Perspectives on Ancient World Empires*, 3–10. New York: Oxford University Press.

———. 2009b. "The Monetary Systems of the Han and Roman Empires." In idem., ed., *Rome and China: Comparative Perspectives on Ancient World Empires*, 137–208. New York: Oxford University Press.

Schenk, Catherine R. 2000. "Another Asian Financial Crisis: Monetary Links between Hong Kong and China 1945–50." *Modern Asian Studies* 34.3: 739–764.

———. 2009. "Hong Kong's Monetary Challenges in Historical Perspective." In idem., ed., *Hong Kong SAR's Monetary and Exchange Rate Challenges: Historical Perspectives*, 3–14. Houndmills, UK: Palgrave Macmillan.

———. 2010. *The Decline of Sterling: Managing the Retreat of an International Currency, 1945–1992*. New York: Cambridge University Press.

Schifferli, Christoph. 1986. "Le système monétaire au sichuan vers la fin du Xe siècle." *T'oung Pao* 72: 269–290.

Schiltz, Michael. 2006. "An 'Ideal' Bank of Issue: the Banque Nationale de Belgique as a Model for the Bank of Japan." *Financial History Review* 13.2: 179–196.

———. 2012a. *The Money Doctors from Japan: Finance, Imperialism, and the Building of the Yen Bloc, 1895–1937*. Cambridge, MA: Harvard University Press.

———. 2012b. "Money on the Road to Empire: Japan's Adoption of Gold Monometallism, 1873–97." *Economic History Review* 63.5: 1147–1168.

Schlumberger, D. 1953. "L'Argent Grec dans l'Empire Achemenide." In R. Curiel and D. Schlumberger, eds., *Tresor Monetaire d'Afghanistan*, 3–62. Paris: Impr. Nationale.

Schottenhammer, Angela. 2001. "The Role of Metals and the Impact of the Introduction of Huizi Paper Notes in Quanzhou on the Development of Maritime Trade in the Song Period." In idem., ed., *The Emporium of the World, Maritime Quanzhou 1000–1400*, 95–176. Leiden: Brill.

Schuler, Kurt. 1992. "The World History of Free Banking: An Overview." In Kevin Dowd, ed., *The Experience of Free Banking*, 7–47. London: Routledge.

Schurmann, Franz Herbert. 1967. *Economic Structure of the Yüan Dynasty*. Cambridge, MA: Harvard University Press.

Schurtz, William L. 1959. *The Manila Galleon*. New York: E. P. Dutton.

Segal, Ethan Isaac. 2011. *Coins, Trade and the State: Economic Growth in Early Medieval Japan*. Cambridge, MA: Harvard University Press.

Selgin, George A. 1992. "Free Banking in Foochow." In Kevin Dowd, ed., *The Experience of Free Banking*, 103–122. London: Routledge.

———. 1996. "Salvaging Gresham's Law: The Good, the Bad, and the Illegal." *Journal of Money, Credit, and Banking* 28.4: 637–649.

———. 2008. *Good Money: Birmingham Button Makers, the Royal Mint, and the Beginnings of Modern Coinage, 1775–1821*. Ann Arbor: University of Michigan Press.

Sellwood, David. 1976. "Minting." In Donald Strong and David Brown, eds., *Roman Crafts*, 63–74. London: Duckworth.

Sewell, R. 1904. *Roman Coins Found in India*. London: Royal Asiatic Society of Great Britain.

Shanhai jijō 上海事情. 1924. Comp. by the Imperial Japanese Consulate to Shanghai. Tokyo: Gaimushō tsūshō kyoku.

Shanxi piaohao shiliao 山西票号史料. 1990. Taiyuan: Shanxi jingji chubanshe.

Shaughnessy, Edward L. 1988. "Historical Perspectives on the Introduction of the Chariot into China." *Harvard Journal of Asiatic Studies* 48.1: 189–237.

Sheehan, Brett. 2003. *Trust in Troubled Times: Money, Banks and State-Society Relations in Republican Tianjin*. Cambridge, MA: Harvard University Press.

Sherman, Sandra. 1996. *Finance and Fictionality in the Early Eighteenth Century: Accounting for Defoe*. New York: Cambridge University Press.

Shi Jianhui. 2008. "Are Currency Appreciations Contractionary in China?" In Ito Takatoshi and Andrew Rose, eds., *International Financial Issues in the Pacific Rim: Global Imbalances, Financial Liberalization, and Exchange Rate Policy*, 77–101. Chicago: University of Chicago Press.

Shiji 史记. [rep. 1959]. 10 vols. Beijing: Zhonghua shuju.

Shi Lei 石雷. 1998. *Renminbi shihua* 人民币史话. Beijing: Zhongguo jinrong chubanshe.

Shi Yufu 石毓符. 1984. *Zhongguo huobi jinrong shilüe* 中国货币金融史略. Tianjin: Tianjin renmin chubanshe.

Shimada Ryuto. 2006. *The Intra-Asian Trade in Japanese Copper by the Dutch East India Company during the Eighteenth Century*. Leiden: Brill.

Shina kinyu kikan 中国金融机关. 1919. Tokyo: Hiagashi Ajia dobunkai.

Shiroyama, Tomoko. 2008. *China during the Great Depression: Market, State, and the World Economy, 1929–1937*. Cambridge, MA: Harvard University Press.

Sidebotham, Steven E. 1986. *Roman Economic Policy in the Erythra Thalassa, 30 B.C.–A.D. 217*. Leiden: Brill.

"Siglos Coins Found in Taxila." 1934. *Indian Historical Quarterly* 10.

Sihag, Balbir S. 2009. "Kautilya on Moral, Market, and Government Failures." *International Journal of Hindu Studies* 13.1: 83–102.

Singleton, John. 2011. *Central Banking in the Twentieth Century*. Cambridge, UK: Cambridge University Press.

Sinn, Elizabeth. 1994. *Growing with Hong Kong: The Bank of East Asia, 1919–1994*. Hong Kong: The Bank of East Asia.

Smith, Adam. [1805, rep. 1952]. *An Inquiry into the Nature and Causes of the Wealth of Nations*. Chicago: The University of Chicago Press.

Smith, Paul J. 1991. *Taxing Heaven's Storehouse: Horses, Bureaucrats, and the Destruction of the Sichuan Tea Industry, 1074–1124*. Cambridge, MA: Harvard University Press.

Snelling. Thomas. 1762. *A View of the Silver Coin and Coinage of England: From the Norman Conquest to the Present Time, Consider'd with Regard to Type, Legend, Sorts, Rarity, Weight, Fitness and Value*. London: printed for T. Snelling.

Snodgrass, Mary Ellen. 2003. *Coins and Currency: An Historical Encyclopedia*. Jefferson, NC: McFarland.

Song Yingxing 宋应星 [rep. 1987]. Annotated by Yang Weizeng 杨维增 *Tiangong kaiwu xinzhu yanjiu* 天工开物新注研究. Nanchang: Jiangxi kexue jishu chubanshe.

Songshi 宋史. [rep. 1984]. 9 vols. Taipei: Taiwan shangwu yinshuguan.

Spalding, William Frederick. 1924. *Eastern Exchange, Currency and Finance*. London: Pitman.

Spiegel, Henry William. 1991. *The Growth of Economic Thought*. Durham, NC: Duke University Press.

Spooner, Frank C. 1972. *The International Economy and Monetary Movements in France, 1493–1725*. Cambridge, MA: Harvard University Press.

Sprenger, Bernd. 1991. *Das Geld der Deutschen: Geldgeschichte Deutschlands von den Anfangen bis zur Gegenwart*. Paderborn: F. Schoningh.

Spufford, Peter. 1988a. *Money and Its Use in Medieval Europe*. Cambridge, UK: Cambridge University Press.

——. 1988b. "Mint Organisation in Late Medieval Europe." In N. J. Mayhew and idem, ed., *Later Medieval Mints: Organisation, Adminstration and Techniques*, 7-29. Oxford: BAR.

Stahl, Alan M. 2000. *Zecca: The Mint of Venice in the Middle Ages*. Baltimore, MD: Johns Hopkins University Press.

Staunton, George. 1799. *An Authentic Account of an Embassy from the King of Great Britain to the Emperor of China: Taken Chiefly from the Papers of His Excellency the Earl of Macartney*. Philadephia: Campbell.

Stronach, David, Michael Roaf, Ruth Stronach, and S. Bökönyi. 1978. "Excavations at Tepe Nush-i Jan." *Iran*, 16: 1–28.

Sukawa Hidenori. 2009. "Currency in Early Choseon Korea: Issuance, Principles and Controversies." *International Journal of Asian Studies* 6.1: 65–85.

Suleski, Ronald. 1979. "The Rise and Fall of the Fengtien Dollar, 1917–1928: Currency Reform in Warlord China." *Modern Asian Studies* 13.4: 643–660.

——. 1994. *The Modernization of Manchuria: An Annotated Bibliography*. Hong Kong: Chinese University Press.

Sundstrom, Lars. 1974. *The Exchange Economy of Pre-Colonial Tropical Africa*. London: Hurst.

Sussman, Nathan. 1998. "The Late Medieval Bullion Famine Reconsidered." *The Journal of Economic History* 58.1: 126–154.

Taira Tomoyuki 平智之. 1982. "Nihon teikoku shugi seiritsuki, chūgoku ni okeru Yokohama shōkin ginkō" 日本帝国主義成立期、中国における横浜正金銀行." *Tōkyō daigaku keizaigaku kenkyū* 25.11: 67–81.

Taiwan Ginko shi 台湾銀行史. 1964. Tokyo: Taiwan ginko shi hensanshitsu.

Taiwan ginkō yonjūnenshi 台湾銀行四十年志. 1939. Tokyo: Dai Nihon Insatsu Kabushiki Kaisha.

Takagi Shinji. 2010. "Comment on 'China as Number One': How about the Renminbi?" *Asian Economic Policy Review* 5.2: 279–280.

Takahashi Hiro'omi. 高桥弘臣. 2000. *Genchō kahei seisaku seiritsu katei no kenkyū* 元朝货币政策成立过程の研究. Tokyo: Tōyō shoin.

Takahashi Kōsuke 高桥孝助 and Furumaya Tadao 古厩忠夫. 1995. *Shanhai shi: kyodai toshi no keisei to hitobito no itonami* 上海史: 巨大都市の形成と人々の営み. Tokyo: Tōhō shoten.

Takatsuna Hirofumi 高纲博文. 2009. *Kokusai toshi: Shanhai no nakara no Nihonjin* 国际都市: 上海のなかの日本人. Tokyo: Kenbun.

Tamagna, Frank. 1942. *Banking and Finance in China.* New York: Institute of Pacific Relations.

Tamaki, Norio. 1995. *Japanese Banking: A History, 1859–1959.* Cambridge, UK: Cambridge University Press.

Tanaka Issei 田仲一成, Kominami Ichiro 小南一郎, and Shiba Yoshinobu 斯波义信. 2009. *Chūgoku kinsei bungeiron: nōson saishi kara toshi geinō e* 中国近世文艺论: 农村祭祀から都市艺能へ. Tokyo: Tōyō bunko.

Tang Jing 唐景. 2009. "Lun Yuan chao de zhi bi guan ji zhi du" "论元朝的纸币管理制度." *Guangzhou shehui zhuyi xueyuan xuebao* 3: 68–71.

T'ang Leang-Li. 1936. *China's New Currency System.* Shanghai: China United Press.

Tao Jing-Shen. 1983. "Barbarians or Northeners: Northern Sung Images of the Khitan." In Morris Rossabi, ed., *China among Equals: The Middle Kingdom and Its Neighbors, 10th–14th Centuries,* 66–86. Berkeley: University of California Press.

Tao Yi-Feng. 2011. "From a Socialist State to a Mercantilist State: Depoliticizing Central Banking and China's Economic Growth since 1993." In S. Philip Hsu, Yu-Shan Wu, and Suisheng Zhao, eds., *In Search of China's Development Model: Beyond the Beijing Consensus,* 111-127. London: Routledge.

Tavernier, Jean-Baptiste. 1677. *The Six Voyages of John Baptista Tavernier: Baron of Aubonne.* Trans. by John Phillips. London: Littlebury and Pitt.

Tavlas, George S. 1991. "On the International Use of Currencies: The Case of the Deutsche Mark." Washington, DC: International Monetary Fund.

Tawney, R. H. [1932, rep. 1972]. *Land and Labour in China.* New York: Octagon.

Taylor, James. 2006. *Creating Capitalism: Joint-Stock Enterprise in British Politics and Culture, 1800–1870.* Rochester, NY: Boydell Press.

Teare, Herbert. 1926. *The History, Theory and Practice of Australian Banking Currency and Exchange.* Sydney: Alexander Hamilton Institute of Australia Ltd.

Temin, Peter, and Hans-Joachim Voth. 2008. "Interest Rate Restrictions in a Natural Experiment: Loan Allocation and the Change in the Usury Laws in 1714." *Economic Journal* 118.528: 743–758.

Tennant, Charles. 1866. *The Bank of England: And the Organisation of Credit in England.* London: Longmans.

Thompson, C. M. 2003. "Sealed Silver in Iron Age Cisjordan and the 'Invention' of Coinage." *Oxford Journal of Archaeology* 22.1:67–107.

Tilly, Richard. 1967. "Germany, 1815–1870." In Rondo Cameron, Olga Crisp, Hugh T. Patrick, and Richard Tilly, eds., *Banking in the Early Stages of Industrialization: A Study in Comparative Economic History,* 151–182. New York: Oxford University Press.

Tom, C. F. Joseph. 1964. *The Entrepot Trade and the Monetary Standards of Hongkong, 1842–1941.* Hong Kong: K. Weiss.

Totman, Conrad D. 1993. *Early-Modern Japan.* Berkeley: University of California Press.

Triffin, Robert. 1960. *Gold and the Dollar Crisis: The Future of Convertibility.* New Haven, CT: Yale University Press.

———. 1985. "The Myths and Realities of the So-Called Gold Standard." In Barry Eichengreen, ed., *The Gold Standard in History and Theory,* 121–140. New York: Methuen.

Tsai Shih-Shan Henry. 1996. *The Eunuchs in the Ming Dynasty.* New York: State University of New York Press.

Tschoegl, Adrian. E. 2001. "Maria Theresa's Thaler: A Case of International Money." *Eastern Economic Journal* 27.4: 443–462.

Tseng Wanda. 1994. *Economic Reform in China: A New Phase.* Washington, DC: International Monetary Fund.

Tullock, Gordon. 1958. "Paper Money—A Cycle in Cathay." *Economic History Review* 9.3: 393–407.

Turner, Paula J. 1989. *Roman Coins from India.* London: Royal Numismatic Society.

Twitchett, Denis C. 1970. *Financial Administration under the T'ang Dynasty.* Cambridge, UK: Cambridge University Press.

Tylecote, R. F. 1976. *A History of Metallurgy.* London: Metals Society.

The Umayyads: The Rise of Islamic Art. 2000. London: AIRP.

Usher, Abbott Payson. 1914. "The Origin of the Bill of Exchange." *Journal of Political Economy* 22.6: 565–576.

Van Aelst, Arian. 1995. "Majapahit Picis: The Currency of a 'Moneyless' Society 1300–1700." *Bijdragen tot de Tall-. Land- en Volkenkunde* 151.3: 357–393.

———. 2007. "A South-Chinese Currency Zone between the Twelfth and Nineteenth Centuries." In Jan Lucassen, ed., *Wages and Currency: Global Comparisons from Antiquity to the Twentieth Century,* 97–112. Bern: Peter Lang.

Van der Eng, Pierre. 1999. "The Silver Standard and Asia's Integration into the World Economy, 1850–1914." *Journal of Asian and Pacific Studies* 18: 59–85.

Van der Wee, Herman. 1977. "Money Credit and Banking Systems." In John Harold Clapham, Michael Moïssey Postan, and Edwin Ernest Rich, eds., *The Cambridge Economic History of Europe,* 290–393. Cambridge, UK: Cambridge University Press.

Van Dormael, Armand. 1997. *The Power of Money.* London: Macmillan Press.

Van Dyke, Paul. 2005. *The Canton Trade: Life and Enterprise on the China Coast, 1700–1845.* Hong Kong: Hong Kong University Press.

Van Wickevoort Crommelin, B. 1998. "Die Parther und Die Parthische Geschichte Bei Pompeius Trogus-Iustin." In J Wiesehöfer,. ed., *Das Partherreich und Seine Zeugnisse,* 259–277. Stuttgart: Franz Steiner.

Vilar, Pierre. 1976. *A History of Gold and Money.* Trans. by Judith White. London: Humanities Press.

Vissering, G. 1914. *On Chinese Currency: Preliminary Remarks on the Monetary and Banking Reform in China* 2 vols. Amsterdam: De Bussy.
Vogel, Hans Ulrich. 1983. "Chinese Central Monetary Policy and Yunnan Copper Mining in the Early Qing." *Late Imperial China* 8.2: 1–52.
———. 1987. "Chinese Central Monetary Policy, 1644–1800." *Late Imperial China* 8.2: 1–51.
———. 1991. "Kupfererzeugung und handel in China und Europa, Mitte des 8. Bis Mitte des 19. Jahrhunderts: Einevergleeichende Studie." *Bochumer Jahrbuch zur Ostasienforschung* 15: 1–57.
———. 1993a. "Cowry Trade and Its Role in the Economy of Yunnan: From the Ninth to the Mid-Seventh Century. Part I." *Journal of the Economic and Social History of the Orient* 36. 3:211–252.
———. 1993b. "Cowry Trade and Its Role in the Economy of Yunnan: From the Ninth to the Mid-Seventh Century. Part II." *Journal of the Economic and Social History of the Orient* 36. 3:309–353.
———. 2006. "The Mining Industry in Traditional China: Intra- and Intercultural Comparisons." In Helga Nowotny, ed., *Cultures of Technology and the Quest for Innovation*, 167–188. New York: Berghahn Books.
———. 2013. *Marco Polo Was in China: New Evidence from Currencies, Salts and Revenues*. Leiden: Brill.
Vogel, Hans Ulrich, and Elisabeth Theisen-Vogel. 1989. "Der Kupferbergbau in der chinesischen Provinz Yunnan vom 18. Bis zur Mitte des 19. Jahrhunderts: Produktion, Administration, Finanzierung." *Der Anschnitt* 41.5: 146–158.
Von Falkenhausen, Lothar. 1999. "The Waning of the Bronze Age: Material Culture and Social Developments, 770–481 BC." In Michael Loewe and Edward L. Shaughnessy, eds., *The Cambridge History of Ancient China: From the Origins of Civilization to 221 BC*, 450–545. Cambridge, UK: Cambridge University Press.
Von Glahn, Richard. 1996a. *Fountain of Fortune: Money and Monetary Policy in China, 1000–1700*. Berkeley: University of California Press.
———. 1996b. "Comment on 'Arbitrage, China and World Trade in the Early Modern Period.'" *Journal of the Social and Economic History of the Orient* 39.3: 365–367.
———. 2005. "The Origins of Paper Money in China." In William N. Goetzmann and K. Geert Rouwenhorst, eds., *The Origins of Value: The Financial Innovations That Created Modern Capital Markets*, 65–89. New York: Oxford University Press.
———. 2007. "Foreign Silver Coins in the Market Culture of Nineteenth Century China." *International Journal of Asian Studies* 4.1: 51–78.
———. 2010. "Monies of Account and Monetary Transition in China, Twelfth to Fourteenth Centuries." *Journal of the Economic and Social History of the Orient* 53.3: 463–505.
Von Mises, Ludwig. [1912, Trans. 1982]. *The Theory of Money and Credit*. Trans. by H. E. Batson. Indianapolis: The Liberty Fund.
Vort-Ronald, Michael P. 1982. *Banks of Issue in Australia*. Whyalla Norrie: Vort-Ronald.

Wagel, Srinivas R. 1914 [rep. 1980]. *Finance in China.* New York: Garland.

———. 1915. *Chinese Currency and Banking.* Shanghai: North China Daily News and Herald.

Wagner, Donald. 2008. *Ferrous Metallurgy.* In Joseph Needham, ed., *Science and Civilisation in China* vol. 5, *Chemistry and Chemical Technology*, Part 11. Cambridge, UK: Cambridge University Press.

Wakeman, Frederic E. 1985. *The Great Enterprise: The Manchu Reconstruction of Imperial Order in Seventeenth-Century China.* 2 vols. Berkeley: University of California Press.

Waldron, Arthur. 1995. *From War to Nationalism: China's Turning Point, 1924–1925.* Cambridge, UK: Cambridge University Press.

Walker, Thomas. 1983. "The Italian Gold Revolution of 1255." In J. F. Richards, ed., *Precious Metals in the Later Medieval and Early Modern Worlds*, 5–29. Durham, NC: Carolina Academic Press.

Wang, Helen. 2004. *Money on the Silk Road: The Evidence from Eastern Central Asia to c. AD 800.* London: British Museum.

Wang Hongbin 王宏斌. 1987. "Qianlong shiqi yin gui qian jian wenti tanyuan" 乾隆时期银贵钱贱问题探源. *Zhongguo shehui jingji shi yanjiu* 2: 86–92.

Wang Jingyu 汪敬虞.1983. "Cong Liru yinhang de lishi kan shijiu shiji waiguo yinhang qinlüe Zhongguo de tedian he jincheng" 从丽如银行的历史看十九世纪外国银行侵略中国的特点和进程 *Zhongguo shehui kexueyuan: Jingji yanjiusuo jikan* 4: 218–277.

Wang Shengduo 汪圣铎. 2003. *LiangSong huobi shi* 两宋货币史. 2 vols. Beijing: Shehhui kexue wenxian chubanshe.

Wang Wencheng 王文成. 2000. *LiangSong yinhuobihua yanjiu* 两宋银货币化研究. Published PhD Dissertation. Yunan University.

Wang Xianguo 王显国. 2006. "Qianlong wunian gaizhu 'qingqian' yuanyin chu tan" 乾隆五年改铸"青钱"原因初探. *Zhongguo qianbi* 95: 9–15.

Wang Xipeng 汪锡鹏. 2009. "Bianwei de lupibi."变味的白鹿皮币. *Zhongguo chengshi jinrong* 9: 64–65.

Wang Yeh-chien [Wang Yejian] 王业键. 1973. *Land Taxation in Imperial China, 1750–1911.* Cambridge, MA: Harvard University Press.

———. 1981. *Zhongguo jindai huobi yu yinhang de yanjin (1644–1937)* 中国近代货币与银行的演进 (1644–1937). Taipei: Academia Sinica.

Wang Yü-ch'üan [Wang Yuquan] 王毓铨. 1951. *Early Chinese Coinage.* New York: American Numismatic Society.

———. 1957. *Woguo gudai huobi de qiyuan he fazhan* 我国古代货币的起源和发展. Beijing: Kexue chubanshe.

Watson, A. M. 1967. "Back to Gold and Silver." *Economic History Review* 20.2: 1–18.

Weatherford, Jack. 1997. *The History of Money.* New York: Three Rivers Press.

Webber, Caroline, and Aaron Wildavsky. 1986. *History of Taxation in the Western World.* New York: Simon & Schuster.

Weber, Max. [rep. 1964]. *The Theory of Social Economic Organization.* New York: Free Press.

Wei Jianyou 魏建猷. 1986. *Zhongguo jindai huobisi* 中国近代货币史. Huangshan shushe chuban.

Wei Linglin. 2011, January 12. "New Move to Make Yuan a Global Currency." *Wall Street Journal* [online edition]. Retrieved on July 1, 2011, from http://online.wsj.com/article/SB10001424052748703791904576076082178393532.html.

Wei Wen Pin. 1914. *The Currency Problem in China.* New York: Columbia University.

Wells, Kenneth. 1985. "The Rationale of Korean Economic Nationalism under Japanese Colonial Rule, 1922–1932: The Case of Cho Man-Sik's Products Promotion." *Modern Asian Studies* 19.4: 823–859.

Wennerlind, Carl. 2011. *Casualties of Credit: The English Financial Revolution, 1620–1720.* Cambridge, MA: Harvard University Press.

Whaley, Mark A. 2009. "A Middle Indo-Aryan Inscription from China." *Acta Orientalia* 69.4: 413–460.

White, Lawrence H. 1984. *Free Banking in Britain: Theory, Experience, and Debate, 1800–1845.* Cambridge, UK: Cambridge University Press.

Whitfield, Susan. 2004. *The Silk Road: Trade, Travel, War and Faith.* London: Serinda.

Wicks, Robert S. 1992. *Money, Markets and Trade in Early Southeast Asia: The Development of Indigenous Monetary Systems to AD 1400.* Ithaca: Cornell University Press.

Wilkins, Mira. 1986. "The Impacts of American Multinational Enterprise on American–Chinese Economic Relations, 1786–1949." In Ernest R. May and John K. Fairbank, eds., *America's China Trade in Historical Perspective: The Chinese and American Performance*, 259–292. Cambridge, MA: Harvard University Press.

Wilkinson, Endymion Porter. 2000. *Chinese History: A Manual.* Cambridge, MA: Harvard University Press.

Will, Pierre-Étienne. 1990. *Bureaucracy and Famine in Eighteenth-Century China.* Stanford, CA: Stanford University Press.

Will, Pierre-Étienne, and Roy Bin Wong. 1991. *Nourish the People: The State Civilian Granary System in China, 1650–1850.* Ann Arbor: University of Michigan Press.

Williams, S. W. 1851. "Paper Money among the Chinese." *Chinese Repository* 20.6: 289–296.

Williamson, Jeffrey G. 2008. "Globalization and the Great Divergence: Terms of Trade Booms, Volatility and the Poor Periphery, 1782–1913." *European Review of Economic History* 12.3: 355–391.

Wink, André. 2001. "India and the Turco-Mongol Frontier." In A. M. Khazanov and A. Wink, eds., *Nomads in the Sedentary World*, 211–233. New York: Routledge.

———. 2002. *Al-Hind: Early Medieval India and the Expansion of Islam, 7th–11th Centuries.* Leiden: Brill.

Wolters, Willem G. 2006. "Managing Multiple Currencies with Units of Account: Netherlands India 1600–1800." Proceedings of the XIV International

Economic History Congress, Helsinki. Retrieved on September 20, 2012, from www.helsinki.fi/iehc2006/papers2/Wolters.pdf.

Wood, Diana. 2002. *Medieval Economic Thought*. New York: Cambridge University Press.

Wray, William D. 1989. "Japan's Big-Three Service Enterprises in China, 1896–1936." In Peter Duus, Ramon H. Myers, and Mark R. Peattie, eds., *The Japanese Informal Empire in China, 1895–1937*, 31–64. Princeton, NJ: Princeton University Press.

Wright, Tim. 1984. *Coal Mining in China's Economy and Society, 1895–1937*. Cambridge, UK: Cambridge University Press.

Wu Baosan 巫宝三. 1990. *Zhongguo jingji sixiang shi ziliao zuanji* 中国经济思想史资料选辑. Beijing: Zhongguo shehui kexue chubanshe.

Wu Chouzhong 吴筹中. 1989. "Hengbin zhengjin yinhang ji qi zai wo guo faxing de chaopiao" 横滨正金银行及其在我国发行的钞票. *Zhongguo qianbi* 3: 41–44.

Wu, Friedrich, Pan Rongfang, and Wang Di. 2010. "Renminbi's Potential to Become a Global Currency." *China & World Economy* 18.1: 63–81.

Wu Ping 吴平. 1994. *Huanan geming genjudi huobi shi* 华南革命根据地货币史. Beijing: Zhongguo jinrong chubanshe.

Wusa yundong shiliao 五卅运动史料. 1981. Comp. by the Shanghai Academy of Social Sciences. Shanghai: Shanghai renmin chubanshe.

Wusi yundong zai Shanghai shiliao xuanji 五四运动在上海史料选辑. 1961. Comp. by the Shanghai Academy of Social Sciences. Shanghai: Shanghai renmin chubanshe.

Xia Dongyuan 夏东元. 1981. *Zheng Guanying zhuan* 郑观应传. Shanghai: Huadong shifan daxue chubanshe.

Xia Nai 夏鼐. 1966. *Hebei Ding xian taji sheli shihanzhong Bosi Sashan chao yinbi* 河北定县塔基舍利石函中波斯萨珊朝银币. *Kaogu* 5: 269–270.

Xia Xiangrong 夏湘蓉 et al. 1980. *Zhongguo gudai kuangye kaifa shi* 中国古代矿业开发史. Beijing: Dizhi chubanshe.

Xiao Maosheng 肖茂盛 and Yang Ming 杨明. 2005. "Wang Mang bizhi gaige ji lishi te dian" 王莽币制改革及历史特点. *Hangzhou jinrong yanxiu xueyuan xuebao* 6: 63–64.

Xiao Qing 萧清. 1984. *Zhongguo gudai huobi shi* 中国古代货币史. Beijing: Renmin chubanshe.

Xu Jinxiong 许进雄. 1988. *Zhongguo gudai shehui: wenzi yu renleixue de tou shi* 中国古代社会:文字与人类学的透视. Taipei: Taiwan shangwu yinshu guan.

Xu Jiqing 徐寄庼. [1932, rep. 1970]. *Shanghai jinrong shi* 上海金融史. Taipei: Xuehai chubanshe.

Xu Ping'an 许平安. 2000. "Zhongguo zhibi zhi fu Zhang Yong jianyu Peng Xinwei xiansheng shangque" 中国纸币之父张咏兼与彭信威先生商榷. *Xi'an jinrong* 8: 60–62.

Yamane Yukio. 1984. "Reforms in the Service Levy System in the Fifteenth and Sixteenth Centuries." Trans. from the Japanese by Helen Dunstan. In Linda Grove and Christian Daniels, eds., *State and Society in China: Japanese*

Perspectives on Ming-Qing Social and Economic History, 279–310. Tokyo: Tokyo University Press.

Yantielun 盐铁论. [rep. 1974]. Shanghai: Shanghai renmin chubanshe.

Yang Bin. 2004. "Horses, Silver, and Cowries: Yunnan in Global Perspective." *Journal of World History* 15.3: 281–322.

———. 2009. *Between Winds and Clouds: The Making of Yunnan (Second Century BCE to Twentieth Century CE)*. New York: Columbia University Press.

———. 2011. "The Rise and Fall of Cowrie Shells: The Asian Story." *Journal of World History* 22.1: 1–25.

Yang Duanliu 杨端六. 1962. *Qingdai huobi jinrong shigao* 清代货币金融史稿. Beijing: Shenghuo.

Yang Lien-sheng. 1952. *Money and Credit in China: A Short History*. Cambridge, MA: Harvard University Press.

Yang Yinpu 杨荫溥. [1930, rep. 1972]. *Shanghai jinrong zuzhi gaiyao* 上海金融组织概要. Taipei: Xuehai chubanshe.

Yao Shuomin 姚朔民. 2003. "Jinchao zai Zhongguo gu zhibi fazhanzhong de diwei" 金钞在中国古纸币发展中的地位. *Neimenggu jinrong yanjiu* S1: 45–50.

Yasutomi Ayumu 安富步. 1997. *Manshūkoku no kinyū* 满州国の金融. Tokyo: Sōbunsha.

———. 1998. *Finance in "Manchukuo."* London: London School of Economics.

Ye Shichang 叶世昌. 1996. "Shuo 'chengti'" 说 "称提". *Huobi shi yanjiu* 1.56: 7–9.

———. 2002. *Zhongguo jinrong tongshi diyijuan: xian Qin zhi Qing yapian zhanzheng shiqi* 中国金融通史——先秦至清鸦片战争时期. Beijing: Zhongguo jinrong chubanshe.

———. 2003. *Gudai Zhongguo jingji sixiang shi* 古代中国经济思想史. Shanghai: Fudan daxue chubanshe.

Ye Ziqi 叶子奇.[c. 1378, rep. 1959]. *Caomuzi* 草木子. Beijing: Zhonghua shuju.

Yokohama shōkin ginkō zenshi 横浜正金银行全史. 1980–1984. Tokyo: The Bank of Tokyo.

Yokouchi Masao 横内正雄. 1996. "Dai'ichiji taisen mae ni okeru Tōyō kawase ginkō no soshiki teki kōdō" 第一次大战前における东洋为替银行の组织的行动. In Gonjō Yasuo 権上康男, Hirota Akira 广田明, and Ōmori Hiroyoshi 大森弘喜, eds., *Nijū Seiki shi'hon shugi no seisei: jiyū to soshikika* 20 世纪资本主义の生成: 自由と组织化, 151–185. Tokyo: Tokyo University Press.

Young, Arthur N. 1971. *China's Nation-Building Effort, 1927–1937: The Financial and Economic Record*. Stanford, CA: Hoover Institution Press.

Yu Taishan. 2006. "A History of the Relationships between the Western and Eastern Han, Wei, Jin, Northern and Southern Dynasties and the Western Regions." *Sino-Platonic Papers* 173: 1–167. Retrieved on September 15, 2012, from www.sino-platonic.org/complete/spp173_chinese_dynasties_western0206.pdf.

Yuan Shuiqing 袁水清. 2003. "Zhongguo gu jindai huobi shi 'zhi zui'" 中国古近代货币'之最'. *Xi'an jinrong* 9: 64.

Yuan Yingsheng 袁颖生. 2001. *Taiwan guangfu qian huobi shishu* 台湾光复前货币史述. Nantou: Taiwan Sheng wenxian weiyuanhui.

Yuanshi 元史 [rep. 1976]. 15 vols. Beijing: Zhonghua shuju.

Zelin, Madeleine. 1984. *The Magistrate's Tael: Rationalizing Fiscal Reform in Eighteenth-Century Ch'ing China*. Berkeley: University of California Press.

Zeng Xianming 曾宪明. 2002. "Shanhai shōgyō chochiku ginkō ni miru chūgoku ginkōgyō no keisei katei" 上海商业储蓄银行にみる中国银行业の形成过程 1920～1931年 ["The Establishment of Modern Banking in China: an Analysis of the Loan Business of the Shanghai Commercial and Savings Bank, 1920–1931"]. *Shakai keizai shigaku* 67.5: 71–88.

Zhang Jiaxiang 张家骧. 2001. *Zhongguo huobi sixiang shi* 中国货币思想史. Wuhan: Hubei renmin chubanshe.

Zhang Jie 张杰. 2010. *Yinhang zhidu gaige yu renminbi guojihua: lishi, lilun yu zhengce* 银行制度改革与人民币国际化：历史、理论与政策. Beijing: Zhongguo renmin daxue chubanshe.

Zhang Wuchang 张五常. 2010. "Renminbi yiding yao you ge mao" 人民币一定要有个锚. *Shangjie pinglun* 9: 98.

Zhang Zhizhong 张志中. 1997. *Zhongguo jindai zhibi, piaoquan tujian* 中国近代纸币、票券图鉴. Beijing: Zhishi chubanshe.

Zhao Dexin 赵德馨. 1996. *Chuguo de huobi* 楚国的货币. Hankou: Hubei jiaoyu chubanshe.

Zhao Jing 赵靖. 1997. *Zhongguo jingji sixiang tongshi* 中国经济思想通史. 4 vols. Beijing: Beijing daxue chubanshe.

Zheng Guanying 郑观应. [1921, rep.1969]. *Shengshi weiyan houbian* 盛世危言后编. Taipei: Taiwandatong shuju.

———. [rep. 1982]. *Zheng Guanying ji* 郑观应集. Shanghai: Shanghai ren min chubanshe.

Zheng Jin 郑瑾. 2007. *Zhongguo gudai weibi yanjiu* 中国古代伪币研究. Hangzhou: Zhejiang da xue chu ban she.

Zhongguo di yi jia yinhang 中国第一家银行. 1982. Comp. by the Institute of Modern History—Chinese Academy of Social Sciences. Beijing: Zhongguo shehui kexue chubanshe.

Zhongguo guchao tuji 中国古钞图辑. 1987. Comp. by the Numismatic Society of Inner Mongolia. Beijing: Zhongguo jinrong chubanshe.

Zhongguo jindai huobi shi ziliao 中国近代货币史资料. 1964. Comp. by the People's Bank of China. Beijing: Xinhua.

Zhongguo jindai zhibi shi 中国近代纸币史. 2001. Comp. by Monetary Society of Jiangsu. Beijing: Zhongguo jinrong chubanshe.

Zhongguo jinrong baike quanshu 中国金融百科全书. 1990. Comp by Huang Da 黄达, Liu Hongru 刘鸿儒, and Zhang Xiao 张肖. Beijing: Jingji guanli chuban she.

Zhongguo lidai huobi 中国历代货币. 1999. Comp. by the People's Bank of China. Beijing: Xinhua chubanshe.

Zhongguo yinhang hangshi 中国银行行史. 1995. Comp. by the Bank of China. Beijing: Zhongguo jinrong chubanshe.

Zhongguo zhibi biaozhun tulu 中国纸币标准图录. 1994. Comp. by Beijing shi qianbi xuehui 北京市钱币学会. Beijing: Beijing chubanshe.

Zhonghua minguo huobishi ziliao 中华民国货币史资料. 1989. Comp. by the People's Bank of China. Shanghai: Shanghai renmin chubanshe.

Zhou Weirong 周卫荣. 2004. *Zhongguo gudai qianbi hejin chengfen yan jiu* 中国古代钱币合金成分研究. Beijing: Zhonghua shuju.

———. 2009. "Fan sha gong yi—Zhongguo guadai zhuqianye de zhongda faming" 翻砂工艺：中国古代铸钱业的重大发明. *Zhongguo qianbi* 3.106: 14–17.

Zhou Xiaochuan 周小川. 2009. "Guanyu gaige guoji huobi tixi de sikao" 关于改革国际货币体系的思考. *Zhongguo jinrong* 7: 8–9.

Zhou Xingji 周行己. [rep. 1935]. *Fuzhi ji* 浮沚集. Shanghai: Shangwu yinshu guan.

Zhu Zhiqian 朱志骞. 1972. *Zhang Jian de shiye zhuzhang* 张謇的实业主张. Taipei: Guoli Taiwan daxue.

Ziben zhuyi guojia zai jiu Zhongguo faxing he liutong de huobi 资本主义国家在旧中国发行和流通的货币. 1992. Comp. by the People's Bank of China. Beijing: Wenwu.

Zimmermann, Hubert. 2002. *Money and Security: Troops, Monetary Policy and West Germany's Relations with the United States and Britain, 1950–1971*. Cambridge, UK: Cambridge University Press.

Zou Guishan 邹桂山. 2011. *Shilun gudai jin yin qianbi* 试论古代金银钱币. *Shoucang jie* 2: 79–80.

Zou Jinwen 邹进文 and Huang Ailan 黄爱兰. 2010. "Zhongguo gudai de huobi zhengce sixiang: 'chengti' shulun" 中国古代的货币政策思想："称提"述论. *Huazhong shifan daxue xuebao* 9: 56–61.

Zweig, David. 2002. *Internationalizing China: Domestic Interests and Global Linkages*. Ithaca, NY: Cornell University Press.

致 谢

如果没有众多同事和朋友的支持和帮助，我是无法开拓出道路而叩开返回澳大利亚学术界的大门的。在这里，有三位人士以远超其职责范围的努力让我最终得到富有教导性的安慰，受到最小的约束并获得我所在机构的认可，离开这些，这个研究项目难以持续如此之长的时间。这三位人士是牛津郡的荣休教授伊懋可（Mark Elvin）、悉尼大学教授杭智科（Hans Hendrischke）和香港大学教授李木兰（Louise Edwards）。我由衷感谢这三位教授对我研究潜力的信心、他们的职业操守以及多年来他们给予我的知识引导。

本书有关比较货币史的内容很大程度上得益于我有幸与之交流的学者们慷慨分享他们的知识成果，和他们在一起的工作、思考甚至闲谈对我来说受益不小。作为新南威尔士大学的一位讲师，我一直依赖张步芳（音）、格雷格·埃文（Greg Evon）、吉恩·戈尔曼·泰勒（Jean Gelman Taylor）、乔恩·冯·科沃利兹（Jon von Kowallis）、王平（音）、于海青（音）、吉米·莱维（Jim Levy）、彼特·柯林斯（Peter Collins）、门格斯图·阿姆波尔博（Mengistu Amberber）、朱力恩·凯拉（Julien Cayla）和彼特·谢尔顿（Peter Sheldon）的帮助。

后来在西悉尼大学，我又有幸和另外一批天才、勤奋而博学的学者共事，有埃米利安·卡瓦斯基（Emilian Kavalski）、彼特·莫迟（Peter Mauch）、埃德蒙·冯（Edmund Fung）、大卫·沃顿（David Walton）、莎拉·葛莱汉姆（Sarah Graham）、乔治·卡里丘克（George Karliychuk）、布莱特·本尼特（Brett Bennett）和布莱特·波顿（Brett Bowden）等。

澳大利亚国立图书馆的王宛（Wan Wong）、欧阳迪（Di Ouyang）、筱崎真由美（Mayumi Shinozaki），澳大利亚国立大学的达雷·托林顿（Darrell Dorrington），墨尔本大学的比克哈·杨（Bicker-har Yeung）和米歇尔·霍尔（Michelle Hall）都不遗余力地帮助我应付多而烦人的图书订单和挑剔扰人的数据库查询工作。悉尼科技大学的郭英杰，悉尼大学的金贤真（Hyun Jin Kim）、格莱米·史密斯（Graeme Smith）和阿里森·别特斯（Alison Betts），昆士兰大学的赖驰孔（Chi-kong Lai）、麦考瑞大学的萨缪尔·刘（Samuel Lieu）和大卫·克里斯坦（David Christian）以及澳大利亚国立大学的罗伯特·克里布（Robert Cribb）、皮埃尔·冯·德·恩格（Pierre van der Eng）与路易吉·托姆巴（Luigi Tomba）总是慷慨分享他们有关"贸易"的知识。

我有关世界史的知识，多年来受益于和一些学者的讨论与通信，这些学者有周卫荣（Zhou Weirong）、尤里·派恩斯（Yuri Pines）、伊沙·亚菲（Yishai Yaffe）、沃尔特·沙伊德尔（Walter Scheidel）、维克特·迈尔（Victor Mair）、杰瑞·本特利（Jerry Bentley）、维恩·法瑞斯（Wayne Farris）、罗格·阿莫斯（Roger Ames）、尼克·胡德森（Nick Hudson）、哈立德·法赫米（Khaled Fahmy）、艾森·西格（Ethan Segal）、列斯·莫顿（Leith Morton）、杰宾·杰克布（Jabin Jacob）、乌特·沃登伯格·卡甘（Ute Wartenberg Kagan）、海伦·王（Helen Wang）、约翰·萨缪尔（John Samuel）、乔·克莱布（Joe Cribb）、罗伯特·布雷

西（Robert Bracey）、凯文·卜驰尔（Kevin Butcher）、科斯丹提那·卡萨利（Constantina Katsari）、何桂才（音）、龙登高（音）、常建华（音）、陈志武（音）、马德斌（音）、肯特·邓（Kent Deng）、巴尔巴拉·克鲁格（Barbara Krug）、伊兹卡克·史可尔（Yitzhak Shichor）、乔恩·苏里文（Jon Sullivan）、吴书宇（音）、刘燕红（音）、王正旭（音）、安德烈斯·弗里达（Andreas Fulda）、李春一（Chun-Yi Lee）、史蒂夫·臧（Steve Tsang）等。诺丁汉大学中国政策研究所的台湾研究项目慷慨给予我资金补助，这帮助我支付了这本书的部分出版成本。

尽管旅程的漫长和学术研究资金的限制，使得我们不能见面，许多国外的同人却从他们繁忙的日程中挤出时间就本书项目的某些内容直接或者间接地提出宝贵的反馈意见。我尤其要感谢伊懋可、理查德·柏迪金（Richard Burdekin）、傅汉思（Hans Ulrich Vogel）、迈克尔·舒尔茨（Michael Schiltz）和黑田明伸，这几位学者告诉我很多有关货币的知识，"为什么"和"关于什么"。在斯坦福大学出版社，我受到了马尔格·弗莱明（Margo Fleming）和他的编辑团队以及两位匿名审稿人的极大恩惠，他们千方百计帮助我使这本书的出版更为稳定并能让其为更多读者所知，当然本书存在的一切错误由我自己独自负责。

最后，荷尼夫—卡尔施迪哈木拉（Horesh-Khoursheedi'hamula）的全体成员以其最大努力确保我能够不时地了解到"真实世界"，以及我的亲人拉韦德（Ravid）、阿乌达尔（Avdar）和格莱迪（Grady）。而我的孩子，九岁的斯万（Sivaan）和六岁的德克尔（Dekel）总是能让我放心。我将这本书献给斯万、德克尔和他们的母亲赫丽（Heli），她在过去十年中伴我度过了在澳大利亚起起落落的全部时光。

图书在版编目（CIP）数据

走向世界的人民币：全球视野下的中国货币史 /［以］荷尼夫著；李守旗译．—厦门：鹭江出版社，2018.8

ISBN 978-7-5459-1493-1

Ⅰ．①走…　Ⅱ．①荷…　②李…　Ⅲ．①货币史—中国
Ⅳ．① F822.9

中国版本图书馆 CIP 数据核字（2018）第 145718 号

ZOUXIANG SHIJIE DE RENMINBI:QUANQIU SHIYE XIA DE ZHONGGUO HUOBISHI

走向世界的人民币：全球视野下的中国货币史

［以］荷尼夫　著　李守旗　译

出版发行：	鹭江出版社		
地　　址：	厦门市湖明路 22 号	邮政编码：	361004
印　　刷：	三河市兴博印务有限公司		
地　　址：	河北省廊坊市三河市杨庄镇大窝头村西	邮政编码：	065200
开　　本：	710mm×1000mm　1/16		
插　　页：	4		
印　　张：	25.25		
字　　数：	314 千字		
版　　次：	2018 年 8 月第 1 版　2018 年 8 月第 1 次印刷		
书　　号：	ISBN 978-7-5459-1493-1		
定　　价：	68.00 元		

如发现印装质量问题，请寄承印厂调换。